Michaela Tscherne
Die Rolle von schulischen Führungskräften für gelingende
Schulautonomie

Michaela Tscherne

# Die Rolle von schulischen Führungskräften für gelingende Schulautonomie

Eine Analyse über den Zusammenhang zwischen Führungsverhalten und erfolgreich umgesetzter Schulautonomie

**BELTZ** JUVENTA

Die Autorin

Michaela Tscherne, Jg. 1964, Dr. BEd MBA MSc ist Qualitätsbeauftragte und Professorin sowie Redakteurin des Online-Journals #schuleverantworten an der Pädagogischen Hochschule Niederösterreich. Ihre Arbeitsschwerpunkte sind Leadership, Schulautonomie, Personalentwicklung, Qualitäts- und Projektmanagement.

Dieses Buch ist erhältlich als:
ISBN 978-3-7799-7043-9 Print
ISBN 978-3-7799-7044-6 E-Book (PDF)

1. Auflage 2022

© 2022 Beltz Juventa
in der Verlagsgruppe Beltz · Weinheim Basel
Werderstraße 10, 69469 Weinheim
Alle Rechte vorbehalten

Herstellung: Myriam Frericks
Satz: Datagrafix, Berlin
Druck und Bindung: Beltz Grafische Betriebe, Bad Langensalza
Beltz Grafische Betriebe ist ein klimaneutrales Unternehmen (ID 15985-2104-100)
Printed in Germany

Weitere Informationen zu unseren Autor_innen und Titeln finden Sie unter: www.beltz.de

# Inhaltsverzeichnis

# Abstract

Die vorliegende Studie will aufzeigen, welche Führungs- und Managementkonzepte gelingende Schulautonomie begünstigen. Führungswerkzeuge, -konzepte und -modelle sowie System- und Führungstheorien werden aus dem Blickwinkel der Organisation Schule betrachtet und in einen Kontext mit Schulautonomie gebracht. Die besondere Qualität der Untersuchung besteht darin, dass bestehende Theorien durch empirische Forschung im Rahmen einer europäischen Studie ergänzt und in einer komparativen Analyse diskutiert werden.

Ausgangspunkt für den Forschungszugang sind die Erfahrungen der Autorin als Professorin und Qualitätsbeauftragte an der Pädagogischen Hochschule Niederösterreich sowie als Führungskraft in der Privatwirtschaft. Durch ihre Lehrtätigkeit in Hochschullehrgängen für Schulmanagement konnte sie Einblick in die Wahrnehmung von Schulleiter/innen in Bezug auf ihre Führungsaufgaben gewinnen. Im Erasmus+ Projekt INNOVITAS beschäftigte sie sich mit der Einführung innovativer Verfahren zur Stärkung der Führungsfunktionen in der autonomen Schule. Als eine der ersten Publikationen im Rahmen dieses Projektes wurden in einem Sammelband Beispiele gelebter und geübter Schulautonomie veröffentlicht, die von Schulleiterinnen und Schulleitern aus Bayern, Hessen, Österreich und Südtirol zur Verfügung gestellt wurden (Rauscher & Tscherne, 2019). Als Mitherausgeberin war es der Autorin ein großes Anliegen, dass die förderlichen Bedingungen zur Umsetzung der Möglichkeiten, die durch Schulautonomie bestehen, beforscht werden.

Zur Beantwortung der Forschungsfrage wurden zunächst anhand einer systematischen Literaturanalyse relevante Publikationen zur kritischen Auseinandersetzung mit der aktuellen Fachliteratur recherchiert und analysiert. Allgemeine begriffliche Grundlagen zur Forschungsfrage, detaillierte Ausführungen über Schulautonomie in Bayern, Hessen, Österreich und Südtirol sowie Führungstheorien und Erkenntnisse über Personal- und Organisationsentwicklung aus der Wirtschaft und der Schule bilden die Basis der theoretischen Kapitel. Auf Basis einer qualitativen Fallstudie im Rahmen einer Querschnittsuntersuchung mit dreizehn Schulleitungspersonen wurden neue Ansätze zur Wahrnehmung von Führungsaufgaben in der autonomen Schule identifiziert und Empfehlungen für ein neues Verständnis von Schulleitungshandeln abgeleitet. Die empirisch erhobenen Daten wurden mittels qualitativer Inhaltsanalyse, basierend auf den Prinzipien von Mayring, zusammengefasst und ausgewertet und im Abgleich mit den theoretischen Annahmen in einer komparativen Analyse diskutiert.

Durch den Erkenntnisgewinn wird ein weiterer Beitrag zur Stärkung schulischer Führungskräfte in der autonomen Schule geleistet. Einerseits lassen sich Empfehlungen in Hinblick auf das Führungsverhalten und die Personal- und Organisationsentwicklung ableiten, auf der anderen Seite wird ein Beitrag zur Optimierung von Fort- und Weiterbildungsangeboten für schulische Führungskräfte und Lehrpersonen in der autonomen Schule angeregt. Eine wesentliche Erkenntnis der Studie ist, dass Führungskräfte neben Führungskompetenz auch Systemkompetenz benötigen.

# 1 Einleitung

Die Schulwirksamkeitsforschung hat in den vergangenen Dekaden den Einfluss der schulischen Führungskräfte auf Schulqualität und Wirksamkeit von Schule konstant verdeutlichen können (Berkemeyer et al., 2015, S. 12). Die Forschungsergebnisse belegen, dass als qualitativ hoch eingeschätzte Bildungseinrichtungen in einem signifikanten Ausmaß mit einer effektiven und effizienten Schulleitung in Verbindung stehen (ebd.). Wollen schulische Führungskräfte eine gleichermaßen effektive wie effiziente Mitwirkung aller am Schulstandort beteiligten Personen erreichen, so braucht es professionelles Denken und Leitungshandeln (Buchen, 2016, S. 95). Wie die Autorin bereits in früheren Ausführungen erwähnt hat (Tscherne, 2020, S. 43), werden diese Anforderungen durch Schulautonomie verschärft, da von den Schulleiterinnen und Schulleitern durch die Stärkung ihrer Rechte deutlich mehr Verantwortung als bisher eingefordert wird. So sind sie nicht nur für das Gesamtbudget der Schule verantwortlich, sondern sie sind am Prozess der Neueinstellungen oder am Entscheidungsprozess über Beförderungen im Zuge der Personalentwicklung beteiligt. In der autonomen Schule geht es darum, eine gemeinschaftliche von Werten getragene Suche nach möglichen Entwicklungswegen in Bildungseinrichtungen anzustoßen, die in weiterer Folge eine veränderte Haltung und einen Umdenkprozess zum Wohle der Schüler/innen am Schulstandort bewirken. Schulischen Führungskräften muss es ein Bedürfnis sein, dass sich Schüler/innen mit den im Unterricht vermittelten Fähigkeiten und Kenntnissen in ihrer weiteren Schullaufbahn an höheren Schulen und in ihrer zukünftigen Berufslaufbahn zurechtfinden. Führung bedeutet in diesem Kontext nicht nur das Leiten und Managen einer Schule (Lohmann & Minderop, 2004, S. 74 ff). Zielorientiertes Schulleitungshandeln soll bewirken, dass Schüler/innen ihre Talente und Begabungen entfalten können. Um das zu erreichen, wird von schulischen Führungskräften die Bereitschaft gefordert, Führungsverantwortung zu übernehmen und im Rahmen dieser Führungstechniken zu beherrschen (ebd., S. 80).

Lohmann und Minderop (2004, S. 60) führen an, dass viele schulische Führungskräfte ihre Rolle als Akteurinnen bzw. Akteure im Schuldienst verstehen, die in erster Linie Lehrkräfte sind, die neben der Lehrtätigkeit auch Schulleiteraufgaben zu erfüllen haben. Manche sehen sich als Manager/innen, die die Aufgabe haben, die Organisation der Schule so zu gestalten, dass organisatorische Maßnahmen dem Kollegium nicht negativ auffallen und Konflikte und Diskussionen mit der Lehrerschaft nach Möglichkeit vermieden werden. Andere Schulleiter/innen hingegen gestalten die Schule nach ihren von Werten getragenen Visionen und betrachten bürokratische Aufgaben eher als sekundär, weil sie Vertrauen in die Qualität des Unterrichts ihrer Mitarbeiter/innen haben.

Die vorrangigen Intentionen dieser Schulleiter/innen sind das Öffnen der Schule und das zielfördernde Knüpfen von Außenkontakten. Personalentwicklung als Führungswerkzeug wird vernachlässigt oder als selbsterfüllend angesehen. Die dritte Kategorie der schulischen Führungskräfte vereint die Vision eines strukturierten organisatorischen Systems sowie gelebter, gepflegter Personalentwicklung. (Lohmann & Minderop, 2004, S. 61)

*„Reformen benötigen lebendige Schulen und Behörden mit einem neuen Führungsverständnis."* (Schratz, Hartmann, & Schley, 2010, S. 29)

Die Beschäftigung mit Schulautonomie in Österreich und damit das neue Verständnis für Führung in der autonomen Schule erfordern, sich eingehend mit dem Berufsbild Schulleiter/in unter dem Aspekt der Erweiterung der Schulautonomie durch das Bildungsreformgesetz 2017 auseinanderzusetzen. Die schulische Führungskraft verfügt über Handlungsspielräume, um den Unterricht am Schulstandort so zu entwickeln, dass dieser die Bedürfnisse und Anforderungen der interessierten Parteien der Region befriedigen kann. Die mit dem österreichischen Bildungsreformgesetz 2017 geschaffenen pädagogischen, organisatorischen und personellen Freiräume bringen es mit sich, dass Schulleiter/innen veränderte Management- und Führungsaufgaben zu übernehmen haben, wie z. B. Aufgaben in der Personal- und Organisationsentwicklung. Professionalisierungsmaßnahmen für Schulleiter/innen müssen daher auf Führung und Personalentwicklung ausgerichtet sein, um zu befähigen, entsprechende Werkzeuge nach dem Vorbild der Wirtschaft gezielt einsetzen zu können.

Das im Erasmus+ Projekt INNOVITAS publizierte Werk „Selbst ist die Schule" ist eine Sammlung von Beispielen gelebter Schulautonomie (Rauscher & Tscherne, 2019). Die Vielzahl der darin veröffentlichten Praxisbeispiele zeigt, dass es in Europa viele Schulen gibt, die ihre Handlungsspielräume im Sinne der bedarfsorientierten und visionsgetragenen Schulentwicklung im Rahmen schulautonomer Freiräume nutzen. In weiterer Folge stellt sich die Frage, welche Management- und Führungskonzepte sowie welches Führungsverhalten von Schulleiterinnen und Schulleitern gelingende und gelebte Schulautonomie fördern.

## 1.1 Persönlicher Forschungszugang

Ausgangspunkt für den Forschungszugang der Autorin sind ihre Erfahrungen als Führungskraft in der Wirtschaft und jene als Qualitätsbeauftragte an einer Pädagogischen Hochschule in Bezug auf Führungsansätze und Organisationsentwicklung im Qualitätsmanagement. Im Rahmen ihrer Lehrtätigkeit im Bereich

Schulmanagement lernte sie Reflexionen von Schulleiterinnen und Schulleitern in Bezug auf ihr Führungsverständnis und den Einsatz von Personalentwicklungswerkzeugen nach der Erweiterung der Schulautonomie im Rahmen der Bildungsreform 2017 kennen. Durch die Lehrtätigkeit in den Seminaren der Module Führung und Personalentwicklung und die Arbeit mit den Teilnehmerinnen und Teilnehmern konnte sie Einblick in deren Wahrnehmung bezüglich der Führungsaufgaben von Schulleiterinnen und Schulleitern in Niederösterreich gewinnen. Im Erasmus+ Projekt INNOVITAS wurden in einem Sammelband Beispiele gelebter Schulautonomie publiziert (Rauscher & Tscherne, 2019). Als Mitherausgeberin ist es ihr ein großes Anliegen, dass die förderlichen Bedingungen zur Umsetzung der Möglichkeiten, die mit der Erweiterung der Schulautonomie geschaffen wurden, beforscht werden.

Ein überzeugendes, wirksames Management- und Führungskonzept bildet das Fundament für das professionelle Denken und Handeln von schulischen Führungskräften (Buchen, 2016, S. 98). Dafür bedarf es entsprechender Werkzeuge, die im Führungsalltag eingesetzt werden. Malik (2001, S. 58 ff) findet für den Beruf der Führungskraft Charakteristika mit den Komponenten Grundsätze, Aufgaben, Werkzeuge und Verantwortung. Die veränderten Anforderungen im Zuge der Erweiterung der Schulautonomie erfordern auf Führung ausgerichtete Professionalisierungsmaßnahmen, um Schulleiterinnen und Schulleitern das Werkzeug mitzugeben, damit sie den veränderten Anforderungen begegnen können.

Vor der pädagogischen Ausbildung war die Autorin viele Jahre Führungskraft in verschiedenen Unternehmen der Privatwirtschaft. In ihren Vortragstätigkeiten thematisiert sie immer wieder Führungswerkzeuge und Werkzeuge der Personalentwicklung, wie sie aus der Wirtschaft bekannt sind und wie sie auch durch die Autorin in der Praxis eingesetzt wurden. Sie hat erkannt, dass einige dieser Werkzeuge im Schulwesen gut zum Einsatz kommen können und diese teilweise auch bereits verwendet werden. In welchem Ausmaß dies in der von Schulautonomie geprägten Schule der Fall ist, soll im Rahmen dieser Forschungsarbeit einen Forschungsschwerpunkt darstellen.

Führung in einer Schule verläuft in von der schulischen Führungskraft angeregten und angeleiteten normativen Orientierungs- und strategischen Entwicklungsprozessen, damit sich eine Bildungseinrichtung zielorientiert weiterentwickeln kann (Dubs, 2005, S. 165). Dubs (2005) beschreibt in Anlehnung an Sergiovanni die Führung einer Schule als anspruchsvoller und breiter gefächert als herkömmliche, traditionelle Führung, da nur dann Resultate erkennbar sind, wenn sich ein/e Schulleiter/in durch moralische Autorität Gefolgschaft im Kollegium verschaffen kann (Sergiovanni, 2001). So reicht es nicht, dass Führungspersonen in der Schule sich darauf konzentrieren, administrativ tätig zu sein und Anordnungen zu erteilen, es ist vielmehr erforderlich, dass sie über ein hohes Maß an sozialen Kompetenzen verfügen, um Werte vermitteln zu können, Visionen zu entwickeln und diese in ihrer Bildungseinrichtung weiterzutragen (Dubs, 2005, S. 166).

## 1.2 Forschungsziele und Forschungsfrage

Die vorliegende Forschungsarbeit will aufzeigen, welche Führungs- und Managementkonzepte gelingende und gelebte Schulautonomie begünstigen, ferner welchen Zusammenhang es zwischen Führungsverhalten, strukturierter Personalentwicklung und der erfolgreichen Umsetzung innovativer Schulentwicklungskonzepte im Rahmen der erweiterten Schulautonomie in Österreich gibt. Aufgrund dieser Zielsetzung liegt dieser Studie folgende Forschungsfrage zugrunde, welche die zu schließende Wissenslücke benennt:

*Welche Aspekte des Führungsverhaltens und welche Führungs- und Managementkonzepte begünstigen gelingende, gelebte Schulautonomie in Hinblick auf die Erweiterung derselben durch das Bildungsreformgesetz 2017 in Österreich?*

## 1.3 Praxisbezug und pädagogische Relevanz

Durch den Autonomisierungsprozess der Schulen in Österreich sieht sich die Schulleitung jeweils mit einem Wandel konfrontiert. Sie wird künftig am Erfolg gemessen werden, den sie unter Berücksichtigung der Freiräume erzielen kann, die durch die erweiterte Schulautonomie im Rahmen des Bildungsreformgesetzes entstehen (Bundesministerium Bildung, Wissenschaft und Forschung, o. J.-b). Es erscheint daher erforderlich, sich mit der veränderten Rolle der Schulleitung in einer ergebnisorientierten Führungskultur auseinanderzusetzen. Gelebte Autonomie wird vor allem durch Maßnahmen der Organisations- und Personalentwicklung sichtbar. Im Rahmen der Umsetzung des Bildungsreformpakets wurden in Österreich bisher wichtige Maßnahmen umgesetzt. Durch die Schaffung der Bildungsdirektionen, der Weiterentwicklung der Schulaufsicht sowie neuer Verfahren zur Auswahl von Lehrpersonen und Schulleiterinnen und Schulleitern wurden wichtige Meilensteine erreicht. Als notwendig erscheint das Transparentmachen der Rolle, die der Führungskraft in der Schule für die gelungene und gelebte Schulautonomie zukommt. Mithilfe von Best Practice Beispielen soll im Rahmen dieser Studie herausgefunden werden, welche Aspekte des Führungshandelns und welche Führungs- und Managementkonzepte in diesen Schulen zum Gelingen dieser Aktivitäten beigetragen haben. Daraus wird eine Empfehlung für die Aus- und Fortbildung von Schulleiter/innen abgeleitet.

Ohne pädagogisches Wissen und Können sowie ohne praktische Unterrichtserfahrung kann auch die beste Führungskraft keine Schule leiten, da das durch

Erfahrung im Unterricht gewonnene Problemverständnis fehlen würde. Fehlt diese Praxiserfahrung, können keine visionären Strategien für Schulen entwickelt werden. Im Speziellen ist u. a. zu beachten, dass die Schulleitung ein pädagogisch optimistisches und unterstützendes Klima schafft, in dem auch Lernende das Vertrauen der Schulleiterin bzw. des Schulleiters durch hohe Erwartungen in deren Schulerfolg erleben (Dubs, 2005, S. 169f).

Das Führungsverhalten des neuen Typus von Schulleiterinnen und Schulleitern prägt deren Führungsstil und führt zu einer neuen Einstellung, wonach Schule nicht nur eine „pädagogische Organisation" ist, sondern als „Schule als Gesamtbetrieb" gesehen wird. Diese Betrachtungsweise betont die Eigenverantwortung, über die ein/e Schulleiter/in verfügen muss und beeinflusst die Schulkultur, deren Wirkungsergebnisse und damit ihre Beständigkeit. Das neue Rollenverständnis der Schulleiter/innen verändert demnach deren Führungsstil maßgeblich. (Lohmann & Minderop, 2004, S. 67)

## 1.4 Derzeitiger Stand der Forschung

Die deutsche Studie *Schulleitung und Schulsteuerung. Zwischen Ansprüchen der Profession, ökonomischen Interessen und Reformbestrebungen (2017)* untersucht, ob und wie dem Schulträger die Steuerung der zugehörigen Einzelschulen durch die verschiedenen Schulleitungen gelingt. Untersucht wird u. a. auch, welche Ressourcen den Schulleiterinnen und Schulleitern zur Verfügung gestellt werden und wie weit bzw. eng die Handlungs- und Gestaltungsspielräume der Schulleitungspersonen sind. Hinterfragt wird darüber hinaus auch, wie die Freiräume vor Ort genutzt werden und wie der Schulträger die Einhaltung der Freiräume kontrolliert bzw. über welche Führungsinstrumente und Regelungsmechanismen bisher innerhalb der Organisation eine Kopplung der Schulleitung an den Schulträger erfolgt (Schmerbauch, 2017, S. 136f).

In *Schulleitung – Forschung und Qualifizierung (2002)* wird auf deutsche Studien zur Schulentwicklung bzw. Schulverbesserung hingewiesen, die die Relevanz von Schulleitung, besonders hinsichtlich einer ständigen Verbesserung in Schulen belegen. Schulleiter/innen sind demnach ein wichtiges Bindeglied bei staatlichen Reformmaßnahmen und schuleigenen Innovationsbemühungen (Wissinger & Huber, 2002).

Buchen und Rolff formulieren in *Professionswissen Schulleitung (2016)*, dass Schulleitung zum Beruf geworden ist und das Professionswissen abgeklärt und ausformuliert ist. Schulleiter/innen sind demnach nicht nur Lehrer/innen mit zusätzlichen Verwaltungsaufgaben (Buchen & Rolff, 2016).

In der Publikation *Berufsbild Schulleiter/in (2019)* werden im Rahmen des Erasmus+ Projektes INNOVITAS ein Anforderungsprofil für Schulleitungspersonen, ein europäisches Berufsbild der Schulleitungen autonomer Schulen und ein mögliches Verfahren zur Auswahl von Schulleiterinnen und Schulleitern im europäischen Kontext diskutiert (Heißenberger, 2019).

Schratz und Hartmann (2019) identifizieren ein großes Forschungsdefizit im Bereich der Weiterentwicklung der Schulautonomie, da es in Österreich keine aussagekräftigen Daten gibt. Besonders über die Auswirkungen von Schulautonomie auf die Bildungsprozesse der Lernenden zeigt sich ein Mangel an aussagekräftigen Daten (Schratz & Hartmann, 2019, S. 116).

In *Schulautonomie – Perspektiven in Europa* (2019) werden die unterschiedlichen Entwicklungen von Schulautonomie in europäischen Ländern beleuchtet und der europäische Diskurs um Schulautonomie und deren Auswirkung aus den unterschiedlichen Perspektiven der Länder bzw. Regionen betrachtet (Rauscher, Wiesner, Paasch, & Heißenberger, 2019). Es besteht daher ein erhebliches Forschungsinteresse, sich mit dem Führungsverhalten der Schulleiter/innen in Österreich in Hinblick auf die Erweiterung der Schulautonomie und die durch das Bildungsreformgesetz 2017 geänderten Handlungs- und Gestaltungsspielräumen auseinanderzusetzen. Es scheint erforderlich, im Zuge einer empirischen Studie zu analysieren, welches Führungsverhalten und welche Führungs- und Managementkonzepte gelingende, gelebte Schulautonomie in Hinblick auf die Erweiterung derselben durch das Bildungsreformgesetz 2017 in Österreich begünstigen und schulautonome Aktivitäten gefördert haben. Dabei wird auch auf die langfristigen Erfahrungswerte von Schulleitungen aus dem benachbarten Ausland in Bezug auf Schulautonomie zurückgegriffen. Das Forschungsvorhaben darf daher als europäisches betrachtet werden.


## 1.5   Methodische Vorgangsweisen

Im Rahmen dieser Forschungsarbeit werden folgende Instrumentarien zur Beantwortung der Forschungsfrage eingesetzt: Im Zuge einer systematischen Literaturanalyse werden zunächst relevante Publikationen zur kritischen Auseinandersetzung mit der aktuellen Fachliteratur recherchiert und analysiert. Dabei werden Meinungen aus verschiedenen Fachbüchern einander gegenübergestellt. Zum Forschungsthema gibt es bereits Theorien, die in dieser Forschungsarbeit mit empirischer Forschung ergänzt und anhand der empirischen Forschungsergebnisse in einer komparativen Analyse diskutiert werden. Lamnek (1995, S. 22) empfiehlt, für Offenheit im erkenntnistheoretischen Sinn „den *Wahrnehmungstrichter empirischer Sozialforschung so weit als möglich offen zu halten, um dadurch auch unerwartete, aber dafür umso instruktivere Informationen zu erhalten"*. Reinders (2016, S. 77) betont, dass die Fragestellung einer qualitativen Studie weder implizit noch explizit eine Hypothese enthalten soll, da qualitative Forschung keine theoriebestätigende, sondern eine das Subjekt verstehende

Forschung ist. Das bedeutet für die konkrete Forschungspraxis, dass explorativ und ohne festgelegte Hypothesen vorgegangen wird.

Für die vorliegende Studie wird die Methode einer empirisch-qualitativen Untersuchung gewählt, da in der qualitativen Forschung eine Vielzahl von Erhebungsmethoden zur Verfügung steht und für die Datenerhebung ein breites Repertoire an Möglichkeiten zur Auswahl steht (Flick, Kardorff, & Steinke, 2019, S. 332). Qualitative Befragungen mit offenen Fragen erlauben den Probandinnen und Probanden zudem viel Freiheit in der Beantwortung der an sie gestellten Fragen (Bortz & Döring, 2006, S. 309).

*„Qualitative Sozialforschung hat den Anspruch, Lebenswelten ‚von innen heraus' aus der Sicht der Handelnden zu beschreiben. Damit will sie zu einem besseren Verständnis sozialer Wirklichkeit(en) beitragen und auf Abläufe, Deutungsmuster und Strukturmerkmale aufmerksam machen (Flick et al., 2019, S. 14)."*

## 1.6  Aufbau der Forschungsarbeit

Diese Forschungsarbeit ist in fünf Abschnitte gegliedert. In dem der Einleitung folgenden theoretischen Teil werden die der Arbeit zugrundeliegenden Aspekte und Theorien nach umfangreicher Recherche von Fachliteratur dargestellt. Allgemeine begriffliche Grundlagen zur Forschungsfrage, detaillierte Ausführungen über die Schulautonomie in Österreich sowie Führungstheorien und Erkenntnisse über Personal- und Organisationsentwicklung aus der Wirtschaft und der Schule bilden die Basis dieser Kapitel. Im empirischen Teil wird die methodische Vorgangsweise im Zuge dieser Forschungsarbeit genau und nachvollziehbar beschrieben. In den Abschnitten 4 und 5 erfolgen die Interpretation und Darstellung der Ergebnisse anhand der Forschungsfrage und die kontrastive Auseinandersetzung mit den im Rahmen der Literaturarbeit gewonnenen Erkenntnissen aus der Fachliteratur. Im Anschluss daran folgen Handlungsempfehlungen und ein Ausblick auf mögliche weiterführende Studien.

# 2 Theoretische Zusammenhänge

In diesem Kapitel werden Meinungen aus verschiedenen Fachbüchern einander gegenübergestellt. Zunächst erfolgt eine allgemeine Begriffsdefinition in Bezug auf die Schlüsselbegriffe der Forschungsfrage. Darauf aufbauend werden auf Basis einer intensiven Literaturrecherche die theoretischen Grundlagen zur Beantwortung der Forschungsfrage analysiert und einander vergleichend gegenübergestellt.

## 2.1 Allgemeine begriffliche Grundlagen

Zunächst erfolgt eine allgemeine Begriffserklärung, um für die Schlüsselthemen eine klare Abgrenzung der Begriffe vorzunehmen. In der Auseinandersetzung mit der Thematik dieser Forschungsarbeit werden die Begriffe Schulautonomie, Führungskraft und Führungsverhalten am meisten verwendet und tragen damit maßgeblich zur Komplexität des Forschungsgegenstandes bei.

### 2.1.1 Schulautonomie

Aufgrund abweichender Erklärungen für Schulautonomie wird ein Spannungsfeld zwischen pädagogischer und steuerungstheoretischer Betrachtung sichtbar, welche in einer komplexen Begriffs- und Definitionsheterogenität mündet. Abhängig von der Perspektive stehen pädagogische bzw. funktionale Aspekte von Schulautonomie im Vordergrund und werden in die jeweilige Definition einbezogen (Miceli, 2018, S. 43).

*„Unter Schulautonomie versteht man im österreichischen Bildungssystem die Dezentralisierung von Entscheidungskompetenzen."* (Wikipedia, o. J.)

Autonome Schulen müssen eine Budgetierung vornehmen, was dazu führt, dass sie hinsichtlich der zu tätigenden Ausgaben selbständiger werden, aber dadurch auch neue Herausforderungen an Schulleitung und Lehrkörper entstehen (Hoffian & Joosten, 2013, S. 227). Durch Finanzautonomie entstehen neue Chancen für die Schulen, da sie durch die autonomen Spielräume in der Lage sind, eigene Prioritäten festzulegen und Ziele zu realisieren (Hoffian & Joosten, 2013, S. 227). Der Qualifikation der schulischen Führungskraft kommt daher eine besondere Bedeutung zu, denn je umfassender die Handlungs- und

Entscheidungsspielräume sind, desto wichtiger werden umfassende Management- und Leadershipkompetenzen (Juranek et al., 2018, S. 108). Schulautonomie bedingt aber auch, dass politische Entscheidungsträger und Schulbehörden die eigenverantwortlichen Entscheidungen der autonomen Schule respektieren müssen (Juranek et al., 2018, S. 107).

## 2.1.2 Schulische Führungskräfte

Eine Führungskraft hat eine Leitungsfunktion inne und unterstützt ein Team bei der Erfüllung von Aufgaben (Neges & Neges, 2007, S. 13). Personen in leitender Funktion setzen ihren Fokus auf die Förderung von Mitarbeiterinnen und Mitarbeitern und die Entwicklung von Teams zur erfolgreichen Erreichung von Zielen (ebd.). In der Schule ist eine Führungskraft in ihrem Ursprungsberuf immer Lehrkraft (Kansteiner-Schänzlin, 2002, S. 83), was sie von Führungskräften in der Wirtschaft unterscheidet. Der Schritt von der Lehrkraft in die Schulleitung bedeutet jedoch einen kompletten Berufswechsel in ein eigenständiges Berufsfeld (Baumann & Götz, 2016, S. 12). Um innerhalb der schulischen Hierarchie in die Leitung einer Schule aufsteigen zu können, müssen zukünftige Schulleiter/innen im Rahmen eines Assessmentverfahrens neben ihrer Berufsausbildung als Pädagoge bzw. Pädagogin ihre besondere Eignung als Führungskraft unter Beweis stellen (Kansteiner-Schänzlin, 2002, S. 83). Die Aufgaben und Verantwortlichkeiten sind in den meisten Ländern in der Schulgesetzgebung festgeschrieben (Dubs, 2019, S. 329). Die schulische Führungskraft muss u. U. abhängig von der Schulgröße und Schulform neben ihrer Leitungstätigkeit eine drastische Reduzierung ihrer Unterrichtstätigkeit in Kauf nehmen (Baumann & Götz, 2016, S. 12) und ist neben der Rolle als Vorgesetzte/r auch Kollege bzw. Kollegin, was laut Kansteiner-Schänzlin (2002, S. 83) eine besondere Führungssituation darstellt.

Durch die schulautonomen Bestrebungen hat sich die Rolle der Schulleitung von der formal bestimmten administrativ-verwaltenden Kraft in die Position einer zielorientierten, gestaltenden Führungskraft gewandelt, die als „Change Agent" Schulentwicklung stimuliert (Köster-Ehling, 2019, S. 3). Die Schulleiterrolle orientiert sich an einem durch zielsetzendes Handeln gekennzeichneten Managementkonzept zur Entfaltung von Schule *„als eine sich selbst entwickelnde pädagogische Einrichtung"* (Horster, 2016, S. 178). In der autonomen Schule werden Schulleiter/innen mit ihrer Verantwortung für die Qualität und Effektivität des von ihnen geleiteten Schulstandorts als direkte Vorgesetzte mit Leadership-Qualitäten verstanden, die die pädagogische Leitung der Schule übernehmen und die Verantwortung für die Zielerreichung der Schule tragen (Dubs, 2019, S. 329).

### 2.1.3 Führungsverhalten

Veränderte gesellschaftliche Rahmenbedingungen stellen neue Herausforderungen an eine Führungskraft und ihr Führungsverhalten (Schalk, 2015, S. 19), die bezogen auf Schule infolge der vielschichtigen Anforderungen der Anspruchsgruppen immer größer werden (Dubs, 2019, S. 21). Schalk (2015, S. 19) zitiert in diesem Zusammenhang Diekmann (2013, S. 26):

> *„Mündige, selbstgeklärte Mitarbeiter erfordern eine andere Art der Führung, fordern von der Führungskraft eine Begegnung auf Augenhöhe. Das ist unbequem und komplex. Eingeübte Rollen müssen aufgegeben werden. Das Führungsverhalten wird in Frage gestellt. Das System wird destabilisiert."*

Wunderer (2011, S. 204) definiert Führungsverhalten als Verhaltensweisen, die auf *„eine wert-, ziel- und ergebnisorientierte Einflussnahme zur Erfüllung gemeinsamer Aufgaben in oder mit einer strukturierten Arbeitssituation ausgerichtet sind"*. Das Führungshandeln muss sich dabei an die aktuellen Erfordernisse anpassen, damit sich Führungserfolg im Sinne von Leistungserbringung einstellen kann. Das Verhalten einer Führungskraft wirkt als zielbezogene Einflussnahme auf die Mitarbeiter/innen, deren Verhalten wiederum bestimmte Ergebnisse hervorbringt, die als Führungserfolg dargestellt werden (Nerdinger et al., 2008, S. 88), wie in der folgenden Abbildung ersichtlich ist.

Abbildung 1: Rahmenmodell der Führung (nach Nerdinger et al., 2008, S. 89)

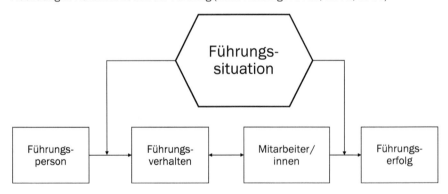

Weibler (2016, S. 60 f) sieht über den Führungssituationsfaktor einen indirekten Zusammenhang zwischen Führungsverhalten und Führungserfolg gegeben, wobei es sogar zu einer Substitution von Führungsverhalten kommen kann, wenn die Abläufe in einer Organisation klar geregelt sind. Die nachfolgende Abbildung erklärt die Wechselwirkung zwischen Führungsverhalten und Führungssituationsfaktor und zeigt, dass ein anweisendes Führungsverhalten für die

Aufgabenerledigung nicht unbedingt erforderlich ist. Die wesentliche Aussage dabei ist, dass eine Kombination von Führungsverhalten und situativen Faktoren im Führungsalltag nicht beabsichtigte Konsequenzen mit sich bringen kann, weil dadurch bei den Mitarbeiterinnen und Mitarbeitern ein negatives Gefühl der Bevormundung durch fehlende Autonomie hervorgerufen wird und – wie beim autoritären Führungsstil – die Leistungserbringung negativ beeinflusst werden kann (ebd.).

Abbildung 2: Substitution von Führungsverhalten (nach Weibler, 2016, S. 61)

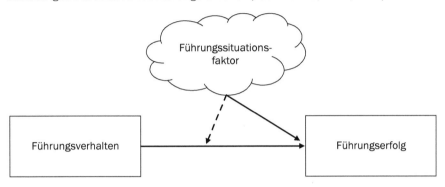

## 2.2 Schulautonomie in Österreich

In Österreich ist der Begriff „Schulautonomie" ein gängiger Terminus, obwohl die Bezeichnung in den Gesetzestexten nicht erwähnt wird, stattdessen aber mit Dezentralisierung, Deregulierung oder Eigenverantwortung gleichgesetzt wird (Juranek et al., 2018, S. 108). Die mit dem Bildungsreformgesetz 2017 beschlossene Neuordnung des österreichischen Bildungswesens zielt auf maximale pädagogische Gestaltungsfreiheit am Schulstandort, bessere Qualifizierung der schulischen Führungskräfte, erhöhte Transparenz und verbesserte Steuerung sowie gezielte Qualitätsentwicklung ab und soll regionale Bildungskonzepte ermöglichen, in denen die Übergänge für Schüler/innen optimal gestaltet werden (Bundesministerium Bildung, Wissenschaft und Forschung, o. J.-a). Die Schulen werden bei der Umsetzung der Schulautonomie durch Entwicklungsangebote begleitet (ebd.). Mit der Umsetzung des Autonomiepakets wird der lokalen Schulentwicklung im Sinne gelebter Schulautonomie ein höherer Stellenwert beigemessen (ebd.).

Rürup (2019, S. 69) versteht unter Schulautonomie *„vor allem die Stärkung der dezentralen Verantwortung im Arbeitsbereich als wesentliches Element in einem neuen – betriebswirtschaftlich inspirierten – Managementmodell".* In Anlehnung an Meyer (Meyer, 2009, S. 468 f) verstehen Altrichter et al. (2016, S. 108) unter Dezentralisierung im Rahmen von Schulautonomie eine Steuerungspolitik, im Rahmen derer zwischen den einzelnen Ebenen und Akteuren des Bildungssystems die Entscheidungskompetenzen neu geregelt werden. Eine vollständige Entflechtung zwischen Politik, Verwaltung und Einzelschule sei bei Maßnahmen zur Erhöhung einzelschulischer Gestaltungsspielräume jedoch nicht gegeben (ebd.).

*„Schulautonomie auf der Basis einer ganzheitlichen Führungskultur verändert Menschen und Organisationen, macht Innovationen möglich und wirkt als Element neuer Steuerung."* (Bordon & Leist, 2019, S. 90)

### 2.2.1 Historische Entwicklung in Österreich

1962 wurde das österreichische Schulwesen durch ein umfassendes Schulgesetz neu geregelt (Bundesministerium Bildung, Wissenschaft und Forschung, 2019). U. a. wurde auch das bis 31. Dezember 2018 gültige Bundesschulaufsichtsgesetz beschlossen (Juranek, 2020, S. 111). Die Entwicklung der darauf folgenden beiden Jahrzehnte zeichnete sich vor allem durch Stillstand aus (Altrichter & Posch, 1995). So reglementierten die Reformen der 1970er-Jahre in erster Linie die bestehenden Entscheidungsspielräume immer mehr (ebd.). Zu einem ersten Wandel kam es Ende der 1980er-Jahre. Sertl (1993, S. 88 ff) verortet den Begriff „Schulautonomie" erstmals in einer Pressekonferenz des Wiener Stadtschulrats im Jahr 1988, bezogen auf eine Veröffentlichung der Arbeitsgruppe Bildung im Rahmen der „Aktion 95", und sieht darin den Beginn einer österreichweiten Diskussion, die schließlich in den darauffolgenden Jahren zu bildungspolitischen Entscheidungen für gesetzliche Neuregelungen geführt hat (Schratz & Hartmann, 2019, S. 109). Kritiker/innen attestierten dem heimischen Schulsystem Anfang der 1990er-Jahre vor allem fehlende Wirksamkeit (Altrichter & Heinrich, 2007, S. 83), evoziert durch die dominierende zentralistische, von Bürokratie gekennzeichnete Steuerung, und initiierten durch die damit einhergehenden Diskussionen die Entwicklungen, die in der damaligen Zeit einsetzten (Schratz & Hartmann, 2019, S. 109). Der 1989 von der OECD veröffentlichte Bericht „School and Quality" verstärkte die bis heute anhaltende Diskussion rund um Qualität und deren Kriterien (Wiesner et al., 2020, S. 27), und Spechts Ausführungen im Diskussionspapier zur Schulqualität (Specht, 1991) feuerten die Diskussion rund um die Schulautonomie weiter an. Die Neuorientierung und Demokratisierung des Bildungswesens nach Kriterien der Marktwirtschaft sowie das Eliminieren des Parteieinflusses im Bildungswesen waren wesentliche bildungspolitische Diskussionspunkte in Bezug auf Schulautonomie (Sertl, 1993, S. 89 ff). Specht (1991, S. 12) erkennt den Reformdruck aufgrund vorherrschender gesellschaftlicher Entwicklungen sowie existierender Strukturprobleme und versteht in seinem Diskussionspapier zur Schulqualität

Schule „*als pädagogische Handlungseinheit*", deren Bedürfnissen in hohem Maße auf individueller Basis entsprochen werden sollte, wie auch den Anforderungen der Region. Nach Specht (1991, S. 13) existiert ein direkter Zusammenhang zwischen Schulautonomie und Schulqualität, da „*ein zentral gelenktes und administratives Schulwesen [...] den einzelnen Schulen, Schulleitern und Lehrern nur begrenzte Spielräume offen lässt*" (ebd.). Ausgehend von den Autonomiediskussionen beschloss 1990 die damalige Bundesregierung im Rahmen einer Koalitionsvereinbarung u. a. die Vereinfachung der Schulverwaltung und die Schaffung von Möglichkeiten zur Profilgebung für die Einzelschulen (Rauscher, 1999, S. 15). 1993 folgte die legistische Umsetzung mit der Novellierung im Schulunterrichts- und Schulorganisationsgesetz. Damit wurde die Voraussetzung für die autonomere Gestaltung in den Schulen geschaffen. (Schratz & Hartmann, 2019, S. 109) Die sanften Reformen der 14. SchOG-Novelle schufen zusätzliche Optionen für Eröffnungs- und Teilungszahlen, die autonome Verwendung von Budgetmitteln und die Lehrplangestaltung (Rauscher, 1999, S. 16). Diese gesetzlichen Regelungen wurden bis in die jüngste Vergangenheit in diversen Gesetzen und Verordnungen ausdifferenziert (Schratz & Hartmann, 2019, S. 109).

Der Slogan „*Erhöhung schulischer Gestaltungsspielräume*" läutete nach Altrichter und Heinrich (2007, S. 83) Mitte der 1990er-Jahre die Epoche der Schulautonomie ein, die in weiterer Folge durch die Einführung neuer Steuerungsinstrumente wie z. B. die Selbstevaluation gekennzeichnet war (ebd.). Rauscher (1999) erkennt Ende der 1990er-Jahre eine Bewegung in der österreichischen Schullandschaft mit dem Ziel der Entwicklung und der Verbesserung eines Standort- und Qualitätsbewusstseins. Ein umfangreiches Modellprojekt – unter dem Motto „Schule in Bewegung" ins Leben gerufen – hatte das Ziel, damalige autonome Spielräume der Einzelschulen aufzuzeigen und Rückschlüsse auf weitere legistische Vorgangsweisen zu geben (Rauscher, 1999, S. 18).

2011 erfolgte die Umbenennung der Schulaufsicht in Qualitätsmanagement und diese wurde neu strukturiert, drei Jahre später wurden im Rahmen der Abschaffung der Bezirksschulräte deren Aufgaben in die Zuständigkeit der Landesschulräte integriert (Juranek, 2020, S. 111). Mit dem am 15. September 2017 verlautbarten Bildungsreformgesetz 2017 wurden schließlich insgesamt 39 Gesetze betreffend Schule und Schulverwaltung abgeschafft oder novelliert, womit das Bildungsreformgesetz 2017 das seit 1962 umfangreichste Schulgesetzpaket in der Geschichte Österreichs ist (ebd., S. 112).


## 2.2.2 Europäische Vergleiche

Das Ausmaß der Übernahme nationaler Verantwortung für das Bildungswesen – und damit auch die Ausprägung von Schulautonomie – hängt laut Fend (2003, S. 1) eng zusammen mit historischen und politischen Faktoren sowie der kulturellen

Tradition eines Landes. Wie sich die Autonomiebestrebungen im europäischen Vergleich in den letzten Jahrzehnten entwickelt haben, wird im folgenden Abschnitt aufgezeigt, indem auf die Gemeinsamkeiten und die Unterschiede in den am Erasmus⁺ Projekt INNOVITAS teilnehmenden Länder Bayern, Hessen und Südtirol eingegangen wird. Juranek et al. (2018, S. 107) kommen in ihren Ausführungen zu dem Schluss, dass die schulischen Entscheidungsmöglichkeiten und Ausprägungen von Schulautonomie stark unterschiedlich sind, wobei der Autonomiegedanke in Südtirol am weitesten fortgeschritten ist. Juranek (2019, S. 23 f) stellt in seinen Ausführungen fest, dass es den Rechtsbegriff „Schulautonomie" bei uns nicht gibt, dennoch ist er in Österreich ein gängiger, positiv besetzter Begriff. Die Begrifflichkeiten rund um das Thema Schulautonomie sind in den einzelnen Partnerländern, obwohl alle deutschsprachig sind, sehr unterschiedlich (Juranek et al., 2018, S. 108). Die Ergebnisse der einzelnen Teilprojekte im Erasmus⁺ Projekt INNOVITAS haben gezeigt, dass es weitere sprachliche bzw. definitorische Unterschiede in den Begrifflichkeiten gibt (Juranek, 2019, S. 24). Spricht man beispielsweise in Bayern, Hessen und Österreich von Schulleiterinnen und Schulleitern, so sind es in Südtirol die Schulführungskräfte, die eine Schule führen (ebd.). Juranek et al. führen auch aus, dass es in allen Partnerländern das Werkzeug der Zielvereinbarung gibt, allerdings nur in Südtirol Konsequenzen bei Nichterreichen von zuvor gesetzten Zielen im Sinne von Ergebnisverantwortung vorgesehen sind, deren Rechtsnatur und Durchsetzbarkeit jedoch nicht geklärt sind (Juranek et al., 2018, S. 109). Der Schulleiter bzw. die Schulleiterin wird in allen Partnerländern auf Basis unterschiedlicher Verfahren und Mitbestimmungsvarianten bestellt, wobei nur in Südtirol Personalvertretungsorgane kein Recht auf Stellungnahme besitzen (Juranek, 2019, S. 27).

## Südtirol

„Schulautonomie" ist in Südtirol ein gängiger und gesetzlich verankerter Begriff (Juranek et al., 2018, S. 108). In Italien wurde Schulautonomie Mitte der 1990er-Jahre durch eine radikale Verwaltungsreform eingeläutet, um den einzelnen Verwaltungseinheiten mehr Eigenverantwortung zuzuerkennen (Pernstich, 2019, S. 10). Die öffentlichen Schulen waren zu diesem Zeitpunkt von starkem Zentralismus geprägt, das Bildungswesen hierarchisch organisiert und das Bildungsangebot durch den Fokus auf die staatlichen Lehrpläne beschränkt (ebd.). 1997 wurde vom italienischen Staat ein umfangreiches Gesetz verabschiedet, das Südtirol auf Landesebene ausgeweitet hat. Den Südtiroler Schulen wurde 2000 weitreichende Autonomie in Hinblick auf Didaktik, Organisation, Verwaltung und Finanzgebarung zugesichert (Tutzer, 2019, S. 17). Durch diese Beinahe-Vollautonomie im Bildungswesen erhielten Schulen den Rechtsstatus juristischer Personen des öffentlichen Rechts und die Rolle der Schulleitung wurde deutlich gestärkt (Pernstich, 2019, S. 11 f).

Das Herzstück der Schulautonomie in Südtirol ist der Dreijahresplan des Bildungsangebotes, der in Zusammenarbeit mit allen Mitgliedern der Schulgemeinschaft erarbeitet wird (Sporer, 2020, S. 168). Seit 2000 haben die Schulen ihr individuelles Profil zum Schulprogramm erarbeitet, um der Verpflichtung zur Planung gerecht zu werden. Das Schulprogramm beschreibt das langfristige Qualitätskonzept der Schule und Maßnahmen zur Qualitätssicherung (Pulyer & Stuppner, 2019, S. 94) und Aspekte wie die schulische Situation, die Weiterentwicklung, die Schwerpunkte, die Öffnung der Schule nach außen sowie die Gestaltung des Schullebens (Tutzer, 2019, S. 18). Einheitliche Bildungsziele, Jahresstundenkontingente, Qualitätsstandards, Pflichtstunden und allgemeine Bewertungsrichtlinien zählen zu den zentralen Vorgaben (Pernstich, 2019, S. 12).

Autonome Schulen können sich durch Vertrag zu einem Schulverband zusammenschließen, um wichtige Vorhaben im Bereich der Lehrerfortbildung, der Schulentwicklung, der Beschaffung von Waren und Dienstleistungen umzusetzen oder den zeitweiligen Austausch von Lehrkräften zwischen den einzelnen Schulen zu ermöglichen (Sporer, 2020, S. 171). Diese Option wurde anfangs nur zögerlich genutzt (Keim, 2019, S. 58), mittlerweile haben sie jedoch viele Schulen genutzt, um im Verbund gemeinsame Projekte zu verwirklichen (Sporer, 2020, S. 175).

Schulen haben ihr Bildungsangebot stark erweitert und ein breites Angebot sowohl für Schüler/innen als auch Erwachsene zur Verfügung gestellt. Beispielhaft seien hier der Ganztagsunterricht, Wahlfächer, schulinterne Fortbildungen oder die Montessori-Pädagogik genannt (Pernstich, 2019, S. 13). Die autonome Gestaltungsbefugnis hat den Schulen in Südtirol neue Möglichkeiten eröffnet, die jedoch an die Verpflichtung zur Rechenschaftslegung nach außen und zur Evaluation nach innen gebunden sind (Sporer, 2020, S. 176). Die Schulen haben „inzwischen Erfahrungen im Rahmen von schulinternen Evaluationsvorhaben sammeln können, ebenso wurden alle Schulen inzwischen extern evaluiert" (Tutzer, 2019, S. 19). In Südtirol werden autonome Schulen alle fünf bis sieben Jahre extern evaluiert (Juranek, 2019, S. 38). In Zusammenhang mit der Finanzautonomie verfügen die Schulen über ein zugeteiltes Globalbudget (Pulyer & Stuppner, 2019, S. 95), Rechnungsrevisoren überprüfen die Finanzgebarung und bestätigen dem Schulamt deren Richtigkeit in Form eines Berichts (Pernstich, 2019, S. 13). Das Budget kann eingeschränkt zwischen Personal- und Sachaufwand umgewandelt werden (Juranek et al., 2018, S. 108).

Führungskräfte werden gesondert im Rahmen von jährlichen Zielvereinbarungs- bzw. Zielerreichungsgesprächen bewertet (Pulyer & Stuppner, 2019, S. 63; Sporer, 2020, S. 176). Die schulischen Führungskräfte haben zur Umsetzung schulautonomer Vorhaben einen ausdrücklichen Gestaltungsauftrag erhalten (Tutzer, 2019, S. 20) und sind verantwortlich für die Personaleinsatzplanung (Sporer, 2020, S. 174). Die unbefristete Aufnahme von Mitarbeiterinnen und Mitarbeitern oder Ranglisten bleiben jedoch im Zuständigkeitsbereich des

Landes (Pernstich, 2019, S. 13). Obwohl die Rolle der schulischen Führungskraft durch zusätzliche Aufgabenbereiche aufgewertet wurde, sieht Keim (2019, S. 57 f) die Notwendigkeit gesetzlicher Nachbesserung in Bezug auf Verantwortungsbereiche, auf die sie keinen Einfluss haben, und fordert ein Mitspracherecht bei Personalentscheidungen im pädagogischen Bereich. Trotz umfassender Schulautonomie haben Schulleiter/innen in Südtirol wenig Einfluss auf die Auswahl des pädagogischen Personals und die Personalzuteilung (Juranek et al., 2018, S. 108).

Die Veränderungen durch die Einführung der Schulautonomie haben zu einem breit gefächerten Bildungsangebot, zur Öffnung und Vernetzung mit der Wirtschaft und dem sozialen Umfeld sowie zur Stärkung des Profils der Schulen geführt (Pernstich, 2019, S. 14). Die Rolle der Schulaufsicht hat sich in den letzten 20 Jahren trotz der gleichbleibenden Bezeichnung sehr stark in eine beratende und unterstützende Funktion gewandelt (Juranek et al., 2018, S. 108; Sporer, 2020, S. 175).

## Deutschland

Rürup (2019, S. 61 f) erkennt bei der Umsetzung der eigenverantwortlichen Schule in Deutschland in den vergangenen Jahrzehnten zahlreiche Umbrüche mit divergierenden politischen Zielen und unterschiedlichen Konzepten, wobei vor allem die Optimierung des Verhältnisses von staatlicher Schulverwaltung und staatlicher Schule im Vordergrund stand. Lag der Fokus anfänglich auf der effizienterer Mittelverwendung, verlagerte sich das Augenmerk schließlich auf eine auf Systemebene angestrebte Qualitätssteigerung im deutschen Schulsystem (Rürup, 2019, S. 70). Ende der 1980er-Jahre und Anfang der 1990er-Jahre waren sowohl das deutsche als auch das österreichische Schulsystem geprägt von einer bürokratisch-hierarchischen Steuerung der Einzelschule durch die zentrale Bildungsverwaltung (Altrichter, Rürup, et al., 2016, S. 109). Umgelegt auf das föderale deutsche Schulsystem bedeutet das, dass die Bildungspolitik durch sechzehn Länderministerien und -parlamente gelenkt wird (ebd.). In den 1990er-Jahren erhielten erste groß angelegte Modellvorhaben mit Anspruch auf Qualitätsentwicklung durch Selbstständigkeit viel Aufmerksamkeit (Herrmann, 2012, S. 16) und in der ersten Hälfte der 1990er-Jahre wurde eine neue Ära der Schulmodernisierung eingeläutet, im Rahmen derer die einzelschulischen Gestaltungsspielräume erhöht wurden (Altrichter & Heinrich, 2007, S. 83 ff), wobei Zeitpunkt, Abfolge und Ausprägung in den verschiedenen Ländern divergierten (Altrichter et al., 2016, S. 107).

Den Autonomiebestrebungen in Bayern ging die erfolgreiche Umsetzung der mehrphasigen, über einen längeren Zeitraum dauernden MODUS-Modellversuche (MODell Unternehmen Schule), MODUS21 (Schule in Verantwortung), MODUS-F (Führung) und PROFIL 21 (Berufliche Schule in Verantwortung) voraus, die unter der Voraussetzung externer Evaluation erweiterte Rechte für die Modellschulen vorsahen (Tarkian et al., 2019, S. 190). Der Modellversuch MODUS21 *„erprobt eine weitgehende Selbständigkeit von Schulen aller Schularten als konsequente Fortsetzung der Inneren Schulentwicklung in Bayern. Durch die erweiterte Selbständigkeit soll den individuellen Bedürfnissen der einzelnen Schule stärker Rechnung getragen werden"* (Herrmann, 2012, S. 245). Im Schuljahr 2013/14 wurde schließlich die eigenverantwortliche Schule im Bayerischen Gesetz über das Bildungs- und Unterrichtswesen zusammen mit der Schulprogrammarbeit gesetzlich verankert (Maier & Rudolph-Albert, 2020, S. 177 f). Die Gesetzesänderung bringt die Verpflichtung für interne und externe Evaluationen, die Entwicklung eines Schulentwicklungsprogramms und Zielvereinbarungen mit der Schulaufsicht mit sich. Im Gegenzug soll die Schulgemeinschaft durch mehr Mitbestimmungsrechte für das Schulforum und eine verbesserte Zusammenarbeit zwischen Eltern und Schule gestärkt werden. In den staatlichen Realschulen, den Gymnasien, den beruflichen Schulen sowie den Schulen für den zweiten Bildungsweg können – abhängig von der Schulgröße – Führungsaufgaben an eine erweiterte Schulleitung delegiert bzw. fachliche Weisungsbefugnisse an z. B. Fachleitungen übertragen werden (Maier & Rudolph-Albert, 2020, S. 177).

Der Begriff „Schulautonomie" wird in Bayern nicht verwendet, stattdessen wird von der eigenverantwortlichen Schule gesprochen (Juranek et al., 2018, S. 108). Die eigenverantwortlichen Schulen in Bayern können seit der Gesetzesänderung im Jahr 2013 flexibler auf die Herausforderungen an das Schulsystem reagieren, ihre Ziele auf das Schulentwicklungsprogramm ausrichten, dabei ihr Schulprofil schärfen und die eigenen Stärken besser entfalten. Die externe Evaluation ist in Bayern gesetzlich alle fünf Jahre vorgesehen (Juranek, 2019, S. 38). Die Rolle der Schulaufsicht hat sich auch in Bayern von der kontrollierenden in eine beratende, begleitende verändert, jedoch besteht die Rechtsaufsicht durch die Schulbehörde, die auf die Einhaltung bindender rechtlicher Bestimmungen achtet (ebd., S. 38 f). Die Ergebnisse einer Umfrage im Rahmen des Erasmus[+] Projekts INNOVITAS unter 137 Schulleiterinnen und Schulleitern in Bayern im Jahr 2018 zeigen, dass diese die Möglichkeiten der autonomen Schule positiv bewerten, sich jedoch im Bereich der Personaleinstellung mehr Entscheidungskompetenzen wünschen. 71 % der befragten Schulleiter/innen waren der Meinung, dass bei der Rekrutierung von Lehrkräften die Entscheidungskompetenz bei der Schulleitung liegen sollte (Maier & Rudolph-Albert, 2020, S. 190 f). In Bayern besteht die Möglichkeit der Mitsprache schulischer Führungskräfte bei der Auswahl des Lehrpersonals, allerdings nur bei für konkrete Schulen ausgeschriebenen Stellen und bei berufsbildenden Schulen aufgrund der dort erforderlichen spezifischen fachlichen Kompetenzanforderungen (Juranek et al., 2018, S. 108).

Bei Versetzungen gibt es Verfahren, die teilweise auf konkret ausgeschriebenen Stellen, aber auch auf Basis von Versetzungsanträgen basieren, die Vergabe der Stellen erfolgt nach sozialen Kriterien (Juranek, 2019, S. 28 f).

In Hessen wird statt der Verwendung des Begriffs „Schulautonomie" von selbständiger Schule gesprochen (Juranek et al., 2018, S. 108). In den Jahren 2005 bis 2011 wurden in Hessen ausgewählte berufliche Schulen im Rahmen des Modellversuchs SVplus (Selbstverantwortung plus) mit größeren Freiräumen und einem höheren Maß an Eigenverantwortung ausgestattet (Bordon & Leist, 2019, S. 83). Diese Schulen führen die Bezeichnung „Selbständige berufliche Schule plus SBS+" und sind kontoführend, verwalten eigenständig ihre Budgets und können Drittmittel einwerben (Bauer & Enderle, 2015, S. 363). Im Gegenzug dazu haben sich die Schulleitungen dazu verpflichtet, ein zertifizierbares Qualitätsmanagementsystem zur Sicherstellung ordnungsgemäßer Rechenschaftslegung, kontinuierlicher Schulentwicklung und Überprüfung der eigenen Schul- und Unterrichtsqualität aufzubauen und aufrechtzuerhalten (Bordon & Leist, 2019, S. 83). 2016 wurden die beruflichen Schulen in Hessen per Erlass in Selbständige Berufliche Schulen (SBS) umgewandelt und das Qualitätsmanagementsystem Q2E (Qualität durch Evaluation und Entwicklung) verbindlich vorgeschrieben. Damit verbunden ist die Verpflichtung einer jährlichen externen Überprüfung und Bewertung der eigenen Entwicklungsvorhaben durch externe Evaluationsfachleute, die durch ihre Unabhängigkeit und ihre professionelle Begutachtung des Qualitätsmanagementsystems Entwicklungsmöglichkeiten aufzeigen sollen. Die Schulleitung übernimmt Aufgaben der Schulaufsicht im Bereich der Personaleinsatzplanung, der Unterrichtsorganisation und der inhaltlichen Ausgestaltung des Unterrichts (Bordon & Leist, 2019, S. 83 ff). Die Schulaufsicht stellt gemeinsam mit der Schule auf der Grundlage zuvor erhobener Daten die Weichen für die weitere Schulentwicklung und bietet dabei spezifische Unterstützungsmaßnahmen an (Bordon & Leist, 2019, S. 88). Seit einem weiteren Pilotprojekt im Jahr 2012, im Rahmen dessen 23 allgemeinbildende Schulen in Hessen in Selbständige Schulen (SES) umgewandelt wurden, haben alle allgemein- und berufsbildenden Schulen die Möglichkeit, den Status einer selbständigen Schule zu beantragen, wenn sie ein Konzept zur dauerhaften Schul- und Unterrichtsentwicklung mit Entwicklungsschwerpunkten der Schule einreichen (Miceli, 2018, S. 7). Den SES und den SBS wird ein Budget zugewiesen, das ihnen ausreichend Freiräume verschafft, um ihr Schulprofil zu schärfen. Hessische Schulleiter/innen können Budgetmittel im Umfang von fünf Lehrerstellen wahlweise für Fortbildungsmaßnahmen ihrer Lehrkräfte oder für die Einstellung von zusätzlichem, nicht pädagogischen Personal nützen (Juranek et al., 2018, S. 109). Seit dem Schuljahr 2020/21 können sich allgemeinbildende Schulen zudem in Pädagogisch Selbständige Schulen (PSES) umwandeln lassen, um die erweiterte Eigenverantwortung vorrangig für Maßnahmen der Unterrichtsentwicklung zu nutzen. Berufliche Schulen können sich darüber hinaus auf Antrag des Schulträgers in Rechtlich Selbständige Berufliche Schulen (RSBS) umwandeln lassen. (Hessisches Kultusministerium, o. J.) In Hessen besteht für Schulleiter/innen die Möglichkeit, über eine schulbezogene Ausschreibung Lehrpersonal selbst auszuwählen oder über ein zentrales Ranglistenverfahren auf Basis einer Bestenauslese einstellen zu lassen (Juranek, 2019, S. 29). Die administrative und technische Abwicklung des Recruiting-Prozesses obliegt dabei in jedem Fall der Schulaufsichtsbehörde (Juranek et al., 2018, S. 108). Für die Schulleitung existiert bei Initiativbewerbungen die Möglichkeit, nicht ausgeschriebene Stellen über Vertretungsverträge zu besetzen (Juranek, 2019, S. 29).

### 2.2.3 Die Rolle der Schulaufsicht in der Schulautonomie in Österreich

In der Vergangenheit konnte vereinzelt beobachtet werden, dass Schulleitungen und Lehrkräfte gegenüber der Beaufsichtigung von Schulen durch Organe der Schulaufsicht negativ eingestellt waren und zudem die Auffassung geteilt wurde, dass die Einführung der autonomen Schule die Schulaufsicht überflüssig mache (Dubs, 2011, S. 71). Dubs (ebd., S. 72) widerspricht diesen Argumenten, da eine wirkungsorientierte Führung Ziele nur durch ein modernes Controlling erreicht. Folgt man Juranek (2019, S. 39), dann müssen sich Schulaufsicht und Schulbehörden jedoch zurücknehmen, je mehr Eigenständigkeit der Einzelschule gewährt wird, um innovative Schulentwicklung zu ermöglichen.

*„Eigenverantwortung der Einzelschule für ihre Qualitätsentwicklung gelingt, wenn Schulaufsicht innovativ unterstützt."* (Bordon & Leist, 2019, S. 77)

Das Aufgabenprofil der Schulaufsicht entspricht eher dem eines beratenden, unterstützenden Akteurs im Schulsystem, dessen Aufsichtsfunktion auf die Prüfung der rechtlichen Vereinbarkeit der schulischen Entscheidungen mit den rechtlichen Vorgaben beschränkt ist (Juranek et al., 2018, S. 107). Demnach sinkt der Einfluss der Schulaufsicht, je stärker der Autonomiegrad ausgeprägt ist (Juranek, 2019, S. 41). Neben dem Umbau der österreichischen Schulverwaltung haben sich auch Aufgabenprofil und Bezeichnung der Organe der Schulaufsicht verändert (Huber et al., 2020, S. 245 f.). Die früheren Schulinspektorinnen und Schulinspektoren werden seit dem 1. Jänner 2019 Schulqualitätsmanager/innen genannt und aus den Landesschulräten bzw. dem Wiener Stadtschulrat sind die Bildungsdirektionen entstanden (ebd.). Mit der Verschiebung der Entscheidungskompetenzen zu den Einzelschulen arbeiten die früher nach Schularten eingeteilten Organe der Schulaufsicht nun in Teams in den Bildungsregionen, wo sie ihre neuen Aufgaben als Teil des Qualitätsmanagements wahrnehmen (Juranek, 2019, S. 41) und *„zu einem strategischen Partner für die Planung und Umsetzung der Personal- und Schulentwicklung durch die Schulleitung"* (BMBWF, 2018, S. 46) geworden sind.

Huber et al. (2020, S. 253) führen an, dass sich die Autonomiebestrebungen in Österreich derzeit noch in der Umsetzung befinden und so eher aus verwaltungstechnischer und organisatorischer Sicht zu sehen sind. Kontrolle braucht es auch in der autonomen Schule, bei der Schulentwicklung von elementarer Wichtigkeit ist, denn es gibt *„keine Führung ohne eine angemessene Kontrolle"* (Dubs, 2011, S. 72). Dubs (ebd.) betont, dass es auch weiterhin einer Beaufsichtigung der Schulen bedarf, die jedoch an die durch die Schulautonomie geschaffenen Voraussetzungen angepasst werden muss. Dementsprechend groß sind die Herausforderungen an das neue Rollenbild der Schulaufsicht zu sehen, welche zwischen der formal verwaltenden Tätigkeit als Organ der Schulaufsicht und der unterstützenden Rolle in einer wertschätzenden Beratungsstruktur die richtige Balance zur Unterstützung der autonom gewordenen Schulen finden muss (Huber et al., 2020, S. 253). Dubs (2011, S. 73) führt folgende Aufgaben der Schulaufsicht im Rahmen der Schulautonomie an:

- Kontrolle der Übereinstimmung schulautonomer Aktivitäten mit gesetzlichen Vorgaben
- Stimulierung von Schulentwicklung und der Aufbau einer Evaluationskultur
- Verwaltungsaufgaben inklusive Personalmanagement
- Individuelle Beratung von Schulleitungen und Lehrkräften
- Evaluation der Einzelschulen
- Berichterstattung an die Schulbehörde und das Ministerium
- Beratung von Behörden, Schulträgern und externen Institutionen

Neben einem breiten Verständnis von Qualitätsmanagement erfordern die zur Aufgabenbewältigung notwendigen Kompetenzen Schulungen aller beteiligten Personengruppen, um qualitätsverbessernde Maßnahmen im Zuge des neuen Modus der Zusammenarbeit erfolgreich umsetzen zu können (Huber et al., 2020, S. 253).

## 2.3 Organisationskultur

Jede Organisation hat eine eigene spezifische Kultur, die seit Beginn des Bestehens vorhanden und mehr oder weniger stark ausdifferenziert ist (Sackmann, 2004, S. 24). Bennis und Nanus (1986, S. 113) bezeichnen Kultur als soziale Architektur, bei der die Führungskraft ein/e soziale/r Architekt/in sein muss (ebd., S. 106). Heinrich (2001, S. 130) schreibt dazu, dass die Kultur die Mitarbeiter/innen einer Organisation verbindet und von anderen abgrenzt. Seliger (2018, S. 172) ergänzt, dass sich die Regeln und Werte einer Organisationskultur *„im Laufe der Zeit beinahe unbemerkt und wie von selbst"* entwickeln. Kultur ist laut Kasper und Schmidt (2015, S. 266) weder direkt fassbar noch objektiv messbar, sondern muss über beobachtbare Phänomene erschlossen werden (Wunderer, 2011, S. 167). Sackmann (2004, S. 25) schreibt, dass Organisationskultur ein Gruppenphänomen ist, folglich nicht am Individuum festzumachen ist. Die Organisationskultur wird nach Wunderer durch *„Werthaltungen, Wahrnehmungs- und Verhaltensmuster, Gebräuche und Umgangsformen der Organisationsmitglieder"* geprägt (Wunderer, 2011, S. 154). Grundlegende Annahmen als auch nach außen dargestellte Artefakte und sichtbares Verhalten zählen zu den Elementen, die in verschiedenen Ebenen die Gesamtheit der in einer Organisation tradierten Normen und Verhaltenserwartungen bilden und die die Einzigartigkeit bzw. „Persönlichkeit" einer Organisation ausmachen (Kühl, 2018, S. 7). Organisationskultur lässt sich am besten anhand des Eisbergmodells, wie in Abbildung 3 dargestellt, beschreiben. Das dargestellte Modell von Sackmann (Sackmann, 2002, 2004) basiert auf den Annahmen von Schein, welches in Abbildung 4 gezeigt wird.

Abbildung 3: Das kulturelle Eisbergmodell (nach Sackmann, 2004, S. 25)

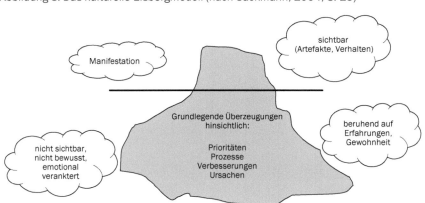

Der Kern der Organisationskultur, die grundlegenden Überzeugungen und gelebte Werthaltungen, liegen unsichtbar unter der Oberfläche, sichtbar ist die leicht zugängliche Manifestation der Organisationskultur, das sind die Symbole, die auf die Werte der Organisation hindeuten (Kasper & Schmidt, 2015, S. 266). Grundlegende Überzeugungen manifestieren sich im verbalen und non-verbalen Verhalten, z. B. in der Art des Umgangs miteinander, deren tatsächliche Bedeutung offenbart sich jedoch nur über die grundlegenden Überzeugungen, die die Wahrnehmung, das Denken und das Verhalten steuern (Sackmann, 2004, S. 24).

Scheins (1995) Beschreibungen der drei Ebenen von Kultur zählen zu den bekanntesten Ausführungen zur Organisationskultur und haben sowohl in Theorie als auch in Praxis breite Anerkennung gefunden (Pullig, 2016, S. 1096). Die drei Hauptebenen der kulturellen Analyse sind: (Schein & Schein, 2018, S. 14 ff)

- Artefakte (sicht- und spürbare Phänomene)
- Gewählte Überzeugungen und Werte (Werte, Normen und Standards)
- Selbstverständliche, grundlegende Annahmen

Pullig (2016, S. 1096) veranschaulicht das Ebenenmodell von Schein anhand des Beispiels von Schulkonferenzen, wonach beobachtbare Konferenzrituale den äußeren Erscheinungsbildern der Artefakte entsprechen, das Leitungs-, Koordinations- und Konferenzgeschehen in der zweiten Ebene der Überzeugungen und Werte liegt und die Grundüberzeugungen der dritten Ebene die Konferenzkultur bestimmen.

Scheins Ausführungen dienten als Ausgangsbasis für die Weiterentwicklung des Modells durch Sackmann (2004):

Abbildung 4: Organisationskulturelle Aspekte in der Ebenenperspektive (nach Sackmann, 2004, S. 27)

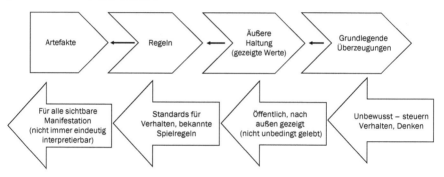

Kasper und Schmidt (2015, S. 276) gehen davon aus, dass eine starke Organisationskultur in erster Linie eine stabilisierende Funktion hat, *„indem sie die Struktur, die charakteristischen Denk- und Verhaltensmuster sowie die Richtung einer Organisation verstärkt und dadurch konserviert"* Sackmann (2004, S. 27) führt folgende zentrale Funktionen der Organisationskultur an:

- Reduktion der Komplexität
- Ermöglichung des koordinierten Handelns
- Identifikation mit der Organisation
- Kontinuität

Inwieweit die Organisationskultur Einfluss auf die Funktionsfähigkeit einer Organisation hat, hängt von den konkreten Ausgestaltungen der kulturellen Funktionen ab, die weiter auf Kommunikation, Motivation, Lern- und Anpassungsfähigkeit wirken (ebd.). Die wichtigste Funktion der Organisationskultur ist es jedoch, eventuell vorhandene Ängste von Führungskräften und Mitarbeiterinnen sowie Mitarbeitern zu reduzieren (Kasper & Mühlbacher, 2002, S. 120).

Schein und Schein (2018, S. 147) gehen davon aus, dass jede Kultur in eine größere Makro-Kultur eingebettet ist. Auch das politische Umfeld und die vorherrschende politische Situation haben Einfluss auf eine Organisation und ihre

Kultur (Sackmann, 2004), was besonders auf die Schule und das Bildungssystem zutrifft. Das bedeutet, dass es Aufgabe der Führungskraft ist, darauf zu achten, dass neue Überzeugungen, Werte und Kulturen in die Makro-Kultur passen, wenn sie angenommen werden sollen (Schein & Schein, 2018, S. 147). Auf der anderen Seite ist Organisationskultur nicht an einem einzelnen Individuum festzumachen, obwohl der Kern aus den grundlegenden gemeinsamen Überzeugungen besteht, die das Denken und die Handlungen aller Mitglieder der Organisation beeinflussen und typisch für die Organisation oder Gruppe sind (Sackmann, 2004, S. 24 f). Die Bedeutung von Führungskräften als Vorbilder in Organisationen wird dadurch deutlich, dass widersprüchliches Führungsverhalten ebenso Teil der Organisationskultur ist und Mitarbeiter/innen die Organisationskultur mit allen ihren Widersprüchen durch nachahmendes Verhalten habitualisieren (Sausele-Bayer, 2009, S. 61). Eine Führungskraft prägt als Vertreter/in der Organisation die Rahmenbedingungen einer Organisationskultur (z. B. Ziele und Strukturen) und wirkt durch ihre Vorbildfunktion kulturstiftend, kann aber auch im negativen Sinn die vorgelebte Kultur verstärken (Heinrich, 2001, S. 135; Sackmann, 2004, S. 36). Auf der anderen Seite beeinflusst das Verhalten der Mitarbeiter/innen als Spiegelbild der Organisationskultur das Verhalten und die Einstellung neuer Führungskräfte, die von außen in eine Organisation kommen, wodurch sich dieser Widerspruch fortsetzt (ebd.).

*„Wenn Führungspersonen widersprüchliche Signale bezüglich dessen senden, was sie beachten und was nicht, schafft das emotionale Probleme für ihre Angestellten [...]."* (Schein & Schein, 2018, S. 153)

Folgt man Neuberger (1995, S. 66), so bedeutet das Hineinwachsen einer Führungskraft in eine Kultur, sich die wichtigsten Grundprinzipien der Kultur anzueignen, die den Umgang miteinander ermöglichen, denn je diffuser die von einer Führungskraft ausgesendeten Hinweisreize sind, desto schwieriger fällt die Orientierung und desto größer wird die Unsicherheit in der Belegschaft. Es ist aber auch Aufgabe einer Führungskraft, eine geeignete Kultur zu schaffen (Zielowski, 2006, S. 49). Führungskräfte können ihre Überzeugungen und Werte in die Organisation einbetten, indem sie konsequent in ihrem eigenen Verhalten sind (Schein & Schein, 2018, S. 149). Achten sie auf zu viele Dinge oder setzen sie ihre Prioritäten inkonsequent, nutzen die Mitarbeiter/innen andere Signale oder ihre eigenen Erfahrungen, um einzuschätzen, was wichtig ist (ebd., S. 154). Dies kann zu unterschiedlichen Annahmen oder aber auch zur Bildung von Subkulturen führen (ebd.), deren Dynamik häufig unerkannt bleibt (Schreyögg & Koch, 2015, S. 279). Subkulturen entstehen, wenn sich einzelne Gruppen einer Organisation in bestimmten Intervallen austauschen, in Interaktion treten und sich dabei als Einheit verstehen (Kasper & Mühlbacher, 2002, S. 121). Für eine Führungskraft gilt es zu beachten, dass informelle Regeln und Normen eine starke Beharrungstendenz in Veränderungsprozessen aufweisen, wobei der daraus resultierende Widerstand davon abhängt, wie stark diese Kultur ausgeprägt ist (Schreyögg & Koch, 2015, S. 279).

Eine starke Organisationskultur ermöglicht effektive Führungsprozesse und beeinflusst, ob Führungskräfte Mitarbeiterinnen und Mitarbeiter mit Führungspotenzial identifizieren und diese weiterentwickeln oder nicht. Sie kann auch beeinflussen, ob Mitarbeiter/innen mit Führungskompetenzen dazu ermutigt werden, Führungsagenden zu übernehmen oder nicht. Schließlich kann die Organisationskultur dazu beitragen, zu bestimmen, ob eine Organisation über entsprechende informelle Netzwerke verfügt, die erforderlich sind, um Shared Leadership zu ermöglichen (Kotter, 1990, S. 127 ff).

Führungskräfte führen wirkungsvoll, wenn sie durch ihre Normensetzung die kulturbildenden Prozesse aktiv gestalten und den Mitarbeiterinnen und Mitarbeitern durch ihr Verhalten im Sinne der Vorbildwirkung Orientierung geben (Kasper & Schmidt, 2015, S. 281). In Krisenzeiten haben die Reaktionen von Führungskräften starken Einfluss auf die Kulturentwicklung, da durch sichtbar gemachte Annahmen oftmals neue Normen und Werte in der Organisation erschaffen werden, weshalb Krisen besonders wichtig sind für das organisationale Lernen (Schein & Schein, 2018, S. 154 f). Krisen erzeugen und verstärken Angst, was die Bereitschaft aller Mitglieder der Organisation zum Lernen von Neuem entsprechend verstärkt (ebd.). Darüber hinaus unterstützt die Unternehmenskultur die Risikobereitschaft (Kotter, 1990, S. 128).

Die stabilisierende Funktion der Kultur hat besondere Bedeutung in Veränderungsprozessen, wo in Zeiten des Wandels aufgrund von Unsicherheit Konstanz bei den kulturellen Erwartungen und Werten geschätzt wird (Kasper & Mühlbacher, 2002; Trice & Beyer, 1984, S. 119). Verbundenheit wirkt beruhigend „in Momenten großer Verunsicherung und Angst" (Purps-Pardigol & Hüther, 2015, S. 51). Die Organisationskultur fungiert als Kitt einer Organisation (Kasper & Mühlbacher, 2002, S. 119) und Leitbilder, Visionen und Symbole, wie z. B. Slogans, unterstützen deren stabilisierende Funktion (Kasper & Schmidt, 2015, S. 278). Bennis und Nanus (1986, S. 143) schreiben, dass Visionen „den Kontext für gemeinsame Überzeugungen" bilden, die „eine Organisation zusammenschweißen". Durch das gemeinsame Entwickeln von Leitbildern und Zielvisionen oder die Einführung von Ritualen werden Zusammengehörigkeit und Identifikation mit der Organisation gesteigert (Lindemann, 2010, S. 35). Im folgenden Abschnitt wird daher näher auf Funktion und Wirkung von Vision und Leitbild eingegangen.

### 2.3.1 Vision und Leitbild

Dubs (2018, S. 296) unterstreicht, dass sich die autonome Schule mit ihren Zielen und ihrer Strategie unter Einbeziehung von Vision und Leitbild auseinandersetzen soll. In Abbildung 5 ist ersichtlich, dass die Vision an oberster Stelle steht, weil sie die strategische Zielrichtung angibt. Zum Unterschied von Zielen sind Visionen *„langfristiger, weitreichender, umfassender und auch unschärfer"* (Lindemann, 2010, S. 274). Bennis und Nanus (1986, S. 88) beschreiben eine Vision als *„ein Ziel, das einen Sog ausübt"* und als *„Bild eines Zustands, der in wichtigen Hinsichten besser ist als der gegenwärtige".* Der Rolle der Führungskraft kommt diesbezüglich folglich eine bedeutende Rolle zu, weil sie langfristiges und innovatives Denken sowie Kreativität in der Organisation stimulieren und verstärken muss (ebd., S. 187).

Abbildung 5: Zusammenhang zwischen Vision, Leitbild und Strategie (nach Dubs, 2018, S. 296)

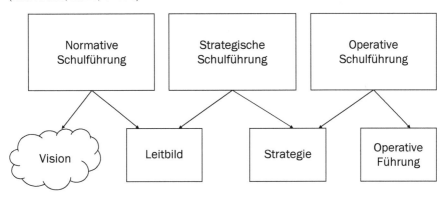

Ein Leitbild sollte aus maximal zehn Leitsätzen bestehen, kurz und bündig gefasst und pointiert formuliert sein, damit es auffällig und einprägsam ist (Philipp & Rolff, 2006, S. 18 f). Das Leitbild gibt die längerfristige Marschrichtung vor und bildet die Grundlage für das Schulprogramm (Dubs, 2018, S. 297). Mit der Vision wird ein plastisches, attraktives Zukunftsbild verständlich präsentiert, wobei im schulischen Bereich der Begriff Leitbild vorgezogen wird, da viele Schulen bereits Leitbilder entwickelt haben, in denen ihre Vision abgebildet ist (Buhren & Rolff, 2016, S. 461). Leitbilder enthalten die Werte und Grundsätze einer Schule und werden von den Mitgliedern der Schulgemeinschaft gemeinsam getragen (Rolff, 2016, S. 330). Werden Leitbilder und Entwicklungsziele grafisch visualisiert, sind sie besonders wirksam und die Vision wird auf einen Blick klar ersichtlich dargestellt (Burow, 2016, S. 113). Zudem wirken im Logo oder im Slogan dargestellte Leitsätze im Sinne der Corporate Identity verstärkend (Freihold, 2018, S. 220). Aus Vision und Leitbild wird eine Strategie erarbeitet, die *„das Handeln auf der Basis der von der Schule getragenen Vision ermöglicht"* (Schratz et al., 2010, S. 67). Besonders in Schulentwicklungsprozessen braucht es eine klare Bestimmung der Zielrichtung im Veränderungsprozess, die durch das Zukunftsbild und den Slogan, der die Mission verdeutlicht, ausgedrückt wird (Burow, 2016, S. 115). Das Leitbild der Schule wird auf Basis der Vision, der Ziele der Schule sowie der dahinterstehenden Wertvorstellungen *„im Sinne einer Absichtserklärung ohne Bezug auf konkrete Vorhaben"* entworfen (Dubs, 2018, S. 297). Die Identifikation mit einer Schule ist die Folge einer kontinuierlichen Auseinandersetzung mit den an der Schule gelebten gemeinsamen Werten und Normen (Freihold, 2018, S. 220). Dubs (2005, S. 61) führt an, dass der Prozess der Leitbilderarbeitung aufgrund der großen Bedeutung von Leitbildern von der Schulleitung zu führen ist, auch, weil die Vision des/der Schulleiter/in in das Leitbild einfließen soll. Capaul et al. (2020, S. 122) betonen, dass Leitbilder dann wertvolle Instrumente sind, *„wenn sie richtig entwickelt und implementiert werden"*. Leitbilder können zwar top-down von der Schulleitung entwickelt und kommuniziert werden, jedoch kann bei Leitbildern, die in einem bottom-up-Prozess erarbeitet werden, ein größeres Commitment bei den Mitarbeiterinnen und Mitarbeitern erzielt werden. Philipp und Rolff (2006, S. 19) betonen, dass ein Leitbild nicht von anderen Schulen übernommen werden kann, auch ist es nicht zielführend, ein Leitbild für eine andere Organisation zu erstellen. Freihold (2018, S. 220) empfiehlt für die Leitbilderstellung einen pädagogischen Tag, um sich ausgiebig mit den Zielen und Werten einer Schule auseinandersetzen zu können, wobei zu Beginn der Entwicklung ein innerschulischer Reflexionsprozess erfolgen soll, gefolgt von der Erfassung der Ausgangslage der Schule anhand einer Ist-Analyse (Bartz, 2016, S. 384; Capaul et al., 2020, S. 122). Folgt man Dubs (2005, S. 61), so besteht zwar Uneinigkeit, welche Anspruchsgruppen bei der Entwicklung des Leitbilds mitwirken sollen, jedoch sollte zumindest ein Entwurf des Leitbildes allen Anspruchsgruppen (z. B. Schüler/innen, Lehrer/innen, Eltern) zur Begutachtung vorgelegt werden. Freihold (2018, S. 220) weist darauf hin, dass ein fertiggestelltes Leitbild lediglich als Zwischenergebnis zu sehen ist, da die Faktoren, die auf Vision und Leitbild einwirken, eine ständige Anpassung des Leitbilds erforderlich machen.

Abbildung 6: Ziele eines Leitbilds (nach Jäger, 2018, S. 513)

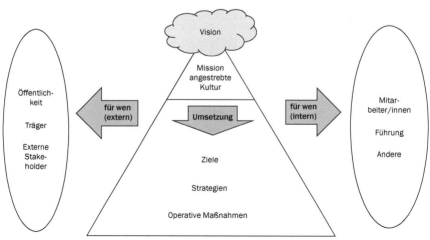

Abbildung 6 gibt einen Überblick über die Funktionen und Ziele eines Leitbilds in Bezug auf das Schulprogramm. Mission und Vision sind zentrale Elemente für eine gelingende Leitbildentwicklung, das Leitbild selbst fungiert als Orientierung auf dem Weg in die visionäre Zukunft (Werther et al., 2020, S. 17). Weitere Funktionen des Leitbilds sind (Capaul et al., 2020, S. 123; Seitz & Capaul, 2005, S. 127 f):

- Identifikations- und Motivationsfunktion
- Koordinationsfunktion (Koordination des Zusammenlebens und der Erfüllung der Aufgaben)
- Autonomiefunktion (Freiräume innerhalb der im Leitbild verankerten Leitsätze)
- Evaluationsfunktion (zur Überprüfung der Zielerreichung)
- Legitimationsfunktion (Zweck und Auftrag der Schule wird nach außen getragen)
- Orientierungs- und Informationsfunktion (Leitbilder bieten intern Orientierung, nach außen stellen sie Informationen zur Verfügung)
- Zielfunktion (aufgrund der langfristig ausgerichteten Orientierung)

Abbildung 7: Funktionen des Leitbilds (nach Klaußner, 2016, S. 13)

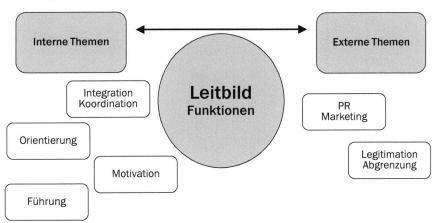

*„Leitbilder können als Marketinginstrument genutzt werden, wenn sie externe Erwartungen antizipieren und die eigene Organisation als Symbol der Erfüllung dieser Erwartungen inszenieren."* (Klaußner, 2016, S. 12)

Die unterschiedlichen Wirkungsrichtungen der Funktionen von Leitbildern, wie in Abbildung 7 dargestellt, erfordern, dass bei der Leitbildentwicklung die gewünschte Gewichtung der Funktionen im Vorfeld abgeklärt wird (Klaußner, 2016, S. 12).

### 2.3.2 Information und Kommunikation

Poelke (2013, S. 44) setzt entwicklungsorientierte Kommunikation mit entwicklungsorientierter Führung gleich und betont, dass ein fortgesetzter Kommunikationsprozess mit einer entsprechenden Gesprächskultur rund um das Thema Verantwortung unverzichtbar ist. Dubs (2005, S. 345) sieht in der Gestaltung der schulischen Kommunikationsprozesse einen starken Einflussfaktor auf Schulkultur und Mitarbeiterzufriedenheit. Diesbezüglich führt Mittelstädt (2016, S. 1159 f) die für die innere Kommunikation zu bearbeitenden Segmente an:

• Definition der Kommunikationskanäle
• Identifizierung der Kommunikationsformen
• Überprüfen des Informationsflusses
• Vorhandensein einer niederschwelligen Möglichkeit, Verbesserungsvorschläge und Beschwerden einzubringen
• Durchführung von Mitarbeitergesprächen in regelmäßigen Abständen

Abbildung 8: Kommunikation und Führung (nach Poelke, 2013, S. 45)

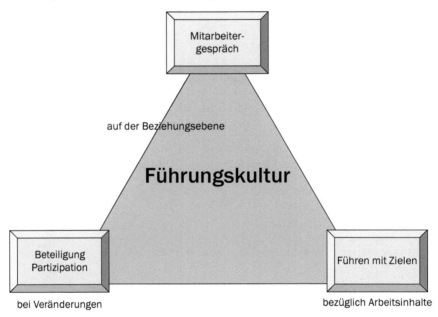

Folgt man Poelke (2013, S. 45), so bietet das Mitarbeitergespräch bzw. das Personalentwicklungsgespräch jenen Gesprächsrahmen, Entwicklungsthemen und Themen, die ansonsten im schulischen Alltag oft zu wenig angesprochen werden, zu behandeln. Sorgfältige und transparente Kommunikation zwischen Führungskraft und Mitarbeiter/in kann dann gelingen, wenn die Kommunikation von

Transparenz geprägt ist (Knoch, 2016, S. 176). Abbildung 8 zeigt das Dreieck einer auf Führungskultur ausgerichteten Kommunikation, bezogen auf die verschiedenen Gesprächsthemen und -inhalte. Führungskultur und Kommunikation stehen in wechselseitiger Beziehung zueinander, indem eine offene Kommunikations- und Gesprächskultur die Führungskultur in der Organisation verbreitet und eine transparente, umfassende Kommunikation hinsichtlich Arbeitsinhalten, Zielen und Veränderungsvorhaben einen wesentlichen Teil der Führungskultur bildet (Drack, 2010, S. 64). Nach Poelke (2013, S. 44 f) stiftet Kommunikation den größtmöglichen Nutzen, wenn dadurch ein Rahmen geschaffen wird, in dem die Bearbeitung von Entwicklungsthemen, die Offenlegung individueller Sichtweisen, die Klärung von Differenzen und Missverständnissen, die Festlegung von Zielen und Handlungsspielräumen sowie die Förderung von gegenseitigem Verständnis zugelassen werden. Bartz (2016, S. 408) sieht es als Aufgabe der Schulleitung, kollegiale Kommunikationsprozesse zu ermöglichen und zu fördern, indem ein organisatorischer Rahmen für professionelle Kommunikation geschaffen wird. Seliger (2014, S. 168 f) betont, wie mächtig inoffizielle Kommunikation in Organisationen ist und empfiehlt Führungskräften, bei informellen Anlässen zuzuhören und über Erfolge, Stärken und Qualitäten zu sprechen, um positive Energie auszustrahlen und die Mitarbeiter/innen zu ermutigen.

Eine der am meisten unterschätzten Aktivitäten in der Kommunikation ist das Informieren, obwohl es von elementarer Bedeutung ist (Hertel, 2018, S. 69). *„Informationen verbinden […] Menschen, aber sie können sie auch trennen."* (ebd.) Durch ausführliche Informationsweitergabe über Entscheidungen und Vorgänge in der Organisation und im Organisationsumfeld sowie Ausführungen über Zusammenhänge wird sinnstiftende Transparenz und Motivation geschaffen (Wunderer, 2011, S. 134). Heinrich (Heinrich, 2001, S. 136) sieht Information als wichtigste Voraussetzung für die Glaubwürdigkeit der Führung. Um den Lehrkörper und das Verwaltungspersonal mit allen erforderlichen Informationen versorgen zu können, ist die Einrichtung eines Informationssystems erforderlich (Bartz, 2016, S. 409). Dabei muss das Betriebswissen auf eine Art und Weise zur Verfügung gestellt werden, dass jede Lehrkraft im Bedarfsfall darauf zugreifen kann. Im Zuge dessen sind folgende Bestimmungsfaktoren für das innerschulische Kommunikationskonzept in Bezug auf Informationsweitergabe zu definieren (Bartz, 2016, S. 409):

- Kategorisierung der eingehenden Informationen
- klare Regelung der Zugriffsrechte
- Übersicht über die unterschiedlichen Standorte bzw. Speicherorte von Informationen (ev. in Form eines Aktenplans)
- laufende Ergänzung und Aktualisierung der Übersichten und Materialien
- Dokumentation und Archivierung von Unterrichtsmaterial und Unterrichtsvorhaben als fachspezifische Sammlung

Eine Führungskraft sollte ihr Bewusstsein für die Bedeutung der kommunikativen Aktivität des Informierens schärfen, da sich Organisationsmitglieder, die nicht ausreichend mit Informationen versorgt werden, möglicherweise zurückgesetzt fühlen (Hertel, 2018, S. 69).

Abbildung 9: Grundformen der Kommunikation (nach Dubs, 2005, S. 342)

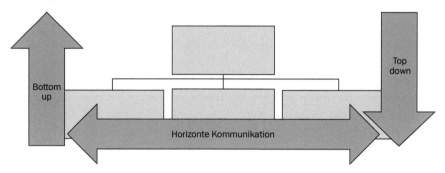

Die schulischen Kommunikationsprozesse laufen top-down (von oben nach unten), bottom-up (von unten nach oben) und horizontal (Dubs, 2005, S. 343). Top-down-Kommunikation dient der Information und Orientierung der Mitarbeiter/innen über Entscheidungen, bottom-up-Kommunikationsprozesse ermöglichen der schulischen Führungskraft den Kontakt zu den Mitarbeiterinnen und Mitarbeitern (Dubs, 2005, S. 342 f), wobei ein partizipativ-situativer Führungsstil die bottom-up-Kommunikation unterstützt (ebd., S. 345). Horizontale Kommunikationsprozesse betreffen die Kommunikation innerhalb von Teams auf der Ebene der Gesamtkommunikation und dienen der Koordination bei der Umsetzung von Prozessen zur Zielerreichung (Ahlers, 2006, S. 160). Hier wird gelegentlich die Entwicklung einer Eigendynamik sichtbar, die dadurch entsteht, dass einzelne Mitarbeiter/innen eigenmächtige Entscheidungen außerhalb ihres Zuständigkeitsbereichs treffen (Dubs, 2005, S. 345). Die Kommunikation innerhalb eines Teams ist für eine gewinnbringende Teamarbeit von elementarer Wichtigkeit (Goldschmitt & Goldschmitt, 2018, S. 247).

In Hinblick auf Schulentwicklungsaktivitäten leistet das Kommunizieren von Informationen einen wichtigen Beitrag für die professionelle Zusammenarbeit im Sinne von Teamentwicklung und Zusammenarbeit im Team (Hertel, 2018, S. 72). Jedes Team entwickelt dabei seine eigene Kommunikations- und idealerweise auch Feedbackkultur, die für eine erfolgreiche Teamarbeit unabdingbar sind (Goldschmitt & Goldschmitt, 2018, S. 247). Hilb (2011, S. 159) unterscheidet im Personal-Informationsmanagement zwischen den funktionsgebundenen, arbeitsplatzbezogenen und den funktionsungebundenen, sozioemotionalen („nice to know") Informationen. In der lernenden Organisation Schule wird das Konzept des innerschulischen Informationssystems auch für das Wissensmanagement in der

Schule angewendet, wobei ein wirksames Wissensmanagement nicht ausschließlich top-down eingerichtet wird, sondern bottom-up von den Mitarbeiterinnen und Mitarbeitern gepflegt wird (Bartz, 2016, S. 409). Führungskräfte unterstützen die Dissemination von Wissen am Schulstandort, indem sie für die technischen bzw. organisatorischen Voraussetzungen sorgen, sich aktiv als Lehrkraft an der Verbreitung von Wissen beteiligen und durch ihr aktives Interesse den Prozess des Aufbaus und der Entwicklung fördern (Bartz, 2016, S. 410).

## 2.4 Führung

Unter Führung versteht man jenen sozialen Beeinflussungsprozess, mit dem eine Führungsperson Anstrengungen unternimmt, Mitarbeiter/innen zur Erfüllung bestimmter Arbeitsaufgaben und zur Erreichung gemeinsamer, vorgegebener Ziele zu stimulieren (Steyrer, 2015, S. 19). Wunderer (2011, S. 4) definiert Führung als *wert-, ziel- und ergebnisorientierte, aktivierende und wechselseitige, soziale Beeinflussung zur Erfüllung gemeinsamer Aufgaben in einer strukturierten Situation im Arbeitsumfeld"* (Wunderer, 2011, S. 4). Assländer (2016, S. 78) betont die *zielorientierte Einflussnahme auf das Denken und Handeln"* geführter Personen, wodurch sich meist organisationsbedingt eine formelle hierarchische Ordnung oder eine freiwillige Gefolgschaft ergibt. In der Literatur finden sich viele Definitionen von Führung, da dieses Thema sowohl in der Philosophie, in den Wirtschaftswissenschaften als auch in der Psychologie behandelt wird (von Au, 2016, S. 4). Steinle (1978, S. 24 ff) verwendet deshalb in seiner Begriffsbestimmung den Terminus Führungsphänomen und charakterisiert Führung anhand der folgenden sechs Kriterien als:

- gerichtet, direktiv und intentiv, d. h., dass durch Führung eine Mobilisierung des Verhaltens intendiert wird; dass Führung als Prozess bewusst und absichtsgeleitet gestaltet wird;
- zielgerichtet, d. h. auf das Erreichen einer gewünschten Leistung ausgerichtet inkl. Kontrolle der Zielerreichung und Setzen von Korrekturmaßnahmen, wobei Teilziele durch Vereinbarung vom Gesamtziel abgeleitet werden.
- gestaltend und normierend;
- zukunftsbezogen;
- das Verhalten und Handeln der Geführten beeinflussend, d. h. auf die Handlungen von Organisations- und Gruppenmitgliedern einwirkend, dabei zufriedenheitsbeeinflussend und motivierend unter Berücksichtigung der Bedürfnisse von Geführten.
- in Bezug auf Leistung und Zufriedenheit aus wechselseitigen Einflussfaktoren zwischen Führungskraft und Mitarbeiterinnen und Mitarbeitern resultierend.

Zusammenfassend definiert Steinle (1978, S. 27) Führung wie folgt:

*„Führung wird verstanden als systematisch-strukturierter Einflußprozeß [sic!] zur Realisation intendierter Leistungs-Ergebnisse; Führung ist damit im Kern zielorientierte und zukunftsbezogene Handlungslenkung, wobei diese Einwirkung sich auf Leistung und Zufriedenheit richtet."*

Rosenstiel (2014, S. 4) sieht im Verhalten der Führungskraft, ihrer Art und Weise der Zielvermittlung und Koordinierung von Aufgaben, der Erfolgskontrolle und der Motivation durch Gesprächsführung wesentliche Elemente von Führung. Staehle (1989, S. 303) präzisiert die Definition von Führung als ein Verhalten, das Kommunikation voraussetzt und Wechselwirkung anstößt. Yukl (2000, S. 7) versteht Führung als Prozess sozialer Beziehungen, dessen Ziel die Erreichung organisatorischer, strategischer Ziele durch Steigerung gemeinsamer Anstrengungen ist. Ergänzend betont Burow (2016, S. 39), dass Führungskräfte, die wertschätzend führen wollen, ihre Fähigkeiten zur Selbstreflexion zur Entwicklung der eigenen Führungspersönlichkeit stärken müssen.

Seliger (2018, S. 15 ff) beschreibt Führung als unsichtbaren Prozess, der eine Erklärung für das Verhalten von Menschen ist. Aufgabe von Führung ist es, zu verbinden, Entscheidungen zu treffen und für die dauerhafte, produktive Zusammenarbeit der Organisation mit ihren relevanten internen Parteien zu sorgen (Seliger, 2014, S. 61, 2018, S. 33, 36).

Mit dem Hinweis auf Personalentwicklung charakterisieren Berkemeyer et al. (2015, S. 12) die Herausforderung schulischer Führung damit, dass Führungskräfte Möglichkeiten erkennen und über entsprechende Kompetenzen verfügen müssen, durch die Entwicklung individueller Förder- und Entwicklungsprogramme ihren Lehrkörper zu motivieren, dessen Leistungsfähigkeit positiv zu beeinflussen und das Kollegium aktiv bei der Ausübung ihrer pädagogischen Tätigkeit zu unterstützen. In diesem Zusammenhang sieht Fuchs (2004, S. 229) Mitarbeiter/innen als Kunden von Führungskräften, die dem Personal Orientierung geben, es inspirieren, Mut machen, für optimale Rahmenbedingungen und Personalentwicklung im Sinne von Vermögensentwicklung – zur Steigerung des Humankapitals – sorgen. Friederichs (2004, S. 35) kam in seinen Studien zu dem Ergebnis, dass Führungskräfte, die durch motivierende Führung, Förderung und Weiterbildung des Personals die besten Innovationen umsetzen können, gleichzeitig das Humankapital ihrer Organisation steigern können. Abbildung 10 zeigt in der Darstellung einer Pyramide, dass das Humankapital aus den Säulen Mitarbeiter/innen, Prozesse und Strukturen besteht, wobei dem Prozess der Führung und dem Führungskonzept eine große Bedeutung zugemessen wird.

Abbildung 10: Humankapital und motivierende Führung (nach Friederichs, 2004, S. 35)

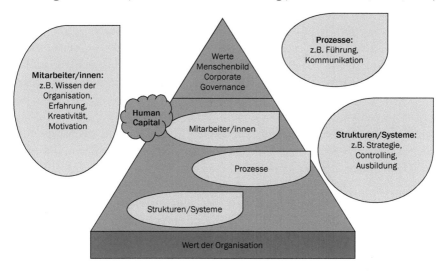

Malik (2019, S. 45 f) erteilt der seit den 1950er-Jahren lautenden Devise „*Mache die Menschen zufrieden, und dann werden sie leisten*" eine Absage und ersetzt sie durch die Maxime „*Gib Menschen die Möglichkeit, eine Leistung zu erbringen, und viele – wenn auch nicht alle – werden ein bemerkenswertes Maß an Zufriedenheit erlangen*". Malik (ebd.) sieht darin den besten Weg, die Ziele einer Organisation zu erreichen.

## 2.4.1 Führungsgrundsatz Delegieren

Autorität und Verantwortung top-down zu delegieren, scheint auf den ersten Blick mit der Rechenschaftspflicht der schulischen Führungskraft im Widerspruch zu stehen. Dies ist jedoch nicht der Fall, da Lehrkräfte zwar Selbständigkeit und Handlungsspielraum gewährt bekommen, gleichzeitig aber Teil eines Netzwerks sind, das sie gleichermaßen unterstützt wie kontrolliert (Ouchi, 2003, S. 123). Seliger (2014, S. 170 ff) thematisiert mit Delegation jenen Bereich der Führung, in dem Entscheidungsspielräume definiert, zwischen Führungskraft und Mitarbeitenden verteilt und in der Organisation durch Führungsgrundsätze geordnet werden (Dubs, 2019, S. 150). Besonders an größeren Schulstandorten kann die Führung aufgrund von komplexeren Organisationseinheiten nicht „*auf den Schultern einer einzigen Leitungsperson ruhen*" (Schratz et al., 2010, S. 102). Bonsen (2016, S. 319) berichtet über Forschungsergebnisse, die darauf hindeuten, dass „*Führung dann besonders effektiv auf die Schule insgesamt und auf die Schülerinnen und Schüler im Besonderen wirkt, wenn sie möglichst breit innerhalb der Schule verteilt ausgeführt wird".* Rauscher (2019, S. 5) weist diesbezüglich darauf hin, dass in der autonomen Schule Verantwortung möglichst weitreichend und auf allen Ebenen delegiert werden soll, jedoch darauf zu achten ist, dass eine Einzelperson nicht überfordert wird. Nach dem Prinzip der Subsidiarität sollen in einem wechselseitigen Prozess auch Impulse und Anregungen von unten empfangen und ernst genommen werden (ebd.). In diesem Zusammenhang wird im Konzept von Hersey und Blanchard (1969) deutlich (siehe dazu auch Kapitel 0), dass eine Führungskraft ihren Führungsstil und ihr Delegationsverhalten vom Reifegrad der Mitarbeiter/innen abhängig machen soll. Wunderer (2011, S. 229) hingegen vertritt die Ansicht, dass es eines integrierten Ansatzes bedarf, bei dem strukturelle und verhaltensorientierte Aspekte (Aufgaben-, Ziel- und Missionsorientierung) in der delegativen Führung miteinander verknüpft werden. Als Sinndeutung für das organisationale Handeln fungiert die nach Möglichkeit pointiert formulierte Mission (ebd., S. 233).

Abbildung 11: Delegationskontinuum (nach Seliger, 2014, S. 173)

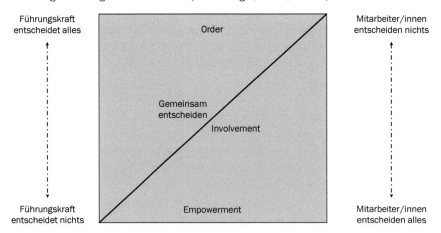

Abbildung 11 zeigt das Delegationskontinuum, aus dem ersichtlich ist, dass die Summe der Entscheidungen und jene der damit übertragenen Verantwortung immer gleich ist. Das bedeutet, dass mit Delegation auch Verantwortung übertragen werden muss (Dubs, 2016, S. 138). So dürfen nicht nur die Arbeitsaufgaben delegiert werden, sondern es müssen auch die Kompetenzen und Verantwortlichkeiten übertragen werden, damit die Handlungsfähigkeit einer Person gewährleistet ist (Dubs, 2019, S. 155).

*„Delegieren heißt Abgeben von Aufgaben mit den damit verbundenen Kompetenzen und der entsprechenden Verantwortung."* (Dubs, 2016, S. 138)

Delegation stellt Engagement auf Seiten der Mitarbeiter/innen sicher, weil sich diese durch das Einbringen der eigenen Erfahrungen und Kompetenzen in die Entscheidungsprozesse wertgeschätzt fühlen (Seliger, 2014, S. 174). Steyrer (2015, S. 62) unterscheidet zwischen den Begriffen Partizipation und Empowerment. Rauscher (2019, S. 191) weist darauf hin, dass die Ausrichtung auf Demokratie ein Kennzeichen der autonomen Schule ist, die als partizipatives System zu öffnen sei. In der partizipativen Schule werden die Mitarbeiter/innen im Rahmen eines konsultativen Führungsstils bei der Entscheidungsfindung einbezogen, die u. a. auch mit Hilfe eines Vorschlags- bzw. Verbesserungswesens oder Qualitätszirkeln erfolgen kann (Wunderer, 2011, S. 215). Die kooperative Führung als weitere Ausprägung von Partizipation verknüpft eine ausgeprägte Mitarbeitereinbeziehung in Entscheidungsprozesse mit starker Mitarbeiterorientierung (Steyrer, 2015, S. 62). Dieser Führungsgrundsatz bezieht sich besonders auf Teamentwicklung und Schulentwicklung, wo ständiges Lernen und kontinuierliche Weiterentwicklung im Vordergrund stehen (ebd.). Von Empowerment wird gesprochen, wenn Mitarbeiter/innen die Verantwortung und Entscheidungskompetenzen übernehmen, wobei der Entscheidungsspielraum im Vorfeld festgelegt werden muss (Seliger, 2014, S. 175 f.).

Steyrer (2015, S. 63) spricht von Empowering Leadership, wenn Macht und Einfluss auf die Mitarbeiter/innen weitergegeben werden. Empowerment setzt eine wertschätzende Haltung der Führungskraft und darauf ausgerichtete Strukturen, Prozesse und Systeme voraus (Seliger, 2014, S. 176). In ihrer Studie schreiben Amundsen und Martinsen (2014), dass Empowerment Leadership bei Förderung der Selbstführung der Mitarbeiter/innen motivierend wirkt sowie Kreativität und Leistungsorientierung begünstigt (Steyrer, 2015, S. 63). Amundsen und Martinsen (2014) betonen, dass Delegieren im Rahmen von Empowering Leadership voraussetzt, dass Führungskräfte ihre Mitarbeiter/innen aktiv entwickeln und motivieren sowie deren Autonomie stärken.

Dubs (2019, S. 151) nennt Gründe, warum das Delegationsprinzip an Schulen nicht umgesetzt wird. So fürchten Schulleiter/innen, dass einzelne Lehrpersonen bei Delegation der Führung zu viel Einfluss gewinnen und das Kollegium durch zusätzliche Aufgaben überlastet ist. Auf der anderen Seite braucht es auch Lehrkräfte, die dazu bereit sind, delegierte Aufgaben zu übernehmen, was nicht immer der Fall ist (ebd.). Der Widerstand liegt nach Burow (2016, S. 74) hauptsächlich an der fehlenden Berücksichtigung der Bedürfnisse der Lehrkräfte nach Selbstbestimmung, Kompetenzerleben und Sinn. Vor allem Schulentwicklungsprojekte erfordern jedoch die Einbeziehung von mindestens einer Schlüsselperson der in der Schule beteiligten Gruppen im Sinne einer gemeinsamen Zielerreichung (Burow, 2016, S. 73 f). Malik (2019, S. 173) betont im Zusammenhang mit Delegation, dass eine Führungskraft die Ziele selbst vorgeben muss, da diese Führungsaufgabe nicht delegiert werden kann.

*„I put most problems into my group's hands and leave it to them to carry the ball from there. I serve merely as a catalyst, mirroring back the people's thoughts and feelings so that they can better understand them."* (Tannenbaum & Schmidt, 2008, S. 1)

In diesem Zitat, nur eines von vielen, das Leadership beschreibt, steckt auch das Dilemma, in dem Führungskräfte heute stecken, nämlich, wie sie ein demokratisches Führungsverhalten aufbauen können, gleichzeitig aber ihre Autorität nicht verlieren und ihre Organisation straff zum Erfolg führen können (Tannenbaum & Schmidt, 2008, S. 3).

### 2.4.2 Abgrenzung der Begriffe Management – Führung und Leadership

Management und Führung sind sich in mancherlei Hinsicht ähnlich, aber trotz einiger Analogien gibt es Aspekte, die Management und Führung stark voneinander unterscheiden (Kotter, 1990, S. 5 f). Bennis und Nanus (2007, S. 20) schreiben, dass es einen grundlegenden Unterschied zwischen Management und Führung gibt, wobei beide Funktionen als gleich wichtig erachtet werden. Bei Bennis und Nanus (ebd.) heißt es dazu: *„Managers are people who do things right and leaders are people who do the right things."* Malik (2013a, S. 35) unterscheidet in seinen Ausführungen sehr treffend zwischen den Begriffen *Führung* und *Management*, indem er Management als *„die Führung von Organisationen mit Menschen"* und als *„das Organ der Führung"* beschreibt (2013a, S. 6), im Rahmen dessen Führungskräfte für das richtige Funktionieren der Organisation verantwortlich sind (2013b, S. 333). Management wird demnach als wichtiges Organ der Führung betrachtet, das die Richtung vorgibt, Ziele festlegt und Ressourcen für zu erzielenden Ergebnisse bereitstellt: *„Management ist jene gesellschaftliche Funktion, die alles zum Funktionieren bringt"* (Malik, 2013a, S. 6).

Seliger (2018, S. 169) beschreibt Management und Führung anhand der Praxisfelder der Führung, wie in Abbildung 12 dargestellt, und meint dazu: *„Insofern jede Führung sich mit der Sicherung des Erfolgs und damit des Überlebens der gesamten Organisation beschäftigt, zugleich aber immer Arbeit mit Menschen ist, erscheint es mir sinnvoll, alle Praxisfelder als Führung zu bezeichnen."* Demnach stehen Organisation und Führung in Wechselwirkung, indem Führung sich und die Organisation, welche Rahmen und Begrenzung von Führung ist, gestaltet (Seliger, 2018, S. 169, S. 173).

Abbildung 12: Praxisfelder der Führung (nach Seliger, 2018, S. 169)

Die nachfolgende Tabelle zeigt die Differenzierung zwischen Management und Führung, wobei diese Trennung in der Praxis nicht so streng vollzogen wird (Steyrer, 2015, S. 23):

Tabelle 1: Führung versus Management (Drack, 2010, S. 29, 2010; Schratz et al., 2010, S. 17; Steyrer, 2015, S. 23)

| Management | Führung |
|---|---|
| Prinzip:<br>Dinge richtig machen; | Prinzip:<br>Das Richtige machen; |
| Beziehung zu Mitarbeitern/Mitarbeiterinnen:<br>basiert auf formeller Autorität einer Position;<br>Führungskräfte verlassen sich auf Kontrolle; | Beziehung zu Mitarbeitern/Mitarbeiterinnen:<br>basiert auf Kompetenz, Menschen zu beeinflussen;<br>Führungskräfte setzen auf Vertrauen; |
| System:<br>Arbeit im System; | System:<br>Arbeit am System; |
| Führung:<br>Steuerung mit Zahlen und Daten, mess- und kontrollierbaren Zielen; | Führung:<br>Entwicklung mit Visionen; |
| Ziel:<br>kurzfristige Perspektive;<br>Koordinieren und Steuern von Routineaufgaben;<br>Manager sagt, wie ein Ziel zu erreichen ist;<br>durch das Setzen operationaler Ziele Berechenbarkeit und Ordnung schaffen; | Ziel:<br>langfristige Perspektive;<br>Führungskraft strebt echte Veränderungen an, fungiert als Stratege/Strategin,<br>Führungskraft stellt Vision dar;<br>Entwicklung einer Vision und einer Strategie für notwendige Veränderungen, Kommunikation und Erklärung der Vision, Motivation und Inspiration der Menschen, der Vision zu folgen;<br>Beeinflussung der Mitarbeiter/innen in Richtung Ziele; |
| Prozess:<br>definieren und optimieren; | Organisationale Veränderungen herbeiführen;<br>Fokus auf Organisationskultur; |
| Koordinieren und Steuern von Routineaufgaben;<br>Komplexität reduzieren; | Reagieren auf unvorhergesehene Ereignisse und neue Wege gehen;<br>Mehrperspektivität; |

Buchen (2016, S. 28) betrachtet Management und Führung aus einem anderen Blickwinkel. So schreibt er, dass es ein Irrtum sei, Management und Menschenführung als gemeinsame Aufgaben zu sehen, da eine Person Managementaufgaben auch dann wahrnehmen kann, wenn sie keine Mitarbeiter/innen führt (ebd.). In der Schule liegen die operativen Führungsprozesse im Managementverantwortungsbereich der Schulleitungen, wohingegen Leadership oder Führung strategische Entwicklungsprozesse und normative Orientierungsprozesse betrifft (Dubs, 2005, S. 165). Leadership ist laut Schratz et al. (2010, S. 19) ein auf *„Gestaltung, Konstruktion und Schöpfung angelegtes Konzept".* Dubs (2005, S. 166) sieht Leadership als wesentlich anspruchsvoller und umfassender als Führung im herkömmlichen Sinn, da Schulleiter/innen neben den administrativen Anordnungen auch Werte vertreten, Visionen entwickeln und weitertragen müssen. Im Gegensatz zu Führung oder Leadership sieht Hinterhuber (2003, S. 19) Management als *„das kreative Lösen von Problemen oder, anders ausgedrückt, das Optimieren von etwas Bestehendem."* Managen bedeutet nach Bennis und Nanus (2007, S. 20), etwas herbeizuführen, zu vollbringen, die Verantwortung dafür zu haben, zu leiten, wohingegen Führen mit Beeinflussen, Richtung Vorgeben, Kurs, Handlung, Meinung verbunden wird. „Leader" hingegen sehen sich demnach als visionsorientiert, als Führungskräfte, die sich nicht mit den „how tos" beschäftigen, sondern eher mit Handlungsparadigmen (Bennis & Nanus, 2007, S. 20).

In Tabelle 2 werden die Unterschiede zwischen den Begriffen Führung und Management aus dem Blickwinkel der Schule und den daraus resultierenden Aufgaben der Schulleitung dargestellt. Dubs (2019, S. 143) betont, dass es in Schulen sowohl Führung als auch Management braucht, *„denn neben Veränderung und Erneuerung müssen auch die administrativen Aufgaben wirksam erledigt werden."*

Tabelle 2: Führung und Management an Schulen (Lohmann & Minderop, 2004, S. 77)

| Führung | Management |
|---|---|
| Verantwortung und Schutz für Schüler/innen und Mitarbeiter/innen | Systemische Reflexion |
| Förderungen von Begabungen und Stärken | Entwicklung Schulentwicklungsplan mit Leit- und Zielvorgaben |
| Entwicklung von Potenzialen | Steuerung und Evaluierung der Organisationsabläufe und Prozesse |
| Konfliktmanagement | Personalentwicklung |
| | Steigerung der Zusammenarbeit |
| **Schulleiter/innen ...** | **Schulleitungsteams ...** |
| stellen sich auf Schülerschaft und Mitarbeiter/innen ein. | konzentrieren sich auf ihre Alltagsgeschäfte und Prozessabläufe. |
| verankern Regeln und Normen für die Zusammenarbeit im Kollegium und in der Schulgemeinschaft. | normieren und ordnen den Unterrichtsalltag. |
| schaffen ein wertschätzendes Vertrauensklima. | legen Rechenschaft für finanzielle Gebarungen ab. |

| Führung | Management |
| --- | --- |
| inspiriert und motiviert mit Leidenschaft. | sorgt für systematische Evaluation und unterstützen Revision. |
| ist Vorbild und überzeugt durch ihr eigenes Tun. | plant Fortbildungskonzepte für das Kollegium. |
| kommuniziert die Vision. | kontrolliert das Einhalten von Regeln und Vorschriften. |
| sorgt für partnerschaftlichen Wettbewerb. | gibt Anweisungen. |
| baut Netzwerke auf. | präsentiert im Rahmen der Öffentlichkeitsarbeit schulische Erfolge. |
| erkennt, ergreift und nutzt Chancen. | analysiert und entschärft Risiken. |
| beschleunigt die Umsetzung von Maßnahmen. | fordert Ergebnisse ein. |
| denkt langfristig. | meistert die Gegenwart. |

Die Begriffe Führung bzw. Leitung sowie Management und Leadership werden in der Literatur nicht immer einheitlich definiert und vermehrt synonym verwendet bzw. werden die Begriffe Management und Führung auch zum alternativen Begriff Managerial Leadership zusammengefügt (Hintz, 2018, S. 224). Rahn und Minert (2019, S. 27) bezeichnen Führung als Oberbegriff für die Bezeichnungen Leadership und Management, Dubs (2019, S. 142) begreift Management als transaktionale Führung, Leadership als transformationale Führung. Abbildung 13 veranschaulicht die sich ergänzenden Aufgaben von Leadership und Management als Aufgaben einer Führungskraft.

Abbildung 13: Führung als Oberbegriff für Leadership und Management (nach Schratz et al., 2010, S. 89)

*„Leadership is a process whereby an individual influences a group of individuals to achieve a common goal."* (Northouse, 1997, S. 3)

Der Terminus Leadership geht auf Kotter (1990) zurück und wird, wohl auch wegen der deutschen Übersetzung, als Synonym für Führung verwendet (Burow, 2016, S. 83). Führer oder Leader *„zeichnet es demnach aus, dass sie Visionäre sind"* (ebd.), die Richtung vorgeben, Werte schaffen und Vorbild sind (Hinterhuber, 2003, S. 19). Schratz et al. (Schratz et al., 2010, S. 19) sehen Leadership als ein auf *„Gestaltung, Konstruktion und Schöpfung angelegtes Konzept"*.

Management und Leadership ergänzen sich, wie in Abbildung 14 deutlich sichtbar ist, Führungskräfte brauchen demnach beide Seiten, denn kein Bereich kann ohne den anderen existieren (Hinterhuber, 2003, S. 19). Malik (2019, S. 46 f) schreibt, dass „Leader", also Führungskräfte, um komplexe Herausforderungen zu meistern, situativ in die Rolle des Managers bzw. der Managerin wechseln müssen, was die Einheit von Leadership und Management unterstreicht. Leadership wird als Beeinflussung von Menschen, Management als Beeinflussung von Organisationen gesehen (Rahn & Mintert, 2019, S. 27).

Abbildung 14: Die Einheit von Management und Leadership (nach Hinterhuber, 2003, S. 20)

### 2.4.3 Menschenbilder

Im Zentrum der Führung stehen Fragen nach Berechenbarkeit von menschlichen Handlungen und der Beherrschbarkeit bzw. Nichtbeherrschbarkeit von

Menschen im Rahmen von sozialen Beziehungen im Kontext von Leistungserbringung (Kasper & Mühlbacher, 2002, S. 139). Das jeweilige Bild vom Menschen wirkt u. a. auf das Führungsverhalten und die Maßnahmen zur Motivierung (Pircher-Friedrich, 2007, S. 75). Menschenbilder fungieren für die Personal- und Organisationsentwicklung „als Leitlinien des Verhaltens" und geben Orientierung (Becker, 2013, S. 732), deshalb beschäftigt sich die Organisationstheorie mit Menschenbildern (Neuberger, 1995, S. 25). Jede Mitarbeiterin und jeder Mitarbeiter hat ein implizites oder explizites Menschenbild, das die Person selbst, die Kolleginnen und Kollegen oder die Führungskräfte betrifft und das Einfluss auf Arbeitsleistung und Führungsstil hat (Lindemann, 2010, S. 84f). Menschenbilder spiegeln in Fremd- und Selbstbildern die vorherrschende Meinung zur Natur von Menschen wider (Weinert, 2004, S. 87) und bestimmen die Haltung von Führungskräften gegenüber ihren Mitarbeiterinnen und Mitarbeitern (Weinert, 2004, S. 664). Die dadurch entstandenen Reiz-Reaktionsketten können nur schwer gelöscht werden (Pircher-Friedrich, 2007, S. 75).

Wunderer (2011, S. 622) versteht unter Menschenbildern „vereinfachte und standardisierte Muster menschlicher Sicht- oder Verhaltensweisen". Daraus entwickeln sich innere Überzeugungen betreffend anderer Menschen und wie diese geführt werden sollen (Weinert, 2004, S. 87). Neuberger (1995, S. 25) verweist darauf, dass sich Führungskräfte auf ihre Annahmen über ihre Mitarbeiter/innen verlassen, was das Verhalten der Führungskraft prägt.

„Urteile über Mitarbeiter können lauten: Man kann Menschen vertrauen oder sie werden betrügen, sie werden nicht motiviert und eher faul sein, kein Commitment zeigen oder das Gegenteil." (Weinert, 2004, S. 594)

Menschenbilder wurden in den vergangenen Jahrzehnten von verschiedenen Organisations- und Management-Theoretikerinnen und -Theoretikern beschrieben, jedoch wurde keine einzige dieser Typologien empirisch bestätigt (Weinert, 2004, S. 664), sie gehen lediglich von Hypothesen über die Natur des Menschen und das daraus resultierende Verhalten aus (Ender & Strittmatter, 2001, S. 9). Der amerikanische Management-Theoretiker McGregor (1960) beschreibt für die Führung von Unternehmen zwei grundlegende, sich diametral entgegenstehende Leitbilder, bezogen auf die Sichtweisen auf Mitarbeiter/innen, die er als Theorie X und Y bezeichnet (Steinle, 1978, S. 190). McGregor unterscheidet in diesem bekannten Modell zwischen zwei idealtypischen Menschenbildern (Kasper & Mühlbacher, 2002, S. 140), bei dem das pessimistische Bild der Theorie X einem optimistischen, realistischen Bild der Theorie Y gegenübergestellt wird (Steinle, 1978, S. 190f), welches weitgehend auf der Bedürfnispyramide nach Maslow basiert und das Bedürfnis nach Selbstverwirklichung als Quelle der Motivation hervorhebt (McGregor & Cutcher-Gershenfeld, 2006, S. 348f). In Tabelle 3 werden Theorie X und Theorie Y gegenübergestellt.

Zusammengefasst geht die Theorie X von der Annahme aus, dass der Mensch eine angeborene Abneigung gegen Arbeit hat, zur Arbeitsleistung gezwungen werden muss und sich vor Verantwortung drückt (ebd.). Die Theorie Y besagt, dass der Mensch ehrgeizig ist, sich für sinnvolle Ziele der Organisation einsetzt, Verantwortung übernehmen möchte und sich über die Arbeit Selbstverwirklichung sucht (Kasper & Mühlbacher, 2002, S. 140). Demnach geht die Theorie X davon aus, dass der Mensch geführt werden muss, die Theorie Y hingegen besagt, dass der Mensch Verantwortung, Selbstkontrolle und eigene Initiative sucht und sein Ziel auch ohne Kontrolle und Zwang erreichen will (Ender & Strittmatter, 2001, S. 9; Kerzner, 2008, S. 196). Daraus lässt sich ableiten, dass die Anwendung der Theorie X dazu führt, dass Mitarbeiter/innen wenig Arbeitsfreude zeigen und die Leistungsbereitschaft reduzieren, wohingegen die Mitarbeiter/innen, die nach Theorie Y geführt werden, hohe Identifikation mit der Organisation und ihrer Arbeit zeigen sowie eine höhere Arbeitsleistung erbringen (Kasper & Mühlbacher, 2002, S. 140).

Tabelle 3: Gegenüberstellung von Theorie X und Y (Ender & Strittmatter, 2001, S. 9 ff; Kasper & Mühlbacher, 2002, S. 9)

| Theorie X | Theorie Y |
|---|---|
| Basisannahme: | Basisannahme: |
| – Mensch von Natur aus faul und verantwortungsscheu | – Mensch ist ehrgeizig |
| – Mensch geht Arbeit aus dem Weg | – Arbeit kann Menschen motivieren |
| – Es gibt kaum Eigenantrieb zur Arbeit | – Mensch legt sich zur Erreichung von Zielen strenge Selbstdisziplin und Selbstkontrolle auf |
| | – Mensch identifiziert sich mit den Zielen |
| Führungskräfte glauben: | – Mensch sucht Herausforderung, kann sich |
| – Aufgaben sind detailliert vorzugeben | weiterentwickeln und übernimmt Verantwortung |
| – Führungskräfte müssen energisch anleiten und führen sowie streng kontrollieren | – Arbeit ist wichtige Quelle der Zufriedenheit |
| – Menschen müssen mit Strafandrohung gezwungen werden, einen produktiven Beitrag zur Zielerreichung zu leisten. | Innere Haltung der Führungskraft: |
| | – Vertrauen |
| | – Respekt |
| Innere Haltung der Führungskräfte: | – emotionale Anteilnahme |
| – Misstrauen | – Förderung und Betonung von Teamgeist |
| – emotionaler Distanz | |
| | Menschen, die nach Theorie Y geführt werden, zeigen hohe Identifikation mit der Arbeitsaufgabe, |
| Menschen, die nach Theorie X geführt werden, zeigen wenig Freude an der Arbeit und reduzieren den Arbeitseinsatz. | sind kreativ, entwickeln Selbstkontrolle und sind initiativ, externe Kontrolle ist nicht erforderlich. |

Aus den Annahmen der Theorie X und der Theorie Y kann abgeleitet werden, dass der Glaube an ein bestimmtes Menschenbild und das daraus abgeleitete Führungsverhalten bzw. der Einsatz bestimmter Führungsinstrumente zu einer „sich selbst erfüllenden Prophezeiung" führt (Kasper & Mühlbacher, 2002,

S. 140). Im Fall der Theorie X wird durch strenge Vorschriften, Kontrolle und dem daraus resultierenden passiven Verhalten die Annahme bestätigt, dass die Mitarbeiter/innen Arbeit vermeiden und keine Verantwortung übernehmen wollen. Auf der anderen Seite zeigt die verstärkende Wirkung der Theorie Y, dass aufgrund der Annahme, dass der Mensch aktiv sein und Verantwortung übernehmen möchte und durch die gewährten Handlungsspielräume das Engagement und die Leistungsbereitschaft steigt, die Theorie Y bestätigt werden kann (ebd.).

Abbildung 15: Teufelskreis der Theorie X und verstärkende Wirkung der Theorie Y (nach Kasper & Mühlbacher, 2002, S. 140)

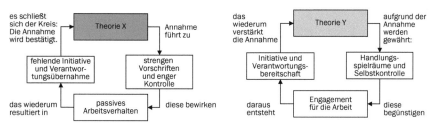

Die nachfolgende Tabelle gibt eine Übersicht über das jeweilige Mitarbeiter- und Führungsverhalten für die beiden Menschenbilder nach McGregor im schulischen Bereich. Ender und Strittmatter (2001, S. 11) führen unter Hinweis auf Kontrolle und Beurteilung an, dass ein Bekenntnis zum Menschbild der Theorie Y Beurteilungen durch die schulische Führungskraft nicht ausschließt, da mündige Mitarbeiter/innen konstruktive Rückmeldungen suchen, um sich weiterzuentwickeln. Den Menschen zu vertrauen, bedeutet nicht, auf Kontrolle zu verzichten, wobei Kontrolle nicht mit Überwachung gleichgesetzt werden darf (McGregor & Cutcher-Gershenfeld, 2006).

Tabelle 4: Gegenüberstellung von Theorie X und Y (Lindemann, 2010, S. 85 f; Nerdinger et al., 2008, S. 232; Steinle, 1978, S. 191 f)

| Mitarbeiter-bild | Führungsverhalten | Mitarbeiterverhalten |
|---|---|---|
| X | Führungskraft trifft Entscheidungen ohne Einbeziehungen anderer; Führungskraft kontrolliert; Führungskraft ist sehr anspruchsvoll; Führungskraft übt mitunter Druck aus, um die angestrebten Ziele zu erreichen; Führungskraft bestraft Mitarbeiter/innen im Falle von Fehlern; Führungskraft wählt „Zuckerbrot und Peitsche"-Strategie (Sicherheitsbedürfnisse werden gewährt und wieder vorenthalten); Führungskraft duldet keine Kritik; | Menschenbild verhindert, bei und in der Arbeit Erfüllung zu finden; Mitarbeiter/innen sind träge und passiv; Mitarbeiter/innen zeigen keine Bereitschaft, Verantwortung zu übernehmen; Mitarbeiter/innen sträuben sich gegen Veränderungen; Mitarbeiter/innen stellen utopische Ansprüche in Bezug auf ökonomische Vorteile; Mitarbeiter/innen zeigen wenig Freude an ihrer Arbeit; |

| Mitarbeiter-bild | Führungsverhalten | Mitarbeiterverhalten |
|---|---|---|
| Y | Führungskraft verhält sich wertschätzend gegenüber den Mitarbeiterinnen und Mitarbeitern; Führungskraft räumt Mitspracherechte ein; Führungskraft achtet auf die Weiterqualifizierung der Mitarbeiter/innen; Führungskraft baut ein Vertrauensverhältnis zu den Mitarbeiterinnen und Mitarbeitern auf; Führungskraft schafft Bedingungen, die Selbstverantwortung ermöglichen; Führungskraft lobt Mitarbeiter/innen; Führungskraft geht mit gutem Beispiel voran; Führungskraft fördert Teamarbeit; Führungskraft fördert Kreativität und Eigeninitiative; Führungskraft sorgt für ein Gemeinschaftsgefühl; Führungskraft trifft Entscheidungen im Konsens; | Mitarbeiter/innen zeigen hohe Identifikation mit der Arbeitsaufgabe; Mitarbeiter/innen erbringen höhere Arbeitsleistung; Mitarbeiter/innen ergreifen Initiative und zeigen Verantwortungsbereitschaft; Mitarbeiter/innen engagieren sich für und in der Arbeit; |

Führungskräfte der Theorie Y setzen sich für ein gutes Verhältnis mit ihren Mitarbeiterinnen und Mitarbeitern ein und erlauben Partizipation (Kerzner, 2008, S. 196). McGregor beobachtete das Verhalten von Führungskräften, ohne jedoch Partizipation genau zu definieren (Drescher, 2005, S. 138 f). In seinen Beobachtungen stellte er fest, dass viele Theorie Y-Führungskräfte den Mitarbeiterinnen und Mitarbeitern zwar Vertrauen entgegenbrachten, aber dennoch autokratisch handelten (Drescher, 2005, S. 139). Auf der anderen Seite gab es auch Theorie X-Führungskräfte, die Partizipation zuließen, jedoch scheiterten (ebd.).

McGregors Empfehlung der Theorie Y als Menschenbild erfolgreicher Führung folgt den Ansätzen einer Organisationsentwicklung, welcher ein humanistisches Menschenbild zugrunde liegt (Vogel, 2006, S. 292). McGregor geht davon aus, dass der Mensch von Natur aus positive Eigenschaften hat und eventuelle Nichtkonformitäten bei der Leistungserbringung auf suboptimale Arbeitsprozesse und Organisationsverhältnisse zurückzuführen sind (Dell, 2012, S. 35 f). Mit seinem Modell der Theorien X und Y möchte McGregor Führungskräfte zu einer kritischen Auseinandersetzung über tiefliegende, grundlegende Vorannahmen und Grundeinstellungen über Menschen ermutigen, um zukünftige organisatorische und gesellschaftliche Veränderungen besser bewältigen zu können (McGregor & Cutcher-Gershenfeld, 2006, S. 331). Führungskräfte sollten sich dessen bewusst sein, dass sie mit ihrem Verhalten und mit ihrer Art zu kommunizieren immer von einem bestimmten Menschenbild ausgehen (Dell, 2012, S. 35 f) und dadurch womöglich das Potenzial ihrer Mitarbeiter/innen ernsthaft unterschätzen. Das hat zur Folge, dass richtungsweisende innovative Entwicklungen erschwert werden könnten (McGregor & Cutcher-Gershenfeld, 2006, S. 331).

*„Die Menschen reagieren auf die Gestaltung ihres Arbeitsumfeldes so, wie es die Regeln der jeweiligen Annahme bereits vorwegnehmen."* (Kasper & Mühlbacher, 2002, S. 140)

Obwohl McGregors Theorien bereits in den 1960er-Jahren veröffentlicht wurden, markieren seine Annahmen den Beginn einer ernsthaften Auseinandersetzung mit Werten und Grundannahmen in der Führung (McGregor & Cutcher-Gershenfeld, 2006, S. 332). Auf Basis seiner Schlussfolgerungen in Bezug auf die Theorie Y empfahl McGregor für Führungskräfte Professionalisierungsmaß-nahmen zum Erwerb der Kompetenzbereiche Wissen und handlungsorientierte Fähigkeiten, Problemlösungskompetenzen und soziale Kompetenzen, wobei besonders die Social Skills zur Zeit McGregors keinem Standard in der Managementausbildung entsprachen (Drescher, 2005, S. 137). Es ist nicht wichtig, dass Führungskräfte die Annahmen der Theorie Y annehmen, schon weil diese einige Bedingungen implizieren, die in der Realität nicht umsetzbar sind, aber es wäre zielführend, dass Führungspersonen einschränkende Annahmen wie jene der Theorie X aufgeben, sodass zukünftig weitreichende Innovationen ermöglicht werden (McGregor & Cutcher-Gershenfeld, 2006, S. 329).

Schein schreibt in seinem Vorwort in der Neuauflage von McGregors Publikation *„The Human Side of Enterprise"* (McGregor & Cutcher-Gershenfeld, 2006), dass autoritäre Führungskräfte nicht automatisch Führungspersonen der Theorie X sind, da autokratisch zu sein mehr mit einer Aufgabe als mit Annahmen über Menschen zusammenhängt. So handeln auch Theorie Y-Führungskräfte autokratisch, wenn es die Situation bzw. die Aufgabe erfordert. Anordnung und Kontrolle sind folglich getrennt voneinander zu betrachten, anstatt sie immer wieder miteinander in Verbindung zu bringen (ebd.). Überlegungen zu veränderten Führungsstrategien im Sinne der Theorie Y, z. B. Partizipation, Professionalisierung der Mitarbeiter/innen oder Zielsetzung, sind nur erste Schritte in eine neue Form der Führungskultur, die durch Selbststeuerung und Übernahme von Verantwortung geprägt ist (ebd., S. 329).

McGregors Annahmen wurden dahingehend kritisiert, dass sich die beiden Theorien X und Y wechselseitig ausschließen, was McGregor dazu veranlasste, eine Theorie Z zu entwickeln, welche nach seinem Tod von William Ouchi weiterentwickelt wurde (Drescher, 2005, S. 139). Ouchis Theorie Z aus dem Jahr 1981 orientiert sich an japanischen Arbeitsmethoden und den kulturellen Werten in Japan in klarer Abgrenzung zur amerikanischen Kultur (Kerzner, 2008, S. 196). Ouchis (1981) Theorie besagt, dass der Mensch nach Vertrauen strebt und in die Organisation einbezogen werden möchte (Pircher-Friedrich, 2007, S. 75 f.). In der Theorie Z wird von einem lebenslangen Beschäftigungsverhältnis, basierend auf LLL (LebensLangesLernen) ausgegangen, das durch informelle Kontrolle, gemeinsame

Entscheidungsfindung und kooperative Bestrebungen zur Zielerreichung geprägt ist (Kerzner, 2008, S. 196; Miebach, 2017, S. 39). Der Entscheidungsfindungsprozess in Organisationen, die auf ein Menschenbild des Typs Z ausgerichtet sind, ist typischerweise ein konsensualer, partizipativer Prozess, bei dem viele Mitarbeiter/innen in die Gestaltung wichtiger Entscheidungen einbezogen werden (Ouchi, 1981, S. 78). Intensive auf Werten basierende Kommunikation unter Einbeziehung vielfältiger Informationsquellen sowie ständige Verbesserung unterstützen die Zusammenarbeit und die Bestrebungen zur Erreichung der gemeinsamen Ziele (Miebach, 2017, S. 39). Ouchi (1982, S. 83) geht davon aus, dass sich auf Vertrauen und Wertschätzung basierende Arbeitsbedingungen positiv auf Arbeitshaltung und Leistungserbringung auswirken.

Schein, ein Schüler von McGregor, folgt nicht dessen dualistischem Menschenbild, sondern erklärt auf Basis von McGregors Theorien in einem etwas differenzierteren Ansatz vier Menschenbilder in evolutionärer Entwicklung (Achouri, 2015, S. 175; Vogel, 2006, S. 282):

- *Rational Economic Man* (der rationale Mensch)
- *Social Man* (der soziale Mensch)
- *Self-Actualizing Man* (der selbstaktualisierende Mensch)
- *Complex Man* (der komplexe Mensch)

Die Typologie von Schein entspricht dem Stand der durch die Human Ressource-Bewegung gekennzeichneten Managementforschung rund um die 1980er-Jahre (Kasper & Mühlbacher, 2002, S. 141). Der *Complex Man* nach Schein entspricht dem idealtypischen Menschen in der modernen Arbeitswelt, der sich durch Lernbereitschaft, Flexibilität und *„dynamische Bedürfnis- und Motivationslagen in wechselnden Kontexten"* auszeichnet (Vogel, 2006, S. 282). Die nachfolgende Tabelle stellt die vier unterschiedlichen Menschenbilder nach Schein gegenüber und beschreibt das für das jeweilige Menschenbild angebrachte Führungsverhalten.

Tabelle 5: Menschenbilder nach Edgar Schein (Kasper & Mühlbacher, 2002, S. 141; Neuberger, 1995, S. 26)

| Menschenbilder | Beschreibung | Führungsverhalten |
|---|---|---|
| *Rational Economic Man* | Mensch ist in erster Linie passiv. Mensch kann nur monetär motiviert werden. entspricht weitgehend der Theorie X | Führungskraft leitet an und kontrolliert. |
| *Social Man* | Mensch ist gruppenorientiert. Mensch lässt sich durch Teamwork motivieren. | Führungskraft fördert Teamarbeit, spricht Anerkennung aus, gibt Feedback, fördert Integration und stiftet Identität. |

| Menschenbilder | Beschreibung | Führungsverhalten |
| --- | --- | --- |
| *Self-Actualizing Man* | Mensch ist autonomieorientiert. Mensch bevorzugt Selbst-Motivation. Mensch sucht Selbstverwirklichung. entspricht weitgehend der Theorie Y | Führungskraft delegiert, gewährt Mitbestimmung sowie weitreichende Handlungs- und Entscheidungsfreiheiten. |
| *Complex Man* | Mensch reagiert rasch und flexibel auf unterschiedliche Entwicklungen der Umwelt. Mensch ist ausgesprochen lernfähig. | Führungskraft verfügt über hohe Flexibilität, es gibt keinen allgemein gültigen Führungsstil. |

Technologischer und wissenschaftlicher Fortschritt verändern Arbeitsbedingungen und Berufsbilder und der komplexe Mensch muss sich an eine dynamische Umwelt anpassen (Neuberger, 1995, S. 27). Aus dem Modell von Schein können konkrete Anforderungen an die Schulleitung abgeleitet werden. So erfordert die Führung des *Rational Economic Man* effiziente Prozesse mit starker Kontrollfunktion, die Führung des *Social Man* forciert die Schaffung von Gruppenanreizsystemen und das Unterstützen von Teamarbeit, dem Self-*Acutalizing Man* muss die Führungskraft als Förderer begegnen, der ihn einbindet und Aufgaben an ihn delegiert (Achouri, 2015, S. 176). Der *Complex Man* erfordert flexibles Führungsverhalten, das in seiner Grundaussage dem situativen Führungsstil (vgl. dazu Paul Hersey und Ken Blanchard im Kapitel Führungstheorien) entspricht, da es weder einen allgemein gültigen Führungsstil noch eine adäquate Organisation für dieses Menschenbild gibt (ebd.). Wissensmanagement, organisationales Lernen und die Entwicklung einer lernenden Organisation unterstützen diese Bestrebungen (Kasper & Mühlbacher, 2002, S. 142).

## 2.5 Personalmanagement

Eine Schule zu leiten bedeutet, Verantwortung dafür zu übernehmen, dass Lehrkörper und Verwaltungspersonal sich laufend weiterqualifizieren, um ihre Arbeit so verrichten zu können, dass sie die an sie gestellten Anforderungen einer sich rasch ändernden Umwelt erfüllen können (Berkemeyer et al., 2015, S. 13). Personalmanagement umfasst daher alle Abläufe der Personalauswahl, des sinnvollen kompetenzgemäßen Personaleinsatzes und der Personalentwicklung analog zu den sich ändernden Anforderungen, die an die Schule gestellt werden. Abbildung 16 zeigt das Personalmanagement-Dreieck, an dessen Spitze die Vision in Form eines Leitbildes steht (Buhren & Rolff, 2016, S. 461). Das Dreieck zeigt bildhaft, dass Personalmanagement nur dann integriert ist, wenn personalpolitische Ziele, Strategien und Instrumente aus der Vision bzw. dem Leitbild abgeleitet sind (ebd.), denn *„integriertes Personalmanagement benötigt ein Leitbild"* (ebd., S. 463), das jedoch kein spezielles des Personalmanagements sein sollte, sondern *„das Leitbild der ganzen Schule"* (Baumann &

Götz, 2016, S. 23). Personalmanagement bezieht sich auf Schulentwicklung, die wiederum durch das Schulleitbild gelenkt wird (ebd.). In dieser Darstellung wird Personalentwicklung unterteilt in Personalführung und Personalförderung. Mentzel (1992, S. 16) betont in diesem Zusammenhang, dass richtig verstandene Personalentwicklung mehr als nur Fort- und Weiterbildung bedeutet und es für die erfolgreiche Umsetzung sowohl Förderung als auch Weiterbildung (Bildung) braucht. So konzentriert sich Bildung auf die Vermittlung der für die Ausführung von zugewiesenen und vereinbarten Aufgaben erforderlichen Qualifikationen, wohingegen Förderung auf jene Aktivitäten ausgerichtet ist, die die Karriere einer Person begünstigen (ebd.).

Abbildung 16: System des Personalmanagements (nach Buhren & Rolff, 2016, S. 461)

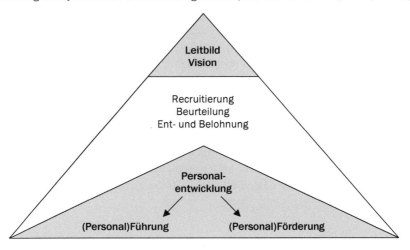

Der Prozess der Personalgewinnung ist für den Erfolg einer Schule von großer Bedeutung (Ouchi, 2003, S. 60). Ouchi (ebd.) definiert eine erfolgreiche Schule als Gemeinschaft, bestehend aus eingespielten, kohäsiven Lehrerteams, deren Gemeinschaftsgefühl durch aufgezwungene Neuzugänge aus dem Gleichgewicht gebracht werden kann (ebd.). Da jedoch die Möglichkeiten der Gewinnung von Personal von verschiedenen, nicht immer beeinflussbaren Faktoren, wie z. B. Schülerzahlen oder Zuteilungen von Lehrkräften abhängen kann, muss der Fokus im Personalmanagement in der Entwicklung des vorhandenen Personals liegen (Sitek, 2018, S. 3). Die Einstellung neuer Lehrkräfte wird nicht zur Gänze den Schulleitungen übertragen, obwohl sie in weiterer Folge die Verantwortung für die Leistung des Kollegiums tragen müssen (Ouchi, 2003, S. 59). Schulische Qualität wird in der autonomen Schule unter Anwendung von Instrumentarien der Personalentwicklung erfolgreich gefördert, es bedarf daher einer sorgfältigen Auswahl, Einführung und Entwicklung von Lehrpersonen (Kempfert, 2016, S. 545 f.).

Zu den wesentlichen Kriterien guten Personalmanagements zählt nicht die Erfüllung aller Wünsche, sondern die richtige Einschätzung der Bedeutung der Mitarbeiterführung im administrativen schulischen Bereich (Sitek, 2018, S. 4). Diese zeigt sich vor allem beim Umgang mit Ressourcen, wie z. B. bei der Personaleinsatzplanung und bei der Erstellung des Stunden- oder Vertretungsplans (ebd.). Personalmanagement in schulischen Einrichtungen ist Sache der Schulleitungen, deswegen ist es für die Umsetzung erfolgreicher Unterrichts- und Organisationsentwicklung unabdingbar, diese besonders in diesem Bereich zu schulen (Kempfert, 2016, S. 547).

Zukunftsfähiges Personalmanagement ermöglicht durch entsprechende Prozesse und das Schaffen von Flexibilität die Vermeidung oder die bessere Bewältigung von Krisen, auch dann, wenn eine Organisation mit großen Herausforderungen konfrontiert wird (Linneweh & Hofmann, 2014, S. 74).

### 2.5.1 Personalentwicklung

*„Personalentwicklung kann definiert werden als Inbegriff aller Maßnahmen, die der individuellen beruflichen Entwicklung der Mitarbeiter dienen und ihnen unter Beachtung ihrer persönlichen Interessen die zur optimalen Wahrnehmung ihrer jetzigen und künftigen Aufgaben erforderlichen Qualifikationen vermitteln."* (Mentzel, 1992, S. 15)

Das Kernstück des Personalmanagements ist die Personalentwicklung (Buhren & Rolff, 2016, S. 462), wobei der erfolgreiche Einsatz derselben voraussetzt, dass man erkennt, dass Entwicklung immer nur von einer Person selbst ausgehen kann, man andere folglich nicht entwickeln, sondern sie vielmehr in ihrer Entwicklung unterstützen kann und soll (Poelke, 2013, S. 43). Ein weiterer wichtiger Aspekt, den man bei der Personalentwicklung berücksichtigen muss, ist jener, dass nicht jeder Mensch alles lernen kann (Bayer, 2018, S. 5), folglich nicht überfordert werden darf (ebd., S. 9).

Sämtlichen Abläufen und Aktivitäten der Personalentwicklung muss speziell in Bildungseinrichtungen besondere Beachtung geschenkt werden, da das Personal in der Schule selbst das zentrale Instrument zur Leistungserbringung ist (Terhart, 2016, S. 279) und qualifizierte, motivierte Lehrkräfte die Triebfeder zu Qualitätsentwicklung sind (Buhren & Rolff, 2009, S. 13). Aufgrund dessen ist der Faktor Personal zentral (Terhart, 2016, S. 279). Terhart (ebd.) spricht in *people-processing* bzw. *people-changing-institutions*, in Hinblick darauf davon, dass Mitarbeiter/innen nicht nur Technologien einsetzen, sondern Abläufe und Ergebnisse entscheidend von Personen abhängig sind. Dennoch gibt es in den meisten Schulen keine systematischen Personalentwicklungsprozesse, die sowohl die Entwicklung der einzelnen Lehrkraft als auch eine gemeinsame Entwicklung des gesamten Kollegiums umfassen (Buhren & Rolff, 2009, S. 11). Erfolgreiche Unterrichts- und Schulentwicklung kann nur mit entsprechend qualifiziertem Personal realisiert werden (VGL Kempfert, 2016, S. 547), denn neben ihrer individuellen Entwicklung tragen alle Lehrkräfte zur Entwicklung des Schulstandortes bei (ebd., S. 561).

In bewusster Abgrenzung von der Wirtschaft besteht die Aufgabe der schulischen Personalentwicklung darin, die Unterrichtsqualität und die Schülerleistungen zu verbessern, wobei dieses Ziel eng verknüpft ist mit der Qualität der Lehrkräfte (Kempfert, 2016, S. 546). Personalentwicklung zielt darauf ab, Qualifikationsniveau und -struktur des Personals an sich ständig ändernde Anforderungen an die Schuleinrichtung anzupassen (Terhart, 2016, S. 285). Dazu kommt, dass Prozesse zur Qualitätssteigerung von einzelnen Lehrkräften allein nicht gestaltet werden können, Teamarbeit immer wichtiger wird und sich ein Individuum allein nur schwer entwickeln kann (Buhren & Rolff, 2009, S. 13). Einer der wichtigsten Schlüsselfaktoren für die Personalentwicklung und die Schulentwicklung ist die kollegiale Zusammenarbeit, wobei bedacht werden muss, dass es noch immer die Einzelkämpfer/innen in der Lehrerschaft gibt (Terhart, 2016, S. 281). Für die schulischen Führungskräfte bedeutet das, dass sie ihr Augenmerk auf Teamentwicklung richten müssen (Sitek, 2018, S. 3).

Personalentwicklung im pädagogischen Feld bedeutet auch, sich mit der Lehrerfort- und -weiterbildung zu beschäftigen (Terhart, 2016, S. 281) und das Personal so auszuwählen, einzusetzen und zu entwickeln, um die Qualität von Schule und Unterricht aufrechtzuerhalten und zu verbessern (ebd.). In diesem Zusammenhang wird darauf verwiesen, dass die systematisch geplante Einführung neuer Lehrkräfte zu den wichtigsten Aufgaben des Personalmanagements zählt (Föhls-Königslechner & Müller-Camen, 2015, S. 328). Personalentwicklung in Bildungseinrichtungen ist komplex und umfasst mehr als die Planung und Empfehlung von Fort- und Weiterbildungen oder die Ermutigung von Lehrkräften, sich für offene Stellen zu bewerben, vielmehr muss die Führungskraft stets die strategische Ausrichtung ihrer Schule und die nachhaltige Schulentwicklung in den Fokus stellen (Sitek, 2018, S. 3). Für eine lernende Organisation reicht es nicht, dass sich einzelne Lehrkräfte weiterqualifizieren, sondern das gesamte Personal muss im Sinne eines sogenannten „staff development" gefördert werden (Buhren & Rolff, 2009, S. 103). Weitere Voraussetzungen für effektive Personalentwicklung neben der Teamentwicklung sind: (Sitek, 2018, S. 4)

- Evaluation
- Selbstreflexion
- Vision
- klare, gut kommunizierte Ziele
- Mitarbeiterorientierung als Dreh- und Angelpunkt einer dynamischen, von innen heraus evolvierenden Schule

Beachtet werden muss, dass Qualifizierungsmaßnahmen nur dann zielführend sind, wenn sie durch Veränderungen in der Organisation gestützt werden (Buhren & Rolff, 2009, S. 14). Vor der Entscheidung für Fort- und Weiterbildungsmaßnahmen steht in jedem Fall eine Bedarfsanalyse durch die Schulleitung und die Abschätzung, welche Effekte diese auf die Kompetenzentwicklung der einzelnen Lehrkraft, die Entwicklung einzelner Teams und die Weiterentwicklung der Schule haben werden (Sitek, 2018, S. 7). Bei der Bedarfsanalyse erfolgt ein Vergleich zwischen dem Anforderungsprofil einer Funktion und dem Knowhow der Führungskraft, der Personalentwicklungsbedarf ergibt sich folglich aus einem Soll-Ist-Vergleich (Föhls-Königslechner & Müller-Camen, 2015, S. 326).

Personalentwicklung, wie wir sie aus der Wirtschaft kennen, hat es im öffentlichen Dienst bisher noch nicht gegeben, jedoch sollten im Zuge von Schulreformbemühungen Personalentwicklungsmaßnahmen gesetzt werden, wenngleich beispielsweise die objektive Leistungsbeurteilung und Wirkungskontrolle der pädagogischen Arbeit von Lehrpersonen gleichermaßen schwierig wie aufwendig ist (Terhart, 2016, S. 283 ff). Personalentwicklung und Personalbeurteilung gehen jedoch Hand in Hand (ebd., S. 290).

Kempfert (2016, S. 546) führt folgende Merkmale schulischer Personalentwicklung in klarer Abgrenzung zur Wirtschaft an:

• Lehrkräfte sind nicht hierarchiegewöhnt;
• Erfolgskontrolle ist schwer bis gar nicht messbar;
• gewünschte Langzeiteffekte schulischer Inputs sind nur schwer nachweisbar;
• nicht Gewinn, sondern die Entwicklung von Menschen steht im Vordergrund;
• Unterricht findet autonom statt, die Klasse entspricht daher dem Wesen einer „Black Box";
• kaum Aufstiegsmöglichkeiten und fehlende monetäre Anreize;
• kaum spürbare Konsequenzen bei Misserfolg und Nichterreichen von Zielen führen zu fehlendem Erfolgsdruck;
• kollektive Kultur der Veränderungsresistenz in vielen Schulen;

Personalentwicklung darf nicht auf Karriereplanung in Richtung Funktions- oder Leitungspositionen reduziert werden, vielmehr ist eine ständige Qualifikationsentwicklung auf allen Ebenen alleine durch die sich wandelnden Anforderungen und Reformen erforderlich, um den Status quo halten zu können (Terhart, 2016, S. 285). Expertenwissen sollte in der Schule gut verteilt sein, es gilt, sich von dem Gedanken zu verabschieden, dass jeder alles gleich gut beherrschen müsste (Terhart, 2016, S. 290).

*„Wirksame Personalentwicklung erkennt Autonomie als zentralen Wert an."* (Poelke, 2013, S. 43)

Mentzel (2008, S. 7 ff) unterscheidet zwischen berufsvorbereitender, berufsbegleitender und berufsverändernder Personalentwicklung.

## 2.5.2 Personalbeurteilung

Es zählt zu den Aufgaben der Fürsorgepflicht einer schulischen Führungskraft, dem Lehrkörper hinsichtlich seines aktuellen Leistungsstandes Feedback zu geben und Perspektiven aufzuzeigen (Bayer, 2018, S. 9). Personalbeurteilung hat das Ziel, einerseits Mitarbeiter/innen zu besseren Leistungen zu motivieren, und andererseits sollen auf Basis der Beurteilung Erkenntnisse für Fördermaßnahmen und Schulentwicklungen gewonnen werden (Dubs, 2005, S. 277). Abbildung 17 verdeutlicht den Zusammenhang zwischen Förderung, Motivation und Beurteilung. Die Beurteilung von Lehrkräften dient sowohl der schulischen Führungskraft als auch der Lehrkraft dazu, Angemessenheit, Wirksamkeit und Entwicklungsmöglichkeiten des beruflichen pädagogischen Handelns zu evaluieren (Becker & Buchen, 2016, S. 593).

Abbildung 17: Kreislaufmodell der Beurteilung (nach Dubs, 2005, S. 277)

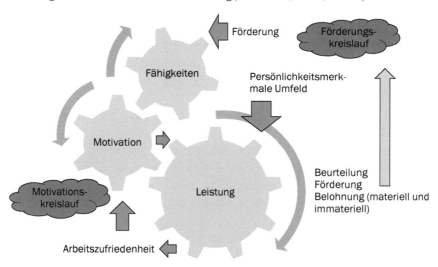

Mit der Personalbeurteilung werden nach Hilb (2011, S. 77 f) einerseits die Motivation, andererseits die Entwicklung der Mitarbeiter/innen durch die Planung gezielter Schulungen und die Förderung von deren Fähigkeiten angestrebt. Solange es jedoch keine Personalbeurteilung gibt, können Fort- und Weiterbildungsmaßnahmen im Rahmen der Personalentwicklung nicht zielgerichtet eingesetzt werden (Terhart, 2016, S. 294). Auf Basis konkreter Rückmeldungen und der Erkenntnisse der Personalbeurteilung hingegen ist es möglich, in bestimmten Problemfällen darauf zugeschnittene Fortbildungen vorzugeben bzw. individuelle Fort- und Weiterbildungsmaßnahmen in individuelle Entwicklungspläne einfließen zu lassen (ebd., S. 295; Buhren & Rolff, 2016, S. 474). Ob sich der beabsichtigte Nutzen einer Fort- oder Weiterbildungsmaßnahme einstellt, wird erst nach Durchführung einer Evaluierung ersichtlich (Mello, 2011, S. 393). Zielsetzung dieser Evaluation ist es, Verbesserungspotenzial aufzuzeigen (Föhls-Königslechner & Müller-Camen, 2015, S. 328).

Personalbeurteilung als Instrumentarium des Personalmanagements fördert die persönliche, fachliche und berufliche Weiterentwicklung von Lehrkräften (Buhren & Rolff, 2009, S. 34; 2016, S. 473). Terhart (2016, S. 290 ff) führt folgende Möglichkeiten der Erfassung und Beurteilung beruflicher Kompetenzen von Lehrkräften an:

- Erheben des berufsbezogenen Wissens von Lehrkräften aufgrund von Wissens- und Kenntnistests
- Einholung von Selbsteinschätzungen zu den eigenen pädagogischen Kompetenzen (Selbstbeurteilung)
- Einholung von Beurteilungen durch andere (Kollegium, Schülerschaft, Vorgesetzte)
- Beobachtung und Beurteilung des pädagogischen Handelns durch geschulte Personen
- Lernfortschritt der Schüler/innen als Hinweis für den Grad der Lehrerkompetenz

Dubs (2005, S. 278 ff) unterteilt die Beurteilungsverfahren für Lehrer/innen in

- Selbstbeurteilung
- Fremdbeurteilung
  - Freie Berichte oder systematische, strukturierte Beurteilungen (Fragebogen, Beurteilungsbogen) von der Schülerschaft, Eltern etc.
  - Peer Review über das Unterrichtsmaterial
- Mischformen
  - Gegenseitige Schulbesuche durch drei Lehrkräfte, die einander dreimal im Jahr im Unterricht besuchen;
  - Lehrerportfolio, in dem die Lehrkraft Aufgabenstellungen löst und dokumentiert, z. B. Schularbeiten, Semesterpläne, diverse Aktivitäten, Vergleich von Schulbüchern;
  - Beurteilung aufgrund von Optionen, bei der eine Lehrkraft während einer Beurteilungsperiode nur in zwei oder drei Teilbereichen evaluiert wird.

Selbstbeurteilungen eignen sich gut als Ergänzung zu anderen Beurteilungsformen, sind sie doch unterschiedlich zu betrachten: So fallen sie einerseits, durchschnittlich gesehen, eher positiv in der Gesamtbeurteilung aus, auf der anderen Seite sind sie differenzierter als die Vorgesetztenbeurteilung und sie sind aussagekräftig in Hinblick auf die Reflexionsfähigkeit einer Person (Nerdinger, 2014, S. 207). Becker und Buchen (2016, S. 594) wiederum unterscheiden folgende Varianten von Beurteilung:

- **Nachgeordnetenbeurteilung** (Vorgesetzte beurteilen Mitarbeiter/innen)
- Kollegenbeurteilung (Kenntnisse der Kolleginnen und Kollegen zur Einschätzung der Leistung bzw. Qualifikation von Mitarbeiterinnen und Mitarbeitern werden genutzt)
- **Vorgesetztenbeurteilung** (Mitarbeiter/innen beurteilen Vorgesetzte)
- Selbstbeurteilung (Mitarbeiter/innen sind sowohl Beurteilte/r als auch Beurteiler/in)
- **Expertenbeurteilung** (Fachleute beurteilen)
- **360°-Beurteilung** (umfassendste Form der Personalbeurteilung, insbesondere Führungskräfte werden aus unterschiedlichen Perspektiven beurteilt)

Beurteilungsinhalte müssen den Kriterien der Validität und Reliabilität entsprechen und aussagekräftig sein (Dubs, 2005, S. 283 f). Im Sinne der Validität muss geklärt werden, welche Aspekte abgefragt werden (ebd., S. 283; Becker, 2013, S. 588):

- Kompetenz der Lehrkraft – Wissen und Können (teacher competence)
- Erbrachte Leistung der Lehrkraft im Unterricht und in der Schule (teacher performance)
- Wirksamkeit einer Lehrkraft auf Schulklima, Lernerfolg und Motivation etc. – Effizienz und Effektivität (teacher efficiency)

Reliabilität – gleiche Beurteilungsergebnisse zu verschiedenen Zeitpunkten bzw. durch verschiedene Berteilende – und Objektivität hingegen sind, obwohl angestrebt, schwer zu erreichen, da die erbrachten Leistungen aufgrund von Einzelbeobachtungen eingeschätzt werden, beobachtetes Verhalten vieldeutig ist und Urteile allenfalls intersubjektiv abgestimmt sind (Becker & Buchen, 2016, S. 615 f). Nerdinger (2014, S. 201) verweist darauf, dass Personalbeurteilungen immer subjektiv und fehleranfällig sind, weshalb der Prozess der Beurteilung möglichst transparent und nachvollziehbar gestaltet werden soll, um Entscheidungen besser begründen zu können.

Personalbeurteilung setzt voraus, dass eine Führungskraft über ein neues Verständnis von Führung verfügt und entsprechende Werkzeuge anwendet (Buhren & Rolff, 2009, S. 41). In der Praxis der Beurteilung im Schulwesen spielte bisher nur die sogenannte dienstliche Beurteilung als Pflichtaufgabe der Schulleitung eine Rolle, wie auch Personalentwicklung bisher eher als formaler Bezugsrahmen zur Feststellung der Eignung, Befähigung und fachlichen Leistung oder anlassbezogen vor Beförderungen bzw. zur Personalauswahl zu existieren schien (ebd., S. 33; Buhren & Rolff, 2016, S. 472 f). Im Rahmen des Qualitätsmanagements zählt Personalbeurteilung zu den verpflichtenden Aufgaben der schulischen Führungskraft, um die Qualität des Lehrkörpers zur Verbesserung der Lernerfolge der Schüler/innen und im Einklang mit Leitbild und Zielen zu überprüfen und stärkenorientiert zu verbessern (Buhren & Rolff, 2016, S. 473 f). Neben der Stärkenorientierung dienen sowohl positive als auch negative Rückmeldungen durch Personalbeurteilung den Lehrkräften auch zur Optimierung ihrer Lehrtätigkeit (ebd., S. 474).

In Bezug auf die leitbildorientierten Zielsetzungen der Personalentwicklung dient Personalbeurteilung auch als Instrument für die Öffentlichkeitsarbeit, indem die Leistungen der einzelnen Lehrkräfte anschaulich veröffentlicht werden, was auch dazu beiträgt, das Image der Lehrerschaft zu verbessern (Bessoth, 2001, S. 119). Neben der Transparenz nach außen ist es auch erforderlich, zentrale Beobachtungs- bzw. Beurteilungskriterien intern offenzulegen (Baumann & Götz, 2016, S. 62).

In Europa herrscht hauptsächlich die Praxis der Diskrepanz-Evaluation, bei der sich das Urteil der Beurteilung aus den Diskrepanzen zwischen einer Idealvorstellung und dem Ist-Zustand der Kompetenzen einer Lehrkraft ergibt (Dubs, 2005, S. 281). Zu bevorzugen ist ein multiples Beurteilungssystem, das sich an den Qualitätsvorstellungen der Schule orientiert und bei dem die Mitglieder des Kollegiums in ihren unterschiedlichen beruflichen Tätigkeiten, wie z. B. Beiträge zur Schulentwicklung, beurteilt werden (ebd.). Unterrichtsbesuche im Rahmen der Personalbeurteilung können auf lange Sicht auch erheblich zur Unterrichts- und in weiterer Folge zur Schulentwicklung beitragen (Baumann & Götz, 2016, S. 62).

Die Leistungsbeurteilung erfasst in regelmäßigen Abständen oder anlassbezogen die Qualität der erbrachten Leistung in der Vergangenheit (Becker, 2013, S. 583). Eine Personalbeurteilung, die nur auf Selbstevaluation basiert, ist nicht wirkungsvoll und sollte deshalb immer nur in Verbindung mit einer Fremdbeurteilung eingesetzt werden (Dubs, 2005, S. 286). Einzelne Unterrichtsbesuche als alleinige Basis der Personalbeurteilung sind insofern kritisch zu sehen, da eine einzelne Unterrichtsstunde nicht repräsentativ ist, der Termin einer Hospitation meist im Vorfeld bekannt ist, eine gesehene Stunde durch Zufälle geprägt sein kann o. ä. (Baumann & Götz, 2016, S. 59). Dubs (2015, S. 281) empfiehlt deshalb ein multiples Beurteilungssystem, bei dem Lehrkräfte durch vielfältige Beurteilungsverfahren in der Ganzheit ihrer pädagogischen Tätigkeit evaluiert werden.

Becker (2013, S. 583) bezeichnet die Leistungsbeurteilung als hybrides personalwirtschaftliches Instrument, wonach Leistung und Verhalten auf unterschiedliche Arten beurteilt werden, aber auch Potenzial und Ziele kommuniziert werden sollen. Möglichkeiten für Rückmeldungen bieten Fortbildung, Supervision und Coaching ebenso wie das Mitarbeitergespräch, bei dem eine Lehrkraft Rückmeldung zu

Verhalten und Leistungen im Referenzzeitraum erhält (Sassenscheidt, 2013, S. 24f). Terhart (2016, S. 296) verweist darauf, dass die pädagogische Weiterentwicklung von Schulen und die Beachtung des Faktors Personal nur dann gelingt, wenn ein ganzheitlicher Personalprozess implementiert wird, und zwar bei allen im Bildungsprozess beteiligten Personengruppen und Institutionen.

### 2.5.3 Zielvereinbarungen

Visionen sind eine Vorausschau auf ein plastisches Bild einer erhofften Zukunft, während Ziele von Visionen abgeleitet und formuliert werden, denn *„Ziele verbinden Visionen mit Realität"* (Blickhan, 2015, S. 28). Demnach sind die Begriffe Vision und Ziel begrifflich deutlich voneinander zu trennen (Schratz et al., 2010, S. 62). Kempfert und Rolff (Kempfert & Rolff, 2018a, S. 303) betonen, dass sich eine Organisation an Zielen orientieren muss, damit die Ziele und die Mission allen Mitgliedern einer Organisation klar sind. Dazu muss eine schulische Führungskraft selbst auch klare Ziele haben und diese transparent und verständlich kommunizieren (ebd.). Capaul et al. (2020, S. 280) unterscheiden bei Zielvereinbarungen zwischen den Zielen der Organisation und jenen des Individuums. In regelmäßigen Abständen durchgeführte Zielvereinbarungsgespräche mit Mitarbeiterinnen und Mitarbeitern bieten der schulischen Führungskraft die Möglichkeit für Rückblicke und Ausblicke sowie die Vorgabe neuer Zielrichtungen (Schratz et al., 2010, S. 68).

Die erfolgreiche Einführung von Zielvereinbarungsprozessen erfordert einen dialogorientierten Umgang zwischen Führungskraft und Mitarbeitenden durch Partizipation und eine von Dialogbereitschaft geprägte Kommunikationsstruktur (Hinrichs, 2009, S. 13). Darüber hinaus sind ein partizipativ-situativer Führungsstil und die Delegation nach Meinung von Dubs (2019, S. 177) nur dann wirksam, wenn Aufgaben nicht in Form von pedantischen Anordnungen an die Mitarbeiter/innen übertragen werden, sondern *„wenn Vorgesetzte mit ihren Mitarbeitenden gemeinsam für ihre Arbeitsbereiche Ziele entwickeln und vereinbaren"*.

Zielvereinbarungen beschreiben als Förderinstrument die Zustände und die zu erreichenden Ergebnisse in der Zukunft, die aus dem Wissen der Gegenwart heraus formuliert und vereinbart werden (Becker, 2013, S. 570). Ausgangspunkt für Zielvereinbarungen ist das Mitarbeiter- bzw. Jahresgespräch, das sich als Personalentwicklungsmaßnahme an den Anforderungen der Organisation, die in Vision und Leitbild abgebildet sind, orientiert. Personalentwicklungsmaßnahmen dienen sowohl der Entwicklung des Individuums als auch jener der Organisation (Knoch, 2016, S. 176). Kempfert (2016, S. 561) meint dazu:

> *„[...] es ist unabdingbar, bei Lehrkräften angesichts ihrer Autonomie das Bewusstsein für die gemeinsame Verantwortung der gesamten Schulentwicklung dialogisch zu wecken."*

Prinzipiell kann jedes Gespräch zwischen Mitarbeiter/in und Führungskraft als Mitarbeitergespräch gesehen werden (Hinrichs, 2009, S. 13). Zielvereinbarungsgespräche, als relativ moderne Ausprägung davon, werden dazu genützt, Autonomie und Partizipation voranzutreiben und Leistung und Zusammenarbeit in der Organisation zu optimieren, aber vor allem, um das Schulprofil im Sinne der Wettbewerbsfähigkeit zu schärfen (Becker, 2013, S. 570). In der Wirtschaft hat das Führen durch Zielvereinbarung (engl. „Management by Objectives" – MbO) eine lange Tradition, weil es sich als besonders zweckmäßig erwiesen hat (Dubs, 2019, S. 177). Zielvereinbarungen sind ein Instrument der Selbstführung und tragen daher zu einer Verbesserung des Leistungs- und Kooperationsverhaltens von Mitarbeiterinnen und Mitarbeitern bei, wenn sich diese mit ihren Zielen identifizieren können (Becker, 2013, S. 570 f).

Bei der Zielfindung bilden die strategischen Ziele der Organisation den Ausgangspunkt (Becker, 2013, S. 573). Sie werden top-down heruntergebrochen und schrittweise konkretisiert und operationalisiert (Elsik, 2015, S. 382). In Abbildung 18 wird dargestellt, wie die Ziele der strategischen Ebene die Ziele der darunter liegenden Organisationseinheiten und die Ziele der einzelnen Mitarbeiter/innen ausgehend von den Organisationszielen bestimmen, wobei der Personalentwicklung die Aufgabe zukommt, die dafür erforderlichen Anforderungen und Qualifikationen mit den strategischen Zielen zu harmonisieren (Becker, 2013, S. 573). Die kollektiven Zielerreichungsanstrengungen erleichtern die Gesamtkoordination des Kennzahlensystems innerhalb einer Organisation und führen zu einem tieferen Verständnis von Zusammenhängen in Bezug auf Vision und Strategie (Dubs, 2019, S. 177).

Abbildung 18: Prozess der Zielfindung (nach Becker, 2013, S. 573)

Abbildung 19 verdeutlicht die Unterscheidung zwischen Standard- und Zielaufgaben. Während die tätigkeitsbezogenen Standardaufgaben dauerhaft

erledigt werden müssen, ergänzen die übergeordneten Zielaufgaben das Auf-
gabenportfolio der Mitarbeiter/innen in Form von priorisierenden oder weiter-
führenden Aufgaben, die auch auf Basis von Projekten festgelegt werden können
(Becker, 2013, S. 571). Im schulischen Kontext unterscheiden Buhren und
Rolff (2016, S. 489) zwischen Einzelarbeitszielen, Systemzielen und persönlichen
Entwicklungszielen.

Abbildung 19: Zielvereinbarungen (nach Becker, 2013, S. 571)

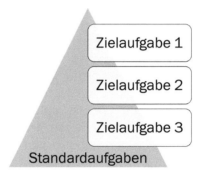

Dubs (2019, S. 177) unterscheidet zwischen Standardzielen, die im Einklang
mit der jeweiligen Rolle und Funktion stehen, und Innovationszielen, welche
die Mitarbeitenden dazu stimulieren sollen, Entwicklungen und Reformen anzustoßen bzw. zu verwirklichen. Die Standardaufgaben entsprechen weitgehend
den Einzelarbeitszielen, die sich auf die täglichen Aufgaben und die damit verbundenen Interaktionen von Lehrkräften beziehen (Buhren & Rolff, 2016,
S. 488).

Buhren und Rolff (2016, S. 490) schreiben, dass bei der Einführung von
Zielvereinbarungen in einer Schule mit Empfindlichkeiten und Gegenwind zu
rechnen sei, weshalb empfohlen wird, den Sinn von Zielvereinbarungen und die
positiven Auswirkungen auf die Schulentwicklung im Vorfeld zu kommunizieren.
Abbildung 20 zeigt den Kreislauf des Zielvereinbarungsprozesses. Gegenstand von
Zielvereinbarungen ist die Einigung zwischen Führungskraft und Mitarbeitenden
über Zielinhalte, Zielzeitpunkt und Kriterien der Zielerreichung (Hinrichs, 2009,
S. 49). In einem ersten Schritt werden zwischen Vorgesetztem und Mitarbeiter/
in die einzelnen individuellen Ziele identifiziert und vereinbart. Die schulische
Führungskraft bereitet sich auf das Zielvereinbarungsgespräch vor und deklariert
in einem partnerschaftlichen Gespräch Ziele, die sich aus Strategie und Leitbild
der Schule ergeben. Im Rahmen des Zielvereinbarungsgesprächs wird dieser
Vorschlag mit den Mitarbeitenden diskutiert, ggf. einvernehmlich adaptiert
und als Ziel festgeschrieben. Kempfert (2016, S. 561) betont, dass Zielvereinbarungsgespräche nicht einseitig, von oben nach unten, geführt werden dürfen,
da sie ansonsten als Befehlsempfang empfunden werden und dementsprechend

wirkungslos sind. Im Rahmen von Zielvereinbarungsgesprächen steht die Vereinbarung mit der Wahlmöglichkeit zwischen verschiedenen Zielalternativen im Vordergrund, im Gegensatz zu einseitigen Zielvorgaben, bei denen es keine Einflussmöglichkeit auf Seiten der Mitarbeiter/innen gibt (Hinrichs, 2009, S. 49). Kempfert und Rolff (2018a, S. 303) betonen jedoch, dass sich eine schulische Führungskraft auch nicht davor scheuen darf, Ziele vorzugeben, von deren Erreichung sie überzeugt ist, auch wenn ein Konsens nicht erzielt werden kann.

Abbildung 20: Ablauf eines Zielvereinbarungsprozesses (nach Becker, 2013, S. 575)

Becker (2013, S. 577) nennt als mögliche Fehlerquellen bei Zielvereinbarungen fehlende Zielrelevanz, unklare oder vage formulierte Zielsetzungen, fehlende Kontrolle und fehlendes Feedback. Um die Zielerreichung überprüfen zu können, sollte jedes Ziel den Kriterien des SMART-Goals-Systems, entwickelt von Hersey, Blanchard und Johnson (1996), entsprechen und folgende Eigenschaften aufweisen:

S    specific (konkrete Angaben)
M   measureable (möglichst leicht mess- und beobachtbar)
A    attainable (erreichbar und herausfordernd)
R    relevant (erfolgswirksam)
T    trackable (beeinflussbar für die Mitarbeiter/innen)

Dementsprechend werden Zielvereinbarungen im schulischen Kontext in gegenseitigem Einverständnis ausverhandelt und schriftlich festgehalten, beschränken sich auf tatsächlich Machbares und werden gemäß der individuellen Vereinbarung zu einem festgesetzten Zeitpunkt evaluiert und besprochen (Buhren &

Rolff, 2016, S. 489). In ihrer 1990 publizierten Zielsetzungstheorie kommen Locke und Latham (2017, S. 5) zu dem Ergebnis, dass anspruchsvolle, spezifische Ziele erheblich motivierender sind als vage, leicht erreichbare und zu einer deutlichen Leistungssteigerung führen, solange die betreffende Person nicht an die Grenzen ihrer Leistungsfähigkeit stößt.

Quantitative Ziele, wie z. B. ein Datum für die Einhaltung von Terminen, sind i. d. R. eindeutig formuliert und leicht kontrollierbar, qualitative Ziele, wie z. B. Qualifizierungsziele oder persönliche Entwicklungsziele, hingegen sind nicht zahlenmäßig erfassbar (Dubs, 2019, S. 178) und müssen daher durch Ersatzmaßstäbe quantifizierbar gemacht werden (Mentzel, 2008), damit anhand von festgelegten Kriterien die Zielerreichung ermittelt werden kann (Hinrichs, 2009, S. 54). Ziele müssen zudem von den Mitarbeitenden beeinflussbar sein und dürfen zueinander nicht in Widerspruch stehen (ebd., S. 55).

Zielvereinbarungsprozesse und ihre Ergebnisse liefern eine objektive Grundlage für die Selbst- und Fremdbeurteilung im Rahmen des schulischen Qualitätsmanagements (Dubs, 2019, S. 177). Zielerreichungsüberprüfungen dienen der schulischen Führungskraft auch als Grundlage für die Personalbeurteilung, wobei im Zielvereinbarungsprozess besonders auf eine klare Kommunikation der Leistungsanforderungen geachtet werden muss und die erbrachten Leistungen entsprechend gewürdigt werden sollen (Elsik, 2015, S. 364). Im Beurteilungsgespräch werden gemeinsam Verbesserungsmaßnahmen festgelegt und neue Ziele für die nächste Leistungsperiode festgelegt (ebd., S. 382).

Führen mit Zielen beschränkt sich aber nicht nur auf die Personalbeurteilung, sondern stellt ein umfassendes Führungs- und Planungsinstrument dar (Elsik, 2015, S. 381). Zielvereinbarungsgespräche unterstützen den Erkenntnisgewinn über die Wirkung zielorientierter Maßnahmen und Verfahren, anhand von Rückmeldungen der Mitarbeitenden können Rückschlüsse auf den Erfolg gezogen werden (Knoch, 2016, S. 176). Damit sind Zielvereinbarungsgespräche ein wichtiger Baustein im Qualitätsmanagement von Schulen, worauf im nächsten Kapitel eingegangen wird.

## 2.6 Qualität und Entwicklung

Schulqualität entsteht nicht nur allein durch gute Unterrichtsarbeit, sondern beruht auf der Grundlage einer guten Zusammenarbeit des Lehrerkollegiums und der Schärfung des Profils der Bildungseinrichtung, u. a. durch die Übertragung von Verantwortung für Ergebnisse an das Kollegium (Terhart, 2016, S. 281). Schulleitungen, welche die pädagogische Arbeit ihrer Schulen an ihrer Vision und dem Leitbild orientieren, setzen sich im Rahmen ihres dezentralen Qualitätsmanagementsystems Qualitätsziele und planen bzw. überprüfen deren Umsetzungsgrad in regelmäßigen Abschnitten (Kempfert & Rolff, 2018a, S. 10). Das

Qualitätsmanagement in der Schule zielt in erster Linie darauf ab, dass sich alle schulischen Akteure an der Entwicklung, Aufrechterhaltung und Verbesserung der Qualität pädagogischer Arbeit beteiligen (Huber et al., 2014, S. 15).

Mit 1. Jänner 2021 wurde für alle österreichischen Schulen QMS, ein pädagogisches Qualitätsmanagementsystem für alle Schulformen, eingeführt, das auf sämtlichen Ebenen des österreichischen Schulsystems wirkt und die systematische Gestaltung und Organisation der Qualitätsentwicklung und -sicherung an österreichischen Schulen sicherstellen soll (BMBWF, 2021). Das Qualitätsmanagementsystem für Schulen (QMS) unterstützt kontinuierliche Schulentwicklungsvorhaben und von zentraler Stelle vorgegebene Reform-projekte sowie die damit verbundenen Umsetzungskonzepte (BMBWF, 2021).

Der ebenfalls seit Jänner 2021 gültige Qualitätsrahmen für Schulen ist wesent-licher Bestandteil des QMS und unterstützt eine professionelle Schulentwicklung an den Schulstandorten zur kontinuierlichen Verbesserung der pädagogischen Arbeit (BMBWF, o. J.).

Abbildung 21: Österreichischer Qualitätsrahmen für Schulen (BMBWF, o. J.)

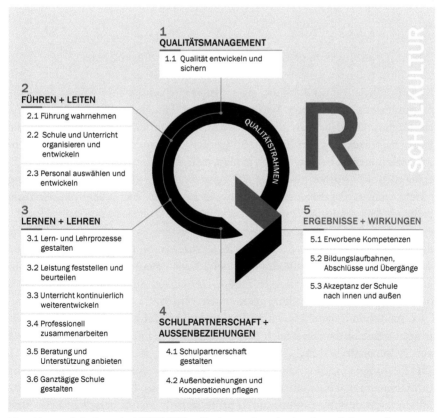

https://www.schulautonomie.at/2021/02/qualitaetsmanagementsystem-fuer-schulen-qms/

Wie in Abbildung 21 dargestellt, besteht der Qualitätsrahmen aus fünf Qualitätsbereichen mit Qualitätskriterien, anhand derer im Zuge einer Ist-Analyse die schulinterne Qualitätseinschätzung vorgenommen und die Stärken und Verbesserungspotenziale des Schulstandorts identifiziert werden können. Aus den daraus gewonnenen Erkenntnissen werden Maßnahmen abgeleitet und Umsetzungspläne erarbeitet, die als Grundlage für konkrete Schul- und Unterrichtsentwicklungsprojekte in den Schulentwicklungsplan einfließen. Das Qualitätsmanagementsystem QMS stellt die entsprechenden Instrumente zur Umsetzung und Weiterentwicklung der Ziele zur Verfügung. Österreichische Schulleitungen sind dazu verpflichtet, auf Basis des Qualitätsrahmens die aktuelle Situation am Schulstandort zu analysieren und daraus gezielte Qualitätsentwicklungsprozesse zu initiieren bzw. diese laufend zu adaptieren. Für die Führung einer Schule bedeutet das, dass die Schulleitung u. a. eine lernförderliche Schul- und Unterrichtskultur etablieren und für transparente Prozesse sorgen muss (ebd.). Hoffian und Joosten (Hoffian & Joosten, 2013, S. 227) sehen einen direkten Zusammenhang zwischen Schulautonomie und Schulqualität, der mit größeren Handlungsspielräumen, Innovationen und Schulentwicklungsprojekten und dem sich in weiterer Folge daraus resultierenden Wettbewerb begründet wird.

## 2.6.1 Organisationsentwicklung und ihre Schnittmengen

Becker (2013, S. 732) schreibt, dass Mitarbeiter/innen ihre Werte, ihre Erfahrungen, ihr erworbenes Wissen sowie ihre Fähigkeiten in Organisationen einbringen. Deshalb muss bei der Organisationsentwicklung auch immer die Personalentwicklung mitbetrachtet werden. Personalentwicklung steht in wechselseitiger Beziehung zur Organisationsentwicklung, wie in Abbildung 22 ersichtlich ist. Poelke (2013, S. 40) schreibt, dass die Personalentwicklung gleichermaßen Ergebnis der Schulentwicklung wie auch die Voraussetzung dafür ist. Während die Personalentwicklung primär darauf ausgerichtet ist, die Person in ihrer Gesamtheit zu fördern und weiterzuentwickeln, ist es Aufgabe der Schulentwicklung, die Schule und ihre Prozesse auf Basis der Anforderungen der schulischen Umwelt und der Gesellschaft unter Berücksichtigung von Vision und Leitbild weiterzuentwickeln (ebd.). Die Lücke, die daraus entsteht, muss durch die Personalentwicklung geschlossen werden.

Organisationsentwicklung und Personalentwicklung verfolgen daher jeweils sowohl organisationale als auch persönliche Ziele (Müller, 2004, S. 285). Neben der Personalentwicklung ist die Teamentwicklung insbesondere in Hinblick auf Leistungssteigerung und Arbeitszufriedenheit von zentraler Bedeutung (Schiersmann & Thiel, 2010, S. 218). Im Rahmen der Personalentwicklung eröffnen funktionsfähige Teams durch professionelle Zusammenarbeit Lern- und Entwicklungsmöglichkeiten (Buhren et al., 2013, S. 47).

Abbildung 22: Zusammenhang Personalentwicklung und Organisationsentwicklung (nach Poelke, 2013, S. 40)

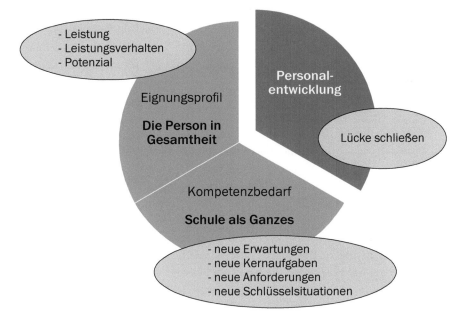

Abbildung 23: Schnittmenge Personal-, Team- und Organisationsentwicklung (nach Cihlars, 2012, S. 303)

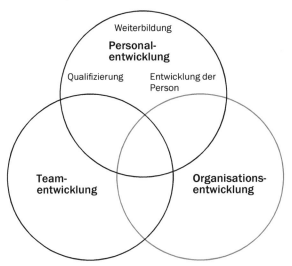

Das Qualitätsmanagementsystem für österreichische Schulen basiert auf einem Modell, das drei Perspektiven miteinander vereint: die Organisation Schule, Lehrerteams und einzelne Lehrkräfte (BMBWF, 2021) und entspricht damit der

Darstellung in Abbildung 23 mit Organisations-, Team- und Personalentwicklung und deren Schnittstellen. QMS versteht unter Qualitätsentwicklung in Teams das kooperative professionsbezogene Lernen und unter Qualitätssicherung in Teams den Nachweis der Prozessqualität sowie die Ergebnisse unterrichtsbezogener Kooperation in Lehrerteams (ebd.). Schratz et al. (2010, S. 123) setzen Teamentwicklung für die organisationsbezogene Leistungsfähigkeit und das organisationale Lernen in wissensbasierten Organisationen voraus, wobei die Teamstrukturen an kleinen Schulstandorten unter Umständen nicht so stark ausgeprägt sind (BMBWF, 2021).

*„Das Teamlernen steht hier geradezu als Symbol für eine lernende, intelligente Organisation unter systemischer Perspektive."* (Schiersmann & Thiel, 2010, S. 218)

Die Zusammenarbeit von Lehrkräften ist eine wichtige Voraussetzung für eine systematische Schulentwicklung (Schultebraucks-Burkart, 2013, S. 203). Steuergruppen koordinieren und steuern Schulentwicklungsprozesse und sind somit Kernelement eines neuen Leitungs- und Organisationsverständnisses der autonomen Schule (Rolff, 2016, S. 339). Die Zusammenarbeit in Teams unterstützt die gelingende Umsetzung von Visionen, da heterogene Gruppen aufgrund einer Vielfalt von unterschiedlichen Meinungen kreativen Input zur Umsetzung liefern (Schratz et al., 2010, S. 67). Der Erfolg von Teamarbeit ist abhängig von Maßnahmen, die zugleich Ausgangspunkt von Teamentwicklung sind, nämlich Maßnahmen zur Verbesserung der Zielerreichung, der Aufgabenbearbeitung, des Gruppenzusammenhalts und der Verantwortungsübernahme (Philipp, 2016, S. 734).

*„Die Weisheit der Vielen zu nutzen, impliziert die aktive Beteiligung von allen Personen und Gruppen, die in und mit Schule zu tun haben."* (Buhren et al., 2013, S. 197)

Die schulische Führungskraft beeinflusst mit ihrem Führungsverhalten maßgeblich die Teamentwicklung im Lehrerkollegium (Schratz et al., 2010, S. 102). Schratz et al. (ebd.) schreiben, dass der demokratisch-partizipative Führungsstil als der förderlichste für eine selbstgesteuerte Teamarbeit scheint, wohingegen ein autoritärer Führungsstil Vorhaben zur Ausgestaltung der Teamarbeit nicht unterstützt.

Schulen sind Organisationen, daher gilt die Organisationsentwicklung im pädagogischen Bereich als Ausgangspunkt für Schulentwicklung (Meetz, 2007, S. 121). Der nächste Abschnitt beschäftigt sich folglich mit dem Thema Schulentwicklung als Entwicklung der Einzelschule.

## 2.6.2 Schulentwicklung

Das Schulsystem ist geprägt von einem permanenten Entwicklungsprozess aufgrund von bildungspolitischen und gesellschaftlichen Veränderungen

(Capaul et al., 2020, S. 573). Bei allen Reformvorhaben müssen die individuellen Ziele der Mitarbeiter/innen nach Selbstverwirklichung, Sicherheit und Partizipation mit der organisationalen Entwicklung in Einklang gebracht werden (Becker, 2013, S. 732). Übergeordnetes Ziel aller Schulentwicklungsmaßnahmen muss es jedoch sein, das Lernen der Schüler/innen sowie deren Kompetenzerwerb zu fördern (Huber et al., 2014, S. 10). Um den langfristigen Erfolg einer Organisation zu sichern, braucht es Führungskräfte, die Selbstreflexion zulassen und Mut zur Veränderung haben (G. Probst & Raisch, 2004, S. 45), denn für jede Organisation sind Entwicklung und Innovation für den Erfolg unerlässlich (Probst & Raisch, 2004, S. 41).

Der Ausgangspunkt für Entwicklung und Innovation ist die Betrachtung der Schule als Ganzes unter Berücksichtigung des Gesamtsystems (Rolff, 2016, S. 302, S. 316). Rolff (2016, S. 316) hebt hervor, dass Schulentwicklung darauf abzielt, durch bewusste, systematische Weiterentwicklung lernende Schulen zu schaffen, die Prozesse der Organisation, Steuerung und Reflexion anstoßen.

Die Innovationsfähigkeit einer Organisation kann durch Widerstände reformverweigernder Mitglieder eingeschränkt werden, denn *„starke Kräfte in der Organisation blockieren jegliche Veränderungen.“* (Probst & Raisch, 2004, S. 41). Zudem verhindern starre Organisationskulturen die persönliche Entfaltung veränderungswilliger und an Innovation interessierter Mitarbeiter/innen (Becker, 2013, S. 732). Deshalb setzt innovative Schulentwicklung ein dezentrales Qualitätsmanagementsystem (Kempfert & Rolff, 2018a, S. 13) sowie eine Fokussierung auf Visionen und eine organisationspädagogische Zielausrichtung der schulischen Führungsarbeit voraus (Schratz et al., 2010, S. 62). Der Aufbau eines Wissensmanagementsystems unterstützt die von Schulentwicklung beabsichtigte Optimierung aller pädagogischen Prozesse in der Organisation Schule (Huber et al., 2014, S. 147).

Führungskräfte sind richtungsweisende Instanz für die Entwicklung einer Organisation, weil sie die Weiterentwicklung von innen durch die Mitarbeiter/innen zulassen und fördern bzw. erkennen, wann sie Unterstützung von außen hinzuziehen müssen (Kempfert & Rolff, 2018a, S. 37). Sämtliche Formen der gezielten Beeinflussung schulischer Abläufe können nur gemeinsam mit dem Lehrkörper, keinesfalls ohne oder gegen ihn stattfinden, denn werden Reformvorhaben angeordnet, befindet sich das Kollegium praktisch in einer Vetoposition (Terhart, 2016, S. 280). Rauscher (2019, S. 5) geht von der Annahme aus, dass Veränderungsprozesse in der heutigen Zeit bottom-up, also nicht mehr von oben nach unten verordnet stattfinden und begründet dies damit, dass Innovation in der schulinternen Motivation liegt (Terhart, 2016, S. 280). Laut Ouchi (2003, S. 251) werden Veränderungen bottom-up initiiert, aber von der Führung unterstützt: *„change should be initiated bottom-up and supported top-down“*. Die Performanz von Innovation hängt zudem stark von den Veränderungsaktivitäten und der Interaktion mit der Systemumwelt ab (Hinloopen, 2010, S. 145).

Abbildung 24 zeigt die Handlungsfelder von Schulentwicklung auf, die von Huber et al. (2014) wie folgt beschrieben werden:

- Qualitätsmanagement: umfasst sämtliche qualitätssichernde und qualitätsentwickelnde Maßnahmen (Evaluation und Optimierung)
- Unterricht und Erziehung: umfasst Maßnahmen der Unterrichtsentwicklung
- Personal: umfasst Maßnahmen des Personalmanagements
- Kooperation: umfasst kommunikationsfördernde Maßnahmen und Initiativen zur Verbesserung von Zusammenarbeit
- Beratung: umfasst Maßnahmen zur Förderung der Beratungskultur
- Organisation: umfasst Maßnahmen zur pädagogischen Gestaltung der Organisation und Maßnahmen zur Dissemination von Wissen

Abbildung 24: Handlungsfelder der Schulentwicklung (nach Huber et al., 2014, S. 10)

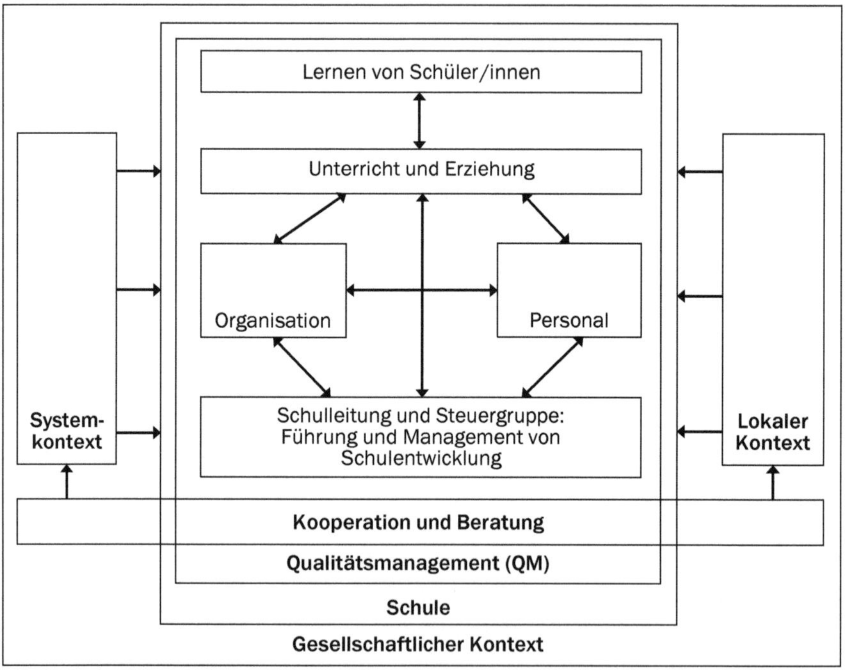

Maßnahmen der Schulentwicklung müssen nach einer Schulanalyse in Handlungen umgesetzt werden und laufend evaluiert werden, um den Fortschritt beobachten zu können (Schratz et al., 2010, S. 55). Obwohl Schulentwicklung immer unter Zeitdruck steht (Rolff, 2016, S. 355), müssen Schulentwicklungsprojekte ressourcenschonend geplant werden, denn sie brauchen Zeit (Huber et al., 2014, S. 148). Zeitdruck kann u. a. durch Erfolgszwang entstehen oder dadurch, dass im Rahmen des Qualitätsmanagementsystems externe Evaluation durchgeführt wird, noch bevor die Schule mit den Abläufen der internen Evaluation vertraut ist (Rolff, 2016, S. 355). Evaluation unterstützt die autonome Schule und muss folglich im Zusammenhang mit Schulentwicklung thematisiert werden. Der nächste Abschnitt beschäftigt sich daher mit den Themen Qualitätsentwicklung und Evaluation.

### 2.6.3 Qualitätsentwicklung und Evaluation

Um die Qualität der Entwicklungsarbeit systematisch bewerten zu können, werden Schulentwicklungsprojekte in Teilabschnitten mit Teilzielen geplant, die vor der Umsetzung weiterer Maßnahmen laufend evaluiert werden (Schratz et al., 2010, S. 71). QMS unterstützt die lernende Organisation Schule bei der Qualitätsentwicklung und Evaluation ihrer Kernprozesse in der Unterrichts-, Personal- und Organisationsentwicklung (BMBWF, o. J. b;). Das Qualitätsmanagement einer Schule zählt zu den strategischen Führungsaufgaben einer schulischen Führungskraft und ist als solche systematisch zu gestalten (Dubs, 2019, S. 363). Größere Freiräume durch Schulautonomie bedeuten, eine größere Rechenschaftspflicht und ein Mehr an Fragen in Hinblick auf Leistungsfähigkeit zuzulassen (Zenkel, 2015, S. 62). Schulleiter/innen tragen dabei die Letztverantwortung für die Qualität der organisationalen Rahmenbedingungen und Prozesse (Landwehr & Steiner, 2008, S. 4). Ein dezentrales Qualitätsmanagementsystem trägt dazu bei, dass Entwicklungsprozesse an Schulen unter der Zielsetzung eines qualitätsvollen Unterrichts systematisch, zielgerichtet und evidenzbasiert vorangetrieben werden (BMBWF, 2021).

Das intern konzipierte Qualitätsmanagement hat die Aufgabe, mit den selbst festgelegten Instrumenten die Maßnahmen zur Qualitätssteigerung der pädagogischen Arbeit zu planen und umzusetzen, wobei die Wirksamkeitsanalyse durch interne und externe Evaluation erfolgen kann (Dubs, 2011, S. 64). Wenn sowohl interne als auch externe Evaluation eingesetzt wird, folgt die externe Evaluation der internen, wobei die Selbstevaluation von den handelnden Akteuren am Schulstandort durchgeführt wird (Kempfert & Rolff, 2018a, S. 13). Wird die Evaluation an Dritte übertragen, liegt Fremdevaluation vor (ebd.). Wenn der Schulentwicklung in der autonomen Schule ein hohes Maß an Bedeutung geschenkt wird, ist es erforderlich, die eigenen Qualitätsentwicklungsmaßnahmen sorgfältig zu verfolgen (Dubs, 2019, S. 364). Das extern konzipierte Qualitätsmanagement mit verbindlichen Vorgaben für die Qualitätserfassung wird den Schulen von Dritten, wie z. B. von der Schulaufsicht oder dem Ministerium, vorgeschrieben (Dubs, 2011, S. 64). Kempfert und Rolff (2018b, S. 19) schreiben, dass interne Evaluation dort intensiviert wird, wo externe Evaluation verpflichtend vorgeschrieben ist. Berkemeyer et al. (2016, S. 211) führen ergänzend an, dass es Mischformen von Selbst- und

Fremdevaluation geben kann, z. B. wenn eine Schule für eine Evaluation durch Dritte Evaluationsziele definiert.

Abbildung 25: Grundformen des Qualitätsmanagements (nach Dubs, 2011, S. 63)

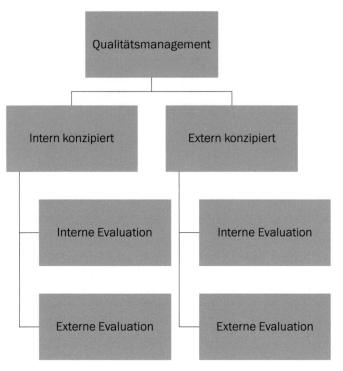

Interne Evaluationsprozesse beabsichtigen eine „*Verbesserung der Entscheidungsgrundlagen in Schulen durch Bereitstellung systematisch erhobener Informationen durch die Schule sowie weitere Akteure*" (Berkemeyer et al., 2016, S. 218). In Österreich stellt QMS ab 2021 sicher, dass in regelmäßigen Abständen Nachweise über die Wirksamkeit der schulischen Prozesse und die Qualität der Ergebnisse im Rahmen der Selbst- und Fremdevaluation erbracht werden und bietet Instrumente zur Reflexion und Evaluation an (BMBWF, 2021). Kempfert und Rolff (2018a, S. 11) betonen, dass die interne Evaluation für die Schulentwicklung sowohl zeitliche als auch inhaltliche Priorität hat. Für ein intern konzipiertes, systematisch aufgebautes Qualitätsmanagement mit Selbstevaluation sind im Vorfeld einige Aspekte zu beachten (Dubs, 2019, S. 367):

- Die Lehrpersonen werden im Vorfeld auf die Qualitätsmaßnahmen und Instrumente vorbereitet.
- Bevor die Qualitätsarbeiten beginnen, wird ein QM-Konzept vorgelegt und es werden Qualitätsziele festgelegt.

- Zum besseren Verständnis werden eindeutige und einheitliche Begriffe verwendet.
- Alle Tätigkeiten im Evaluationsprozess erfolgen in voller Transparenz.

Um die für Innovationen und Reformen erforderlichen Impulse im Rahmen der Organisations-, Personal- und Unterrichtsentwicklung zu generieren, ist es laut Kempfert und Rolff (2018b, S. 13) erforderlich, eine Kultur der Evaluation zu schaffen, in der sich alle schulischen Akteure aktiv beteiligen und Reflexion zulassen. Durch Evaluation soll u. a. mehr Offenheit und Demokratie in den schulischen Strukturen erreicht werden (Zenkel, 2015, S. 65).

Evaluation als qualitätssichernde und qualitätsentwickelnde Maßnahme ist ein wichtiges Handlungsfeld des schulischen Qualitätsmanagements (Huber et al., 2014, S. 15). Durch den Einsatz moderner Evaluationsmethoden wird der Schulleitung und den Lehrkräften die Möglichkeit gegeben, gestaltend Einfluss auf schulische Prozesse zu nehmen (Zenkel, 2015, S. 65). Innovative, autonome Schulen bestimmen in ihren Leitbildern ihr Verständnis von Qualität und setzen sich damit selbst (Qualitäts-)Ziele, die sie regelmäßig mit dem Instrument der Evaluation überprüfen (Kempfert & Rolff, 2018a, S. 10 f). Das bedeutet, dass sich bei der Selbstevaluation alle Akteure auf die Erreichung der gemeinsamen Ziele und auf die schulische Selbstverbesserung verständigen müssen (Zenkel, 2015, S. 65). Gerade zu Beginn von Schulentwicklungsprojekten oder bei Erreichen von Meilensteinen liefern Evaluierungsergebnisse einen richtungsweisenden Orientierungsrahmen (Berkemeyer et al., 2016, S. 214). Das Instrument des Feedbacks kann dabei zur Reflexion einzelner Aktionen oder zur Einschätzung von umfassenden Schulentwicklungsmaßnahmen eingesetzt werden (ebd.).

Evaluationen dienen als Grundlage für Entscheidungen und Verbesserungen bzw. Optimierungen, sie sind daher besonders im Schulwesen unerlässlich (Ditton, 2010, S. 608).

*„Evaluation wird verstanden als Prozess des systematischen Sammelns und Analysierens von Daten/Informationen mit dem Ziel, an Kriterien orientierte Bewertungsurteile zu ermöglichen, die begründet und nachvollziehbar sind."* (Kempfert & Rolff, 2018a, S. 11)

Cronbach (1972, S. 42) nennt drei Arten von Entscheidungen, die auf Basis von Evaluierungsergebnissen zu treffen sind:

- in Bezug auf die Verbesserung von Bildungsmaßnahmen: **Entscheidungen über Unterrichtsmaterial und -methoden;**
- in Bezug auf das Erkennen der Bedürfnisse, Lernerfahrungen und Leistungen einzelner Schüler/innen: **Entscheidungen über Schüler/innen;**
- in Bezug auf administrative Regelungen: **Entscheidungen betreffend die Qualität eines Schulsystems und über die Eignung von einzelnen Lehrkräften etc.**

Die Kriterien, die bei der datengestützten Bewertung zur Anwendung kommen, sind vor allem (Kempfert & Rolff, 2018a, S. 11):

- gesetzliche Vorgaben
- Leitbild
- Schulprogramm und Schulentwicklungsplan
- Projektziele bzw. Projektauftrag
- Benchmarking
- Qualitätskennzahlen
- Referenzrahmen

Zum Unterschied zu Lehrkräften, die den Fokus auf die Evaluation ihres Unterrichts legen, müssen Schulleitungen die Schulentwicklung als Ganzes im Blick haben und daher eine Evaluation aller wesentlichen schulischen Bereiche anstreben (Burkard & Eikenbusch, 2016, S. 1317).

Bei der Evaluation von Bildungsprozessen werden anhand von Bewertungskriterien alle relevanten Faktoren und deren wechselseitigen Beziehungen zueinander analysiert, um auf Basis der Ergebnisse Empfehlungen abzuleiten und Verbesserungen herbeizuführen (Cronbach, 1972; Ditton, 2010, S. 608). In der Analyse der evaluationszentrierten Kontrolle von Bildungsmaßnahmen werden die existierenden Bedingungen, deren Zielsetzungen, die beteiligten Organisationseinheiten, spezifische Lehr- und Lernsituationen inklusive Inhalte und Methoden sowie die Qualität der kurzfristigen Ergebnisse und deren langfristige Wirkung beschrieben (ebd.).

Evaluation spielt bei der Verbesserung schulischer Qualität eine zentrale Rolle und ist zentraler Baustein in Schulentwicklungsprozessen, da sie das erforderliche Wissen zur Steuerung geplanter Innovationen bereitstellt (Zenkel, 2015, S. 61). Erfolgreiche Evaluation im schulischen Bereich setzt voraus, dass Anspruchsgruppen und deren relevante Anforderungen im Evaluierungsprozess berücksichtigt werden und für jede konkrete Evaluation eine individuelle Vorgehensweise entwickelt worden ist (Böttcher et al., S. 315, S. 320). Wie ein Evaluationsprozess schlussendlich gestaltet wird und welche Evaluationsinstrumente gewählt werden, hängt vom Klima, von den Rahmenbedingungen und den angestrebten Zielen der autonomen Schule ab, daher gibt es keine einheitliche Evaluation, die in allen Schulen anwendbar ist (Burkard & Eikenbusch, 2016, S. 1309, S. 1312).

Durch ihre Meinung im Rahmen von Evaluation haben die Anspruchsgruppen der Eltern und der Schülerschaft die Möglichkeit der partizipativen Teilhabe am schulischen Entwicklungsprozess (Zenkel, 2015, S. 65). So sind die Ergebnisse von Befragungen nicht nur Datenmaterial, sondern Basis für die Konsequenzen, die im Anschluss an die Evaluation zur weiteren Maßnahmenplanung herangezogen werden (Burkard & Eikenbusch, 2016, S. 1315).

In der Evaluation kommt der schulischen Führungskraft eine besondere Rolle als Vorbild zu (Burkard & Eikenbusch, 2016, S. 1294). So ist es für gelingende Evaluation von Bedeutung, wie Schulleiter/innen Evaluation in der Schulkultur verankern und inwiefern sie Anstöße und Rückmeldungen zu Evaluationsprozessen geben (ebd.). Der Prozess der Evaluation und die darauffolgende Auseinandersetzung mit den Resultaten wirkt sich in der Folge positiv für eine Schule aus, wenn es gelingt, durch Evaluation aufgedeckte Probleme einvernehmlich zu lösen und die Meinungen verschiedener schulischer Akteure stärker zu berücksichtigen (Zenkel, 2015, S. 66).

## 2.6.4 Widerstand und Krisen bei Veränderungen

Die einzigen sinnvollen Kriterien zur Beurteilung, ob Visionen erreicht werden können und wurden, sind die Handlungen und Veränderungen, die sich aus den Veränderungsprojekten ergeben (Senge et al., 2005, S. 139). Hauschildt et al. (2016, S. 31) schreiben, dass Widerstand ein Wesensmerkmal von Innovation ist, da sie von vielen Menschen als Störung und Ärgernis bzw. Umbruch und turbulenter Einschnitt empfunden wird. Innovationen und die damit verbundenen Veränderungen erfordern daher, sich mit den potentiellen Widerständen eingehend auseinanderzusetzen (Capaul et al., 2020, S. 586). Die Führungskraft muss die Herausforderung meistern, Widerstand gegen Veränderungen zu überwinden und dabei oft zwischen den unterschiedlichen Bedürfnissen von Interessensgruppen vermitteln (1986, S. 170). Veränderungsprojekte, vor allem, wenn sie durch die Schulleitung initiiert werden, können zu beträchtlichem Widerstand in der Belegschaft führen oder Veränderungsvorhaben im schlimmsten Fall zum Scheitern bringen (Schratz et al., 2010, S. 151). Denn dort, wo mit reiner Macht Vorhaben durchgesetzt werden wollen, kommt es in der Regel zu Resistenzen und nicht planbaren ungewollten Auswirkungen (Terhart, 2016, S. 280). Wenn diese eintreten, ist es die Aufgabe von schulischen Führungskräften, ihr Führungsverhalten und ihre Handlungen zur Identifizierung der Ursachen zu reflektieren (ebd.). Dubs (2019, S. 396) weist darauf hin, dass viele Veränderungsprojekte in zu kurzen Zeitabständen zu einer Überforderung im Kollegium führen können. In überdurchschnittlich hohem Ausmaß ehrgeizige Führungskräfte überlasten durch dauerhaften Umbruch und kontinuierliche Veränderung ihre Organisation so sehr, dass diese sprichwörtlich auszubrennen droht (Probst & Raisch, 2004, S. 39). Senge et al. (2005, S. 138) erkennen einen Irrtum darin, nur große Visionen voranzutreiben, da zu hoch gesteckte Ziele das organisationale Handeln lähmen können. Viel mehr sind es die kleinen Schritte, die zur Erreichung größerer Ziele einen wesentlichen Beitrag leisten. Schratz et al. (2010, S. 151) ergänzen diesbezüglich, dass mangelnde Ressourcen zu Motivationsverlust und in weiterer Folge zu einer Verfehlung von Innovationszielen führen können.

Die durch die Organisationskultur geregelten Normen und Werte schaffen Sicherheit und ermöglichen Routine, ständig aufeinanderfolgende Veränderungsprozesse führen daher zu einer Beeinträchtigung der Identität und Handlungsfähigkeit und erzeugen Unsicherheit bei den Mitarbeiterinnen und Mitarbeitern (Probst & Raisch, 2004, S. 43). In Veränderungsprozessen entsteht ein organisationales Vakuum, in dem alte Muster nicht mehr gelten, neue hingegen noch nicht gültig sind, daher liegt es an der schulischen Führungskraft, emotionale Stärke zu zeigen, um Ängsten und Unsicherheit positiv entgegensteuern zu können (Schratz et al., 2010, S. 150). Goleman (2017, S. 390) schreibt: *„Was eine echte Führungskraft auszeichnet, reicht weit über das technische Wissen in den zwischenmenschlichen Bereich hinein, in dem es um Dinge wie Empathie, Konfliktlösung und Personalentwicklung geht."* Es ist daher eine primäre Aufgabe der Führungskraft, den Mitarbeiterinnen und Mitarbeitern das Gefühl zu geben, von einer sicheren Basis aus zu arbeiten (ebd.). Eine Führungskraft muss neben gelebter Partizipation und Subsidiarität mit vertrauensbildenden Maßnahmen Beziehungen durch Zusammenarbeit aufbauen, damit individueller Einsatz und Engagement mobilisiert werden kann (Schratz et al., 2010, S. 82).

*„Menschen reagieren auf Veränderungsdruck zumeist mit dem Versuch, die Leistung im Rahmen bestehender Funktionalität zu verbessern."* (P. Kruse, 2020, S. 23)

Wenn Mitarbeiter/innen im Zuge von Veränderungen unter Druck geraten, neigen sie zunächst dazu, ihre bisherigen gewohnten Verhaltensweisen beizubehalten, aber steigern ihre Anstrengungen, ohne sich auf eine grundlegende Veränderung einzulassen (Kruse, 2020, S. 23). Kruse (ebd., S. 24) unterscheidet diesbezüglich zwischen Funktionsoptimierung und Prozessmusterwechsel. Bei der Funktionsoptimierung kann die erforderliche Leistungssteigerung bei mäßiger oder kontinuierlicher Erhöhung von Anforderungen durch die Optimierung bestehender Verhaltensmuster erzielt werden, wo es anfangs zu großen Veränderungen, sehr bald aber zu einer Sättigung kommt und der „Deckeneffekt" eintritt. Ganz neue Anforderungen oder große Leistungssteigerungen erfordern hingegen die Änderung bestehenden Verhaltensmuster (ebd., 24 f).

*„Um Veränderungen durchzusetzen, bedarf es einer starken Führung, die sich gegen Widerstände behauptet."* (Probst & Raisch, 2004, S. 41)

Doppler und Lauterburg (2014, S. 197) schreiben, dass bei Veränderungsprojekten nicht nur die Arbeitsprozesse, sondern immer auch die Lernprozesse innerhalb einer Organisation beachtet werden müssen und betonen (ebd., S. 44), dass Lernen und Veränderung stets Widerstand mit sich bringen. In Zeiten von Veränderungen und Krisen braucht es daher Führungskräfte, die eigenverantwortliche Mitarbeiter/innen schätzen und die Krise sowie die daraus resultierende Unsicherheit als Chance begreifen (Poelke, 2013, S. 44). Wenn eine Führungskraft es schafft, den Sinn hinter ihrer Vision zu verdeutlichen, verlagert sich der Fokus automatisch auf die Entwicklung von Menschen, die zur Zielerreichung beitragen (Senge et al., 2005, S. 141).

Abbildung 26 zeigt die Entstehung einer Leistungslücke, wie sie bei Veränderungsprozessen entstehen kann und die nur dann zu schließen ist, wenn ein attraktives, sinngebendes Leitbild Orientierung bietet und herausfordernde Ziele vereinbart werden (Doppler, Fuhrmann, Lebbe-Waschke, & Voigt, 2002, S. 112). Mitarbeiter/innen müssen durch Informationsweitergabe abgeholt und schrittweise mit dem Veränderungsvorhaben vertraut gemacht werden, wobei der Arbeitsform Teamarbeit große Bedeutung zukommt (ebd.).

Abbildung 26: Leistungslücke in Organisationen (nach Doppler et al., 2002, S. 115)

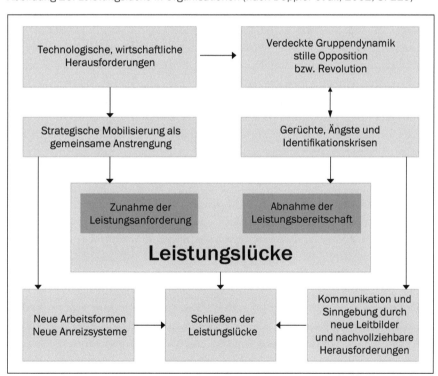

*„Jemand, der keine Information hat, kann keine Verantwortung übernehmen; jemand, der Information hat, kann nicht anders, als Verantwortung zu übernehmen!"* (Doppler et al., 2002, S. 112)

Ouchi (2003, S. 242) führt an, dass Menschen Veränderungen nur dann fürchten, wenn sie nicht in den Veränderungsprozess einbezogen werden und

Möglichkeiten fehlen, die neue Richtung zu beeinflussen. Transparente, durchschaubare Organisationsstrukturen und Dialog als Kommunikationsmittel schaffen nachvollziehbarere Aktivitäten, organisationsbezogene Leistungsfähigkeit sowie Effizienz und tragen zur Gemeinschaftsbildung bei (Schratz et al., 2010, S. 105 f). Es ist Aufgabe der schulischen Führungskraft, diese Infrastruktur aufzubauen und zu pflegen und für einen funktionierenden Informationsfluss zu sorgen, wobei die systematische Informationsweitergabe von der Führungskraft als Prozess geplant werden muss, um gestörte Zwei-Weg-Kommunikationen zu verhindern (ebd., S. 107 ff).

### 2.6.5 Qualifikationskriterien für Schulleiterinnen und Schulleiter

Der Erfolg einer Organisation hängt maßgeblich von der Professionalität und Qualität ab, mit der die gestaltende, lenkende und steuernde Funktion des Managements ausgeübt wird (Malik, 2019, S. 60). Schratz et al. (2010, S. 159) schreiben, dass sich Professionalität vor allem darin zeigt, *„Wissen und Können in der jeweiligen Situation wirksam einzusetzen".*

Malik (2019, S. 58) versteht Management als Beruf, der erlernt werden muss, und betont damit die Professionalität sowie die Anforderung, dass Management ständig geübt und praktiziert werden muss, um die dafür erforderlichen Kompetenzen zu erwerben und zu festigen.

> *„Natürlich kann man in einigen Fähigkeiten unterrichtet werden, andere kann man nur durch Erfahrung erwerben; einige Verhaltensweisen und Einstellungen können erlernt werden, wogegen andere grundsätzliche persönliche Wesenszüge der Führungskraft sein sollten. Aber selbst in den letzteren Fällen verbessert Training diese Eigenschaften in ausreichendem Maße, so dass ein kompensatorischer Ausgleich geschaffen wird."* (Ulrich et al., 2000, S. 31)

Laut Schratz et al. (2010, S. 159) müssen Führungskräfte ihre eigene Persönlichkeit als Lernaufgabe im Sinne eines lebenslangen Lernprozesses verstehen, um aus ihren Schwächen Potenziale nutzen zu können und Innovationen auf Basis von Visionen und persönlichen Zielen anstoßen zu können. Bennis und Nanus (1986, S. 173) sehen Lernen als die wichtigste Antriebskraft einer Führungskraft, wobei sie auch im Kontext einer Organisation zu lernen haben, indem sie diese als Lernumfeld benutzen.

Die Leitung einer Organisation hat sowohl interne Aufgaben als auch externe Interessensfelder in Bezug auf die Anspruchsgruppen zu beachten (Rahn & Mintert, 2019, S. 95). Bei den Aufgaben wird zwischen Ausführungsaufgaben, das sind Aufgaben, die dem Management zugeordnet sind, und Führungsaufgaben, die mit der Führung von Menschen zusammenhängen, unterschieden (ebd., S. 96). Um aus Aufgaben wirksames Handeln zu generieren, wird von einer schulischen Führungskraft Planungs-, Gestaltungs-, Kommunikations- und vor allem Problemlösungskompetenz erwartet (Schratz et al., 2010, S. 19), wobei abhängig von der vorherrschenden Führungssituation jeweils andere Kompetenzen relevant sind (Häring & Litzcke, 2017, S. XXI). Die oben angeführten Kompetenzen sind in einem Kompetenzmodell, bestehend aus vier Kernkompetenzbereichen, eingeordnet (siehe dazu Abbildung 27).

Abbildung 27: Kompetenzmodell (nach Häring & Litzcke, 2017, S. XXI)

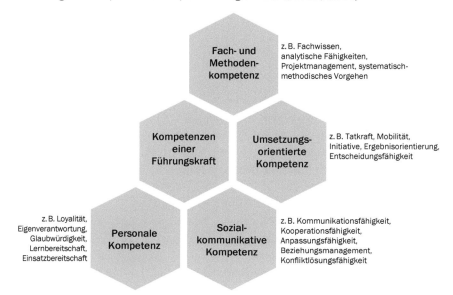

Schulleiter/innen fungieren als Repräsentantinnen und Repräsentanten der Schule in der Öffentlichkeit, weshalb den Interaktionsprozessen zwischen Schule und dem schulischen Umfeld und damit auch den Kommunikations-kompetenzen besondere Beachtung geschenkt werden muss (Schratz et al., 2010, S. 60). Kommunikationskompetenzen sind auch für den Aufbau von auf Leistungsfähigkeit ausgerichteten Organisationsstrukturen und die aktive und transparente Kommunikation erforderlich (Schratz et al., 2010, S. 100).

Goleman (2017, S. 412) beschreibt gute Führungskräfte mit den Eigenschaften vertrauenswürdig, empathisch, entschlussfreudig, humorvoll und beziehungs-fähig und schreibt ihnen zu, dass sie gut kommunizieren können, delegieren und Verantwortung übernehmen. Führungskraft zu sein, erfordert Selbstvertrauen, das nicht in übertriebene Selbstdarstellung münden darf (Schratz et al., 2010, S. 167).

Gute Schule kann nur mit einer professionellen Schulleitung gelingen, daraus folgt, dass von allen Führungskräften, die in Schulleitungen tätig sind,

85

Führungskompetenzen gefordert werden (Lohmann & Minderop, 2004, S. 70).
Lohmann und Minderop (2004, S. 70f) stellen ein in Niedersachsen entwickeltes
Berufsbild vor, das für Schulleiter/innen folgende Kompetenzen fordert:

- **hohe Leitungs- und Führungskompetenz**
  - klare Leitvorstellungen,
  - perspektivisches Denken,
  - persönliche Leistungsbereitschaft,
  - die Fähigkeit, zu überzeugen, durchzusetzen und Entscheidungen zu treffen,
  - Glaubwürdigkeit,
  - Konsensbereitschaft,
  - Fähigkeit zu Planung und Organisation.
- **Soziale Kompetenz**
  - ein hohes Maß an Kommunikationsvermögen,
  - Menschenkenntnis, Begeisterungsfähigkeit, Fürsorge und Toleranz,
  - die Fähigkeit, auf andere zuzugehen, zu motivieren, Empathie zu zeigen,
  - die Fähigkeit, Konflikte auszuhalten, auszugleichen,
  - die Fähigkeit, eigenes Verhalten zu reflektieren.
- **Pädagogische Kompetenz**
  - umfassendes pädagogisches Grundverständnis,
  - fundierte Kenntnisse in Pädagogik, Didaktik und Methodik,
  - die Fähigkeit, sich als pädagogische Führungskraft zu verstehen.
- **Strategische und organisatorische Managementkompetenz**
  - die Fähigkeit, visionär zu denken und Impulse zu setzen,
  - Anregungen unterstützen,
  - Schulprogrammarbeit initiieren,
  - schulinterne Reflexions- und Evaluationskultur aufbauen,
  - die Fähigkeit, in vernetzten Strukturen zu denken,
  - wirtschaftliche und verwaltungsmäßige Prozesse durchschauen,
  - Ressourceneinsatz entsprechend und den schulischen Zielen angemessen planen,
  - sachangemessene und geschickte Bewältigung des Personaleinsatzes, der Stundenplanarbeit und der erarbeiteten Vertretungsplanung,
  - effiziente Zeitplanung,
  - präzises Zeitmanagement,
  - Moderationskompetenz in Konferenzen und Gruppenprozessen.
- **Personalentwicklungskompetenz**
  - Analyse des Personalbedarfes an den Schulen,
  - die Qualitäten der an der Schule arbeitenden Personen kennen und deren Leistungsfähigkeit und berufliche Entwicklung fördern,
  - schulinterne Kommunikations- und „Feierkultur" pflegen,

- Gespür für verdeckte Konflikte und ungenutzte Innovationspotenziale entwickeln,
- zielgerichtete Personalentwicklungsgespräche führen,
- eine an den schulischen Zielen ausgerichtete Weiterbildungsplanung für die Schule sicherstellen.
- **Rechtliche Kompetenz**
  - Rechts- und Verwaltungsvorschriften vom Schul- und Verwaltungsrecht bis zu Regelungen der Personalvertretung situationsgemäß und flexibel anwenden.

In der sozialen Institution Schule treffen viele Menschen mit unterschiedlichen Interessen aufeinander, was das Entstehen von Konflikten und Unstimmigkeiten begünstigt, die von der schulischen Führungskraft erkannt und gelöst werden müssen (Schratz et al., 2010, S. 173 f). Die Führungskraft, als lebenslang Lernende/r, muss in der Lage sein, zwischenmenschliche Fähigkeiten zu entwickeln, aber auch Unsicherheit zuzugeben und Fehler ins Positive zu wenden, indem sie ihre Fehler als Lernerfahrungen verbucht. Ihre Rolle in der Schulentwicklung erfordert zudem von den Schulleitungspersonen schulübergreifendes Steuerungswissen, da Schulentwicklung sowohl aus Sicht der Einzelschule als auch unter Bedachtnahme des Gesamtsystems konzipiert werden muss (Rolff, 2016, S. 316).

Dubs (2019, S. 144) stellt ein von Bolman und Deal (2017) entwickeltes Modell von Wirkungskräften (siehe Abbildung 28) vor, das er „die fünf Kräfte erfolgreicher Leadership" nennt. Die Auslegungen von Boleman und Deal (2017, S. 23) wurden von Dubs (2019) in einem Modell der fünf Kräfte dargestellt, aus deren Wirkelementen Verhaltensweisen abgeleitet werden. Die administrative Kraft konzentriert sich auf die Strukturen einer Organisation, auf Normen und Rollen, Ziele und Richtlinien, die Führungskraft benötigt dafür bürokratisch professionelle Autorität und muss Managementwerkzeuge beherrschen können. Die personalwirtschaftliche Sichtweise der human-sozialen Kraft betont das Verständnis von Menschen, ihre Stärken und Schwächen, Vernunft und Emotionen, Wünsche und Ängste und erfordert von der Schulleitung Empathie, Gesprächsbereitschaft und Glaubwürdigkeit. Die politische Kraft sieht Organisationen als konkurrierende Bereiche mit knappen Ressourcen, konkurrierenden Interessen und Machtkämpfen, die schulische Führungskraft braucht dafür politisch-moralische Autorität und Konfliktlösungskompetenzen. Die symbolische Kraft schließlich konzentriert sich auf Fragen der Kultur und verlangt von der Führungskraft, Symbole, Rituale und Zeremonien in den Mittelpunkt des Organisationslebens zu stellen, wofür sie ein hohes Maß an emotionaler Intelligenz benötigt. (Bolman & Deal, 2017, S. 23; Dubs, 2019, S. 144 ff; Lohmann & Minderop, 2004, S. 81) Gemeinsam ermöglichen diese Kräfte, einen Sachverhalt aus verschiedenen Blickwinkeln zu betrachten (Bolman & Deal, 2017, S. 23). Ergänzend für Schulen verlangt die pädagogische Kraft nach pädagogisch-professioneller Autorität, denn „ohne pädagogisches Wissen und Können sowie ohne praktische Unterrichtserfahrung lässt sich eine Schule nicht leiten, weil das erfahrene Problemverständnis fehlen würde" (Dubs, 2019, S. 146). Lohmann (2019, S. 26 f) ergänzt in seiner Darstellung des Modells die kreativ-schöpferische Wirkkraft, die bei Innovationsvorhaben eingesetzt wird. Führungskräfte streben Entwicklung und Veränderung auf Basis von Evaluation an und fördern das organisationale Lernen, wofür sie die Fähigkeit des Motivierens beherrschen müssen (ebd.).

Abbildung 28: „Fünf Kräfte der Leadership" (Nach Dubs, 2019, S. 144; Lohmann, 2019, S. 26)

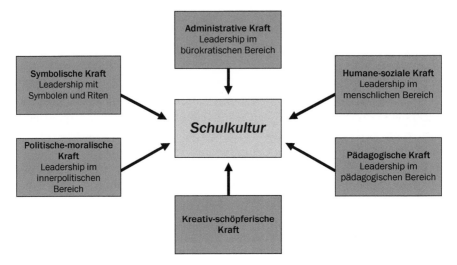

Abbildung 29 zeigt die vier Kompetenzfelder des Leadership-Profils mit den diametral gelegenen Achsen Raum und Zeit. Die unterschiedlichen Zugänge und Richtungen der Leadership-Kompetenzen orientieren sich dabei an den jeweiligen Gegebenheiten und Anforderungen einer Organisation (Schley & Schratz, 2007, S. 55). Auf der Zeitachse stehen sich Distanz (Zukunft) und Nähe (tägliches Geschehen) gegenüber. Innovationsorientierte Führungskräfte erzeugen demnach organisationsbezogene Leistungsfähigkeit, verkörpern Chancendenken, sind begeisterungsfähig, kreativ, mutig und zielorientiert. Diese Blickrichtung steht direkt im Spannungsverhältnis zu Kontinuität (tägliches Geschehen), denn die stabilitätsorientierte Führungskraft ist auf Kontinuität ausgerichtet, handelt verlässlich, zeigt Charakterstärke und ist verantwortungsbewusst und glaubwürdig. Die zweite Achse stellt räumliche Nähe und Distanz gegenüber. Ergebnisorientierung (Ziele & Ergebnisse) erfordert den Blick für das Ganze und zielorientiertes Handeln, um die Richtung vorzugeben. Eine auf Beziehungs- und Kommunikationsorientierung (Personen) ausgerichtete

Führungsperson hingegen achtet Menschen und ihre Persönlichkeit, agiert authentisch, ist einfühlsam und kritikfähig, um das individuelle Engagement der Mitarbeiter/innen zu aktivieren (Fuchs, 2004, S. 237; Schley & Schratz, 2007, S. 55 f; Schratz et al., 2010, S. 40 f).

Abbildung 29: Leadership-Profil der Führungskraft (nach Schley & Schratz, 2007, S. 55)

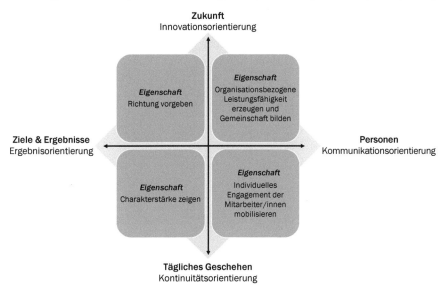

Erfolgreiche Führungskräfte sind offen für kontinuierliche Fort- und Weiterbildung zur Steigerung der Professionalität und suchen nach Möglichkeiten, sich durch Feedback, Coaching und Supervision weiterzuentwickeln (Schratz et al., 2010, S. 170 ff).

Eine andere Darstellung erforderlicher Kompetenzen für Führungskräfte wählt Collins (2020; 2002), der Führungspersonen beschreibt, welche die oberste Ebene eines 5-Ebenen-Modells, wie in Abbildung 30 dargestellt, erreicht haben. Das Ebenen-Modell basiert auf den Ausführungen von Maxwell (2013). Die niedrigste Ebene ist gleichsam eine Einstiegsebene. Mitarbeiter/innen folgen der Führungskraft, weil sie es müssen. Leadership basiert auf den Rechten, die die Führungsposition mitbringt. Ebene 2 basiert auf Beziehung, die Mitarbeiter/innen folgen der Führungskraft, weil sie Vertrauen entwickeln kann. Führungskräfte, die Level 3 erreicht haben, gewinnen an Einfluss und liefern Resultate, Ziele werden erreicht. Führungskräfte der Ebene 4 nützen ihre Position, Beziehungen und Produktivität, um ihre Mitarbeiter/innen zu entwickeln und zu fördern. (Maxwell, 2013) Um den höchsten Grad von Führungskompetenz, die Ebene 5, zu erreichen, müssen Führungskräfte nicht zwangsweise alle Fähigkeiten der darunterliegenden Ebenen vollständig entwickeln, nicht zur Gänze ausgeprägte Ebenen können später komplettiert werden. Nach Collins (2002, S. 35) verkörpert eine Level-5-Führungskraft jedoch alle fünf Ebenen dieser Pyramide perfekt und zeichnet sich durch persönliche Bescheidenheit verbunden mit *„enormer beruflicher Willenskraft"* aus. Diese Personen gelten als besonders ehrgeizig, *„aber ihr Ehrgeiz gilt vor allem der Institution und nicht ihnen selbst"* (J.C.Collins, 2002, S. 35). Maxwell (2013) schreibt den Level-5-Führungskräften neben Leistung, Kompetenzen und Fähigkeiten auch Talent zu, nur begabte Führungskräfte können demnach die Spitze der Pyramide erreichen und hochentwickelte Organisationen schaffen, indem sie Chancen ergreifen, die andere Führungskräfte nicht erkennen.

Abbildung 30: Die 5 Ebenen individueller Führungskompetenz (nach Collins, 2020; Collins, 2002; Maxwell, 2013)

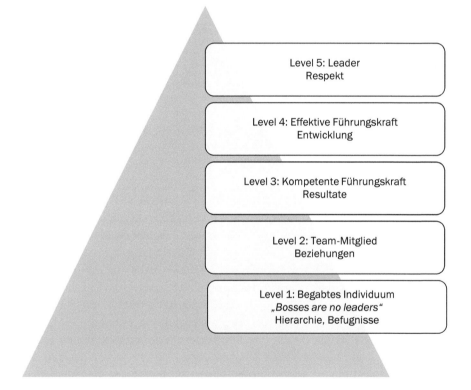

Rolff (2019, S. 28) betont, dass die besten Führungskräfte niemals aufhören, an sich und an ihrer Persönlichkeit zu arbeiten, und ergänzt, dass Führungsarbeit Entwicklungs- und Gestaltungsaufgabe ist. Führungskräfte haben bei der Entwicklung nicht nur das Lehrerkollegium im Fokus, sondern müssen sich auch selbst entwickeln: *„[…] wer Schule weiter entwickeln will, muss sich auch selbst entwickeln"* (ebd.).

## 2.7 Theoriemodelle

Schäfers (2016, S. 191) betont, dass jede Wissenschaft darauf basiert, „*dass sich ihre Erkenntnisse und die Wege des Erkenntnisfortschritts an Begriffen und Theorien orientieren*". In diesem Abschnitt wird auf Theoriemodelle eingegangen, die relevant für die Beantwortung der Forschungsfrage sind.

### 2.7.1 Soziologische Theorien

> „*Die Sozialwissenschaften verstehen das Forschungsobjekt Personal als umfassende Kategorie von Wahrnehmungen, Empfindungen und Entscheidungen, Handlungen sowie sozialen und motivationalen Bezügen der arbeitenden Menschen.*" (Becker, 2013, S. 35)

Becker (2013, S. 35) verweist darauf, dass die Soziologie u. a. die Kommunikations- und Handlungsmuster von Individuen in den Strukturen einer Organisation sowie die Gestaltung von Arbeit im Zeichen sich verändernder sozialer Wert- und Normenvorstellungen untersucht. In der Systemtheorie wird grundsätzlich jeder soziale Kontakt als System behandelt, wobei davon auszugehen ist, dass ein soziales System dann existiert, wenn sich das Verhalten von zwei und mehr Personen aneinander orientiert und in weiterer Folge daraus resultierende Ereignisse eintreten (Aderhold & Jutzi, 2003, S. 122). Mechanische Systeme werden durch Becker (2013, S. 67) in Anlehnung an Kant (1955, § 65) durch den Vergleich mit dem Mechanismus einer Taschenuhr wie folgt erklärt: Jeder Teil der Taschenuhr ist Werkzeug für die Bewegung der anderen Teile. Kein Rädchen der Taschenuhr kann jedoch die wirkende Kraft der Herstellung der weiteren Teile der Uhr sein. Es kann weder ein anderes ersetzen noch reparieren. Darüber hinaus ist ihm der Sinn des Systems fremd. Die Teile des mechanischen Systems sind in Bewegung, ihnen fehlt jedoch vollkommen der Einblick in die Funktion und Komplexität des gesamten Systems. Systemorientierte Führungsansätze erfassen in der Konsequenz Organisationen als soziale Systeme (von Au, 2016, S. 25).

### 2.7.2 Systemtheorie am Beispiel der Theorie von Luhmann

Ein System wird mit dem charakteristischen Merkmal definiert, dass es gegenüber seinem Umfeld abgegrenzt werden muss (Güldenberg, 1997, S. 56). Die Theorie sozialer Systeme geht darüber hinaus von der Differenzierung psychischer und sozialer Systeme aus, wobei Gedanken und Wahrnehmungen von Menschen zur Umwelt der sozialen Operationen werden (Aderhold, 2003,

S. 177). Das bedeutet, dass eine Organisation neben der Existenz anderer sozialer Systeme auch mit den Charakteristika psychischer Bewusstseinsleistungen von Menschen zu rechnen hat (ebd.). Aufgabe der Systemtheorie ist es, durch die gewonnenen Erkenntnisse ein besseres Abbild der Realität zu liefern (Güldenberg, 1997, S. 35). Luhmann (1993, S. 33) orientiert sich in der allgemeinen Theorie sozialer Systeme an einer allgemeinen Systemtheorie und verwendet dafür den Begriff System. Luhmanns Systemtheorie unterscheidet sich von anderen soziologischen Theorien dadurch, dass sie *„die unbeobachtbare Welt für sich durch die Grundunterscheidung soziale Systeme/Umwelt beobachtbar macht"* (Hohm, 2016, S. 19). Der Ausgangspunkt seiner Theorie ist die System-Umwelt-Unterscheidung (Aderhold & Jutzi, 2003, S. 122). Luhmanns Theorie schließt ihre Beobachtungen in Hinblick auf die Differenz zwischen System und Umwelt auf der Seite der sozialen Systeme an (Hohm, 2016, S. 19).

Die Einheit der Gesamtheit von Merkmalen, ohne die der Charakter eines Gegenstandes als System infrage gestellt werden würde, wird zuweilen als System bezeichnet (Luhmann, 1993, S. 15). Soziale Systeme können z. B. eine Organisation, eine Familie, die gesamte Wirtschaft oder sogar alle Massenmedien zusammen sein (Berghaus, 2011, S. 61), jedoch bestehen sie nicht aus Menschen, sondern Menschen zählen zur Umwelt sozialer Systeme und sind für die Bildung sozialer Systeme besonders relevant (Luhmann, 1993, S. 346). Luhmann (1997, S. 24) geht davon aus, dass es eine Erkenntnisblockierung sei, *„daß [sic!] eine Gesellschaft aus konkreten Menschen und aus Beziehungen zwischen Menschen bestehe"*, also, dass soziale Systeme aus Menschen bestehen.

Soziale Systeme bestehen demzufolge aus Operationen, wobei deren konstitutive Operationsweise die Kommunikation ist (Berghaus, 2011, S. 61).

*„Das System der Gesellschaft besteht aus Kommunikationen. Es gibt keine anderen Elemente, keine weitere Substanz als eben Kommunikation. Die Gesellschaft besteht nicht aus menschlichen Körpern und Gehirnen. Sie ist schlicht ein Netzwerk von Kommunikationen."* (Luhmann, 1989, S. 12)

Becker (2013, S. 67) beschreibt ein System als *„komplexe Einheit von Elementen"*, *„die miteinander in Beziehung stehen"*, das mit der Anzahl der Beziehungen zwischen den Elementen komplexer wird (Bonsen, 2003, S. 107). Luhmann (1993, S. 33) versteht jeden sozialen Kontakt als System bis hin zur Gesellschaft als Gesamtheit und verweist in der Definition eines Systems auf die Differenz von System und Umwelt, sieht also System als Differenz zwischen System und Umwelt. Umwelt ist keine feste Größe, und es gibt sie nur durch das System, sie wird vom System selbst bestimmt und von den systemeigenen Operationen hergestellt (Berghaus, 2011, S. 39). Systeme seien demnach an ihrer Umwelt orientiert und würden ohne diese nicht existieren können (Luhmann,

1993, S. 35). So leiten sich Zweck und Ziel von Systemen von Bestimmungen der Umwelt ab und drücken sich durch vom System selbst bestimmte Soll-Zustände aus (Bonsen, 2003, S. 107).

Gesellschaft als ein soziales System schließt andere soziale Systeme mit ein, so sind eine Person (als psychisches System) und beispielsweise eine Schulkonferenz (als soziales System) gleichermaßen Systeme, operativ geschlossen und erzeugen durch ihre eigenen Operationen eine Differenz von System – der Innenseite des Systems – und Umwelt, der Außenseite des Systems (Berghaus, 2011, S. 42). Systeme operieren nur im Kontext eigener Operationen, wobei diese operative Geschlossenheit keine kausale Unabhängigkeit mit sich bringt (Aderhold & Jutzi, 2003, S. 122). Systeme machen alles andere zu ihrer Umwelt und verändern sich im Verhältnis zu ihrer Umwelt (Berghaus, 2011, S. 42). Soziale Systeme erzeugen sich selbst, stellen ihre eigenen Elemente und Strukturen her und unterscheiden sich durch klare Regeln und Routinen von der Umwelt zur Reduzierung von Komplexität (Aderhold & Jutzi, 2003, S. 122 ff). Luhmann (1993, S. 243) betont die Sicherung der Identität eines Systems durch Differenz, also durch Grenzziehung zwischen dem Innen und dem Außen. Damit eine Organisation handlungs- und leistungsfähig sein kann, braucht es Sinn und eine Reduktion der Komplexität, denn *„jeder Komplexitätszuwachs an einer Stelle vergrößert die Komplexität der Umwelt für alle anderen Systeme"* (ebd.).

Die konstitutive Operationsweise sozialer Systeme ist Kommunikation, was bedeutet, dass ein soziales System existiert, wenn es kommuniziert (ebd.), denn alle sozialen System bilden sich einzig aus Kommunikation und es gibt keine sonstigen sozialen Operationsweisen (Berghaus, 2011, S. 21). Unter Kommunikation meint Luhmann (1993, S. 198) Information, Mitteilung und Verstehen, wobei Verstehen eine Grundvoraussetzung für das Zustandekommen jedweder Kommunikation ist. *„Kommunikation definiert über die Bedeutung von Handlungsbeiträgen auch die sozialen Beziehungen in der Organisation ständig neu und ermöglicht damit organisatorischen Wandel"* (Becker, 2013, S. 69). Luhmanns Ansatz ist der Anti-Humanismus, demnach kommunizieren nicht Menschen, sondern nur soziale Systeme, wobei Kommunikation das Verstehen der Differenz von Mitteilung und Information darstellt (Berghaus, 2011, S. 21). Wollnik (1998, S. 129) zieht den Begriff „Kommunikationsbeiträge" statt „Kommunikation" vor und begründet dies mit der Tatsache, dass in autopoietischen Organisationen aus in ihren Kommunikationsprozessen passenden Kommunikationsbeiträgen wieder neue Kommunikationsbeiträge erzeugt werden. Laut Luhmann (1993, S. 198) wird dabei immer das Verstehen der vorausgegangenen Kommunikation überprüft. Wollnik (1998, S. 130) verweist auf der Grundlage der Theorie autopoietischer Systeme darauf, dass organisierte Sozialsysteme aus Entscheidungen bestehen, die sie auf dieser Basis selbst anfertigen, wobei eine Entscheidung als Kommunikation, als soziales Ereignis zu verstehen ist. Wollnik (1998, S. 132) fasst in Anknüpfung an Luhmann zusammen, dass Kommunikationsbeiträge in einer Organisation als Entscheidungen zu definieren sind und Handlungen als Entscheidungen interpretiert werden.

Luhmann (1993, S. 36) kennzeichnet Systeme einerseits durch die Offenheit innerhalb des Systems und die operationale Geschlossenheit durch Grenzziehung zur Umwelt. Systeme reagieren daher nicht direkt auf die Ereignisse ihrer Umwelt, auch ist die Reaktionsweise von den internen Strukturen der Systeme abhängig (Aderhold & Jutzi, 2003, S. 122 f).

> *„Die Geschlossenheit führt zu einer informationellen Differenz gegenüber der systemischen Umwelt. Informationen aus der Umwelt erreichen das System nur in Form von Störungen und basieren auf der Differenzerfahrung."* (Rother, 1996, S. 30)

Systeme können daher von außen per se nicht geändert werden, sie verändern bzw. erneuern sich aus sich heraus, und Veränderungsimpulse von außen können lediglich Irritationen im System bewirken (Becker, 2013, S. 69). Sie sind zwar prinzipiell offen für Themen, Sachverhalte und Probleme, jedoch nur unter Bedingungen, die sie im jeweiligen Zustand und Komplexitätsgrad zulassen, was bedeutet, dass sie aufgrund anzutreffender Komplexitätsüberschüsse aus vorhanden Möglichkeiten auswählen (Aderhold & Jutzi, 2003, S. 123).

Aufgrund ihrer Geschlossenheit neigen Organisationen dazu, unflexibel zu sein und in ihren Routine-Prozessen zu verharren, ohne ihre mühsam entwickelten Verhaltensmuster aufgeben zu müssen, wodurch sie ihre Lernfähigkeit einbüßen (Wollnik, 1998, S. 119). Um ein System wie z.B. die Schule zu verändern, braucht es daher Irritationen, wobei sich ein System nur dann irritieren lässt, wenn sein Resonanzbereich und die systemeigenen Strukturen dies zulassen (Aderhold & Jutzi, 2003, S. 123 f). Ein Aufbau von Resonanz ist nur dann möglich, wenn in einem System eigenständige Selbstbeobachtung und Selbstbeschreibung vorgesehen sind und die Strukturen eine Anregung durch Informationen zulassen (ebd.). Eine Organisation stellt nicht nur ein System dar, das als Einheit autopoietisch handelt, sondern besteht aus gleichermaßen autopoietisch agierenden Subsystemen, die über ihre strukturelle Verbindung verbunden sind (Wollnik, 1998, S. 140). Diese Systeme werden durch sinnhaft aufeinander bezogene kommunikative Handlungen, Werte und Normen sowie alle Prozesse des Wahrnehmens und Erkennens zusammengehalten (Rother, 1996, S. 31). Aufgrund der Operationsweise von Systemen auf der Grundlage nach Sinn werden Erfahrungen, die als „Sinn-los" eingeordnet werden, abgelehnt (ebd.).

Luhmann (2000, S. 53) verweist darauf, dass ein autopoietisches System aufgrund der fehlenden Möglichkeit der Kontaktaufnahme mit systemfremden Komponenten nur sich selbst informieren kann und die Information hat dabei *„die Funktion der selektiven Beschränkung der Möglichkeiten der Fortsetzung eigener Operationen".*

*„Jedes System wurstelt aufgrund eigener Informationserzeugung vor sich hin, setzt seine eigene Autopoiesis[1] auf Grund von strukturellen Kopplungen, Irritationen, darauf bezogenen Reaktionen und Umstrukturierungen fort, ohne von innen oder von außen als Einheit zugänglich zu sein – es sei denn in der spezifischen Weise der Beobachtung, die von je spezifischen Unterscheidungen abhängt, die ihrerseits Information produzieren, aber eben nur für das System, das sie operativ verwendet."* (Luhmann, 1997, S. 1093)*

Personalentwicklung spielt diesbezüglich eine wichtige Rolle, indem sie Handlungsimpulse setzt und informelles und formelles Lernen als Grundlage für Stabilität als auch Veränderung fördert und bisherige Inhalte und Prozeduren infrage stellt (Becker, 2013, S. 68 f). Wollnik (1998, S. 127) verweist in diesem Zusammenhange in seinen Ausführungen darauf, dass sich die Perspektive autopoietischer Sozialsysteme vom System auf das System selbst richtet.

*„Nach den Erkenntnissen der Systemtheorie hat die Personalentwicklung die Aufgabe, den Prozess der Wahrnehmung, der Annäherung und Verarbeitung von Informationen durch Bildung, Förderung und Organisationsentwicklung anzustoßen und die Akteure zur Handlung zu befähigen."* (Becker, 2013, S. 69)

Informationen können nicht über Systemgrenzen übertragen werden, daher muss jedes System für die Informationsbereitstellung selbst sorgen, durch Blickverengung ermöglichen Informationsverarbeitungsinstrumente die Informationsgewinnung und Interpretation (Aderhold & Jutzi, 2003, S. 123). Durch die Abkoppelung gegenüber der Umwelt entstehen für das System Chancen struktureller Variation, welche bei unmittelbaren Bindungen nicht existieren würden, denn die Differenz von Innen und Außen beschleunigt Veränderungen (Luhmann, 2000, S. 50). Luhmann (ebd.) ergänzt, dass diese Veränderungen nicht den Wünschen von Beobachterinnen und Beobachtern folgen, wodurch Systeme starr und unbeweglich zu sein scheinen. Demnach kann ein System von außen nicht direkt, sondern nur dahingehend indirekt beeinflusst werden, indem Informationen vom System durch Irritationen aufgenommen werden, sofern Irritationspotenzial vorhanden ist (Negri & Kiel, 2010, S. 419). Luhmann (1993, S. 472) geht davon aus, dass Systeme aus Ereignissen bestehen, sie sich jedoch über Strukturen identifizieren und folgert daraus, dass sich ein System nur ändern kann, wenn sich seine Strukturen ändern.

---

1 Autopoiesis stammt aus dem Griechischen und heißt autos = selbst bzw. poiesis = das Machen, was so viel wie Selbsterzeugnis der Selbstorganisation bedeutet (Wollnik, 1998, S. 120)

*„Von Änderung kann man nur in bezug [sic!] auf Strukturen sprechen. [...] Auf der Ebene der Erwartungen, nicht auf der Ebene der Handlungen, kann ein System lernen, kann es Festlegungen wieder auflösen, sich äußeren oder inneren Veränderungen anpassen."* (Luhmann, 1993, S. 472)

In Zusammenhang mit Schulautonomie ist die Theorie autopoietischer Systeme bedeutend, da das Konzept von Autonomie besagt, dass sich soziale Systeme selbst erzeugen, regulieren und erhalten (ebd.). Probst (1992, S. 2261) führt als Merkmale selbstorganisierender sozialer Systeme neben Redundanz, Komplexität und Selbstreferenz Autonomie an und meint damit u. a. Selbststeuerung, Handlungsspielräume und minimale Vorgaben bzw. Spezifikationen. In Abgrenzung zu Luhmann stellen für Willke nicht die Elemente des Systems die entscheidende Basiseinheit dar, sondern funktionale Handlungen, da diese Entstehung und Fortbestand von Systemen ermöglichen (Willke, 1991, S. 38). Durch die Verteilung von Aktivitäten und Gestaltungsmaßnahmen verfügen mehrere Elemente selbstorganisierender sozialer Systeme über redundante Qualifikationen, was zu Mehrfachqualifikationen und einer Redundanz bei den Funktionen führt (Bonsen, 2003, S. 111 f.). Die von Probst (1992, S. 2266) beschriebenen Charakteristika selbstorganisierender Systeme zeichnen ein verändertes Bild von Führung, zurückzuführen auf die Sichtweise der Selbstorganisation, die von *„Flexibilität, Veränderung, Kreativität, Evolution und Innovation, Humanpotential- und Selbsterweiterung, geistig-sinnhafte Strukturen und Entwicklungen"* geprägt ist (Probst, 1992, S. 2266). Führungskompetenz ist demnach gleichsam als Systemkompetenz zu verstehen (Schmid, 2016, S. 137).

### 2.7.3 Führungstheorien

Führung wird üblicherweise an Personen festgemacht, wobei häufig davon ausgegangen wird, dass es bestimmte menschliche Merkmale gibt, die besonders zum Führen und Leiten von Mitarbeiterinnen und Mitarbeitern geeignet sind (Schreyögg & Koch, 2015, S. 401). Ziel dieses Abschnitts ist es, die unterschiedlichen Führungstheorien übersichtlich darzustellen und deren Bedeutung für die Beantwortung der Forschungsfrage dieser Forschungsarbeit darzulegen. Die Vielfalt der Definitionen für Führung zeigt, dass es über mehrere Jahrzehnte hinweg zahlreiche Versuche wissenschaftlicher Theorienbildung im Forschungsfeld Führung gibt (Bonsen, 2003, S. 30).

Frühe Ansätze der modernen Führungsforschung legten ihr Hauptaugenmerk auf die Eigenschaften von Führungskräften und bildeten personenzentrierte

Führungstheorien, die die Führungsperson in das Zentrum der Betrachtung stellten (Stippler et al., 2017, S. 15):

- die **Great-Man-Theorie**, die sich auf die Persönlichkeit der Führungskraft konzentriert und die Annahme vertritt, dass wesentliche Führungsmerkmale angeboren sind
- die **Eigenschaftstheorie**, die zeitstabile und situationsunabhängige Eigenschaften fokussiert und die ebenfalls die Annahme vertritt, dass wesentliche Führungsmerkmale angeboren sind;
- die **Skills Theory**, die sich auf Fähigkeiten fokussieren, die geschult und entwickelt werden können.

Der Eigenschaftsansatz gilt als widersprüchlich, inkonsistent und die Ergebnisse sind uneinheitlich, daher wird in der Wissenschaft heute dieser Forschungsansatz als gescheitert betrachtet (Schreyögg & Koch, 2015, S. 402). Die darauffolgenden Konzepte der Führungsforschung bilden die Theorien der Führungsstilforschung, der situativen Führung, der Kontingenztheorie und der Weg-Ziel-Theorie, bei denen das Führungsverhalten in bestimmten Situationen im Fokus steht (ebd.). Neuberger (1995, S. 178) sieht bei den pragmatischen Ansätzen der Führungstheorien zwei verschiedene Richtungen: die eindimensionalen und die mehrdimensionalen Führungsstil-Konzeptionen. Die bekanntesten Führungstheorien, die sich mit der Frage auseinandersetzen, wie gute Führung gelingen kann sind beispielsweise (Seliger, 2018, S. 22 f):

- **Personenzentrierte oder Eigenschaftstheorien** beschäftigen sich ausschließlich mit der Person der Führungskraft und führen Erfolg und Misserfolg auf deren Eigenschaften zurück.
- Das bekannte **Leadership Grid-Modell nach Blake/Mouton** differenziert das Verhalten der Führungsperson nach deren aufgaben- oder personenbezogener Ausrichtung.
- Das **Modell des situativen Führens** betont den Bezug der jeweiligen, konkreten Situation.

Führungstheorien gehen der Frage nach dem optimalen Führungsstil nach, der immer und überall zum Erfolg führen soll (Steyrer, 2002, S. 177). Yukl und Gardner (2020, S. 32) folgen dem Ansatz, Führungstheorien anhand von drei verschiedenen Typen von Merkmalen (Merkmale der Führenden, Merkmale der Geführten und Merkmale der Situation) zu klassifizieren, wobei davon ausgegangen wird, dass die unterschiedlichen Führungsmodelle sich dahingehend voneinander unterscheiden, dass sie bestimmte Merkmale besonders betonen, andere hingegen vernachlässigen. Theorien lassen sich nach diesem Ansatz je nach Gewichtung in folgende Kategorien unterteilen (Yukl, 2000; Bonsen, 2003, S. 31):

- Eigenschaftstheorien
- Verhaltenstheorien
- Machttheorien
- Situative Theorien
- Integrative Theorieansätze

Abbildung 31 zeigt eine Übersicht der verschiedenen Führungstheorien mit einer Unterteilung zwischen universellen und situativen Theorien einerseits sowie Verhaltens- und Eigenschaftstheorien andererseits. Universelle Theorien gehen von der Annahme aus, dass es einen von der jeweiligen Situation unabhängigen perfekten Weg zu führen gibt, bei den situativen Führungstheorien hängt effektive Führung von unterschiedlichen Faktoren ab (Steyrer, 2002, S. 30 f). Im Rahmen dieser Forschungsarbeit werden ausschließlich Theorieansätze der Verhaltenstheorien behandelt, die in universelle und situative Verhaltenstheorien unterteilt werden.

Abbildung 31: Darstellung Führungstheorien (nach Steyrer, 2002, S. 32)

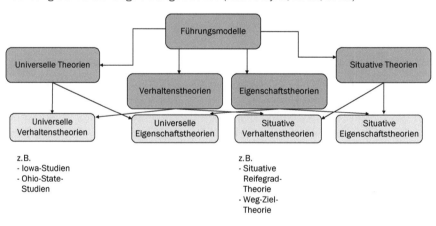

Seit den 30er-Jahren des vergangenen Jahrhunderts wurden in zahlreichen Labor- und Feldstudien Führungsstile empirisch erforscht, um die Auswirkungen des Führungsverhaltens auf den Führungserfolg zu untersuchen (Wunderer, 2011, S. 205). Die nachfolgende Aufstellung zeigt eine Gegenüberstellung der verschiedenen Verhaltenstheorien in Hinblick auf Führungsstile und Dimensionen.

Tabelle 6: Führungsstiltypologien (Wunderer, 2011, S. 208)

| Verhaltenstheorien | Führungsstile | Dimensionen |
|---|---|---|
| Iowa-Studien von Lewin et al. | autoritär, demokratisch, laissez-faire | nicht explizit definiert eindimensional |
| Führungsstilkontinuum von Tannenbaum/Schmidt | autoritär, patriarchalisch, informierend, beratend, kooperativ, delegativ, autonom | Entscheidungspartizipation eindimensional |
| Michigan-Studien | aufgabenorientiert, mitarbeiterorientiert | Aufgabenorientierung Mitarbeiterorientierung zweidimensional |
| Ohio-Studien | mitarbeiterorientiert, aufgabenorientiert | Aufgabenorientierung Mitarbeiterorientierung zweidimensional |
| 5 Führungsstile nach Blake/Mouton | Befehl-Gehorsam-Management, Glacéhandschuh-Management, Überlebensmanagement, Organisationsmanagement, Teammanagement | Aufgabenorientierung Mitarbeiterorientierung zweidimensional |
| Reifegradmodell von Hersey/Blanchard | unterweisen, delegieren, verkaufen, partizipieren | Aufgabenorientierung Mitarbeiterorientierung Reifegrad der Mitarbeiter/innen dreidimensional |
| Typologie nach Wunderer | autoritär, patriarchalisch, konsultativ, kooperativ, delegativ, teil-autonom | Machtdimension, prosoziale Dimension der Führung zweidimensional |

## Die Iowa-Studien von Lewin et al.

In den Jahren 1938 bis 1940 führten Lewin und seine Mitarbeiter (1939) an der Iowa University Experimente mit zehnjährigen Kindern durch, mit dem Ziel, die Auswirkungen verschiedener Führungsverhaltensweisen auf das Verhalten zu untersuchen (Steyrer, 2002, S. 177). Die in der betriebswirtschaftlichen Literatur oft zitierte Lewin-Studie untersucht den Einfluss des autoritären bzw. demokratischen Führungsverhaltens u. a. auf Produktivität, Arbeitsklima und Kreativität (Neuberger, 1995, S. 178). Im Rahmen eines Experiments fertigten und bemalten Kinder in Gruppen zu fünf Personen Papiermasken und wurden im Zuge eines Rotationsverfahrens von erwachsenen Gruppenleitern beaufsichtigt, deren Führungsverhalten entweder autokratisch, demokratisch oder laissez-faire war (Steyrer, 2002, S. 177), wobei das differenzierende Merkmal der Führungsstile die Entscheidungsmacht („supervision") darstellt (Steinle, 1978, S. 164). Eine daraus entstandene Gegenüberstellung von autokratischem/autoritärem und demokratischem Führungsverhalten hat die nachfolgende Führungsstilforschung gravierend geprägt (Wunderer, 2011, S. 205):

Tabelle 7: Gegenüberstellung autoritärer vs. demokratischer Führungsstil
(Wunderer, 2011, S. 205)

| Autokratisch geführte Gruppen | Demokratisch geführte Gruppen |
|---|---|
| – hohe Entscheidungsmacht bei der Führungs-<br>kraft allein<br>– Konflikte<br>– hohe Spannungen<br>– gehorsames bis unterwürfiges Gruppenver-<br>halten<br>– höhere Arbeitsintensität<br>– Leistungssteigerung bei Anwesenheit der<br>Führungskraft | – niedrige Entscheidungsmacht der Führungskraft<br>– freundschaftliche Atmosphäre<br>– kollegial-kooperatives Verhalten in Gruppen<br>– höhere Originalität und Kreativität bei den<br>Arbeitsergebnissen<br>– entspannte Atmosphäre<br>– Weiterarbeit bei Abwesenheit der Führungskraft |

Das Ergebnis zeigt, dass ein demokratischer Führungsstil die Zufriedenheit und die positive Arbeitseinstellung fördert, wohingegen ein autoritärer Führungsstil zu einem gegensätzlichen Verhalten führt und ein feindseliges Klima entsteht, das Aggression und Teilnahmslosigkeit fördert (von Au, 2016, S. 9). In den demokratisch geführten Gruppen wurde das Ausmaß der Leistungserbringung bei Abwesenheit der geschätzten Führungskraft aufrechterhalten, bei den autoritär geführten Gruppen konnte eine Leistungssteigerung durch die Anwesenheit des Führers in der Gruppe beobachtet werden (Lewin et al., 1939). Beim Laissez-faire-Führungsstil gibt es keine Entscheidungsmacht (Steinle, 1978, S. 164). Wohl auch deshalb zeigten sich die schlechtesten Arbeitsergebnisse sowie die schlechteste Gruppenkohäsion bei den mit dem Laissez-faire-Stil geführten Probandinnen und Probanden (Steyrer, 2002, S. 178). Die Ergebnisse der Führungsstilforschung wurden aufgenommen in eine Führungsstiltheorie, die jedoch dahingehend kritisiert wird, dass Ergebnisse von Experimenten mit Kindern unter Laborbedingungen verallgemeinert und für Realsituationen mit Erwachsenen übernommen wurden (von Au, 2016, S. 9). Steinle (1978, S. 165) und Neuberger (Neuberger, 1995, S. 179) bekräftigen, dass dieses experimentelle Design aufgrund des unrealistischen Arrangements der Versuchsbedingungen und den damit einhergehenden Restriktionen für in Organisationen ablaufende Führungsprozesse nicht repräsentativ ist, auch weil wichtige Randbedingungen vernachlässigt werden (Steinle, 1978, S. 166). Neuberger (1995, S. 179) bemängelt besonders die Reduzierung auf die Gegenüberstellung von „Autorität – kooperativ" und das fehlende Aufzeigen von Zusammenhängen der einzelnen Aspekte.

### Kontinuum-Theorie nach Tannenbaum/Schmidt

Mitte des vorigen Jahrhunderts wurde in den Führungstheorien zwischen Führungskräften und Geführten unterschieden, jedoch allmählich verlagerte sich der Forschungsfokus in Richtung Mitarbeiterorientierung, Motivation und menschliche Beziehungen (Tannenbaum & Schmidt, 2008, S. 4). Die Ergebnisse von Lewins Forschung führten zu einer theoretischen Annahme eines eindimensionalen Konstrukts des Führungsverhaltens, das zwischen autoritärem (autokratischem) und demokratischem Führungsverhalten unterschied und als Vorbild für ähnliche Studien nach dieser Unterscheidung diente (Bonsen, 2003, S. 35). Der bekannteste eindimensionale Ansatz, der auf dieser Überlegung basiert, ist die Kontinuum-Theorie nach Tannenbaum/Schmidt (1958) (Wunderer, 2011, S. 208). Bei dieser Theorie wird zwar zwischen den beiden Extremführungsstilen unterschieden, jedoch lässt sich das in der Realität zu beobachtende Führungsverhalten – je nach Ausmaß der Anwendung von Autorität und Entscheidungsfreiheit der Mitarbeiter/innen – in ein Kontinuum einordnen, wie in Abbildung 32 gut ersichtlich ist (Bonsen, 2003, S. 35).

Abbildung 32: Kontinuum-Theorie nach Tannenbaum/Schmidt – Exhibit 1 (nach Tannenbaum & Schmidt, 1958, S. 96)

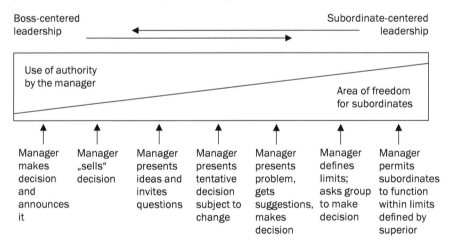

Abbildung 32 zeigt die Bandbreite möglicher Formen des Führungsverhaltens entlang dieses Kontinuums, das je nach Ausmaß der Anwendung von Autorität und Entscheidungsfreiheit der Mitarbeiter/innen in den unterschiedlichen Führungssituationen variiert (Tannenbaum & Schmidt, 2008, S. 4). Die Handlungen, die auf der extremen linken Seite zu sehen sind, charakterisieren Führungskräfte, die ein hohes Maß an Kontrolle aufrechterhalten, während die extreme rechte Seite Führende charakterisiert, die ein hohes Maß an Kontrolle abgeben bzw. einen maximalen Entscheidungsspielraum der Geführten zulassen (Tannenbaum & Schmidt, 1958, S. 96). Jedoch ist kein Extrem absolut,

Autorität und Freiheit sind nie ohne Einschränkung (Tannenbaum & Schmidt, 2008, S. 9). Für Führungskräfte gibt es stets Situationen, wo sie zwischen autoritärem und demokratischem Verhalten entscheiden müssen, was nicht immer leichtfällt (Tannenbaum & Schmidt, 2008, S. 7). Ausgangspunkt des Kontinuums sind die beiden extremen Führungsstile von Lewin – autoritärer und demokratischer Führungsstil – mit fünf Abstufungen dazwischen, d. h., insgesamt gibt es sieben Abstufungen (Tannenbaum & Schmidt, 1958). Im Kontinuum steht jede Art von Handlung in Zusammenhang mit dem Grad der Autorität, die die Führungskraft benützt, und dem Ausmaß an Freiheit, die den Untergebenen bei der Entscheidungsfindung zur Verfügung steht (Tannenbaum & Schmidt, 2008, S. 9).

Im Kontinuum ist ersichtlich, dass es eine Reihe von alternativen Möglichkeiten gibt, wie die Beziehung der Führungskräfte auf die Geführten gestaltet sein kann (Tannenbaum & Schmidt, 2008, S. 18). Wunderer (2011, S. 209 f) ist der Ansicht, dass mit diesem Modell Führungsstile nicht ausreichend abgebildet werden können, da der Führungsstil auf das Entscheidungsverhalten der Führungskraft reduziert wird und Aspekte der Beziehung nicht berücksichtigt werden.

Seit der Erstveröffentlichung dieses Ansatzes haben sich Organisationen grundlegend geändert und damit auch die Anforderungen an Führungskräfte, denen mehr Flexibilität und Feingefühl abverlangt wird (Tannenbaum & Schmidt, 2008, S. 47; 51). Die Mitarbeiter/innen von heute erwarten einerseits, einbezogen zu werden und Einfluss auf das Geschehen in der Organisation zu nehmen und andererseits ist die Führungskraft häufig mit unvorhersehbaren Ereignissen aus dem Umfeld konfrontiert (ebd., S. 52). Tannenbaum und Schmidt (2008, S. 56) führen an, dass sie später das ganze Umfeld und zusammenhängende Faktoren, die Führungsentscheidungen beeinflussen, deutlicher berücksichtigt hätten und sahen sich veranlasst, 1973 ein neues Verhaltenskontinuum zu entwerfen, das die gesellschaftlichen Realitäten der damaligen Zeit widerspiegelt und in dem das gesamte geteilte Kontinuum durch die Interaktionen zwischen ihnen und den Kräften der Umwelt ständig neu definiert wird. Die Pfeile in Abbildung 33 weisen auf den kontinuierlichen Fluss der wechselseitigen Beeinflussung von Systemen und Menschen hin. Die sieben Führungsstile bezeichnen das unterschiedliche Verhalten von sowohl Führungskräften als auch Mitarbeiter/innen, das mit einem gewissen Maß an Freiheit entsteht. Das neue Kontinuum ist komplexer und dynamischer als die erste Version und man erkennt darin deutlich, dass sowohl Führungskräfte als auch Mitarbeiter/innen regierende Kräfte sein können, dass ein Team auch ohne Führungskraft funktionieren kann, wenn Führungsaufgaben delegiert werden und die Gruppe Verantwortung in einem größeren organisatorischen Kontext übernimmt (ebd., S. 57 f).

Abbildung 33: Kontinuum-Theorie nach Tannenbaum/Schmidt – Exhibit 2 (nach Tannenbaum & Schmidt, 2008, S. 59)

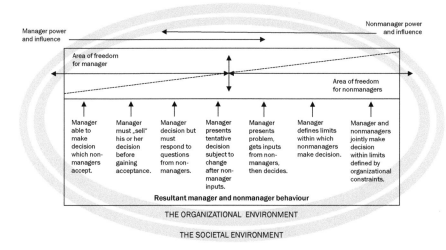

### Führungsstilforschung an der Ohio State University

Das auf die IOWA-Studien von Lewin aufbauende zweidimensionale Modell der Gruppe um Fleishman und Hemphill an der Ohio State University zeichnet sich durch die Zweiteilung der beiden Dimensionen Mitarbeiterorientierung („Consideration") und Aufgabenorientierung („Initiating Structure") in hohe und niedrige Ausprägungsgrade aus (Steyrer, 2002, S. 179). Diese Feldstudien gehen von der Erfassung realer Führungsverhaltensmuster aus, um Führungsstile zu definieren und zu beschreiben und diesen in weiterer Folge bestimmte Verhaltenswirkungen zuzuordnen (Steinle, 1978, S. 166). Demnach lassen sich Verhaltensunterschiede zwischen erfolgreichen und erfolglosen Führungspersonen anhand dieser beiden Klassifizierungen erklären (Wunderer, 2011, S. 206).

Abbildung 34: Ohio-State-Leadership-Quadrant (nach Steyrer, 2002, S. 179)

Die wichtigste Erkenntnis des leicht verständlichen Modells aus den 1960er-Jahren ist, dass die beiden Führungskategorien Mitarbeiter- bzw. Personenorientierung (Führungskraft unterstützt, lobt und spricht Anerkennung aus) und Aufgabenorientierung (Zieldefinition, Planung, Organisation, Koordination) voneinander unabhängig sind, d. h., eine Führungskraft kann sowohl mitarbeiter- als auch aufgabenorientiert führen (ebd., S. 178 f; Au, 2016, S. 9).

Tabelle 8: Inhalte der Dimensionen der Ohio-State-Studie (Wunderer, 2011, S. 206)

| Mitarbeiterorientierung | Aufgabenorientierung |
|---|---|
| Die Führungskraft … | Die Führungskraft … |
| – achtet auf das Wohlbefinden der Mitarbeiter/innen. | – maßregelt bei nicht zufriedenstellender Arbeit. |
| – bemüht sich um ein gutes Verhältnis zu den Mitarbeiterinnen und Mitarbeitern. | – legt großen Wert auf hohes Arbeitspensum. |
| – behandelt die Mitarbeiter/innen gleichberechtigt. | – führt mit eiserner Hand. |
| – unterstützt die Mitarbeiter/innen | – übt Druck auf ihre Mitarbeiter/innen aus. |
| – fördert ein offenes Gesprächsklima mit ihren Mitarbeiterinnen und Mitarbeitern. | – manipuliert Mitarbeiter/innen, um ihre Arbeitsleistung zu steigern. |
| – setzt sich für ihre Mitarbeiter/innen ein. | – fordert von leistungsschwachen und langsamen Mitarbeiter/innen mehr Arbeitsleistung ein. |

Die Ergebnisse der Studie fußen auf der Bewertung des Führungsverhaltens anhand von Fragebögen zur Selbst- und Fremdeinschätzung von Führungskräften (Bonsen, 2003, S. 35 f). Führungserfolg setzt voraus, dass bei beiden Dimensionen hohe Ausprägungen vorhanden sind (Wunderer, 2011, S. 206). Tabelle 8 zeigt eine Gegenüberstellung und Auflistung der beiden Dimensionen Mitarbeiterorientierung und Aufgabenorientierung.

Mit dieser Studie wurden die Erkenntnisse der Iowa-Studien bestätigt, wonach ein Laissez-Faire-Führungsstil die schlechtesten Ergebnisse zeigt, bei den Ohio-State-Studien bedeutete das, dass sowohl die Ergebnisse Aufgabenerfüllung als auch die Beziehung zu den Mitarbeiterinnen und Mitarbeitern negativ beeinflusst wurden (Steyrer, 2002, S. 181). Führungskräfte mit hoher Aufgabenorientierung (entsprechend der Dimension „Initiating Structure") fördern eine höhere Arbeitsleistung, mitarbeiterorientierte Führungskräfte (entsprechend der Dimension „Consideration") können größere Arbeitszufriedenheit schaffen, am effektivsten sind jedoch Führungskräfte, die in beiden Führungskategorien hoch eingeschätzt werden (ebd.). Auch Bonsen (2003, S. 37) beschreibt den idealen Führungsstil in der sinnvollen Kombination beider Verhaltensmuster. Die Ohio-State-Studien sind Ursprung für die moderne, verhaltenswissenschaftlich begründete Auseinandersetzung mit dem Thema Führung (Steyrer, 2002, S. 183). Im Sinne des Führungsstil-Ansatzes entsprechen die Verhaltensmuster der beiden Dimensionen „Initiating Structure" und „Consideration" dem Verständnis von Leadership (Northouse, 2007). Dennoch können in der vorhandenen Form aufgrund mangelnder Eindeutigkeit der Leistungs- und Zufriedenheitswirkungen nur in unzureichender Weise Aussagen über die Vorzugswürdigkeit einzelner Führungsstile getroffen werden, obwohl die Dimensionen auf empirischem Weg entstanden sind (Steinle, 1978, S. 170).

### Führungsstilforschung an der University of Michigan

Zeitgleich mit Führungsstilforschung an der Ohio State University beschäftigte sich die Gruppe um Likert, Katz und Kahn an der University of Michigan auch mit den beiden grundlegenden Orientierungsmustern Mitarbeiterorientierung („Employee Orientation") und Aufgabenorientierung („Production Orientation") (Northouse, 2007; von Au, 2016, S. 9; Wunderer, 2011, S. 206). Der entscheidende Unterschied zwischen den beiden Studien liegt in der Annahme der gegenseitigen Unabhängigkeit bzw. Abhängigkeit zwischen den beiden Extremausprägungen von Führungsverhalten (Stippler et al., 2017, S. 20). Während in den Ohio-State-Studien davon ausgegangen wurde, dass eine Führungskraft entweder eine jeweils starke oder schwache Ausprägung bei beiden Dimensionen aufweisen kann, ging die Michigan-Studie davon aus, dass Führungskräfte entweder hohe Werte bei der Aufgabenorientierung oder bei der Personenorientierung aufweisen können, nicht jedoch hohe Werte in beiden Dimensionen (ebd.). In der zugleich veröffentlichten Studie konnte diese Hypothese nicht bestätigt werden, daher schloss sich die University of Michigan der Annahme der Ohio-State-University an, dass Personen- und Aufgabenorientierung parallel in verschiedener Ausprägung vorhanden sein können (Berthel & Becker, 2007). Zentrale Erkenntnis der Michigan-Studie ist, dass effektive und effiziente Führungskräfte eher personenorientiert führen als aufgabenorientiert (Likert, 1967).

## Grid-Modell nach Blake/Mouton

Bei diesem 1964 auf der Grundlage der zweidimensionalen Führungstheorien der Universitäten in Ohio-State und Michigan entwickelten Führungsansatz steht das Verhalten der Führungskraft im Mittelpunkt (von Au, 2016, S. 9). Das populäre Verhaltensgitter-Modell nach Blake/Mouton (1964) wird durch je zwei neunstufige Achsen gebildet, wobei die Sachorientierung des Führungsverhaltens auf der horizontalen Achse abgebildet ist, die Mitarbeiterorientierung auf der vertikalen Achse (Bonsen, 2003, S. 37) und die Ziffer 1 die niedrigste Ausprägung, die Ziffer 9 die höchste Ausprägung darstellt (von Au, 2016, S. 10). Im Verhaltensgitter („Managerial Grid") sind fünf Extremstile angeführt (Wunderer, 2011, S. 209), insgesamt ergeben sich durch diese Darstellung 81 verschiedene Führungsstile (Steyrer, 2002, S. 182). Dadurch kann das Führungsverhalten durch einen zweiwertigen Term gekennzeichnet werden (Bonsen, 2003, S. 37). Blake & Mouton legen sich dabei auf einen optimalen Führungsstil (9,9) fest (Neuberger, 1995, S. 188). Abbildung 35 verdeutlicht die Charakterisierung von fünf Führungsstilen (Steyrer, 2002, S. 182 f; Au, 2016, S. 10; Bonsen, 2003, S. 38 f; Wunderer, 2011, S. 208):

- 9,1-Führungsstil („Authority-compliance" – Befehl-Gehorsam-Management): wirksame Einwirkung auf die Arbeitsleistung der Mitarbeiter/innen ohne besondere Rücksichtnahme auf zwischenmenschliche Beziehungen, „über Leichen gehen";
- 1,9-Führungsstil („Country Club Management" – Glacéhandschuh-Management): starker Fokus auf zwischenmenschliche Beziehungen, „geselliges Beisammensein";
- 1,1-Führungsstil („Impoverished management" – Überlebensmanagement): geringstmögliche Einwirkung auf die Arbeitsleistung der Mitarbeiter/innen, „laissez-faire pflegen";
- 5,5-Führungsstil („Middle-of-the-road-management" – Organisationsmanagement): mittlere Personen- und Aufgabenorientierung, „ausgeglichene Kombinationen suchen";
- 9,9-Führungsstil (Team-Management): begeisterte Mitarbeiter/innen verfolgen gemeinsame Ziele, „exzellente Führung";

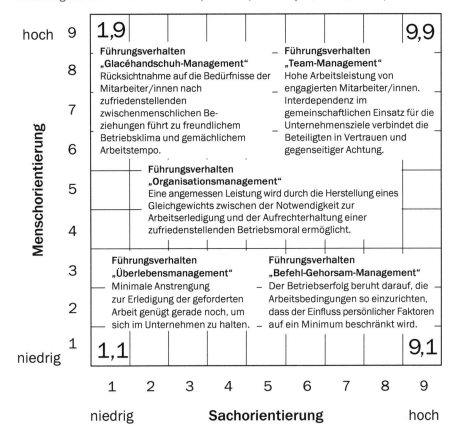

Der im unteren rechten Eck der Matrix angezeigte Führungsstil zeichnet sich durch höchstmögliche Aufgaben-, Produkt- oder Sachorientierung aus, betont jedoch die Menschenorientierung nur minimal (Bonsen, 2003, S. 38). Beim Führungsstil in der linken unteren Ecke sind die Geführten sich selbst überlassen, man könnte auch von einem Laissez-faire-Stil sprechen (Steyrer, 2002, S. 183). Die Führungskraft mit dem Führungsstil links oben konzentriert sich auf die zwischenmenschlichen Beziehungen und kümmert sich nicht um die Ergebnissicherung (ebd.). Der Führungsstil in der Mitte ist gekennzeichnet durch ständige Kompromisse (Bonsen, 2003, S. 38). Der Führungsstil rechts oben wird in der theoretischen Ableitung dieses Modells als der beste Führungsstil gepriesen, was insofern zu kritisieren ist, da sich Blake/Mouton auf einen einzigen optimalen Führungsstil festlegen (ebd., S. 39). Stippler et al. (2017, S. 22) weisen auf Ergebnisse der Studie hin, die bei starker Ausprägung auf beiden Achsen meist hohe Effektivität, aber auch eine starke Dependenz des Führungserfolgs von der jeweiligen Situation zeigten. Das Ziel der Forschung von Blake/Mouton, ein allgemein gültiges, stets erfolgreiches Führungsverhalten zu identifizieren, konnte daher nicht erreicht werden (Northouse, 2007). Eine wesentlicher Beitrag dieser Studie zur Führungsforschung ist die Erkenntnis, dass neben dem Führungsverhalten auch der jeweiligen Situation Aufmerksamkeit geschenkt werden soll (Stippler et al., 2017, S. 22).

Das Modell wird auch heute noch verwendet (Stippler et al., 2017, S. 22), da es leicht nachzuvollziehen ist, sich gut für die Führungskräfteentwicklung eignet sowie zu einer Reflexion des eigenen Führungsverhaltens anregt (Steyrer, 2002, S. 183). Neuberger (1995, S. 189 f) kritisiert jedoch an diesem Modell neben dem Fehlen situativer Bedingungen die fehlende Differenzierung der Variablen wie auch den Mangel an systematischen Begründungen. Steyrer (2002, S. 183) führt den dezidiert normativen Charakter des Grid-Konzeptes an und betont den zweifelhaften wissenschaftlichen Wert des Ansatzes. Wunderer (2011, S. 209 f) ist der Ansicht, dass dieser Ansatz das Konstrukt Führungsstil nicht ausreichend darstellen kann, da – wie bei allen auf den Ohio-Dimensionen basierenden Ansätzen – Machtaspekte nur am Rande, allenfalls als Unterpunkt im Rahmen der Aufgabenorientierung thematisiert werden. Steinle (1978, S. 169) weist darauf hin, dass es für die im Verhaltensgitter angeführten Führungsstile keine differenzierte Messvorschrift gibt. Neuberger (1995, S. 189 f) erkennt den Mangel, dass der erhaltene Zahlenwert ein Ergebnis einer Einschätzung des Führungsverhaltens ist, diagnostiziert aus den Ergebnissen von fünf Fragen mit jeweils fünf Antwortmöglichkeiten, was den überwiegend spekulativen und somit wenig zuverlässigen Charakter des Modells unterstreicht (Steinle, 1978, S. 170).

## Führungstypologie nach Wunderer

Wunderer (2011) bevorzugt ein zweidimensionales Konstrukt des Führungsverhaltens, das durch die Faktoren Teilhabe (Partizipation) und Teilnahme (prosoziale Beziehungsgestaltung) beschrieben wird. Im Folgenden wird Wunderers Konzept im Rahmen einer wissenschaftlichen Zusammenfassung beschrieben (Wunderer, 2011, S. 210 f).

Wunderer (ebd.) definiert seine Führungsstiltypologie unter Anwendung zweier Dimensionen der Führung:

- Machtdimension, bei der die den Mitarbeiterinnen und Mitarbeitern gewährte Entscheidungsfreiheit bzw. Autonomie dargestellt wird.
- Prosoziale Dimension der Führung, die die zwischenmenschliche Qualität in der Beziehung zwischen Führungskraft und Mitarbeiterinnen und Mitarbeitern anzeigt.

Abbildung 36 zeigt auf der x-Achse die Machtdimension der Führung mit den sechs idealtypischen Führungsstilen autoritär, patriarchalisch, konsultativ, kooperativ, delegativ und teil-autonom, wobei der Übergang zwischen den einzelnen Führungsstilen fließend ist. Wunderer verweist dabei auf den Ansatz von Tannenbaum/Schmidt, verwendet jedoch statt sieben nur sechs Führungsstile. Den informierenden Führungsstil im Führungsstilkontinuum nach Tannenbaum/Schmidt gliedert Wunderer im konsultativen Führungsstil ein. Auf der y-Achse wird die Qualität der zwischenmenschlichen Qualität in der Beziehung zwischen Führungsperson und Mitarbeiter/in, die besonders durch wechselseitiges Vertrauen, gegenseitige Unterstützung und Akzeptanz geprägt ist, dargestellt.

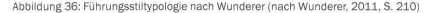

Abbildung 36: Führungsstiltypologie nach Wunderer (nach Wunderer, 2011, S. 210)

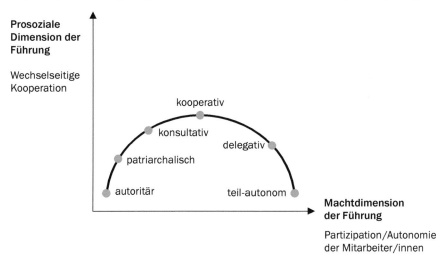

Wunderer kommt zur Einschätzung, dass die meisten Führungspersonen situationsabhängig unterschiedliche Führungsstile anwenden und nennt dafür das Beispiel für die Führungsphase Entscheidungsvorbereitung, wo die Führungskraft konsultierend und kooperierend agiert, während für Entscheidungen der patriarchalische Führungsstil zum Zug kommt.

### Reifegradmodell von Hersey/Blanchard

Nachdem kein kausaler Zusammenhang zwischen Führungsstil und Führungserfolg nachgewiesen werden konnte, wurde die Hypothese aufgestellt, dass erfolgversprechende Führungsstile von der vorherrschenden situativen Konstellation abhängig sind (Wunderer, 2011, S. 211) und erfolgreiche Führungspersonen ihr Führungsverhalten an die jeweilige Situation anpassen (Northouse, 2007). In Anlehnung an die Ohio-Studien werden in der Reifegrad-Theorie nach Hersey/Blanchard (1969) der aufgabenorientierte und der soziale Reifegrad der

Mitarbeiter/innen als zentrale Kriterien für die Wahl des effektivsten Führungs-stils gesehen (Wunderer, 2011, S. 211f). Letzterer ergibt sich konsequenter-weise aus der arbeitsbezogenen und psychischen Reife der Mitarbeiter/innen (Stippler et al., 2017, S. 22), ferner wird eine gewisse Kontingenz zwischen dem Handeln der Führungskraft und dem Handeln der Mitarbeiter/innen an-genommen (Bonsen, 2003, S. 50). Die Wahl des am besten geeigneten Führungs-stils ist abhängig vom Reifegrad der Mitarbeiter/innen (Bonsen, 2003, S. 57). Der Reifegrad ist der einzige für die Führungssituation bedeutsame Parameter (ebd.), der anhand einer Skala messbar ist und durch gezielte Eingriffe gefördert werden kann (Stippler et al., 2017, S. 22).

Abbildung 37: Situative Reifegrad-Theorie nach Hersey und Blanchard (nach Steyrer, 2002, S. 193)

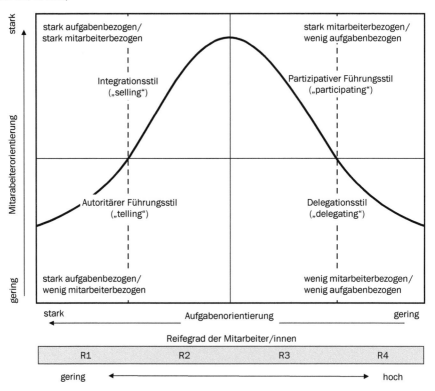

Die in Abbildung 37 dargestellten Reifedimensionen R1 bis R4 lassen sich wie folgt, beschreiben: (Bonsen, 2003, S. 57; Steyrer, 2015, S. 55f)

- R1/geringe Reife: Motivation und Wissen fehlen, d.h. Mitarbeiter/innen wollen und können eine Aufgabe nicht erfüllen.

- R2/geringe bis mäßige Reife: Zwar ist Motivation vorhanden, aber die erforderlichen Fähigkeiten und das Wissen fehlen, d.h. die Mitarbeiter/innen wollen eine Aufgabe übernehmen, sind aber (noch nicht) in der Lage, diese zu erfüllen.
- R3/mäßige bis hohe Reife: Die Mitarbeiter/innen zeichnen sich durch ein hohes Ausmaß an Fähigkeiten aus, es fehlt jedoch an Motivation, d.h. die Mitarbeiter/innen könnten eine Aufgabe erfüllen, die Motivation fehlt jedoch.
- R4/hohe Reife: Die Reife wird durch hohe Fähigkeiten und hohe Motivation charakterisiert, d.h. die Mitarbeiter/innen können eine Aufgabe bewältigen und wollen sie auch übernehmen.

Den vier Reifegraden sind entsprechende Führungsstile aus vier möglichen Kombinationen von Mitarbeiter- und Aufgabenorientierung zugeordnet, wobei die Führungskraft mit steigendem Reifegrad ihre Aufgabenorientierung reduziert und die Beziehungsorientierung verstärkt (Bonsen, 2003, S. 58; Steyrer, 2015, S. 55; Stippler et al., 2017, S. 23; von Au, 2016, S. 11):

- **Telling** (unterweisen): Aufgabenorientierung hoch, Mitarbeiterorientierung niedrig
  Die Führungskraft konzentriert sich darauf, exakte Anweisungen zu geben und die Ergebnisse und die Arbeitsleistung zu kontrollieren und greift ggf. korrigierend ein.
- **Selling** (verkaufen): Aufgabenorientierung hoch, Mitarbeiterorientierung hoch
  Die Führungskraft führt weiterhin direktiv, achtet auf die Mitarbeiterorientierung und beabsichtigt durch gesteigerte Mitarbeiterorientierung, Frustration zu vermeiden und die Motivation zu steigern.
- **Participating** (partizipieren): Mitarbeiterorientierung hoch, Aufgabenorientierung niedrig
  Da Motivationsdefizite vorhanden sind, sollte die Führungskraft die Beziehungsarbeit in den Vordergrund stellen und den Mitarbeiterinnen und Mitarbeitern Anerkennung und Wertschätzung zukommen lassen.
- **Delegation** (delegieren): Aufgabenorientierung niedrig, Mitarbeiterorientierung niedrig
  Die Führungskraft delegiert die Aufgaben an ihre Mitarbeiter/innen und lässt sie autonom arbeiten, wobei weder intensives Feedback noch häufige Interaktionen erforderlich sind, die Selbstständigkeit wird betont.

Die Kurve zeigt die beiden grundlegenden Führungsverhaltensweisen (aufgabenorientiert und mitarbeiterorientiert), wobei das aufgabenorientierte Verhalten die Vorgabe von Zielen, klaren Anweisungen und eines Zeitrahmens mit anschließender Ergebniskontrolle sowie Rollen und Strukturen erfordert, beim mitarbeiterorientierten Verhalten braucht es Kommunikation top down und buttom up (ebd.). Die mitarbeiterorientierte Führungskraft wählt die Förderung der Mitarbeiter/innen und setzt auf Motivation und Anerkennung von Leistungen (Steyrer, 2015, S. 55). Die dritte Dimension ist der Reifegrad der Mitarbeiter/innen, bestehend aus Arbeitsreife/Fähigkeit und Bereitschaft zur Aufgabenerfüllung, wobei die Fähigkeit abhängig ist von Ausbildung, Erfahrung und Wissen und die Bereitschaft von intrinsischen Motivationsfaktoren (P. Hersey et al., 1969). Dabei fällt auf, dass die Führungskraft alle vier Führungsstile nebeneinander ausüben soll (Schreyögg & Koch, 2015, S. 426). Laut diesem Modell wählt die Führungskraft nach vorheriger Analyse der Aufgabeneignung und der sozialen Eignung einen situationsangepassten, reifegradorientierten Führungsstil aus, wobei Führungskräfte prinzipiell alle Führungsstile praktizieren können müssen (Wunderer, 2011, S. 212). Dabei wird deutlich, dass es den optimalen Führungsstil nicht gibt und die Anforderungen an effektives Führungsverhalten von der vorherrschenden Situation abhängig sind (Bonsen, 2003, S. 59).

Das Reifegrad-Theorie-Modell von Hersey und Blanchard zeichnet sich durch seinen Prozesscharakter aus, weil der Reifegrad der Mitarbeiter/innen keine gleichbleibende Konstante darstellt, sondern im Sinne von Personalarbeit als entwicklungsfähig verstanden wird und durch die Art der Führung zu beeinflussen ist (Bonsen, 2003, S. 58). Hervorzuheben ist auch, dass Hersey und Blanchard (1969, S. 119) bereits in den 1960er-Jahren Führung durch Ziele mittels Zusammenführung der Ziele und Vorgaben der Organisation mit den Zielen von Einzelpersonen zur Erlangung gegenseitiger Verpflichtung und hoher Produktivität als mächtiges Instrument der Personalarbeit ansehen.

Steyrer (2015, S. 57) hebt die Eignung des Modells für die Führungskräfteentwicklung hervor, ergänzt aber, dass die Gültigkeit des Konzeptes empirisch nur selten überprüft wurde. Die populäre Theorie (ebd., S. 58) wird aber auch dahingehend kritisiert, weil der Reifegrad der Mitarbeiter/innen die einzige Einflussvariable ist, andere Einflussfaktoren aber nicht berücksichtigt werden (von Au, 2016, S. 11). Neuberger (1995, S. 196) verweist auf die Oberflächlichkeit der Theorie und Greaff (1983, S. 286 f) erkennt konzeptionelle Schwächen bzw. kritisiert die Überbetonung der Fähigkeitsdimension. Greaff kommt schließlich zum Schluss, dass die Theorie lediglich einen bescheidenen Beitrag zur Führungstheorie leistet (ebd., S. 290). Ein weiterer Kritikpunkt ist die Tatsache, dass bei Anwendung in diesem Modell etwaige Konflikte zwischen den Zielen der Organisationen und den Mitarbeiterzielen nicht berücksichtigt werden (Steyrer, 2015, S. 58). Offen bleiben Antworten auf die Thematik Identität der Führungskraft und die Frage nach der Erlernbarkeit des geforderten hohen Niveaus an Führungsvariabilität (Schreyögg & Koch, 2015, S. 426). Schließlich fehlt in diesem Modell auch der Machtbezug, der nicht berücksichtigt wird (ebd.). Am wichtigsten scheint der Ansatz der Theorie, dass der Schwerpunkt auf den situationsbedingten Charakter der Führung gelegt und anerkannt wird, dass eine Führungskraft flexibel handeln muss (Yukl & Gardner, 2020, S. 33).

## Die Weg-Ziel-Theorie des Führens

Im Zuge der Studien zur Führungsforschung wurde erkannt, dass eine Führungstheorie, die substanzielle Aussagen über die Auswirkungen eines Führungsstils geben will, zusätzliche Kontextvariablen berücksichtigen muss (Schreyögg & Koch, 2015, S. 424). Die Weg-Ziel-Theorie als eine der situativen Führungstheorien untersucht, wie situationsbedingte Aspekte das optimale Führungsverhalten zur Verbesserung der Zufriedenheit und Anstrengungsbereitschaft der Mitarbeiterinnen und Mitarbeiter bestimmen (Yukl & Gardner, 2020, S. 87). Dieser Ansatz ist die erste Theorie, die die Motivation der Mitarbeiter/innen als Situationsvariable berücksichtigt (Stippler et al., 2017, S. 26) und fußt darauf, dass eine Führungskraft Kenntnis von den „eigentlichen" Zielen der Mitarbeiter/innen erlangt (Neuberger, 1995, S. 199) und so durch das Führungsverhalten gezielte Anreize zur Zielerreichung setzen kann (von Au, 2016, S. 12). Die Hauptaufgabe der Führungskraft ist es demnach, die Motivationslage der Mitarbeiter/innen zu erkennen und ihr Führungshandeln entsprechend anzupassen (Bonsen, 2003, S. 56).

Im Zentrum dieser Theorie steht die Führungskraft, die für jede Mitarbeiterin und jeden Mitarbeiter ein ergebnisoptimales Prozedere findet (Neuberger, 1995, S. 199) und deren Bestreben, die Geführten bei der Zielerreichung zu unterstützen, um in weiterer Folge die Mitarbeiterziele mit den Zielen der Organisation in Einklang zu bringen (Steyrer, 2015, S. 58). In der Weg-Ziel-Theorie wird davon ausgegangen, dass Führungskräfte für ihre Mitarbeiter/innen Anreize schaffen, indem sie auf deren Wahrnehmung der anzunehmenden Folgen unterschiedlicher Anstrengungen einwirken (Yukl & Gardner, 2020, S. 80) und ihr Führungsverhalten an verschiedenartige Situationen anpassen (Weinert, 2004, S. 497). Die Mitarbeiter/innen werden durch den Führungsstil der Führungskraft, durch Belohnung sowie Planung und Strukturierung von Arbeitsaufgaben motiviert (Weinert, 2004, S. 497).

In der Weg-Ziel-Theorie wird davon ausgegangen, dass Mitarbeiter/innen bessere Leistungen erbringen, wenn ihnen klare und genaue Rollenerwartungen kommuniziert werden, sie erkennen, dass ein hohes Maß an Anstrengung notwendig ist, um die Ziele der Aufgabe zu erreichen, und sie optimistisch sein können, die gesetzten Ziele zu erreichen (Yukl & Gardner, 2020, S. 80). Die Aufgabe der Führungskraft liegt darin, die Situation zu untersuchen und herauszufinden, welche motivationalen Aspekte nicht berücksichtigt werden und

*„nach Möglichkeit dafür zu sorgen, die Situation so zu verbessern, daß [sic!] die notwendigen Komponenten zur Entfaltung motivationaler Kraft vorhanden sind"* (Evans, 1987, S. 950). In weiterer Folge liegt es an der Führungsperson, den Mitarbeiterinnen und Mitarbeitern Ziele zu erklären, Wege zur Zielerreichung aufzuzeigen und sie motivational zu unterstützen, damit die Ziele zum Gesamtwohl der Organisation erreicht werden können (von Au, 2016, S. 12). Leistung wird von Motivation und Fähigkeit beeinflusst, daher sind zwei einflussreiche Faktoren auf die Motivation zu beachten: die Freude an der Aktivität und der Glaube, dass Anstrengung und Einsatz zu Leistung führen (Evans, 1987, S. 950). Die Auswirkung des Führungsverhaltens auf die Zufriedenheit und die Anstrengungen der Mitarbeiter/innen hängt demnach ab von der jeweils gegebenen Situation, den Aufgabenmerkmalen und den Eigenschaften der geführten Personen (Yukl & Gardner, 2020, S. 80).

Mitarbeiter/innen akzeptieren das Verhalten der Führungskraft in solchem Maße, in dem sie es als unmittelbare oder zukünftige Quelle der eigenen Zufriedenheit beurteilen (Bonsen, 2003, S. 54). In der Weg-Ziel-Theorie der Führung wird zwischen vier von den Merkmalen der Organisation abhängigen Führungsstilen unterschieden, die die Leistung der Mitarbeiter/innen maximieren sollen: (Steyrer, 2015, S. 58 f)

- **Unterstützende Führung**
  Die Führungsperson nimmt Rücksicht auf die Bedürfnisse der Mitarbeiter/innen und sorgt für ein angenehmes Arbeitsklima.
- **Direktive Führung**
  Die Führungsperson gibt exakte Anweisungen, koordiniert und kontrolliert die Einhaltung der Anordnungen.
- **Partizipative Führung**
  Die Führungsperson setzt auf gemeinsame Entscheidungsfindung und Beratung.
- **Leistungsorientierte Führung**
  Die Führungsperson setzt anspruchsvolle Ziele und auf kontinuierliche Verbesserung von Leistungsstandards.

Abbildung 38 veranschaulicht die Faktoren, die Einfluss auf Leistung und Zufriedenheit der Mitarbeiter/innen haben. In Hinblick auf Schulautonomie sei erwähnt, dass die Wahl des Führungsstils vom Bedürfnis der Mitarbeiter/innen nach Autonomie, Unabhängigkeit bzw. Partizipation abhängt (Evans, 1987, S. 958). Ist dieses Bedürfnis hoch, ist der partizipative Führungsstil angebracht, ist es gering, ist der direktive Führungsstil zu wählen (ebd.).

Abbildung 38: Die Weg-Ziel-Theorie (nach Steyrer, 2015, S. 59)

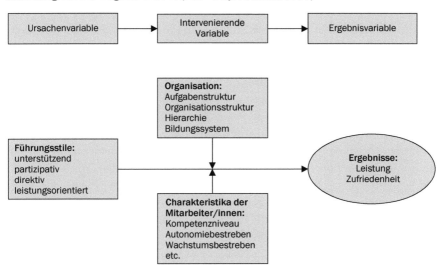

Neuberger (1995, S. 200) unterstellt dem Ansatz fehlende Praxisnähe, weswegen er auch wenig Anklang unter Praktikern gefunden hat. Ein weiterer Kritikpunkt ist die Tatsache, dass Aufgaben- und Beziehungsorientierung, Reifegrad der Mitarbeiter/innen sowie der Führungserfolg empirisch nicht überprüft werden können (von Au, 2016, S. 13), man daher nicht davon sprechen kann, dass die Theorie starke Bestätigung findet (Bonsen, 2003, S. 57; Evans, 1987, S. 962). Zu hinterfragen ist auch das Faktum, dass die Motivationslage der Mitarbeiter/innen von der Führungskraft eher weniger auf kommunikativem Wege herausgefunden werden soll (Bonsen, 2003, S. 56). Neuberger (1995, S. 200) verweist darauf, dass dieser Ansatz akommunikativ sei.

Auf der anderen Seite kann die heute noch gültige Erkenntnis für diese und andere situationsorientierte Theorien hervorgehoben werden, nämlich dass es keinen perfekten Führungsstil gibt, der für jede Situation eingesetzt werden kann (von Au, 2016, S. 13). In Hinblick auf die intrinsische Valenz (die Freude an der Aktivität) und die wahrgenommene Wahrscheinlichkeit, dass Anstrengungen zu Leistung führen, verweist Evans (1987, S. 962) darauf, dass Führungspersonen diesbezüglich Einfühlungsvermögen entwickeln sollen, um die Motivation aller Mitarbeiter/innen zu fördern. Die Weg-Ziel-Theorie könne mit ihrer Struktur brauchbare Unterstützung liefern, da dadurch keine der Haupteinflussvariablen übersehen werden könne (ebd.).

# Kontingenztheorie der Führung nach Fiedler

Das in den 60er-Jahren entwickelte Kontingenzmodell von Fiedler (1967) ist wohl umstritten, ist aber eine der am besten empirisch belegten Führungstheorien, die davon ausgeht, dass der Führungserfolg überwiegend von der Aufgaben- oder Beziehungsorientierung der Führungskraft und den in der Organisation vorherrschenden situativen Bedingungen abhängt (Wunderer, 2011, S. 311). Fiedlers Modell baut auf dem Reifegradmodell von Hersey und Blanchard auf, greift auf die Nomenklatur der klassischen Führungsstilforschung – die Aufgaben- und die Mitarbeiterorientierung – zurück und bezieht Aspekte anderer Theorien mit ein, wie zum Beispiel den dort nicht berücksichtigen Faktor Macht (Bonsen, 2003, S. 51). Fiedler (1967) geht in seiner Kontingenztheorie davon aus, dass es weder gute noch schlechte Führungskräfte gibt, sondern der Führungserfolg von der situativen Kontrolle abhängt (Bonsen, 2003, S. 51) und durch die Bestimmung des Führungsstils und der situativen Günstigkeit vorhergesagt werden kann (Stippler et al., 2017, S. 25). Der zentrale Begriff in Fiedlers Kontingenztheorie zur Ermittlung des Führungserfolgs ist jener der „situativen Einflusschancen" (Fiedler et al., 1979).

Ausgangspunkt des von Fiedler ermittelten dreidimensionalen Führungsmodells ist eine eigenwillige Deutung des Führungsstils, der anhand eines Fragebogens ermittelt wird (Neuberger, 1995, S. 180). Fiedler et al. (1979, S. 225) unterscheiden zunächst zwischen den beiden Arten von Führungsstilen, die durch die LPC-Messskala ermittelt werden. Führungskräfte beurteilen anhand von 18 bipolaren Eigenschaften in einer Abstufung von 1 bis 8 jene Mitarbeiterin bzw. jenen Mitarbeiter (LPC, Least Preferred Coworker Scale), mit der bzw. dem sie am wenigsten gut zusammenarbeiten können (Wunderer, 2011, S. 312). Abbildung 39 zeigt beispielhaft einen Ausschnitt der in einer achtstufigen Skala angeführten Gegensatzpaare.

Abbildung 39: LPC-Skala – Ausschnitt (Fiedler et al., 1979, S. 16)

| angenehm | 8 | 7 | 6 | 5 | 4 | 3 | 2 | 1 | unangenehm |
|---|---|---|---|---|---|---|---|---|---|
| freundlich | 8 | 7 | 6 | 5 | 4 | 3 | 2 | 1 | unfreundlich |
| zurückweisend | 1 | 2 | 3 | 4 | 5 | 6 | 7 | 8 | entgegenkommend |
| gespannt | 1 | 2 | 3 | 4 | 5 | 6 | 7 | 8 | entspannt |
| distanziert | 1 | 2 | 3 | 4 | 5 | 6 | 7 | 8 | persönlich |
| kalt | 1 | 2 | 3 | 4 | 5 | 6 | 7 | 8 | warm |
| unterstützend | 8 | 7 | 6 | 5 | 4 | 3 | 2 | 1 | feindselig |

Der LPC-Wert wird durch Aufsummieren der einzelnen Werte je Gegensatzpaar ermittelt (Weinert, 2004, S. 485). Der aus diesem Verfahren gewonnene Wert bestimmt den eindimensional konzipierten Führungsstil (Neuberger, 1995, S. 180) und misst die grundsätzlichen Ziele bzw. Motive, die eine Führungskraft in ihrer Arbeit verfolgt (F. E. Fiedler et al., 1979, S. 21). Einen durch diese Ermittlung gewonnenen niedrigen LPC-Wert (<= 57) nennt Fiedler aufgabenmotiviert bzw. eine leistungsorientierten Führungskraft (Wunderer, 2011, S. 312), die den Schwerpunkt in erster Linie auf die Erfüllung von Aufgaben legt (Fiedler et al., 1976, S. 213). Diese Führungskräfte sind sachliche Menschen, die am besten gemäß Richtlinien und Anweisungen arbeiten. Wenn diese fehlen, ist es ihre erste Priorität, Richtlinien zu erstellen und danach Aufgaben zuzuweisen, wobei sie sich in entspannten und gut kontrollierten Situationen auch die Zeit nehmen, mehr auf die Moral ihrer Mitarbeiter zu achten (ebd.). Ein hoher LPC-Wert (>= 64) steht für Mitarbeiterorientierung (Wunderer, 2011, S. 312), bei der die Führungskraft als beziehungsmotiviert eingestuft wird (Neuberger, 1995, S. 180). Die Erkenntnisse von Fiedler et al. (1976, S. 213) zeigen, dass beziehungsmotiverte Führungskräfte dazu neigen, hauptsächlich darauf bedacht zu sein, eine gute zwischenmenschliche Beziehung aufrechtzuerhalten, manchmal bis zu einem Ausmaß, dass die Aufgabe vernachlässigt wird, aber auch dazu, in entspannten und gut kontrollierten Situationen das Verhalten umzukehren und aufgabenbewusster zu werden. Führungskräfte, deren Bewertung zwischen 58 und 63 liegt, werden selbst bestimmen müssen, welcher Kategorie sie am ähnlichsten sind (ebd.).

Fiedler et al. (1976, S. 213; 1979, S. 225) unterscheiden zwischen drei Arten von Führungssituationen mit unterschiedlichen Ausprägungen von Einflussmöglichkeiten:

- **Situationen mit hoher Chance auf Einfluss**, in denen eine Führungskraft aus verschiedensten Gründen viel Einfluss hat, die Arbeit der Mitarbeiter/innen zu leiten und zu gestalten.
- **Situationen mit mittlerer Chance auf Einfluss**, in denen eine Führungskraft entweder gute Beziehungen zu den Mitarbeiterinnen und Mitarbeitern pflegt oder ganz im Gegenteil zwar schlechte Beziehungen hat, aber über hohe Positionsmacht verfügt.
- **Situationen mit geringer Chance auf Einfluss**, in denen die Führungskraft von den Mitarbeiterinnen und Mitarbeitern nicht unterstützt wird oder über geringe Positionsmacht verfügt.

In Fiedlers Theorie hängt die Effektivität einer Führungskraft von deren Motiven und den situativen Einflusschancen ab (Fiedler et al., 1979, S. 36). Um die verschiedenen Bedingungen und Situationen herauszufinden, in denen eine Führungskraft erfolgreich ist, werden drei Situationsvariablen für die Einbeziehung situativer Faktoren definiert (Neuberger, 1995, S. 180; Steinle, 1978, S. 17; Fiedler et al., 1979, S. 36):

- **Führungskraft-Mitarbeiter-Beziehungen** (soziales Klima innerhalb der Organisation, Vertrauen der Gruppe in die Führungskraft und Bereitschaft, der Führungskraft zu folgen)
- **Aufgabenstruktur** (Einflussmöglichkeiten der Führungskraft; Ausmaß, in dem die Arbeitsaufgabe, Verfahren, Ziele und Ergebnisbewertung klar vorgegeben werden; anfänglich durch ein Beobachtungsrating bestimmt)
- **Positionsmacht** (gibt die formalen Befugnisse an, die der Führungskraft eingeräumt werden)

Die Führungskraft-Mitarbeiter-Beziehungen werden auf Basis eines von der Führungskraft ausgefüllten Fragebogens ermittelt, auf dem acht Begriffe mit 1 bis 5 Punkten bewertet werden. Eine Punktezahl von >= 25 lässt auf gute Beziehungen zwischen Führungskraft und Mitarbeiter/innen schließen, eine Punkteanzahl von unter 20 auf schlechte (Fiedler et al., 1979, S. 51). Bei der Aufgabenstruktur werden vier zusammenhängende Aspekte einer Aufgabe durchleuchtet (ebd. S. 59 f) und abgefragt:

- Ist das Ziel oder das Ergebnis bekannt?
- Gibt es einen oder mehrere Wege, die Aufgabe zu erfüllen?
- Gibt es eine oder mehrere richtige Antworten oder Lösungen, um die Aufgabe zu erfüllen?
- Wie kann überprüft werden, ob die Aufgabe richtig erledigt wurde?

In einem weiteren Schritt bewertet die Führungskraft ihre Ausbildung und ihre Erfahrungen. Die Ergebnisse beider Abfragen werden addiert. Die Studie bescheinigt einer Führungskraft, der sehr stark strukturierte Aufgaben übertragen werden, mehr Einfluss. Fiedler et al. (1979, S. 83) führen an, dass Ausbildung und Erfahrung in der Regel die Struktur von Aufgaben verstärken, weshalb diese Aspekte bei der Untersuchung der Aufgabenstruktur berücksichtigt werden sollen.

Nachdem die Positionsmacht auf Grundlage eines von der Führungskraft ausgefüllten Fragebogens mit fünf Fragen, die mit je bis zu zwei Punkten bewertet werden, ermittelt wird, erfolgt eine Gesamtbetrachtung aller Faktoren.

Abbildung 40: Das Kontingenzmodell von Fiedler (nach Steinle, 1978, S. 172)

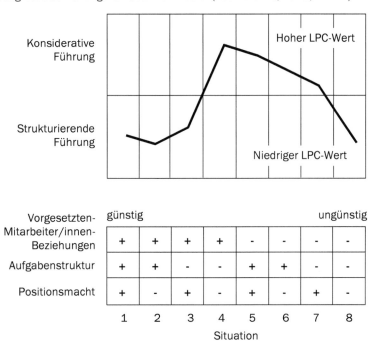

Dazu werden die Situationsvariablen Führungskraft-Mitarbeiter-Beziehungen, Aufgabenstruktur und Positionsmacht zur Berechnung herangezogen, um die situative Günstigkeit für den Führungserfolg zu bestimmen, wobei das Ausmaß von Macht und Einfluss dann am höchsten ist, wenn alle drei Dimensionen positiv bewertet werden (von Au, 2016, S. 12). Die Darstellung der drei Dimensionen in Abbildung 40 erfolgt dichotomisiert (es wird nur zwischen gut (+) und schlecht (-) unterschieden) und zeigt acht (=$2^3$) verschiedene Konstellationen. In der Abbildung ist ersichtlich, dass sich die Dimension „Positionsmacht" am wenigsten auf die situative Günstigkeit auswirkt, die Dimension „Führer-Mitarbeiter-Beziehung" hingegen am meisten (ebd.). Fiedler et al. (1979, S. 140) bezeichnen die Beziehungen zwischen Führungskraft und Mitarbeiterinnen und Mitarbeitern als wichtigste Determinante der situativen Einflusschancen.

Entsprechend der Hypothesen dieser Führungstheorie müssen in die Beurteilung eines Führungsstils und der Eignung einer Führungskraft die zuvor beschriebenen Situationsvariablen einfließen (Weinert, 2004, S. 487). Das bedeutet, dass sich ein Führungsstil, der in einer bestimmten Situation erfolgreich war, in einer anderen als ineffizient erweisen kann (Weinert, 2004, S. 487). Fiedler et al. (1979, S. 226) haben in ihrer Studie festgestellt, dass aufgabenorientierte

Führungskräfte ihre besten Leistungen erbringen, wenn Situationen mit hohen oder geringen Einflusschancen vorliegen. Wie in Abbildung 40 in der oberen Kurve übersichtlich dargestellt, sind diese Führungskräfte erfolgreich, wenn die Situation sehr starke oder sehr schwache Positionsmacht bei gleichzeitiger sehr komplexer oder sehr einfacher Aufgabenstruktur sowie sehr guten oder sehr schlechten Mitarbeiterbeziehungen mit sich bringt (Wunderer, 2011, S. 312). Auf der anderen Seite gelten mitarbeiterorientierte Führungskräfte nach Fiedlers Kontingenztheorie dann als erfolgreich, wenn Situationen mit mittlerer Günstigkeit vorliegen (Fiedler et al., 1979, S. 226).

Tabelle 9: Zusammenfassung Kontingenztheorie (1979, S. 146)

| Führungsstil | Situative Einflusschancen | | |
|---|---|---|---|
| | groß | mittel | gering |
| LPC-Wert hoch | Verhalten: autokratisch distanziert egozentrisch mit Aufgabe befasst | Verhalten: rücksichtsvoll offen teilnehmend | Verhalten: ängstlich zurückhaltend stark mit zwischen-mensch-lichen Beziehungen befasst |
| | Leistung: schwach | Leistung: gut | Leistung: schwach |
| LPC-Wert nieder | Verhalten: rücksichtsvoll hilfreich | Verhalten: zurückhaltend, konzentriert auf die Aufgabe | Verhalten: richtungsweisend auf die Aufgabe konzentriert ernst |
| | Leistung: gut | Leistung: schwach | Leistung: relativ gut |

Fiedlers Theorie hat zwar die Weiterentwicklung der Führungsforschung angeregt, jedoch konnte sie die Problematik der Beziehung zwischen Charakteristika der Führungsperson und jener der Situation nicht lösen (ebd., S. 489). Die Kontingenztheorie soll eine Vorhersage des Führungserfolges aus dem Zusammenspiel von Führungsstil und der LPC-Zahl liefern, aber Fiedler selbst erkannte den Mangel des Modells, den er als „Black-Box-Problem" bezeichnete, nämlich die fehlende Erklärung des spezifischen Prozesses, die Antwort darauf gibt, warum bestimmte Führungsstile in gewissen Situationen erfolgreich sind (Fiedler & Garcia, 1978, S. 86).

Ein weiterer Kritikpunkt ist die Frage nach Antworten, wie Führungspersonen, ihre Führungsstile bzw. Führungssituationen verändert werden sollen, wenn sie nicht übereinstimmen (von Au, 2016, S. 12). Wunderer (2011, S. 312) weist auf die umstrittenen empirischen Untersuchungen Fiedlers hin. Die Forschungsmethode der Kontingenztheorie von Fiedler gilt als schwach und wird aufgrund der Tatsache kritisiert, dass die Ergebnisse schwer zu interpretieren sind (G. A. Yukl & Gardner, 2020, S. 88). Neuberger attestiert der Kontingenztheorie daher lediglich historischen Wert und weist darauf hin, dass Fiedler wechselnde Erklärungen für die rein empirisch begründeten Verallgemeinerungen geliefert hat und eine vertiefte Einsicht in das Zustandekommen der Ergebnisse nicht gewährt werden konnte (Neuberger, 1995, S. 181). Auch Yukl und Gardner bezeichnen Fiedlers Kontingenztheorie als eine der am wenigsten brauchbaren früheren Theorieansätzen (Yukl & Gardner, 2020, S. 79).

## Gegenüberstellung der Situationstheorien

Im Gegensatz zu den universellen Verhaltenstheorien gehen die situativen Verhaltenstheorien davon aus, dass es kein idealtypisches Führungsverhalten gibt, sondern adäquates Führungsverhalten situationsabhängig ist und beschäftigen sich mit den situativen Voraussetzungen für den Führungserfolg (Steyrer, 2015, S. 55). Die nachfolgende Abbildung gibt einen zusammenfassenden Überblick über drei der zuvor vorgestellten Modelle der situativen Verhaltenstheorien der Führung.

Abbildung 41: Synopsis der Situationstheorien der Führungseffektivität (Schreyögg, 1987, S. 890)

| Situationstheorie der Führung | Führung | | | Situation | | Erfolg | Empirische Bestätigung | |
|---|---|---|---|---|---|---|---|---|
| | Führungsstil | Fokus der Führung | Flexibilität | Situationsmerkmale | Einfluss der Führung a. Situation | Maßstab | Untersuchungen | Ergebnisse |
| Kontingenzmodell nach Fiedler | Aufgaben- vs. Mitarbeiterorientierung | Gruppe | nein | Positionsmacht, Aufgabenstruktur, Beziehung Führungskraft/ Mitarbeiter/ innen | nein | Leistung | sehr viele | widersprüchlich |
| Situative Führungstheorie (Hersey & Blanchard) | Aufgaben- vs. Mitarbeiterorientierung | Person | ja | Reife der Mitarbeiter/ innen | ja | Zielerreichung | keine | - |
| Weg-Ziel-Theorie | offen | Person | ja | offen (Aufgabenstruktur etc.) | nein | Motivation (Leistung/Zufriedenheit) | viele indirekte | widersprüchlich |

# 3 Methodik

Moser (2015, S. 133) versteht unter empirischen Daten objektivierte Erfahrungen, die mit verschiedenen Methoden und Werkzeugen eingeholt werden. Für diese Forschungsarbeit wurde ein qualitatives Verfahren der empirischen Sozialforschung gewählt, bei dem neue, empirisch begründete Erkenntnisse zur Beantwortung der Forschungsfrage gewonnen werden sollen. Qualitatives Forschen zielt auf die kompakte Beschreibung von Sachverhalten ab, um *ein „Verstehen von innen heraus"* zu ermöglichen (Misoch, 2019, S. 13). Die Wahl dieser Forschungsmethode ist durch den der Studie zugrundeliegenden Forschungsgegenstand und die Forschungsfrage begründet.

> *„Empirische Forschung sucht nach Erkenntnissen durch systematische Auswertung von Erfahrungen."* (Bortz & Döring, 2006, S. 2)

Die Autorin dieser Studie hat sich für ein qualitatives Forschungsdesign entschieden, da die der empirischen Studie zugrunde liegenden Daten nicht in Zahlenform erhoben wurden, sondern die Forschung darauf abzielt, Erfahrungen und Handlungsmuster in Bezug auf das Forschungsthema detailliert zu erfassen.

> *„Für die qualitative Sozialforschung ist der Mensch nicht nur ein Untersuchungsobjekt, sondern auch ein erkennendes Subjekt."* (Lamnek & Krell, 2016, S. 44)

Misoch (2019, S. 35 f) unterscheidet zwischen neun zentralen Prinzipien des qualitativen Forschens, die deutlich aufzeigen, dass die qualitative Forschung auf das *„Verstehen von sozialen Phänomenen"*, wie z. B. Handlungen oder Verhaltensweisen, abzielt und dass *„das Subjekt mit seinen Wirklichkeits- und Sinnkonstruktionen im Zentrum"* (ebd. S. 36) des Forschungsprozesses steht:

- Verstehen (verstehender Ansatz)
- Wirklichkeit als Konstruktion (Wirklichkeit ist eine soziale Konstruktion)
- Subjektbezogenheit (Subjekt steht im Mittelpunkt des Forschungsinteresses)
- Offenheit (Offenheit als Forschungspraxis, Offenheit als erkenntnistheoretisches Prinzip, Bereitschaft, methodologisch offen zu sein)
- Kommunikation (Forschungsprozess als Kommunikation zwischen Forscher/in und dem zu erforschenden Feld)
- Flexibilität (Forschungsfrage bestimmt die Untersuchungsmethode)
- Prozessualität (Forschungsprozess wird bewusst als Prozess konzipiert)

- Reflexivität (Reflexion der/des Forschenden als Teil des zu untersuchenden Feldes)
- Explikation (Nachvollziehbarkeit durch Offenlegung aller Forschungsschritte)

Hervorzuheben ist, dass neben den o. g. Prinzipien das systematische und kontrollierte Vorgehen von besonderer Bedeutung ist, um die von den Beforschten erhobenen Daten zuverlässig auswerten zu können, damit die Interpretation auch für Außenstehende nachvollziehbar und plausibel ist (Moser, 2015, S. 145).

## 3.1 Forschungsdesign und Methoden

Das im Rahmen dieser Untersuchung vorliegende Forschungsdesign entspricht einer qualitativen Fallstudie mit einer Querschnittsuntersuchung. Die empirisch erhobenen Daten werden mittels interpretierender qualitativer Inhaltsanalyse, basierend auf den Prinzipien von Mayring, zusammengefasst und ausgewertet.

*„Empirische Wissenschaften unterscheiden sich von nicht-empirischen Wissenschaften dadurch, dass in ihnen lediglich solche theoretischen Aussagen Anerkennung finden, die einer Nachprüfung durch die Erfahrung prinzipiell fähig sind."* (Bohnsack, 2014, S. 15)

Qualitative Forschungsdesigns erfüllen für die unterschiedlichen Phasen einer Studie drei wesentliche Aufgaben, die in der Forschungsstrategie zu berücksichtigen sind: (Froschauer & Lueger, 2020, S. 19)

- Sie schaffen die Voraussetzungen für die Durchführung einer Analyse.
- Sie sehen Umsetzungsmaßnahmen und methodische Regeln für qualitätsgesicherte Ergebnisse vor.
- Sie leisten mit dem durch die Studie gewonnenen Wissen einen Beitrag zur Wissenschaft.

Abbildung 42 gibt einen Überblick über die Methodologie und den Ablauf eines idealtypischen Forschungsprozesses im Rahmen einer empirischen Untersuchung, dem für die vorliegende Studie gefolgt wurde. In der ersten Forschungsphase erfolgten grundsätzliche Überlegungen sowie die gedankliche Vorbereitung der Studie (Froschauer & Lueger, 2020, S. 19), die Entwicklung einer Untersuchungsstrategie und die Festlegung, wie und mit welchen Medien das Datenmaterial erhoben werden soll (Gläser & Laudel, 2010, S. 35).

Abbildung 42: Ablauf eines empirischen sozialwissenschaftlichen
Forschungsprozesses (nach Gläser & Laudel, 2010, S. 35)

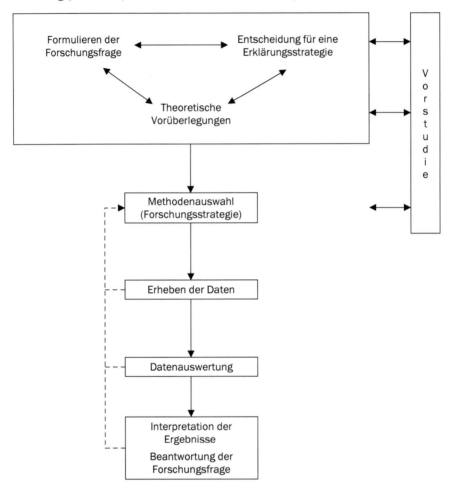

In der vorliegenden Forschungsarbeit wurde die Methode leitfadengestütztes Experteninterview gewählt. Die Auswertungsmethodik für die bei der qualitativen Erhebungsmethode erzeugten Texte wird dabei vom theoretischen Ansatz der qualitativen Inhaltsanalyse nach Mayring (2015) geleitet, deren Ziel darin besteht, das aus einer Kommunikation entstandene Material zu analysieren (Mayring, 2015, S. 11). Die qualitative Inhaltsanalyse gilt als eine Form der Auswertung, in der Textverstehen und Textinterpretation eine wesentliche Rolle spielen (Kuckartz, 2018, S. 26). Nach der Phase der Datenerhebung wurde das Datenmaterial ausgewertet. Die Interpretation der erhobenen Daten bildet den Schwerpunkt der Auswertung, in dem der Forschungsgegenstand, das methodische Vorgehen und das durch die Studie erlangte Wissen in der Ergebnisdarstellung systematisch erläutert werden (ebd., S. 26).

Die Inhaltsanalyse beschäftigt sich mit den durch die Forschungsfrage eingegrenzten Kommunikationsinhalten (Früh, 2017, S. 76), hat aber nicht nur Inhalte der Kommunikation zum Gegenstand, daher führt Mayring (2015, S. 13) an, dass die Bezeichnung „kategoriengeleitete Textanalyse" angebrachter sei.

*„Content analysis is a research technique for the objective, systematic and quantitative description of the manifest content of communication."* (Berelson, 1952, S. 18)

Die Inhaltsanalyse will die protokollierte Kommunikation analysieren. Sie geht dabei systematisch, regel- und theoriegeleitet vor, ferner verfolgt sie das Ziel, Rückschlüsse auf bestimmte Aspekte der Kommunikation zu ziehen (Mayring, 2015, S. 13). Die Vorgangsweise zeichnet sich durch das Kürzen einer großen Materialmenge auf ein übersichtliches Maß aus, wobei die entscheidenden Inhalte beibehalten werden (ebd., S. 85).

Für die vorliegende Studie wurde die Methode einer empirischen-qualitativen Untersuchung gewählt, da in der qualitativen Forschung eine Vielzahl von Erhebungsmethoden zur Verfügung stehen und für die Datenerhebung ein breites Spektrum an Möglichkeiten zur Auswahl steht (Flick et al., 2019, S. 332). Qualitative Befragungen mit offenen Fragen erlauben den Probandinnen und Probanden zudem viel Freiheit in der Beantwortung der gestellten Fragen (Bortz & Döring, 2006, S. 309).

Bei der Auswertung der Daten erfolgte die Kategorienbildung am Datenmaterial durch eine Mischform von induktiver und deduktiver Kategorienbildung. Bei einer deduktiven Kategorienbildung werden die Kategorien aus der Theorie abgeleitet (Früh, 2017, S. 73). Aufgrund des theoretischen Vorwissens der Autorin zum Forschungsthema erfolgte zunächst eine theoriegeleitete Kategorienbildung auf Basis der Fragestellungen im Interviewleitfaden. Diese Art der Kategorienbildung wird konzeptgesteuerte oder deduktive Kategorienbildung genannt, gelegentlich wird dieser auch das Merkmal theorienorientiert zugeschrieben (Rädiker & Kuckartz, 2019, S. 98). Das Gegenstück dazu stellt die datengesteuerte oder induktive Kategorienbildung dar, bei der die Kategorien im Verlauf der Auswertung direkt aus dem durch die Befragungen erhobenen Datenmaterial gebildet werden (Rädiker & Kuckartz, 2019, S. 98). Die letztere Vorgangsweise ist für die qualitative Inhaltsanalyse sehr förderlich, beabsichtigt sie doch eine möglichst gegenstandsnahe Abbildung des Datenmaterials ohne Vorannahmen der Forscher/in (Mayring, 2015, S. 85 f). Dey (1993, S. 96) begründet jedoch die Schwäche einer rein induktiven Vorgangsweise: *„Creating categories is both a conceptual and empirical challenge; categories must be „grounded" conceptually and empirically. That means they must relate to an appropriate analytic context, and be rooted in* *relevant empirical material.*" Auch Früh (2017, S. 73) empfiehlt die Kombination von theorie- und empiriegeleitetem Vorgehen bei der Kategorienbildung, da bei dieser Mischform die deduktiven Kategorien bei der induktiven Kategorienbildung einer Selektions- und Präzisierungsprüfung unterzogen werden. Anhand der neu gewonnenen Erkenntnisse können Kriterien als irrelevant ausgeschlossen, präzisiert bzw. neue Kriterien definiert werden.

Abbildung 43: Inhaltsanalytisches Ablaufmodell des Forschungsprojektes (eigene Darstellung)

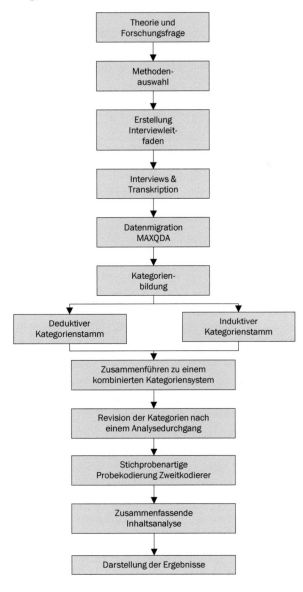

Abbildung 43 veranschaulicht den inhaltsanalytischen Analyseprozess der vorliegenden Forschungsarbeit beginnend mit der Auseinandersetzung mit Theorie und Forschungsfrage bis zur Darstellung der Ergebnisse.

## 3.2 Leitfadeninterview

Interviews zählen zu den verbalen Methoden der qualitativen Sozialforschung, bei denen die Erhebung der forschungsrelevanten Daten im Prozess einer mündlichen Kommunikation erfolgt (Misoch, 2019, S. 13). Im Zentrum des qualitativen Forschungsinteresses steht eine möglichst tiefe Analyse der subjektiven Haltung und der Erfahrungen der befragten Individuen (ebd., S. 25). Die mündlichen Befragungen verlaufen gesteuert, jedoch unterscheiden sie sich nach ihrem Strukturierungsgrad. Demnach wird zwischen

- vollstandardisierten Interviews (Fragen und Antwortoptionen sind für jede Befragung ident),
- halbstandardisierten Interviews (Fragen sind standardisiert, können aber frei und offen beantwortet werden),
- teilstandardisierten/semistrukturierten Interviews (Fragen werden vorgegeben, nicht jedoch Antwortmöglichkeiten und Reihenfolge der Themen/Fragen) und
- nichtstandardisierten/narrativen/offenen Interviews (weder Fragen noch Antworten sind vorgegeben, weder Leitfaden noch Fragebogen werden eingesetzt)

differenziert (Misoch, 2019, S. 13; Gläser & Laudel, 2010, S. 41).

Da sich qualitative Befragungen für verbalisierungsfreudige Personen eher eignen (Bortz & Döring, 2006, S. 298) und die subjektive Sichtweise von Schulleiter/innen als Spezialistinnen und Spezialisten zum Forschungsthema ermittelt werden soll, fiel die Wahl auf die semistrukturierte Befragung. Weil zudem davon auszugehen war, dass die befragten Personen aus Zeitgründen eher zu mündlichen Befragungen bereit sind und die zu erwartenden Antworten einerseits spontaner erfolgen, andererseits Interviews als weniger anstrengend empfunden werden, wurde zur Datenerhebung das leitfadengestützte Experteninterview herangezogen, das je nach Umfang des Interviewleitfadens und der Bereitschaft der interviewten Personen zur Mitarbeit eine Fülle von Informationen liefert (Friedrichs, 1990, S. 208).

Bortz & Döring (2006, S. 359) führen an, dass sich die erfahrungsbasierten Theorien der befragten Personen am besten durch offene oder halbstandardisierte Befragungen erfassen lassen, wobei halbstandardisierte Interviews in der Forschungspraxis wenig Bedeutung haben (Gläser & Laudel, 2010, S. 41). In der qualitativen Forschung wird häufig der Begriff „teilstandardisierte oder semistrukturierte Interviews" für nichtstandardisierte Interviews mit bestimmten

Einschränkungen bzw. Vorgaben für die befragende Person verwendet. Zu dieser Kategorie zählen Leitfadeninterviews, bei denen mit vorgegebenen Themen und einer Liste von vorbereiteten Fragen als Leitfaden gearbeitet wird. Die Reihenfolge und die Formulierung der Fragen sind nicht zwingend vorgegeben, um einen möglichst natürlichen Gesprächsverlauf zuzulassen (Gläser & Laudel, 2010, S. 41 f). Leitfadengestützte Interviews entsprechen dem Primat der Offenheit, da sie im Laufe eines Forschungsprozesses bei Bedarf adaptiert werden können und den Befragten daher Raum für offene, ausführliche Antworten geben, die nicht in ein einengendes Schema eingeordnet werden (Misoch, 2019, S. 29). Die offene Fragetechnik zielt darauf ab, die befragten Personen dazu anzuregen, sich in individuellen Formulierungen zu bestimmten Aspekten zu äußern (Schmidt, 2013, S. 474).

### 3.2.1 Experteninterview

Für die Wahl der Interviewform ist der Zweck der Befragung zu berücksichtigen, da es vom Untersuchungsziel und der Forschungsfrage abhängt, welche Personengruppe befragt wird (Gläser & Laudel, 2010, S. 40). Eines der am häufigsten angewendeten Verfahren der empirischen Sozialforschung ist das Experteninterview (Meuser & Nagel, 2009, S. 465). Unter Expertinnen und Experten versteht man Personen, die über ein spezielles über das Allgemeinwissen hinausgehende Wissen in einem spezifischen Bereich verfügen (Misoch, 2019, S. 119) und eine besondere, ausgewählte Stellung in jenem sozialen Kontext einnehmen, der untersucht werden soll (Gläser & Laudel, 2010, S. 13).

> „*Experteninterviews sind vom Begriff her nicht inhaltlich oder methodologisch bestimmt, sondern lediglich im Hinblick auf die Gruppe der zu interviewenden Personen.*"
> (Misoch, 2019, S. 119)

Da Experteninterviews die gängigste Form qualitativer Befragungen darstellen (Bortz & Döring, 2006, S. 314) und die Funktion haben, spezifisches Know-how zu erschließen (Gläser & Laudel, 2010, S. 43), wurde diese Methode zur Erhebung der Daten ausgewählt. Bei Experteninterviews sind die Befragten Spezialistinnen und Spezialisten für bestimmte Bereiche (Gläser & Laudel, 2010, S. 40) und gelten als Personen, die aufgrund ihres spezifischen Praxis- oder Erfahrungswissens in der Lage sind, ein konkretes Handlungsfeld anderen Personen handlungsleitend und strukturiert darzustellen (Bogner & Menz, 2009, S. 13). Experteninterviews dienen dazu, spezifisches Wissen der Befragten, das in besonderem Ausmaß praxiswirksam ist, zu erschließen, wobei Einzelinterviews angebracht sind (Gläser & Laudel, 2010, S. 43).

Für die Durchführung von Experteninterviews bedarf es sowohl einer methodischen als auch einer thematisch-inhaltlichen Vorbereitung durch die/den

Forschende/n, da die Bereitschaft der Befragten von der Kompetenz bzw. dem Fachwissen der/des Interviewenden beeinflusst wird (Trinczek, 1995). Misoch (2019,
S. 123) empfiehlt einen flexiblen Umgang mit dem Interviewleitfaden, damit die/
der Interviewende bestimmte Themen oder Fragen je nach Entwicklung des Ge-
sprächsverlaufes in die Befragung einfließen lassen kann. Abbildung 44 verdeutlicht
den Ablauf der Experteninterviews beginnend mit der thematisch-inhaltlichen und
methodischen Vorbereitung bis zur Datenauswertung nach der Durchführung.

Abbildung 44: Ablaufmodell der Experteninterviews (eigene Darstellung)

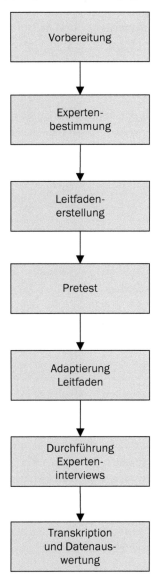

### 3.2.2 Interviewleitfaden

Durch den Gesprächsleitfaden bietet das Leitfadeninterview eine für die Datenerhebung und -analyse förderliche Struktur, durch die die Ergebnisse der einzelnen Befragungen gegenübergestellt werden können (Bortz & Döring, 2006, S. 314). Bei der Erstellung des Interviewleitfadens galt es zu berücksichtigen, dass sowohl Fragebogen als auch Interviewer/in gleichermaßen Instrumente sind, um Gegebenheiten zu erforschen, da der/die Forscher/in im Leitfaden seinen/ ihren Untersuchungsplan übersetzt (Friedrichs, 1990, S. 207 f). Zwar fließt das theoretische Vorwissen der/des Forschenden mit ein, jedoch erfüllt der Leitfaden hauptsächlich eine Steuerungs- und Strukturierungsfunktion (Misoch, 2019, S. 65). Reinders (2016) führt an, dass der Interviewleitfaden drei der neun zentralen Prinzipien des qualitativen Forschens (siehe S. 132) folgen soll:

- Offenheit (bezüglich des Vorgehens, der Gestalt und der Handhabung)
- Prozesshaftigkeit (durch Analyse des Vergangenheits-Gegenwarts-Prozesses mittels retrospektiver Fragestellungen bzw. Analyse des Prozesses zwischen Forscher/in-Befragter/Befragtem)
- Kommunikation (bezüglich Beachtung des Sprachniveaus der Befragten, Einfachheit und Verständlichkeit der Fragen, offene und flexible Handhabung des Leitfadens)

Der Interviewleitfaden enthält Fragen, die allen Probandinnen und Probanden gestellt werden, wobei weder Reihenfolge noch Formulierungen verbindlich sind (Gläser & Laudel, 2010, S. 42). Die Struktur des Interviewleitfadens wird durch den Aufbau der verschiedenen Phasen im Zuge des Gespräches bestimmt: (Misoch, 2019, S. 68)

- Informationsphase
- Einstiegsphase
- Hauptphase
- Abschlussphase

Der Interviewleitfaden dieser Untersuchung wurde bereits in den ersten Prozessphasen dieser Forschungsarbeit konzipiert und spiegelt die zuvor getroffenen theoretischen Vorannahmen wider. Bei starker Theorieorientierung und gleichzeitigem umfangreichen Vorwissen im Forschungsgebiet lassen sich die Fragen im Interviewleitfaden gezielter formulieren und bereits vor der Datenauswertung können Kategorien gebildet werden (Rädiker & Kuckartz, 2019, S. 98). Bei der Erstellung des Interviewleitfadens wurden auf Basis der deduktiven Kategorienbildung Auswertungskategorien aus den Führungs- und Organisationsentwicklungstheorien abgeleitet. Der Gesprächsleitfaden wurde anhand der auf diese Art bestimmten Kategorien in Blöcke mit zugeordneten Fragen strukturiert. Das Vordefinieren von Kategorien durch die deduktive Kategorienbildung bot sich an, da die Forscherin bereits über umfassendes Vorwissen über den Forschungsgegenstand verfügt. Vor der Erstellung des Interviewleitfadens wurde im Theorieteil dieser Forschungsarbeit die Forschungsfrage in ihre Bestandteile zerlegt, Schlüsselbegriffe herausgefiltert und als Kategorien abgeleitet. Während des gesamten Forschungsprozesses erfolgt eine Auseinandersetzung mit theoretischen und empirischen Konzepten und in weiterer Folge eine durch Literatur und reflektierte Felderfahrung beeinflusste Kategorienbildung (Schmidt, 2013, S. 476). Im Zuge der Leitfadenkonstruktion sind daher bei der Formulierung der einzelnen Fragestellungen für die Hauptphase Erkenntnisse aus der theoretischen Analyse eingeflossen. Anhand einer deduktiven Kategorienbildung auf Basis von Literatur und der vorhandenen Felderfahrung ergaben sich für den im Rahmen dieser Untersuchung eingesetzten Interviewleitfaden neun Themenblöcke:

1. Schulautonomie
2. Vision, Ziele
3. Organisationskultur
4. Führungsstil
5. Führungswerkzeuge
6. Schulentwicklung
7. Veränderungsprozesse
8. Qualitätssicherung
9. Fort- und Weiterbildung

Das Kernstück des Gesprächsleitfadens stellt der Block Führungsstil dar, wo u. a. die subjektive Einschätzung des Zusammenhangs zwischen Führungsstil und gelingender Schulautonomie direkt abgefragt wurde.

Mit dem Interviewleitfaden wurde das Gerüst für die Interviews geschaffen, um das Wissen der befragten Expertinnen und Experten zum Forschungsthema zu erschließen. Um zu gewährleisten, dass die Probandinnen und Probanden die für sie und das Forschungsthema wichtigen Aspekte bei der Befragung zur Sprache bringen und das Interview auf das Forschungsthema fokussiert bleibt, wurde der Gesprächsleitfaden im Rahmen eines Pretests mit zwei Personen auf Zweckmäßigkeit und Angemessenheit getestet. Friedrichs (1990, S. 221) führt diesbezüglich an, dass ein Pretest, dessen Ergebnisse nicht in die Datenauswertung einfließen, in Hinblick auf die umfangreichen Interviewleitfäden unerlässlich ist, um mögliche Fehlerquellen, wie beispielsweise missverständliche Frageformulierungen, im Vorfeld zu identifizieren. Bei den beiden Probeinterviews wurden Angemessenheit und Verständlichkeit der Fragen überprüft. Die Testprobandinnen haben, so wie die Befragten der empirischen Studie, Erfahrung als Führungskraft an einer Schule und gelten ebenfalls als Expertinnen. Es wurde anhand des Pretests geprüft, ob die Formulierungen der Fragen verständlich und Fachausdrücke bekannt waren. Die Leitfadenerprobung hatte somit große Aussagekraft und ließ einerseits Rückschlüsse auf die durchschnittliche Dauer der Interviews zu und identifizierte andererseits im Vorfeld mögliche Unklarheiten bzw. Redundanzen in der Fragestellung. Missverständliche Fragestellungen wurden im Anschluss an den Pretest im Leitfaden im Sinne einer besseren Verständlichkeit umformuliert, nicht zielführende Fragen wurden durch andere ersetzt, um optimale Einsichten in die Erfahrungen und Realitäten der Probandinnen und Probanden gewinnen zu können. Darüber hinaus konnte im Rahmen des Pretests das Aufnahmeprozedere mit den beiden zur Verfügung stehenden Videokonferenztools MS Teams und Zoom getestet werden. Durch den Pretest war es möglich, die Dauer der geplanten Interviews besser abschätzen zu können und die zu interviewenden Personen konnten vor dem jeweiligen Interview über die voraussichtliche Dauer der Befragung mit einer realistischen Zeitschätzung in Kenntnis gesetzt werden.

## 3.3 Stichprobe

Parallel zur Erstellung des Interviewleitfadens erfolgte die zweckdienliche Auswahl der Schulen bzw. Schulleiter/innen in Form einer deduktiven Stichprobenziehung nach vorab festgelegten Kriterien mittels gezielter Fallauswahl. Bei dieser Vorgangsweise war bereits bekannt, welcher Personenkreis erkenntniserweiternde Antworten auf die Fragestellung dieser Untersuchung liefern könnte. Ausgangspunkt bei der Zusammensetzung der zu befragenden Stichprobe war der Nachweis, dass die betreffenden Schulen erprobte schulautonome Projekte durchführen und daraus somit geschlossen werden kann, dass die Personen einen wichtigen Beitrag zur Beantwortung der Forschungsfrage leisten würden. Die ausgewählten Schulleiter/innen wurden folglich zur Teilnahme an der Forschungsstudie eingeladen, weil sie aufgrund ihrer vielfältigen schulautonomen Aktivitäten zu einer Theoriebildung beitragen können. Der Vorteil der deduktiven Stichprobenziehung liegt in der gezielten Auswahl für die Studie, weil jene Expertinnen und Experten befragt werden, die zu einer maximalen Bandbreite an gewonnenen Informationen beitragen können und die Wahrscheinlichkeit nicht brauchbarer Interviews dadurch dezimiert wird (Reinders, 2016, S. 120).

Aufgrund der Covid-19-Pandemie bot sich die erkenntniserweiternde Gelegenheit, einen internationalen Blick auf die Schulautonomie in verschiedenen europäischen Ländern zu werfen und neue Perspektiven in Hinblick auf das Führungsverhalten in Krisenzeiten zu beleuchten, geprägt durch die Erfahrungen der Befragten in dieser herausfordernden Zeit. Ursprünglich waren Interviews mit Schulleiterinnen und Schulleitern vor Ort vorgesehen. Entgegen dieser Planung mussten die Gespräche in den virtuellen Raum verlegt und die Daten mit Bild- und Tonaufzeichnung erhoben werden. Daraus folgte die Überlegung, den zunächst geplanten geografischen Radius auf die Länder Südtirol, Hessen und Bayern auszudehnen, da die räumliche Entfernung nun keine Rolle mehr spielte. Die befragten Schulleiter/innen waren zum Zeitpunkt der Interviews mit der Bedienung unterschiedlicher Videokonferenzprogramme vertraut.

Die Stichprobenwahl erfolgte aufgrund folgender vorab festgelegten Parameter:

- Die Befragten sollten Schulleiter/innen aus Österreich, Südtirol, Hessen und Bayern sein und direkt oder indirekt an der Publikation „Selbst ist die Schule" im Rahmen des Erasmus⁺ Projektes „INNOVITAS" beteiligt sein.
- Die Befragten sollten Schulleiter/innen aus Österreich sein, die ihren Bildungsdirektionen aufgrund ihrer innovativen, schulautonomen Projekte empfohlen wurden oder die bekannt sind für innovative Projekte im Rahmen geübter und gepflegter autonomer Schulpraxis.
- Eine Vielzahl an Schultypen der Primar- und Sekundarstufe 1 und 2 sollten in der Studie vertreten sein.

Bei der Auswahl der heterogenen Stichprobe wurde darauf geachtet, dass die durch die Befragung gewonnenen Informationen repräsentativ für die Daten sind. Statistische Erwägungen spielten bei der Auswahl keine Rolle. Es nahmen insgesamt dreizehn schulische Führungskräfte an dieser Studie teil. 29 Personen wurden mittels E-Mail zur Teilnahme an der Forschungsstudie eingeladen, fünf Personen haben aus Zeitmangel abgelehnt, elf Personen haben auf die Anfrage nicht geantwortet. Das Hauptkriterium für den Stichprobenumfang stellt die Qualität der Daten dar. Bei der Stichprobe handelt sich um sieben männliche und sechs weibliche Schulleiter/innen aus Südtirol, Bayern, Hessen, Niederösterreich und Vorarlberg, die nachweislich durch Schulautonomie ermöglichte Spielräume nutzen und/oder am Erasmus⁺ Projekt INNOVITAS beteiligt waren.

Ansonsten unterschieden sich die befragten Personen hinsichtlich Alter, Dienstalter, Führungserfahrung, Schultyp, Schulgröße und Region. Dadurch konnte von der Annahme ausgegangen werden, dass eine Vielfalt an Erfahrungen untersucht werden kann und die rekrutierten Teilnehmer/innen an der Studie einen wichtigen Beitrag zur Beantwortung der Forschungsfrage leisten können.

Statistische Überlegungen waren für die Studie irrelevant, jedoch wurde beim Stichprobenumfang darauf geachtet, dass dieser groß genug ist, sodass eine Sättigung erreicht werden konnte. Eine Sättigung wird dann erreicht, wenn die Einbeziehung zusätzlicher Daten nach den Prinzipien der maximalen Ähnlichkeit und Differenz keine Anhaltspunkte für zusätzliche Einflussfaktoren mehr ergibt (Hussy, Schreier, & Echterhoff, 2010, S. 193). Die gewählte Stichprobe zielt darauf ab, ein Maximum an Variabilität im Forschungsbereich abzudecken (ebd.).

Ursprünglich waren zwölf Interviews geplant gewesen, die Datenerhebung wurde jedoch schlussendlich nach dem 13. Interview eingestellt, nachdem bei den letzten drei Befragungen keine neuen Informationen mehr gewonnen werden konnten und bei den Befragungen alle Schultypen vertreten waren. Tabelle 10 und Tabelle 11 zeigen eine Übersicht über die Stichprobe. Einige Schulleiter/innen sind mit der Leitung mehrerer Schulen vertraut bzw. haben am Schulstandort verschiedene Schultypen.

Tabelle 10: Zusammensetzung der Interviewpartner/innen (eigene Darstellung)

| Parameter | | Anzahl |
|---|---|---|
| Geschlecht | männl. | 7 |
| | weibl. | 6 |
| Dienstalter | 20–25 Jahre | 4 |
| | 26–35 Jahre | 5 |
| | über 35 Jahre | 4 |
| Jahre Leitungsfunktion | bis 5 Jahre | 4 |
| | 6–10 Jahre | 3 |
| | 11–15 Jahre | 4 |
| | 16–20 Jahre | 2 |
| Schultyp | Volksschule | 3 |
| | AHS/Gymnasium | 4 |
| | Polytechnische Schule | 1 |
| | Realschule | 1 |
| | BMHS | 3 |
| | Berufsschule | 1 |
| | (Neue) Mittelschule[2] | 2 |
| | Mischformen | 4 |
| Schulgröße (Anzahl Schüler/innen) | 80–105 | 2 |
| | 150–250 | 3 |
| | 300–850 | 6 |
| | 1300–2100 | 2 |
| Schulgröße (Anzahl Lehrkräfte) | unter 15 | 2 |
| | 15–40 | 3 |
| | 41–70 | 5 |
| | 100–140 | 3 |
| Länder | Bayern | 2 |
| | Hessen | 1 |
| | Österreich | 8 |
| | Südtirol | 2 |
| Schulleiter/innen mit Führungsverantwortung für >= 2 Schulstandorte | | 3 |

---

2  Mit dem Schuljahr 2020/21 wurde die Neue Mittelschule (NMS) als Pflichtschule für die 10- bis 14-Jährigen unbenannt in Mittelschule (MS)

Tabelle 11: Fallübersicht – demografische Daten Interviewpartner/innen
(eigene Darstellung)

| Fall Nr. | Anzahl Lehrkräfte | Anzahl Schüler/innen gerundet | Jahre Erfahrung als Schulleiter/in | Dienstalter Jahre | Land |
|---|---|---|---|---|---|
| 01 | 8 | 90 | 4 | 29 | Österreich |
| 02 | 56 | 690 | 10 | 25 | Bayern |
| 03 | 65 | 530 | 6 | 39 | Österreich |
| 04 | 45 | 350 | 2 | 22 | Österreich |
| 05 | 102 | 2100 | 3 | 26 | Hessen |
| 06 | 109 | 470 | 4 | 29 | Südtirol |
| 07 | 37 | 240 | 20 | 30 | Österreich |
| 08 | 138 | 1300 | 2 | 31 | Bayern |
| 09 | 52 | 850 | 14 | 24 | Südtirol |
| 10 | 23 | 150 | 14 | 39 | Österreich |
| 11 | 15 | 180 | 19 | 38 | Österreich |
| 12 | 12 | 100 | 9 | 25 | Österreich |
| 13 | 50 | 300 | 13 | 37 | Österreich |

Von allen dreizehn Teilnehmerinnen und Teilnehmern der Studie liegt eine gültige, schriftliche Einwilligungserklärung für die freiwillige Teilnahme vor. Den Probandinnen und Probanden wurden Interviewleitfaden, Zweck der Befragung sowie Titel und Forschungsfrage der Forschungsarbeit im Vorfeld zur Kenntnis gebracht. Die Personen wurden umfassend darüber informiert, wie die Befragung ablaufen würde und wieviel Zeit für die Studie aufzuwenden sei. Es wurde darüber hinaus mehrfach Vertraulichkeit und die anonymisierte Verarbeitung der Daten zugesichert. Vor der Aufnahme wurden die Probandinnen und Probanden auf den Beginn der Aufzeichnung hingewiesen. Zum Schutz der Daten aller Teilnehmer/innen während der gesamten Studie wurden alle nötigen Vorsichtsmaßnahmen ergriffen. Daten, durch die Einzelpersonen identifizierbar sein könnten, werden in der Studie nicht veröffentlicht. Die Namen der Teilnehmer/innen wurden durch Fallnummern ersetzt und es wurde genau darauf geachtet, dass keine Einzelheiten angegeben sind, anhand derer die Probandinnen und Probanden erkenntlich sein könnten. Den Probandinnen und Probanden wurde ferner zugesichert, dass ihnen im Anschluss der Studie eine Zusammenfassung der endgültigen Forschungsergebnisse übermittelt wird.

## 3.4 Durchführung der Interviews

Ursprünglich war geplant, die Schulleiter/innen an ihrem Schulstandort aufzusuchen und für die Aufzeichnung ein digitales Aufnahmegerät mit einem

Mikrofon zu verwenden. Aufgrund der Covid-19-Krise war ein persönliches Zusammentreffen mit den Befragten nicht vertretbar und die Interviews fanden jeweils im Rahmen einer Videokonferenz statt. Die Daten wurden mit Aufzeichnungen in Bild und Ton erhoben. Die Termine für die Interviews wurden mittels E-Mail vereinbart und abgestimmt. Mit der E-Mail-Anfrage wurden der Interviewleitfaden und Einstiegsinformationen zur Studie sowie zum geplanten Ablauf übermittelt, sodass längere Erklärungen nur nach Rückfrage erfolgten.

Die Interviews sollten in ungestörter Atmosphäre erfolgen, daher wurden die Zeitfenster möglichst außerhalb der Unterrichtszeiten gewählt bzw. konnten die Befragten den für sie passendsten Zeitpunkt vorschlagen. Die Probandinnen und Probanden befanden sich in den abgesonderten Räumlichkeiten ihrer Büros in der Direktion bzw. zu Hause im Homeoffice, daher konnte das Interview in ungestörter Atmosphäre in einer Art und Weise geführt werden, sodass die Interviewpartner/innen möglichst nicht abgelenkt bzw. durch ihre Umgebung beeinflusst wurden.

Allen Interviewpartnerinnen und -partnern wurde im Verlauf der Befragung die gleiche Erzählaufforderung gestellt. Zu Gesprächsbeginn wurden die Personen gebeten, eine Einverständniserklärung für die Aufzeichnung des Interviews und die Datenverarbeitung zu unterzeichnen. In dieser stimmen sie der Verwendung der Gesprächsinhalte für die konkreten Forschungszwecke zu. Nachdem Startbereitschaft signalisiert wurde, startete die digitale Aufzeichnung. Zu Beginn der Befragung wurden statistische Angaben zur Stichprobe aufgenommen:

- Schultyp
- Anzahl der Lehrkräfte und Schüler/innen am Schulstandort/an den Schulstandorten (wenn Schulleiter/innen mit der Leitung mehrerer Schulstandorte betraut sind)
- Dienstalter
- Anzahl der Jahre der Führungserfahrung

Die Interviewpartner/innen signalisierten sowohl Interesse als auch Mitteilungsbereitschaft und zeigten sich im Gesprächsverlauf aufgeschlossen und offen für das Forschungsthema. Im semistrukturierten Interview wurde dem Interviewleitfaden gefolgt und das Gespräch durch Leitfragen gesteuert, die Orientierung für den Gesprächsverlauf gaben. Den Interviewpartnerinnen und -partnern wurde bei den Einzelinterviews viel Platz für ein offenes Gespräch zugestanden. Im Laufe des Interviews wurden gelegentlich Nachfassfragen gestellt, die den Interviewten dabei helfen sollten, ihre Gedanken und Antworten zu formulieren. Freie Äußerungen waren ausdrücklich erwünscht. Die Reihenfolge der Fragen laut Interviewleitfaden wurde größtenteils eingehalten, lediglich bei bereits erhaltenen Antworten auf Fragen wurde die Reihenfolge oder auch die Formulierung geringfügig geändert bzw. Fragen ausgelassen oder zusätzliche Aussagen getätigt. Neue, ergänzende Fragen wurden hinzugefügt, wenn es aufgrund des Gesprächsverlaufs angemessen erschien. Die befragten Schulleiter/innen gaben offen Auskunft über ihr Führungsverhalten und nutzten ausgiebig die Gelegenheit, ihre persönlichen Erfahrungen zu beschreiben.

Die Interviews wurden in einem Zeitraum von 43 Tagen (2. Juni 2020 bis 14. Juli 2020) von der Autorin selbst durchgeführt und die Daten mit einem Querschnittdesign zu einem einzigen Datenerhebungszeitpunkt je Person erhoben. Es handelte sich bei allen Interviews um Einzelgespräche. Der Ablauf der qualitativen Befragung folgte folgenden typischen Arbeitsschritten (Bortz & Döring, 2006, S. 10 ff):

- Inhaltliche Vorbereitungen, bei denen Überlegungen zur Auswahl der Probandinnen und Probanden angestellt werden;
- Erstellung des Interviewleitfadens;
- Organisatorische Vorbereitungen, bei denen die Probandinnen und Probanden kontaktiert, Termine vereinbart sowie technische Hilfsmittel bereitgestellt werden;
- Gesprächsbeginn nach dem gegenseitigen Vorstellen und etwas Smalltalk zur Auflockerung, um eine entspannte Atmosphäre für das Interview zu schaffen;
- Durchführung und Aufzeichnung der Befragung, bei der die oder der Forschende auf unterschiedliche Persönlichkeiten trifft und die richtige Balance zwischen Eingreifen und Laufenlassen im Gesprächsverlauf finden muss, da es besonders redselige und in gleichem Ausmaß wortkarge Personen unter den Probandinnen und Probanden gibt, dennoch eine angemessene Interviewdauer stets zu beachten ist;
- Gesprächsende, das durch Beenden der Aufnahme markiert wird und die Phase eines informellen Gespräches einläutet;
- Verabschiedung, bei der Informationsmaterial über das Forschungsprojekt angekündigt wird.

Die Sitzungen mit den schulischen Führungskräften dauerten zwischen 51 und 82 Minuten, im Durchschnitt 68 Minuten. Den Gesprächspartnerinnen und -partnern wurde ein Richtwert von 60 Minuten genannt, jedoch keine zeitliche Begrenzung für das Gespräch vorgegeben. Zur Erhebung der Daten wurde das leitfadengestützte Interview, ein semistrukturiertes Interview, als Methode herangezogen, weil es sich durch große Flexibilität und Offenheit auszeichnet. Offenheit ist ein zentrales Prinzip der qualitativen Forschung und bedeutet im Sinne der Offenheit als Forschungspraxis, dass bei der Erhebung der qualitativen Daten nicht standardisiert vorgegangen wird, sondern modifizierbare, qualitative Instrumente, wie z. B. das leitfadengestützte Interview, eingesetzt werden (Misoch, 2019, S. 28). Den Interviewpartnerinnen und -partnern wurde daher beim Interview Raum für die offene Beantwortung der Fragen gelassen, da das eingesetzte Instrument angepasst und modifiziert werden kann.

Zum Abschluss der Interviews wurde den Befragten durch eine offene Ausstiegsphase noch die Möglichkeit gegeben, für sie relevante, im Zuge des Interviews noch nicht angesprochene Aspekte aufzuzeigen. Insbesondere für Leitfadeninterviews ist diese Vorgangsweise eines offen gestalteten Abschlusses von besonderer Bedeutung (J. Kruse, 2015, S. 273).

## 3.5 Datenanalyse

Die Datenaufbereitung erfolgte unter Anwendung der QDA-Software MAXQDA. In einem ersten Schritt wurden die Interviews verschriftlicht, die Transkriptionsdateien in die Software importiert und danach programmunterstützt analysiert. Die Auswertung der Interviewserie orientierte sich an der qualitativen, zusammenfassenden Inhaltsanalyse nach Mayring (2015). Früh (2017, S. 29) bezeichnet die qualitative Inhaltsanalyse als *„eine empirische Methode zur systematischen, intersubjektiv nachvollziehbaren Beschreibung inhaltlicher und formaler Merkmale von Mitteilungen".*

### 3.5.1 Transkription

Vor der Übertragung der gesprochenen Sprache in die schriftliche Form wurde die Entscheidung für eine bestimmte Transkriptionsform getroffen, die von der Forschungsmethodik, der Erkenntniserwartung sowie anderen forschungspragmatischen Gründen (Dresing & Pehl, 2017, S. 19) abhängig gemacht wurde. Im Anschluss an die Interviewreihe erfolgte die wörtliche Transkription der Gespräche in Anlehnung an Mayring (2016, S. 91) mittels Übertragung ins Schriftdeutsche durch weitgehende Bereinigung von Dialekt, Behebung von Satzbaufehlern sowie Glättung des Stils. Diese Vorgehensweise wurde gewählt, da die inhaltlich-thematische Ebene bei der darauffolgenden qualitativen Inhaltsanalyse nach Mayring (2015) für die Auswertung von Experteninterviews im Vordergrund steht.

Der zeitaufwändige Prozess der Transkription erfolgte in Anlehnung an Kuckartz (2018, S. 164) nach folgenden Schritten:

1. Festlegen der Transkriptionsregeln und Entscheidung für ein Transkriptionssystem
2. Transkribieren der Texte am Computer
3. Korrekturlesen und ggf. Korrektur der Transkription
4. Anonymisieren
5. Formatieren zwecks Nutzung eines Programms
6. Speichern und Archivieren der Transkripte
7. Importieren der Transkriptionsdateien in die Software

Bei der Transkription fand eine auf das Forschungsziel abgestimmte Fokussierung statt. Ein detailliertes Transkript nach umfangreichen Regelsystemen ist dann erforderlich, wenn die Datenanalyse nicht nur den semantischen Gesprächsinhalt betrachten soll (Dresing & Pehl, 2017, S. 17). Wie genau transkribiert wird, ist abhängig vom Forschungsziel (Gläser & Laudel, 2010, S. 193). Die für die Forschungsarbeit gewählte Auswertungsmethode der qualitativen Inhaltsanalyse nach Mayring (2015) konzentriert sich auf inhaltliche Gesprächsaspekte und gute Lesbarkeit und nicht auf die Art des Sprechens, um einen schnelleren Zugang zu den Gesprächsinhalten zu ermöglichen. In Anlehnung an Flick (1995, S. 161 f) wurden die Transkripte nur in jenem Ausmaß detailgetreu verschriftlicht, wie es für den Forschungszweck angemessen erschien. Nonverbale Gesprächsinhalte in den Bildaufzeichnungen wurden bei der Transkription vernachlässigt und auf eine Klassifikation von Äußerungen wurde bewusst verzichtet. Infolgedessen wurde die inhaltlich-semantische Transkription gewählt, bei der Prosodie sowie verbale Verhaltensweisen oder Äußerungen in der Transkription nicht berücksichtigt werden (Dresing & Pehl, 2017, S. 18).

Das Transkriptionssystem von Kuckartz et al. (2008) entspricht einem vereinfachten Regelsystem für Transkriptionen, das die klare Nachvollziehbarkeit bei der Generierung des verschriftlichten Datenmaterials ermöglicht, den Fokus auf den semantischen Inhalt der Gespräche setzt und dabei die Sprache glättet (Kuckartz, Dresing, Rädiker, & Stefer, 2008, S. 27). Im Rahmen dieses Forschungsprojekts wurde wie folgt vorgegangen:

- Die Transkription ist wörtlich, nicht lautsprachlich oder zusammenfassend.
- Sprache und Interpunktion wurden leicht geglättet, also an das Schriftdeutsch angenähert.
- Alle Angaben, die Rückschluss auf die Interviewpartner/innen geben könnten, wurden anonymisiert.
- Lautäußerungen der Interviewerin wurden nicht transkribiert.
- Jeder Sprecherwechsel wurde gekennzeichnet, wodurch die Lesbarkeit erhöht werden konnte.

Diese Methode der Transkription wurde gewählt, weil sie sich besonders gut für die Auswertung mit der qualitativen Inhaltsanalyse eignet und die spätere Auswertungsarbeit erleichtert. Pausen und betonte Begriffe wurden in der Transkription nicht gekennzeichnet, da dies für den Forschungsgegenstand als nicht relevant erachtet wurde.

Bei der Transkription wurde darauf geachtet, dass bei der Verschriftlichung identifizierende Merkmale der befragten Personen oder Dritter vermieden oder entsprechend modifiziert werden und Erzählungen so allgemein gehalten werden, sodass kein Rückschluss auf die Identität von Personen möglich ist (Bortz & Döring, 2006, S. 313). Die Namen der Befragten wurden in diesem Zusammenhang durch Fallnummern ersetzt und Ortsangaben verfremdet.

In der Phase des Korrekturlesens erfolgte eine zusätzliche Kontrolle durch eine andere Person, die drei nach dem Zufallsprinzip gewählte Aufnahmen zum Teil anhörte und gleichzeitig im Transkript mitlas, um stichprobenartig zu überprüfen, ob die Transkription korrekt durchgeführt wurde. Nach der Verschriftlichung aller Videoaufzeichnungen wurde das Videomaterial archiviert, wobei Datenschutzaspekte zum Schutz vor fremdem Zugriff besonders zu beachten sind (Bortz & Döring, 2006, S. 311 ff):

- Das Interviewmaterial wird für Unbefugte unzugänglich aufbewahrt.
- Die Forscherin bewahrt Stillschweigen über die durchgeführten Befragungen.
- Das archivierte Befragungsmaterial soll nur in Ausnahmefällen über einen längeren Zeitraum aufbewahrt werden.

Die Videoaufzeichnungen wurden nach Fertigstellung der Datenanalyse gelöscht. Bevor der Prozessschritt der Kodierung startete, wurden die Transkriptionsdateien in die Auswertungssoftware MAXQDA eingespielt und inhaltlich strukturiert. Es folgte der Prozess der Kategorisierung, des zentralen Instruments der Analyse (Mayring, 2015, S. 51), getragen von der Zielsetzung der Forschung und dem theoretischen Vorwissen im Gegenstandsbereich der Forschung.

### 3.5.2 Kategorienbildung

Der Terminus „Kategorienbildung" ist ein wesentlicher Grundbegriff in dem regelgeleiteten Verfahren der qualitativen Inhaltsanalyse (Kuckartz, 2018, S. 39). Die Bildung von Auswertungskategorien kann entweder ganz oder teilweise vor der Datenerhebung erfolgen, oftmals aber können Kategorien aufgrund der gewünschten Offenheit bei der Befragung im Rahmen der qualitativen Forschung erst direkt aus dem Datenmaterial heraus entwickelt werden (Schmidt, 2013, S. 474). Da in qualitativ orientierter Forschung auf eine systematische Ableitung von Kategorien aus dem Datenmaterial Wert gelegt wird, erfolgt in dieser Untersuchung neben der deduktiven auch eine ergänzende induktive Kategorienbildung (Mayring, 2016, S. 115). Um der Offenheit der Fragetechnik auch bei der Auswertung Rechnung zu tragen, ist es von Bedeutung, bei der Kategorienbildung auf ausschließlich vorfixierte Kategorien zu verzichten und sich auch auf die Formulierungen der befragten Personen sowie deren Sinngehalt zu konzentrieren (ebd.). Durch die Adaptierung der deduktiv entwickelten Kategorien und die Ergänzung induktiver Kategorien im gesamten Verlauf der Auswertung erfolgt die Absicherung der Offenheit des Kategoriensystems (Schmidt, 2013, S. 477).

Im Hinblick auf Forschungszweck und theoretischen Hintergrund wurde für die Auswertung dieser Untersuchung eine Kombination aus deduktiver und induktiver Kategorienbildung gewählt. Bei der deduktiven Analyserichtung werden die Kategorien theoriegeleitet vor der Datenanalyse formuliert und dann an das Datenmaterial herangetragen. In der induktiven, umgekehrten Analyserichtung ist das Textmaterial Ausgangspunkt für die Kategorienbildung, wobei die Fragestellung in den Interviews und die theoretische Basis der Forschungsarbeit die Kategorienbildung beeinflussen (Mayring, 2008, S. 11).

## Induktive Kategorienbildung

Die induktive Kategorienbildung baut auf den Techniken der Zusammenfassung auf (Mayring, 2015, S. 85), um schrittweise Kategorien aus dem Textmaterial zu entwickeln (Mayring, 2019, S. 472). Für die vorliegende Forschungsarbeit wurde dieses Verfahren für jenen Teil des Datenmaterials angewendet, welches keiner der deduktiv gebildeten Kategorien zugeordnet werden konnte. Abbildung 45 zeigt das Ablaufmodell der induktiven Kategorienbildung, bei dem die Selektionskriterien mittels Subsumption unter alte Kategorien oder eine Kategorienneubildung direkt aus dem Datenmaterial abgeleitet werden, wobei die Forschungsfrage und der theoretische Hintergrund berücksichtigt werden, aber sich nicht auf im Vorfeld formulierte Theorienkonzepte beziehen (ebd.). Auf der Suche nach neuen Kategorien wurde bei dieser Untersuchung das Ausgangsmaterial kleinschrittig bearbeitet, beginnend mit der Auswahl und der Paraphrasierung relevanter Textstellen.

Abbildung 45: Ablaufmodell der induktiven Kategorienbildung (nach Mayring, 2008, S. 12)

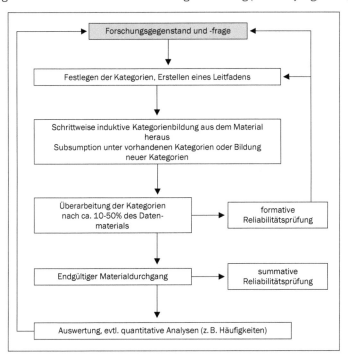

Bei der Bearbeitung des Materials wurden beim Fund neuer Aspekte neue Unterkategorien angelegt. Mayring (2015, S. 87) empfiehlt bei großen Materialmengen eine Revision des Kategoriensystems nach ca. 10 bis 50 %, um zu überprüfen, ob bei der Definition der Kategorien die Erreichbarkeit des Zieles der Analyse realistisch ist. Ergeben sich bei dieser Überprüfung Veränderungen, muss die Analyse neu gestartet werden, ansonsten wird weitergearbeitet, es werden nur neue Kategorien ergänzt und nach Fertigstellung kann das ganze Kategoriensystem interpretiert werden (ebd.).

### Mischform deduktiv-induktiv

Vollständig induktiv bzw. deduktiv gebildete Kategorien kommen in Forschungsprojekten selten zum Einsatz (Kuckartz, 2018, S. 97). Bei der Gewinnung von Kategorien wurde für diese Untersuchung die Mischform aus deduktivem und induktivem Vorgehen erprobt, um die Vorteile aus beiden Ansätzen zu nutzen. Die gewählte Vorgangsweise erlaubt eine Ergänzung des mit deduktiven Ansätzen gebildeten Kategoriensystems durch induktive Schritte für jenen Teil des erkenntnisrelevanten Materials, das den deduktiven Kategorien nicht zugeordnet werden kann. An dieser Stelle wird Gläser und Laudel (2010, S. 201) gefolgt, die dafür plädieren, mit einem deduktiven Kategoriensystem zu arbeiten, das im Zuge der Auswertung den Besonderheiten des Datenmaterials durch die Ergänzung neuer Kategorien angepasst werden kann.

Die Gewinnung der Kategorien für die hier vorgelegte Untersuchung erfolgte zunächst deduktiv auf Basis theoretischer Vorüberlegungen, die sich bereits in den Fragestellungen des Interviewleitfadens wiederfinden. Aus dem Interviewleitfaden wurden übergeordnete Fragestellungen als Kategorien herausgearbeitet und die daraus zerlegten Unterfragen als Unterkategorien genutzt. Durch die zuvor formulierten und aus Theoriekonzepten abgeleiteten Kategorien wird der Zusammenhang zum vorhandenen Wissen über den Forschungsgegenstand und den „die Untersuchung strukturierenden theoretischen Vorüberlegungen hergestellt" (Gläser & Laudel, 2010, S. 204). Dieser Ansatz bietet zwar größtmögliche Systematik durch das theoriegeleitete Vorgehen, hat jedoch den Nachteil mangelnder Offenheit, die nur durch die induktive Kategoriengewinnung direkt aus dem Datenmaterial gewährleistet wird. Huber (Huber, 1994, S. 27) verweist auf die Notwendigkeit der Ergänzung induktiver Schritte: „Nur bei diesem induktiven Vorgehen ist gewährleistet, dass man Zugang zur subjektiven Weltsicht der Gesprächspartner findet und nicht lediglich einige Teilaspekte davon, möglicherweise aus dem subjektiven Sinnzusammenhang gelöst, im analytischen Raster des Forschers hängen bleiben."

Durch das ergänzende induktive Vorgehen wurden die deduktiven Kategorien einer Selektions- und Präzisierungsprüfung unterzogen. Die Systematik der kombinierten Kategoriengewinnung scheint zielführend, da bei der rein induktiven Kategorienbildung das Risiko besteht, dass theoretische Aspekte nicht ausreichend berücksichtigt werden. Lissmann (1997, S. 110) führt diesbezüglich an: *„Wenn die Kodes aus den Daten entwickelt wurden, dann besteht die Gefahr der verfrühten Bindung an ein Konzept, das alternative Konzepte ausschließt."*

### Kodierung

Kodierung lässt sich als Einschätzung und Klassifizierung einzelner Fälle unter Anwendung eines Kodierleitfadens als Handanweisung für die Auswerter/innen charakterisieren (Schmidt, 2013, S. 477). In der qualitativen Inhaltsanalyse ist es von Bedeutung, bei der Gestaltung des Kategoriensystems die Kategorien zu definieren und zu beschreiben – gleichgültig, ob die Kategorien induktiv oder deduktiv entwickelt werden (Kuckartz, 2018, S. 39). Die Erstellung des Kodierleitfadens erfolgt im Anschluss an die Bildung des deduktiven Kategorienstamms, indem die jeweiligen Kategorien definiert werden, um Überschneidungen bei der Kodierung zu vermeiden. Dabei ist zu beachten, dass die inhaltlichen Ausprägungen der Kategorien im Kodierleitfaden trennscharf formuliert sind (Schmidt, 2013, S. 478). Durch diese Vorgangsweise wird sichergestellt, dass in gleichen Zweifelsfällen gleich verfahren wird (Gläser & Laudel, 2010, S. 212).

Der Kodierleitfaden enthält folgende Informationen: (Mayring, 2015, S. 97)

- Bezeichnung und inhaltliche Beschreibung der Kategorien mit einer genauen Bestimmung, welche Textbestandteile einer Kategorie zuzuordnen sind;
- Kodierregeln (Anwendung der jeweiligen Kategorie), damit im Falle von Abgrenzungsproblemen zwischen den einzelnen Kategorien eine eindeutige Zuordnung ermöglicht wird;
- Ankerbeispiele (Beispiele für Anwendungen, beispielhafte Textstellen für eine Kategorie);

Textstellen im Datenmaterial, die für den Forschungskontext von Bedeutung sind, jedoch keiner der zuvor deduktiv definierten Kategorien zugeordnet werden konnten, führen zu einer Erweiterung des Kodierleitfadens (Schmidt, 2013, S. 476). Auswertungskategorien, die sich als nicht differenziert genug herausstellen, können im Prozess der Kategorienbildung aus dem Leitfaden entfernt werden (ebd.).

Bevor der Prozess des Kodierens beginnt, müssen zudem Kodiereinheit, Kontexteinheit und Auswertungseinheit definiert werden. Mayring (2015, S. 61) legt diese Analyseeinheiten wie folgt fest:

- Die **Kodiereinheit** bezeichnet den kleinsten Textteil, der ausgewertet werden und unter eine Kategorie fallen kann.
- Bei der **Kontexteinheit** wird der maximale Textbestandteil bestimmt, der unter eine Kategorie fallen und ausgewertet werden kann.
- Die **Auswertungseinheit** legt fest, welches Textmaterial nacheinander analysiert wird.

Für diese empirische Untersuchung wurde ein einzelnes Wort als Kodiereinheit festgelegt, als Kontexteinheit gilt das gesamte Material zum Fall (Interview), die Auswertungseinheit ist jeweils ein zur Gänze transkribiertes Experteninterview.

Ein weiterer Terminus der qualitativen Inhaltsanalyse ist der Begriff „Kodierer/in", der eine Person bezeichnet, die die Zuordnung von Fundstellen in Texten zu Kategorien vornimmt (Kuckartz, 2018, S. 44). Die Stärke der qualitativen Inhaltsanalyse ist die methodisch kontrollierte, schrittweise Analyse, bei der das Datenmaterial in Einheiten zerlegt und systematisch, Zeile für Zeile, bearbeitet wird (Mayring, 2016, S. 114). Das verschriftlichte Material der Interviews wird zunächst einzeln nach Textstellen, die sich einer Auswertungskategorie zuordnen lassen, untersucht, wobei sich die Fundstellen dezidiert nicht auf jene Interviewpassagen der Kategorie der beantworteten Leitfadenfrage beschränken (Schmidt, 2013, S. 478). Der Prozess des Kodierens kann einerseits ein Vorgang des Subsummierens unter eine bereits zuvor gebildete Kategorie oder andererseits ein Vorgang des Generierens einer neuen Kategorie sein, wobei das Ergebnis in beiden Fällen eine Verbindung von Textstelle und Kategorie ist (Kuckartz, 2018, S. 41). Dabei soll sich die Kodierung ausschließlich auf den geschriebenen Text und nicht auf die eigene Erinnerung an die Befragung beziehen (Schmidt, 2013, S. 479).

> *„In other words, coding is analysis. Some research methodologists believe that coding is merely technical, preparatory work for higher level thinking about the study. But we believe that coding is deep reflection about and, thus, deep analysis and interpretation of the data's meanings."* (Miles, Huberman, & Saldaña, 2014, S. 79)

Im Rahmen der Kodierung der hier vorgelegten Studie wurden die identifizierten Textstellen in Codes umgewandelt, wobei stets die Forschungsfrage im Vordergrund stand und nur jene Textstellen markiert und kodiert wurden, die relevant für die Beantwortung der Forschungsfrage sind.

> *„Codes are primarily, but not exclusively, used to retrieve and categorize similar data chunks so the researcher can quickly find, pull out, and cluster the segments relating to a particular research question, hypothesis, construct, or theme. Clustering and the display of condensed chunks then set the stage for further analysis and drawing conclusions."* (Miles et al., 2014, S. 79)

Wenn im Rahmen der vorliegenden Untersuchung im Analyseverlauf eine zu einer Kategorie passende Textpassage mit inhaltlich komplexer Aussage gefunden wurde, erfolgte die Zuordnung einer Kategorie. In Anlehnung an Kuckartz (2018, S. 104) wurde darauf geachtet, dass in Bezug auf Verständlichkeit ausreichend Text um relevante Informationen herum mitkodiert wurde. Wurde eine weitere für die betreffende Kategorie passende Textstelle gefunden, erfolgte eine Subsumption. Textstellen, die mehrere Themen ansprachen, wurden den entsprechenden Kategorien zugeordnet. Passte eine weitere Textstelle in keine der bereits definierten Kategorien, wurde eine neue Kategorie aus dem Textmaterial heraus formuliert und in den Kodierleitfaden aufgenommen. Mayring (2016, S. 117) schlägt vor, circa 10 bis 50 % des Datenmaterials auf diese Weise zu bearbeiten, dann das Kategoriensystem dahingehend zu prüfen, ob die Logik stimmig ist. An dieser Stelle wird Gläser und Laudel (2010, S. 201) gefolgt, die angeben, dass ein Probedurchlauf durch einen größeren Teil des Materials nicht nötig sei, da das Kategoriensystem im gesamten Auswertungsverlauf an die Besonderheiten des Datenmaterials angepasst werden könne.

Daher wurde nach einem ersten ausschnittweisen Analysedurchgang überprüft, ob die Inhalte des Kodierleitfadens eine eindeutige Zuordnung zu den Kategorien ermöglichen und der Kodiervorgang fortgesetzt. Deduktiv gebildete Kategorien und Subkategorien mussten nicht aus dem Kodierleitfaden entfernt werden. Durch Ausdifferenzierung wurden induktive Subkategorien bestimmt und im Kodierleitfaden ergänzt. Kuckartz (2018, S. 108) betont das *„Kriterium der Sparsamkeit und Überschaubarkeit"*. Es wurde daher darauf geachtet, dass die Subkategorien im Kodierleitfaden so präzise wie möglich definiert wurden.

### 3.5.3 Qualitative Inhaltsanalyse

*„Der Grundgedanke der Qualitativen Inhaltsanalyse ist es, die methodische Systematik der Content Analysis im Umgang mit auch umfangreichen Textmaterialien beizubehalten und auf die qualitativen Analyseschritte der Textinterpretation anzuwenden."* (Mayring & Brunner, 2013, S. 324)

Die Forderung nach einer qualitativen Inhaltsanalyse wurde in der Vergangenheit u. a. damit begründet, dass die quantitative Inhaltsanalyse die folgenden Punkte zu wenig berücksichtigt (Ritsert, 1972):

- Kontext
- verborgene Sinnstrukturen
- außergewöhnliche Einzelfälle
- Nicht Gesagtes bzw. Nicht Geschriebenes

Mayring (2015, S. 121) empfiehlt die Techniken der qualitativen Inhaltsanalyse, wenn es um eine eher theoriegeleitete Textanalyse geht. Die Schritte der qualitativen Inhaltsanalyse folgen einem Ablaufmodell nach intersubjektiv nachvollziehbaren Regeln. Der große Vorzug der qualitativen Inhaltsanalyse liegt im regelgeleiteten und systematischen Vorgehen, das sich auf die Reihenfolge der Schritte bezieht und die Regeln, die für die einzelnen Schritte gelten (Gläser & Laudel, 2010, S. 204). Die qualitative Inhaltsanalyse nützt ein systematisches Verfahren, mit dem das Datenmaterial schrittweise zerlegt und analysiert wird, ohne dabei Gefahr zu laufen, dass vorschnell Quantifizierungen vorgenommen werden (Mayring, 2015; 2016). Durch das systematische, regelgeleitete Vorgehen wird ferner gewährleistet, dass das gesamte Datenmaterial gleich behandelt wird (Gläser & Laudel, 2010, S. 204). Die durch das Interview gewonnenen Daten werden mit dieser Technik ausgewertet, indem sie auf relevante Informationen hin untersucht werden und die auf diese Weise identifizierten Fundstellen den Kategorien eines Analyserasters zugeordnet werden (ebd., S. 46).

Für die qualitative Inhaltsanalyse existieren verschieden einsetzbare Verfahrensweisen, bei denen zwischen drei Grundrichtungen im Umgang mit dem Text unterschieden wird, die jedoch *„nicht als nacheinander zu durchlaufende Schritte verstanden werden sollen."*: (Mayring, 2015, S. 67; S. 115; Mayring & Brunner, 2013, S. 327)

- **Zusammenfassung**
  Bei zusammenfassenden Analyseinteressen wird das Material auf wesentliche Inhalte reduziert. Diese Technik lässt sich auch für die induktive Kategorienbildung nutzen.
- **Explikation**
  Bei explizierenden Analyseinteressen (Kontextanalyse) werden fragliche Textstellen systematisch durch Sammeln von erklärendem Material erläutert und zu einer erklärenden Paraphrase zusammengefasst, die in die unklare Stelle eingefügt wird.
- **Strukturierung**
  Bei strukturierenden Analyseinteressen werden Analyseaspekte systematisch aus dem Material herausgefiltert. Das Verfahren beruht auf der Definition der Kategorien nach einer deduktiven Logik, der Angabe von Ankerbeispielen und der Formulierung von Kodierregeln.

Abbildung 46: Ablaufmodell explizierender qualitativer Inhaltsanalyse (nach Mayring, 2016, S. 119)

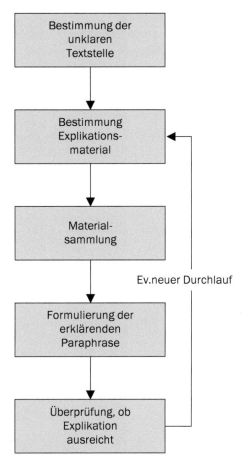

Abbildung 46 beschreibt den Ablauf der Explikation als inhaltsanalytische Technik und verdeutlicht, dass aus dem Kontextmaterial eine – bei Bedarf mit Hilfe der Zusammenfassung – erklärende Paraphrase gebildet wird, die in weiterer Folge an die unklare Textstelle gesetzt wird (Mayring, 2016, S. 118).

Der konkrete Forschungszweck bestimmt, welche dieser qualitativ-inhalts-analytischen Techniken angewendet werden, wobei nicht alle Verfahren nacheinander zum Einsatz kommen, sondern nur jene, welche der Beantwortung der Fragestellung dienen und auf das Datenmaterial anwendbar sind (Mayring & Brunner, 2013, S. 328).

Der Ablauf der klassischen qualitativen Inhaltsanalyse folgt einem Phasen-modell, dessen Ablauf folgende Phasen vorsieht (Kuckartz, 2018, S. 45):

- **Planungsphase**, in der die Forschungsfrage formuliert wird;
- **Entwicklungsphase**, in der die Bildung des Kategoriensystem im Fokus steht und die Kategorien gebildet werden;
- **Testphase**, in der Probekodierungen stattfinden und das Kategoriensystem an einem Teil des Materials überprüft und ggf. verändert wird;
- **Kodierphase**, in der das gesamte Material vollständig kodiert wird;
- **Auswertungsphase**, in der das so produzierte Datenmaterial ausgewertet wird.

Abbildung 47: Ablaufschema qualitativer Inhaltsanalysen (nach Kuckartz, 2018, S. 45)

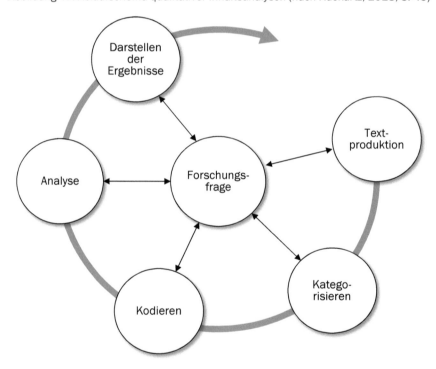

Bei der qualitativen Inhaltsanalyse ist der Ablauf weniger linear, da in der Regel Iterations- und Feedbackschleifen eingebaut werden, die unterschiedlich ausgeprägt sein können, beispielsweise beim Kodieren (ebd. S. 46).

### 3.5.4 Vorgehensweise bei der Analyse und Darstellung der Ergebnisse

Für die computergestützte qualitative Daten- und Textanalyse wurde das QDA-Programm MAXQDA eingesetzt, in dem die Grundfunktionen der qualitativ orientierten Textanalyse umgesetzt werden (Mayring, 2015, S. 117), um infolgedessen Rückschlüsse zur Beantwortung der Forschungsfrage ziehen zu können. Zunächst wurden die verschriftlichten Interviews einzeln in MAXQDA importiert, beginnend mit der ersten Zeile sorgfältig und sequenziell gelesen, auf relevante Informationen hin durchsucht und anhand des Kodierleitfadens den farblich gekennzeichneten Auswertungskategorien zugeordnet. Als Entscheidungshilfe wurde der Kodierleitfaden herangezogen. Passte keine der deduktiv gebildeten Subkategorien, wurde eine neue Subkategorie aus dem Material heraus formuliert und in den Kodierleitfaden aufgenommen. In einem mehrstufigen Prozess wurden zunächst die Textstellen paraphrasierend auf das Wesentliche zusammengefasst und sinngemäß wiedergegeben, wobei teilweise in Hinblick auf eine übersichtliche Darstellung in den Case Summarys auf ganze Sätze verzichtet wurde. Nicht inhaltsrelevante Textstellen und ausschmückende Wendungen wurden gestrichen, und auf eine eigene Interpretation wurde verzichtet. Unklare Textstellen wurden mit Hilfe der Explikation bearbeitet und erklärend ergänzt. Im darauffolgenden Arbeitsschritt wurden die Daten aus MAXQDA exportiert, in das Programm MS Excel importiert und dort weiterbearbeitet. Das paraphrasierte Datenmaterial wurde danach stark komprimiert, indem bedeutungsgleiche und ähnliche Paraphrasen gestrichen bzw. in einer Zusammenfassung gebündelt und generalisiert wurden. Das folgende Beispiel stellt dieses Vorgehen dar:

## Hauptkategorie: C Organisationskultur

Fall: 2

| Subkategorie | Primärtext | Paraphrase | Zusammenfassung |
|---|---|---|---|
| C4 Ideen und Vorschläge (F2/96) | Also, Vorstellungen und Ideen können jederzeit eingebracht werden. Also, wenn jemand irgendeine Idee hat, kann er jederzeit kommen und die auch bei mir deponieren. | Ideen und Vorstellungen können jederzeit eingebracht und in der Schulleitung deponiert werden. | Jederzeit in der Schulleitung. |

Die Ergebnisdokumentation der Analyse erfolgte in Anlehnung an Mayring (2015) in Tabellen, in denen neben den Kategorien und Subkategorien die Fallnummer (Interviewnummer), der Primärtext und die Position der Fundstelle im Primärtext, die paraphrasierten Textstellen und die stichwortartige Zusammenfassung dargestellt wurden. Nach dem ersten Durcharbeiten des Textes wurde eine resümierende Fallzusammenfassung (Case Summary) erstellt, bei der jeder Einzelfall, d. h. jedes Interview systematisch geordnet und zusammenfassend dargestellt wurde (Kuckartz, 2018, S. 58). Case Summarys ermöglichen einen besseren

Überblick, verdeutlichen Spektrum und Unterschiedlichkeit der einzelnen Fälle und bieten eine gute Basis für die tabellarische Darstellung einzelner Subkategorien für alle Fälle (ebd., S. 62). Die teils stichwortartigen, teils ausformulierten Fallzusammenfassungen orientieren sich strikt am verschriftlichten Datenmaterial, auf Interpretationen wurde weitgehend verzichtet. Auf eine wie von Kuckartz (ebd., S. 59 f) beschriebene Überschrift in Form eines Mottos wurde verzichtet.

Auf Basis der komprimierten Zusammenfassungen wurde eine von Kuckartz (2018, S. 115) vorgeschlagene fallstudienübergreifende Themenmatrix erstellt, anhand derer die einzelnen Kategorien übersichtlich miteinander verglichen werden konnten. Kuckartz (2018, S. 115) betont, dass thematisch orientierte Fallübersichten einen komprimierten analytischen Vergleich ermöglichen und somit einen sehr effektiven Arbeitsschritt im Zuge des Analyseprozesses darstellen, da Gegenüberstellungen erleichtert werden.

Im Ergebnisbericht wurde in Anlehnung an Kuckartz (2018, S. 118 f) auf einen nachvollziehbaren Aufbau geachtet, indem eine sinnvolle Reihenfolge der Kategorien gesucht wurde, anstatt in der Reihenfolge des Kategoriensystems vorzugehen. Bei bestehenden Zusammenhängen zwischen einzelnen Subkategorien erfolgte die gleichzeitige Erwähnung in einer Ergebnisdarstellung in einem gemeinsamen Kapitel. Bei Subkategorien, in denen die Befragten im Zuge der Interviews einen Wert aus einem vorgegebenen Zahlenbereich angeben sollten, wurden ergänzend Diagramme zur Visualisierung von Nennungshäufigkeiten erstellt. Auf eine Überprüfung, welche Kategorien am häufigsten kodiert wurden, wurde aufgrund fehlender Aussagekraft für das Forschungsthema verzichtet.

Für die Darstellung der Ergebnisse folgte für alle Subkategorien eine beschreibende Zusammenfassung, wobei im Forschungsprozess immer wieder auf die Rohdaten zurückgegriffen wurde, um die Erfahrungen der Befragten unter einer anderen Perspektive zu lesen und besser verstehen zu können. In Hinblick auf die Forschungsfrage wurden besonders aussagekräftige Originalzitate aus dem Primärmaterial angeführt und Beispiele zitiert. Anhand der Case Summarys und der fallstudienübergreifenden Analyse wurde auf Gemeinsamkeiten und Unterschiede zwischen den einzelnen Fällen eingegangen, um die zur Beantwortung der Forschungsfrage relevanten Befunde vergleichend gegenüberstellen zu können. Die Diskussion der Ergebnisse in Hinblick auf die im Theorieteil gewonnenen Erkenntnisse erfolgt im letzten Arbeitsschritt.

### 3.5.5 Gütekriterien

*„Eine qualitative Inhaltsanalyse muss sich wie jede wissenschaftliche Methode an Gütekriterien überprüfen lassen."* (Mayring, 2015, S. 29)

Ein Spezifikum der qualitativen Inhaltsanalyse ist der systematische Einsatz von Gütekriterien, wobei mindestens zwei Kriterien – die Intrakodereliabilität und die Interkodereliabilität (Objektivität) – überprüft werden sollten (Mayring & Brunner, 2013, S. 326). Nach diesem Ansatz wurde im Rahmen der Intrakodereliabilität ein Teil des bereits kodierten Datenmaterials ein weiteres Mal durchgearbeitet, ohne die zuvor erfolgten Kodierungen zu beachten (ebd.). Im Rahmen der Interkodereliabilitätsbestimmung wurde eine Zweitkodiererin eingesetzt, um die Aussagekraft der Datenanalyse zu überprüfen, die Intersubjektivität des wissenschaftlichen Vorgehens zu sichern und einen wissenschaftlichen Diskurs hinsichtlich der Interpretation der Daten anzustoßen, damit in der weiteren Datenanalyse gegebenenfalls andere Ansätze in Erwägung gezogen werden können. Dabei wurden das Kodierschema sowie die Auswertungsregeln in Bezug auf Nachvollziehbarkeit überprüft, indem von der Zweitkodiererin eine zufällige Auswahl des Materials erneut ausgewertet wurde. Der Zweitkodiererin wurden zuvor von der Autorin dieser Studie Untersuchungsgegenstand, Kategoriensystem und Auswertungsregeln erläutert und ausreichend Einsicht in das Datenmaterial und die im Kodierleitfaden dokumentierten Regeln gewährt. Abschließend wurden beide Kodierungen abgeglichen und Auffassungen bzw. Abweichungen begründet und besprochen. Es wurde keine Fehlkodierung identifiziert, daher wurde die Datenanalyse von der Erstkodiererin fortgeführt. Im Anschluss daran erfolgte die Darstellung der Ergebnisse.

Mayring (2016, S. 142) betont, dass die Gütekriterien den Methoden angemessen sein müssen. Im Rahmen dieser Forschungsarbeit wurde den Gütekriterien Reliabilität, Objektivität und Validität ein hoher Stellenwert beigemessen. Die eingebauten Testläufe – Pretest, stichprobenartige Überprüfung der Transkription, Einsatz einer Zweitkodiererin, Überprüfung der Analyse durch das erneute Durcharbeiten des kodierten Materials auf Schlüssigkeit nach dem ersten Interview – dienten der Identifizierung und Beseitigung von Fehlerquellen und der kontinuierlichen Modifizierung der Analyseinstrumente, um die Güte der Ergebnisse zu gewährleisten.

Bei der Datenerhebung wurde auf die Glaubwürdigkeit der Probandinnen und Probanden geachtet, Störfaktoren wurden weitgehend im Vorfeld ausgeschlossen. Im Zuge der Befragungen wurde darauf geachtet, dass Nachfragen in einer Art und Weise erfolgten, dass die Fragestellungen immer noch offen waren. Auf Suggestivfragen wurde gänzlich verzichtet. Das Analyseverfahren erfolgte systematisch und regelgeleitet und wurde in allen Phasen detailliert dokumentiert, damit der Forschungsprozess für andere Analystinnen und Analysten nachvollziehbar ist und diese bei einer neuerlichen Analyse zu einem ähnlichen Ergebnis gelangen können.

## 3.6 Limitationen

Die Ergebnisse der Befragung beziehen sich nur auf einen jeweils einzigen Zeitpunkt der Datenerhebung und spiegeln die Situation zu diesem bestimmten Zeitpunkt wider. Bei der Datenerhebung muss daher beachtet werden, dass es sich
bei den Interviews um Momentaufnahmen bei den befragten Personen handelt,
deren geäußerte Meinungen und Einschätzungen der aktuellen Dynamik in der
Covid-19-Pandemie unterliegen. Die Probandinnen und Probanden könnten
stark durch die Krise, in der die Interviews geführt wurden, beeinflusst worden
sein.

Um Interviewpartner/innen aus österreichischen Schulen zu finden, die
interessante schulautonome Projekte durchführen, wurden Schulqualitäts-
manager/innen nach einer Liste von Schulen befragt. Es besteht ein geringes
Restrisiko, dass die Antworten der Befragten aus der Sorge heraus, dass es
trotz Anonymisierung zu einer Identifizierung kommen könnte, vorsichtiger
formuliert worden sind.

In der Phase der Ergebnisdarstellung zeigte sich, dass eine klare Abgrenzung
von einigen Subkategorien aufgrund inhaltlicher Überschneidungen nicht möglich war. Aus diesem Grund wurden die Ergebnisse mehrere Subkategorien in
einem gemeinsamen Unterkapitel dargestellt.

# 4 Darstellung der Ergebnisse

In diesem Kapitel erfolgt die Beschreibung der durch die computerunterstützte Datenauswertung gewonnenen Erkenntnisse der einzelnen Auswertungskategorien. Die Ergebnisse werden deskriptiv beschrieben und in einigen Bereichen durch eine grafische Aufbereitung ergänzend visualisiert. Im Anschluss daran erfolgt die kontrastive Auseinandersetzung mit den im Rahmen der Literaturarbeit gewonnenen Erkenntnissen aus der Fachliteratur zur Beantwortung der Forschungsfrage.

## 4.1 Ergebnisse der qualitativen Befragung

Die computergestützte Datenanalyse wurde von der Autorin der Studie selbst durchgeführt. Basis für die fallstudienübergreifende Analyse sind die übersichtlich strukturierten Fallzusammenfassungen der Interviews sowie die fallstudienübergreifende Themenmatrix, die im Anhang dieser Arbeit zu finden sind. In den nächsten Abschnitten erfolgt die Ergebnisdarstellung der Fallstudien im Rahmen einer interpretierenden qualitativen Analyse. Dabei wird über die reine Beschreibung der gewonnenen Daten hinaus versucht, teilnehmerübergreifend Zusammenhänge herauszuarbeiten.

### 4.1.1 Ausnützen autonomer Spielräume

In diesem Abschnitt werden die Analyseergebnisse der Subkategorie „A1 Ausnützen autonomer Spielräume" beschrieben. Von den 13 befragten Schulleiterinnen und Schulleitern geben zwei in einer Skala von 0 bis 5 an, dass sie Schulautonomie maximal ausnützen. Eine befragte Person führt dazu an, dass Vorschriften von oben eher die Ausnahmen und weniger die Regel sind (F9/21), eine andere Person ergänzt, dass Schulautonomie seit 10 bis 15 Jahren in möglichst allen Bereichen ausgeschöpft wird und stets mögliche Freiräume ausgelotet wurden (F1/18;167). Drei Befragte nennen einen Wert zwischen 4 und 5. Ergänzend erwähnt ein/e Schulleiter/in, dass Schulautonomie nicht in allen Belangen maximal ausgereizt wird, sondern abhängig von Projekten ausgenützt wird, wobei im Vorfeld der Rahmen mit der Bildungsdirektion abgesteckt wird und dann innerhalb dieses Rahmens frei agiert wird (F6/20). In einer Schule bewegen sich die Spielräume aufgrund vieler hierarchischer Vorgaben zwischen 4 und 5, daher wird aus Sicht der Schulleitung Schulautonomie maximal ausgenützt. Die schulische Führungskraft gibt dazu an, dass dort, wo Autonomie Mängel aufweist, Schulleiter/innen verteilen müssen, ansonsten gebe es hierarchische Vorgaben (F13/20). Drei Personen geben in der Skala zwischen 0 und 5 die Zahl 4 an. Eine dieser Schulleiter/innen ergänzt, dass das Ausnützen autonomer Spielräume davon abhängig ist, inwieweit die Schulverwaltung und die Bildungsverwaltung einschränken (F5/16). Ein/e Befragte/r hat das Wunschziel, autonome Spielräume maximal mit 5 auszunützen, wählt aber den Wert 4, da er/sie aufgrund räumlicher Einschränkungen an Grenzen stößt (F7/20–22;24). Von den drei Personen, die in der Skala den Wert 3 gewählt haben, sieht eine Führungskraft ein Spannungsverhältnis zwischen Dürfen und Nicht-Dürfen, damit Freiheiten ausgeschöpft werden können (F12/22). Eine weitere Person, die 3 angegeben hat, ergänzt, dass flexibilisierte Unterrichtszeiten, z.B. die Möglichkeit des Doppelstundenprinzips, teilweise nicht genützt werden, da es im Kollegium sowohl Befürworter/innen als auch Gegner/innen gibt und Doppelstunden daher nur dort gegeben werden, wo diese auch gewünscht werden. Diese Führungskraft gibt auch an, dass es für sie keine Handlungsfreiheit in Bezug auf die Vor- oder Nachverlegung der Unterrichtszeiten gibt, da die Schule die Unterrichtzeiten an andere Schulen in der Region angepasst hat (F8/39). Eine einzige Person nannte einen Wert unter 3 und begründet dies damit, dass in ihrer Schule Schulautonomie in verschiedenen Bereichen unterschiedlich genützt wird, so gelte für das Ausnützen budgetärer Autonomie 4, im Personal und in Hinblick auf Lehrpläne lediglich 2 bis 3 (F4/4–7).

Die nachfolgende Darstellung in Form eines Blasendiagramms dient zum besseren Überblick über die einzelnen Antworten der Teilnehmer/innen an der Studie. Auf der x-Achse sind die erhaltenen Antworten auf einer Skala von 0 bis 5 als Blasen eingetragen, wobei das Ausmaß der Nutzung schulautonomer Möglichkeiten von links nach rechts steigt. So bedeutet 0, dass schulautonome Freiräume gar nicht genützt, bei 5 hingegen maximal genützt werden, was sich auch in der Farbschattierung widerspiegelt. Je dunkler das Blau, desto mehr Freiräume werden genützt. Die Antworthäufigkeit wird durch die Größe der Blasen dargestellt. Das Diagramm zeigt eine starke Konzentration der Antworten im Bereich 4 – 5.

Abbildung 48: Ergebnisse der Befragung nach dem Ausnützen autonomer Freiräume (eigene Darstellung)

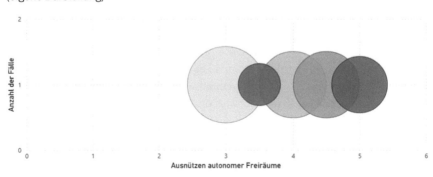

## 4.1.2 Schulautonomie am Schulstandort

In diesem Abschnitt werden die Antworten, die den beiden Subkategorien „A7 Schulautonomie am Schulstandort" und „A2 Errungenschaften durch Schulautonomie" zugeordnet wurden, gemeinsam behandelt, da die Analyse gezeigt hat, dass die Antworten teilweise nicht voneinander abgegrenzt werden konnten. Bei beiden Subkategorien gibt es Antworten, die länderspezifisch zu betrachten sind. So gibt es in den Ländern Bayern, Hessen, Österreich und Südtirol unterschiedliche gesetzliche Rahmenbedingungen, die im Kapitel 2.2.2 näher beleuchtet worden sind.

Bei der Frage, inwieweit Schulautonomie am Schulstandort praktiziert wird, gibt eine befragte Person an, dass in Absprache mit der Schulaufsicht Unterrichtszeiten autonom festgelegt, Pausen aufgehoben sowie Unterrichtseinheiten geblockt worden sind (F1/18) und ein vierzehntägiges, klassenübergreifendes Lernatelier mit Schwerpunkten in Pflichtgegenständen eingeführt worden ist, zu dem sich Schüler/innen anmelden können (F1/20). Diese schulische Führungskraft führt als große Errungenschaften von Schulautonomie Entscheidungsfreiheiten zu Schulzeiten, Unterrichtszeiten, Mitspracherecht bei der Auswahl der Lehrpersonen sowie die Gestaltung des Stundenplans an (F1/24;167).

Eine andere schulische Führungskraft gibt an, dass der Lehrplan umgesetzt werden muss, es aber viele Freiheiten bei der Steuerung gibt. So herrscht an dieser Schule das Lehrerraumprinzip, was bedeutet, dass eine Lehrkraft in einem bestimmten Raum unterrichtet und die Schüler/innen zu ihr kommen (F2/11–13;15;17). Autonomie am Schulstandort zeigt sich auch durch die Einführung von Doppelstunden oder die freie Wahl von Unterrichtsformen durch die Fachbereiche, die in mehr oder wenig starker Ausprägung von den Lehrkräften ausgeübt werden (F2/4;6). Für Gebäude und Sachausstattungen wird ein Globalhaushalt mit freier Mittelverteilung zur Verfügung gestellt, bei Umbauten oder Gebäudesanierungen hat die Schulleitung Mitspracherecht (F2/2). Fallen Lehrkräfte länger aus, kann sich die Schulleitung autonom Ersatz suchen, wobei aber von der vorgesetzten Behörde geprüft wird, ob diese Lehrkraft die entsprechenden Voraussetzungen erfüllt (F2/2). Die Führungskraft gibt an, dass sie besonders die Errungenschaften, die pädagogischen Mehrwert bringen, d. h. alles, was den Unterricht betrifft, nicht missen möchte. Weniger wichtig findet die befragte Person Freiheiten beim Personal, bewertet jedoch finanzielle Freiheiten für pädagogische Projekte sehr hoch (F2/24–25).

Eine andere schulische Führungskraft versucht, in ihrer Schule Freiräume im Lehrplan zu nützen, verwirklicht eigene Konzepte über Schulentwicklung und bietet Nachmittagsbetreuung an. Im Rahmen eines 3-Säulen-Modells wird fächerübergreifendes, themenzentriertes Arbeiten in verschiedenen Schulstufen und somit klassenübergreifendes Üben und Fördern ermöglicht. Durch das Festlegen von Schularbeitsstunden werden in allen Klassen eines Jahrgangs

Schularbeiten geschrieben. Die Klassen werden für Freiarbeiten geöffnet, dabei ist die selbständige Entnahme des Übungsmaterials durch die Schüler/innen möglich und Lehrkräfte aller Klassen sind Ansprechpartner/innen für die Lernenden. Die Führungskraft hebt den schulautonomen Entwicklungsprozess „Zeit-raus-Stunde" hervor, in der alle Schüler/innen frei über ihre Zeit verfügen dürfen, z. B. Sport, Hausübung oder Musik. Weitere schulautonome Aktivitäten sind Themenwochen, wie z. B. die soziale Woche, wo Schüler/innen auf einem Marktplatz für soziale Institutionen eine Institution auswählen, dort eine Woche tätig sind und darüber eine kleine vorwissenschaftliche Arbeit schreiben (F3/20–21). Die Führungskraft nennt als wichtigste Errungenschaften die Themenwochen, die Zeit-raus-Stunde und die Einsetzung einer eigenen Steuergruppe (F3/25).

Eine weitere befragte Person gibt an, dass im Rahmen von Schulautonomie die zweckmäßige Zusammenarbeit von vier Schulen gleicher Schulform in der Region zustande gekommen ist, um Jugendlichen ein breiteres Angebot machen und unterschiedliche Angebote anbieten zu können (F4/14–15). Im Rahmen dieses Angebots werden Schwerpunkte an jedem Standort über ein virtuelles Klassenzimmer unterrichtet, zum Zeitpunkt der Befragung wurden die technischen Voraussetzungen für das übergreifende Arbeiten gerade finalisiert (F4/19). Die Führungskraft gibt an, dass in Corona-Zeiten Autonomie nur eingeschränkt innerhalb der vorgegebenen Bestimmungen möglich war, so konnten Blockungen entweder drei Tage plus zwei Tage oder im Reißverschlusssystem durchgeführt werden (F4/20–21). Ansonsten wird am Schulstandort Budgetautonomie, Autonomie bezüglich Lehrpläne im Rahmen der gesetzlichen Bestimmungen und Rahmenbedingungen und teilweise Personalautonomie genützt (F4/2). Die Führungskraft gibt an, besonders die standortbezogene Gestaltung von Lehrplänen, die Zusammenarbeit der vier Schulen in der Region, ein gewisses Maß an Autonomie in Personalfragen sowie Schulentwicklungsmöglichkeiten besonders zu schätzen. Die befragte Person ergänzt, dass Personalfragen insofern von Bedeutung sind, da die Personalaufnahme nach Bedarf erfolgen kann und Personal entwickelt werden kann (F4/11).

Eine der befragten Personen nennt auf die Frage, wie Schulautonomie am Schulstandort praktiziert wird, die Punkte Personalhoheit, Budgethoheit und eigenständige Organisationsformen. Die Führungskraft beschreibt Personalhoheit mit der Möglichkeit der Einstellung von Personal mit befristeten und unbefristeten Verträgen, Budgethoheit mit der Freiheit, dass nicht verbrauchte Personalmittel angespart und anders investiert werden können und eigenständige Organisationsformen mit der Gestaltung der Führungsorganisation (F5/14). Als besondere Errungenschaften führt die Person die Möglichkeit der freien Personalmittel, z. B. für studentische Hilfskräfte, die Möglichkeit, für nicht verbrauchtes Personalbudget Fortbildungen anzubieten und Klassenteilungen, wodurch im Bedarfsfall intensiver unterrichtet werden kann, an (F5/18–19).

Die Führungskraft aus der Schule F6 reizt Autonomie so weit wie möglich im Rahmen des eigenen Modells mit Pilotprojekten aus, wobei die Spielräume mit der Bildungsdirektion abgeklärt werden. Nach Abklärung dieser Spielräume und Beratung durch die Bildungsdirektion werden die Projekte Schritt für Schritt umgesetzt (F6/18). Die Führungskraft möchte die Freiheit in der Lernkultur sowie die daraus entstehende Herausforderung nicht mehr missen und betont, dass die Schulkultur seit mittlerweile zehn Jahren durch Schulentwicklung geprägt ist (F6/24).

Eine andere schulische Führungskraft sieht Schulautonomie als fixen Bestandteil im Schulleben im täglichen Geschehen, bei Ideen und Vorstellungen von Eltern, Schülerinnen und Schülern sowie Lehrkräften (F7/18). Sie möchte auf keine Errungenschaften mehr verzichten, betont aber verschiedene Schulformen und Mehrstufenklassen, Zeitklassen, verschränkte Ganztagesschule und bringt als Beispiel eine für das folgende Schuljahr geplante Freiraumklasse, in der mit reformpädagogischen Grundzügen in der Natur gearbeitet wird. Damit Autonomie entstehen kann, braucht es die Zusammenarbeit zwischen dem Lehrerteam, den Eltern und Schülerinnen und Schülern (F7/26).

Die befragte Schulleitung in der Schule F8 nützt Schulautonomie, um Intensivierungsstunden mit Modulen und jahrgangsstufenübergreifenden Kursen anzubieten und nennt dazu beispielhaft eine Forscher-, eine Sport- und eine Ganztagsklasse (F8/16). Zu den schulautonomen Aktivitäten am Schulstandort zählen auch Kooperationen mit tertiären Bildungseinrichtungen, mit Vereinen und der Wirtschaft, gefördert aufgrund eines umfangreichen Netzwerkes (F8/24). Die Führungskraft empfindet die schulautonom gewährten Freiheiten als ausreichend, um innerhalb der gesetzlich festgelegten Grenzen autonom handeln zu können (F8/175). Nicht mehr verzichten möchte die schulische Führungskraft auf die erweiterte Schulleitung, an die Personalverantwortung delegiert wird, wodurch der/die Schulleiter/in besonders bei einem Wechsel im Personalstand beispielsweise durch Ruhestand oder Elternzeit besonders entlastet wird. Aus Sicht der schulischen Führungskraft in der Schule F8 kann sich das Personal durch den optimalen Einsatz von Stärken bestmöglich entfalten (F8/42).

In der Schule F9 erstreckt sich Schulautonomie über alle Bereiche, wobei der Dreijahresplan der zentrale Bereich ist. Im Dreijahresplan werden Elemente wie Leitbild und Organisation der Schule abgebildet. Schulautonomie zeigt sich aber auch im Finanzhaushalt, wo die Schulleitung autonom über die Mittelverwendung entscheidet (F9/18). Die schulische Führungskraft sieht das Plansoll, also die Personalausstattung in Form einer Zahl, die Anzahl der Lehrkräfte nach Fächern und Schulstufen obliegt dabei der Führungskraft (F9/23). Geschätzt werden die Spielräume bei der Mittelverwendung, die gemeinsam mit dem Schulrat[3] verantwortet werden. Die Führungskraft hebt hervor, dass die Schule aufgrund der

---

3   Südtirol

autonomen Rechtspersönlichkeit Verantwortung für das eigene Tun übernehmen muss, was zu größerer Seriosität und Professionalität geführt habe (F9/24). Generell sei Schulautonomie in die DANN der Schule übergegangen, wobei betont werden müsse, das Schulen in Südtirol mit ausreichend Mitteln ausgestattet werden (F9/143).

Die befragte Schulleitung in der Schule 10 berichtet bei der Frage nach Schulautonomie am Schulstandort von Förderunterricht, verpflichtender Frühförderung 25 Minuten vor Unterrichtsbeginn, also in erster Linie strukturelle Maßnahmen. Eltern werden miteinbezogen, wenn es um das Angebot autonomer Unterrichtsgegenstände geht. Für die Führungskraft bedeutet Schulautonomie, dass alle Betroffenen die Möglichkeit haben, mitzureden, dazu wird aber auch die Zeit zur Verfügung gestellt, damit alle folgen können (F9/3–4; 50–54; 56–58). Die schulische Führungskraft möchte nicht mehr auf die Einflussnahme auf die einzelnen Unterrichtsgegenstände verzichten, so wird als Beispiel ein schulautonomer Beschluss angeführt, der besagt, dass mehr Sportstunden angeboten werden, um der Bewegungsarmut bei den Schülerinnen und Schülern entgegenzuwirken (F10/63–65).

Bei der Frage, wie Schulautonomie am Standort gelebt wird, berichtet die Führungskraft in der Schule 11 über das Mitspracherecht bei Neubesetzung im Kollegium, das Stundenkontingent, das Budget, das Stundenbudget und einen großen Bogen, der gespannt ist, unter dem inhaltlich gearbeitet werden kann (F11/22). Darüber hinaus führt sie aus, dass es Schulautonomie zum Großteil schon vor der Reform gegeben hat, besonders geschätzt wird die Jahrgangsdurchmischung, die Schwerpunktsetzung und der Einsatz der Lehrkräfte (F11/30).

In der Schule 12 zeigt sich Schulautonomie dadurch, dass das Lernen von- und miteinander im Vordergrund steht, womit auch Talente und Bedürfnisse von Schülerinnen und Schülern gemeint sind. Schule bedeutet nicht nur Unterricht, sondern auch Lernerfahrung und Lebensraum. Das pädagogische Konzept entwickelt sich am Schulstandort aufgrund des gesellschaftlichen Wandels (F12/18). Autonomie bedeutet für die schulische Führungskraft, nicht vom Normfall auszugehen, so gibt es neben den standardisierten Testungen Logbucheinträge, wo Schüler/innen eigene Lernfortschritte notieren. Die schulische Führungskraft schätzt bei der Schulautonomie die Öffnung der 50-Minuten-Einheiten, die Öffnung der Klassen und Schülergruppenzahlen bis hin zur Mehrstufigkeit und zur ganztägigen Schulform (F12/26).

Eine weitere Schulleitung berichtet über das schulische Angebot ihres Schulstandortes. Es gibt verschiedene Zweige, z. B. Medien und Kommunikation. Eng verknüpft mit der Schulentwicklung wird ein attraktives Angebot erstellt und eine Bandbreite an pädagogischen Möglichkeiten für das Kollegium geschaffen (F13/14;16). Diese schulische Führungskraft möchte nicht mehr auf die schulautonom eingeführte unverbindliche Übung Kommunikation und Interaktion verzichten, die sich besonders in der Oberstufe bewährt hat. Als große Errungenschaft bezeichnet sie auch die schulautonomen Zweige und den pädagogischen Tag, eine ganztägige Konferenz, die unter einem bestimmten Thema steht (F13/22).

Bei der Frage, wie Schulautonomie am Schulstandort zum Tragen kommt, werden zusammenfassend folgende Punkte angegeben:

- Unterrichtszeiten und geblockte Unterrichtszeiten
- Aufgehobene Pausen
- Klassenübergreifendes Arbeiten
- Budget- und Lehrplanautonomie
- Schulentwicklungsprojekte/Pilotprojekte
- (teilweise) Personalhoheit
- Eigenständige Organisationsformen
- Kooperationen und Netzwerke
- Miteinbeziehung der Schulpartner/innen
- Autonome Unterrichtsgegenstände und Förderunterricht
- Schulzweige

In Bezug auf Errungenschaften, auf die die befragten Schulleiter/innen nicht verzichten möchten, wurden folgende Aspekte genannt:

- Mitspracherecht bei der Personalauswahl
- freie Personalmittel
- Entscheidungsfreiheit
- Pädagogischer Tag
- Finanzielle Freiheiten
- Gestaltung von Unterrichtszeit
- Pädagogische Errungenschaften
- Schulentwicklung
- Schulautonome Zweige
- Gestaltung Lehrpläne
- Kooperationen
- Delegieren von Personalverantwortung
- Einflussnahme auf Unterrichtsgegenstände und unverbindliche Übungen
- Schwerpunkte
- Schulautonome Zweige
- Jahrgangsdurchmischungen, Schülergruppenzahlen und Klassenteilungen
- Offene Lernformen
- Seriosität und Professionalität aufgrund von Autonomie

### 4.1.3 Kennen gesetzlicher Rahmenbedingungen

Die Ergebnisdarstellung in diesem Kapitel befasst sich mit den aus der Sub-kategorie „A3 Kennen gesetzlicher Rahmenbedingungen" gewonnenen Erkenntnissen. Die Bandbreite der Antworten rangiert zwischen 5 und 10. Eine schulische Führungskraft nennt die Zahl 8 auf einer Skala von 0 bis 10, wobei 0 keinerlei Kenntnis bzw. 10 Expertenwissen entspricht. Ergänzend führt die Führungskraft an, dass Punkte, die nicht bekannt sind, nachgefragt werden (F1/26). Eine andere Schulleitung nennt den Bereich 7 bis 8 und begründet dies damit, dass es gute Möglichkeiten zum Nachlesen gibt (F2/27). Die Führungskraft in der Schule 3 nennt die Zahl 5 und verweist auf sich ständig ändernde Bestimmungen (F3/27). Eine einzige schulische Führungskraft gibt Expertenwissen aufgrund einer früheren Tätigkeit im Ministerium an (F5/25). Die Schulleitung von Schule F6 konzentriert sich auf Bereiche, die im Kontext erforderlich sind und nennt daher die Zahl 8 (F6/28). Jene Führungskraft, die den Bereich 3 bis 4 angibt, begründet dies damit, dass nicht viele Möglichkeiten übrigbleiben, wenn man genau hinsieht, es daher viel Mut braucht, nicht genau hinzusehen (F7/28). Die Führungskraft in der Schule F8 wiederum betont, dass ein/e Schulleiter/in nicht alles wissen muss, sondern lediglich ein gutes Gespür dafür haben muss, wann etwas nachgelesen werden muss (F8/49). Ein/e Schulleiter/in meint, dass Corona eine Herausforderung war, da es ständig gesetzliche Adaptierungen gab und dabei die Frage im Raum stand, wie autonom gehandelt werden darf (F12/53). Die Führungskraft gibt die Zahl 5 an und verweist auf die gute Zusammenarbeit mit der Bildungsdirektion. Durch die Möglichkeit, nachzufragen wird der Gestaltungsspielraum erhöht und damit auch das Vertrauen, das an das Kollegium weitergegeben werden kann (F12/54;56–57). Die Führungskraft in der Schule F4 gibt an, dass sie die gesetzlichen Regelungen nicht im Detail kennt, aber immer wieder mit einigen Punkten in Kontakt gekommen ist (F4;23).

Die nachfolgende Darstellung in Form eines Blasendiagramms gibt einen besseren Überblick über die einzelnen Antworten der Teilnehmer/innen an der Studie. Auf der x-Achse sind die erhaltenen Antworten auf einer Skala von 0 bis 10 als Blasen eingetragen, wobei das Ausmaß über die Kenntnisse von gesetzlichen Rahmenbedingungen von links nach rechts steigt. So bedeutet 0, dass es keinerlei Kenntnisse gibt, beim Wert 10 hingegen handelt es sich um Expertenwissen in diesem Bereich, was sich auch in der Farbschattierung widerspiegelt. Je dunkler das Blau, desto mehr Kenntnisse liegen vor. Die Antworthäufigkeit wird durch die Größe der Blasen dargestellt. Das Blasendiagramm zeigt eine starke Konzentration der Antworten in den Bereichen 5 und 7, lediglich eine Person gibt Expertenwissen an.

Abbildung 49: Kennen gesetzlicher Rahmenbedingungen (eigene Darstellung)

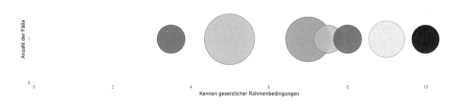

### 4.1.4 Herausforderungen durch Schulautonomie

In diesem Kapitel werden die Antworten zu den Subkategorien „A5 Herausforderungen durch Schulautonomie" und „A6 Förderliche Unterstützung" behandelt. Ein Zusammenfassen dieser beiden Subkategorien erschien mir erforderlich, da ein direkter Zusammenhang zwischen den beiden Unterkategorien gegeben ist.

Eine Führungskraft gibt an, dass sich der administrative Aufwand durch die Schulautonomie erhöht hat, es jedoch keine Kompensation dafür gibt. Viele Entscheidungen müssten getroffen werden, die gut überlegt und gut begründet werden müssten, wofür Hintergrundwissen erforderlich ist, das sich die Führungsperson aneignet (F1/167;171;173). Die Schulleitung wünscht sich für nicht freigestellte Schulleiter/innen Verwaltungspersonal zur Unterstützung, kann sich auch vorstellen, dass Studierende der Pädagogischen Hochschule in den ersten 2 bis 3 Wochen – ähnlich der Sommerschule – bei den ersten Klassen der Primarstufe unterstützen (F1/174–175).

Eine andere Führungsperson führt die unbefriedigende Situation bei Personalengpässen, viel Bürokratie und das Rücknehmen gut etablierter Praktiken als Herausforderung in der autonomen Schule an (F2/23;187–188). Die Führungskraft in der Schule F8 bedauert, dass keine eigenständige Einstellung von Personal möglich ist (F8/29;177) und wünscht sich, dass sich die Politik nicht in Schulen einmischt, damit Schulen ihre traditionellen Aufgaben erfüllen können (F8/175). Die Führungskraft in der Schule F13 sieht immer noch der Schulautonomie entgegenstehende Anordnungskultur von oben (F13/132) und bedauert teilweise zu große Spielräume, wodurch die Bandbreite an Entscheidungen zwischen Schulen gleicher Schulformen zu groß sei. Sie verweist in diesem Zusammenhang auf Berufungen von Eltern (F13/133). Als weiterer Punkt führt die schulische Führungskraft an, dass bei der Begleitung durch Schulqualitätsmanager/innen eine schulformspezifische Fachexpertise erwünscht wäre (F13/133).

Zusammenfassend kann festgehalten werden, dass der administrative Aufwand sowie der Zeitaufwand für das Treffen gut überlegter Entscheidungen aufgrund von Schulautonomie gestiegen sind. Eine immer noch vorhandene Anordnungskultur von oben steht der Schulautonomie entgegen. Generell sollte sich die Politik aus der Schule heraushalten. Die fehlende Möglichkeit, eigenständig Personal einzustellen, wird kritisiert und die Unterstützung durch schulformspezifische Fachexpertise durch Schulqualitätsmanager/innen wird gewünscht.

### 4.1.5 Zusammenhang zwischen Führungsstil und Schulautonomie

In diesem Abschnitt wird die Subkategorie „A4 Zusammenhang Führungsstil und gelingende Schulautonomie" behandelt. Die befragten Schulleiter/innen wurden nach ihrer Einschätzung befragt, inwieweit ein Führungsstil die gelingende Schulautonomie beeinflussen kann. Fünf Führungskräfte sehen einen wesentlichen Zusammenhang (F13/84, F10/14, F12/90, F1/88;89, F9/74–75), da die schulische Führungsperson große Überzeugungsarbeit leisten muss, damit Entscheidungen vom Kollegium mitgetragen und an Eltern und Schüler/innen weitergegeben werden (F1/88–89). Ein autokratischer Führungsstil würde im Widerspruch zu Schulautonomie stehen (F13/14). Der Führungsstil ist entscheidend, da er die Richtungsvorgabe beeinflusst (F9/74–75). Die Führungskraft in der Schule F11 findet, *„je enger gefasst Führung ist, desto schwerer fällt Autonomie"* (F11/113). Eine Schulleitung gibt an, dass der Führungsstil entscheidend ist, weil er die Gestaltung der autonomen Schule und die Richtungsvorgabe stark beeinflusst (F9/74–75). Die Führungskraft in der Schule F2 findet schwer eine Antwort und kann sich vorstellen, dass Schule vermutlich selbst bei einer Laissez-Faire-Führungskraft aufgrund der Prozesse der Selbstorganisation und der Ausbildung der Lehrkräfte autonom funktionieren kann, wenn es allerdings schlecht läuft, würde es mit der Zeit immer schlechter werden (F2/101). Für zwei Führungskräfte ist Partizipation in der autonomen Schule sehr wichtig (F3/69, F8/112), eine andere hingegen betont den situationsbezogenen Führungsstil, da bestimmte Dinge vorgegeben werden müssen, andere hingegen Autonomie erlauben (F4/73). Ein wichtiger Punkt ist, dass Autonomie nicht nur für Schulleitungen, sondern auch für das Kollegium gelten muss (F4/73). Die schulautonome Schule ist ein Miteinander, was bedeutet, dass es in der autonomen Schule sowohl den Lehrkörper als auch die Führung braucht (F6/72). Die Führungskraft in der Schule F7 sieht einen direkten Zusammenhang zwischen Führungsstil und Charakter. Demnach erfordert Schulautonomie einen Führungsstil mit Mut, ohne Angst. Für die Führungskraft bedeutet das: *„nicht alles genau beachten, viel überhören, übersehen"* (F7/93). Die Führungskraft in der Schule F11 findet: *„Je enger gefasst Führung ist, desto schwerer fällt Autonomie."* (F11/113)

Zusammenfassend kann gesagt werden, dass der Führungsstil in der autonomen Schule eine wichtige Rolle spielt, sei es, um Überzeugungsarbeit zu leisten, Prozesse der Selbstorganisation anzustoßen, dem Kollegium Autonomie zu gewähren, Partizipation zuzulassen oder Kreativität zu fördern. Ein autokratischer Führungsstil steht im klaren Widerspruch zu Schulautonomie. Autonomie bedeutet, diese auch nach unten weiterzugeben.

## 4.1.6 Vision und Leitbild

In diesem Abschnitt werden die Erkenntnisse betreffend die Subkategorien „B1 Erstellung Leitbild", „B2 Veröffentlichung Leitbild Vision" und „B5 Vision" behandelt. Ein Zusammenfassen dieser beiden Subkategorien erschien mir zweckmäßig, da es thematische Zusammenhänge bei den Antworten dieser Unterkategorien gibt.

Die schulische Führungskraft in der Schule F1 gibt an, dass die Vision, die sich sehr stark and den Schülerinnen und Schülern sowie deren Stärken orientiert, in einem sehr umfassenden Leitbild enthalten ist (F1/30–32). Das Leitbild wurde gemeinsam erarbeitet und wird jährlich reflektiert und überarbeitet (F1/28). Das Leitbild wird auf der Schulhomepage und im Schulgebäude als Aushang veröffentlicht und wird bei den ersten Elternabenden zu Beginn des Schuljahres mit den Eltern besprochen (F1/28).

Eine weitere schulische Führungsperson gibt an, keine eigene Vision zu haben (F2/32–33), ein Leitbild wurde noch unter der/dem Vorgänger/in erstellt, aber nicht gelebt. Im Leitbild steht, dass die Schüler/innen zum selbständigen Lernen erzogen werden oder Verantwortung für das eigene Lernen übernehmen sollen. Die Führungskraft ist der Meinung, dass es kein Leitbild braucht, das „wie eine Monstranz" herumgetragen wird (F2/31), stattdessen wird versucht, „dass bei den Schülerinnen und Schülern etwas ankommt" (F2/31).

Die Schulleitung in der Schule F3 berichtet, dass das mehr als 20 Jahre alte Leitbild unter anderen schulischen Voraussetzungen gemeinsam mit Eltern, Schüler/innen und Lehrkräften unter Moderation in mehreren Etappen erstellt wurde (F3/29). Das Leitbild, das in einer Schautafel im Eingangsbereich und in einem Folder veröffentlicht ist (F3/31), wird durch ein neues, einheitliches Zielsystem, das für alle Schulen des privaten Schulträgers gilt, ersetzt (F3/29). Die Vision einer gemeinsamen Schule wurde in einer Klausur erarbeitet, wurde verschriftlicht, ist aber nur der Steuergruppe bekannt (F3/31).

Auch im Fall 4 berichtet die schulische Führungskraft über ein Leitbild, das bereits unter einer/einem Vorgänger/in gemeinsam mit dem Kollegium erstellt wurde (F4/26). Das Leitbild ist in jeder Klasse aufgehängt (F4/26). Die Schulleitung gibt an, dass die Vision einer internationalen Schule als Fortsetzung des Leitbilds verschriftlicht wurde (F4/28). „Wir wollen vielfältig sein, wir wollen unseren Schülerinnen und Schülern ein vielfältiges Angebot bieten" (F4/28).

Unter Bezugnahme auf das Qualitätsmanagement der Schule berichtet eine schulische Führungskraft von einem Qualitätsleitbild, das an einem pädagogischen Tag im Rahmen eines demokratischen Entwicklungsprozesses mit externer Begleitung gemeinsam erarbeitet wurde, noch bevor die Führungsperson an die Schule kam. Die Qualitätsansprüche orientieren sich an den hessischen Stufen-Referenzrahmen für Schulqualität. Im Leitbild werden Maßnahmen und Kriterien zur Erfolgsmessung festgelegt (F5/29,30). Das Qualitätsleitbild wird auf der Homepage, im Qualitätshandbuch und im pädagogischen Netzwerk veröffentlicht (F5/32). Eine Vision als solches gibt es nicht (F5/34).

Die Schulleitung in der Schule F6 bezieht sich bei Fragen zum Leitbild auf den Erstellungsprozess des Dreijahresplans, wo in Plenen das Leitbild diskutiert, reflektiert (F6/32) und im Anschluss im Dreijahresplan verankert wird (F6/30). Die Veröffentlichung des Leitbilds erfolgt auf der Homepage im Rahmen der Veröffentlichung des Dreijahresplans (F6/34). Die schulische Führungsperson betont, dass Leitbild und Vision als Synonyme behandelt werden (F6/30). Im Leitbild werden die Stärken, die Schulkultur dargestellt und mit den Werthaltungen verknüpft (F6/30). Die Vision wird nicht konkret ausformuliert, aber sie beabsichtigt eigenständige Schüler/innen, die ihre Stärken kennen und nützen und mit Niederlagen umgehen können (F6/30).

Eine weitere Führungskraft führt an, dass es am Schulstandort ein Gesamtleitbild und Leitbildkonzepte gibt. Die Schulleitung beobachtet täglich, sammelt Ideen und Vorschläge und arbeitet auf Basis dieser Informationen neue Konzepte aus, die im Kollegium zwecks Einholung von Zuspruch präsentiert werden (F7/34). Das Leitbild wird auf der Homepage, auf Facebook und auf Instagram veröffentlicht (F7/39).

In der Schule F8 wurde das Leitbild gemeinsam mit Eltern, Kollegium und Schülerinnen und Schülern in einem mehr als einjährigem Prozess erstellt. Die Führungskraft sieht den Prozess der Leitbilderstellung als Errungenschaft von Schulautonomie. Zwischenstände wurden laufend kommuniziert, wobei die Abstände bei Eltern und Lernenden größer waren (F8/51). Das Leitbild prägt die Schule und formt den Umgang miteinander, unterstützt die Werteerziehung und wird auch von den Schülerinnen und Schülern mitgetragen (F8/45). Das grafisch aufbereitete Leitbild ist farbig gestaltet, wobei sich die Farben auch im Schulgebäude wiederfinden (F8/55). Veröffentlicht wird das Leitbild auf der Homepage (F8/57), in den Klassenzimmern, in der Aula und in den auf dem Leitbild basierenden Klassenleitbildern, wo jede Klasse einen Satz des Leitbilds als Klassenleitbild auswählt (F8/53). Die Führungskraft gibt an, dass das Leitbild quasi der Vision entspricht und zitiert daraus einen wichtigen Satz: *„Jeder Einzelne zählt."* (F8/63).

Eine andere Führungskraft berichtet, dass das Leitbild noch unter Vorgängerzeiten im Rahmen eines pädagogischen Tages partizipativ erarbeitet wurde (F9/28). Die Schwierigkeit dabei war, das Wichtigste auf wenigen Seiten zusammenzufassen (F9/28). Vision und Leitbild sind Bestandteil des Dreijahresplans, wobei die Vision lediglich drei Seiten umfasst (F9/28). Der Dreijahresplan wird auf der Homepage veröffentlicht und mit der Bildungsdirektion verlinkt (F9/31).

Die Schulleitung in der Schule F10 führt an, dass es keine eigene Vision gibt (F10/20), das arbeitsteilige, im Rahmen einer Abendveranstaltung mit Klassenvorständen bzw. Klassenvorständinnen, Eltern- und Klassenvertretung gemeinsam erarbeitete Leitbild wird auf der Homepage und in der Direktion veröffentlicht (F10/16–17, F10/20). Eine eigene Vision gebe es nicht (F10/20).

Eine schulische Führungskraft verbindet zwei Schulstandorte über ein gemeinsames Leitbild in Form eines Hauses (F11/480, F11/50–51). In einer Schule gibt es den Slogan „*I love XXX, ich gehe gerne in die Schule*", um die Identifikation mit dem Schulstandort zu erhöhen (F11/44). Der Schulstandort steht im Mitbewerb mit den Gymnasien in der Region (F11/44), darauf fußt auch die Vision, den Schulstandort durch die gemeinsame Schule der 6- bis 14-Jährigen im Cluster zu stärken (F11/46). Im Fokus der Vision stehen auch gesunde Ernährung, Bewegung, psychosoziale Gesundheit, Lehrergesundheit und Stärkung des Selbstbewusstseins der Schüler/innen (F11/46). Die beiden Leitbilder, die sich zu einem Haus formieren, werden über einen Flyer, die quartalsmäßige Schulpost und über die Gemeindenachrichten veröffentlicht (F11/48, F11/50–51).

Eine andere schulische Führungsperson berichtet, dass die Visionen im Rahmen der Schulentwicklung gemeinsam ausformuliert wurden (F12/34). Leitbild und Ziele werden im Kernteam erstellt und dann im Kollegium multipliziert. Das Leitbild wird gemeinsam mit Unterstützung der Pädagogischen Hochschule weiterentwickelt (F12/32). Das pädagogische Konzept spiegelt sich auch in der Architektur der Schule wider. Klassen mit Verbindungstüren zeigen, dass Lehrkräfte keine Einzelkämpfer/innen sind (F12/32). Die Visionen werden vereinfacht auf der Homepage veröffentlicht, finden sich auch teilweise in den Logbüchern der Kinder wieder. Die Lehrkraft legt auch Wert darauf, dass sich die Visionen in Veröffentlichungen, wie z. B. in Best Practice Beispielen, wiederfinden (F12/34).

Das Leitbild am Schulstandort F13 wurde bereits vor einigen Jahren partizipativ erstellt (F13/26) und wird im Schulfolder und auf der Homepage veröffentlicht (F13/28). Vision und Leitbild sind miteinander verwoben. Die schulische Führungskraft führt an, dass die Vision immer dann zum Tragen kommt, wenn mit dem Kollegium Zukunftsideen entwickelt werden (F13/29–31).

Zusammenfassend kann festgehalten werden, dass es in den meisten Fällen keine eigene Vision gibt oder die Vision im Leitbild enthalten ist. In zwei Schulen findet sich die Vision gemeinsam mit dem Leitbild in einem Dreijahresplan wieder. In den meisten Schulen wurde das Leitbild vor Jahren, oft noch unter einer Vorgängerin oder einem Vorgänger partizipativ mit Einbindung von Eltern und Schüler/innen erarbeitet. Eine Schule hat ein umfangreiches Qualitätsleitbild erarbeitet, das laufend überarbeitet wird und von dem Ziele und Maßnahmen abgeleitet werden. Ein Leitbild mit Slogan soll die gemeinsame Identifikation mit der Schule stärken, die visuelle Gestaltung des Leitbilds mit einem Haus soll zwei Schulstandorte aneinanderbinden. Lediglich eine Schule möchte das Leitbild leben, anstatt es wie eine Monstranz vor sich herzutragen.

### 4.1.7 Ziele

Dieser Abschnitt beschäftigt sich mit der Frage, wie die Schulleitung mit Zielen umgeht. Im Folgenden werden die Ergebnisse für die Subkategorie „B4 Ziele" beschrieben.

Im Fall 1 führt die Führungskraft aus, dass keine Ziele vorgegeben werden und sich Ziele aus dem Alltag heraus ergeben. Ziele entstehen dadurch, dass die Führungsperson gezielte Fragen nach der Zielrichtung stellt (F1/40–42, F1/44–46). Die Ziele werden im SQA-Plan verschriftlicht, kleinere Ziele auch in Protokollen, damit sie evaluiert werden können. Ergebnisse fließen teilweise in das Leitbild ein. Die Führungskraft gibt an, dass sie die gemeinsame Zielvorstellung im Kollegium dadurch fördert, dass alle eingebunden sind, wodurch ein gemeinsamer Konsens gefunden werden kann. Ist kein gemeinsamer Konsens möglich, kommt es auch vor, dass eine Klasse einen anderen Weg beschreitet (F1/40–42, F1/44–46).

Eine andere Führungskraft berichtet, dass in der erweiterten Schulleitung Jahresziele besprochen und festgelegt werden, die dann in Konferenzen dem Kollegium bekanntgegeben werden. Die informelle Reflexion dieser Ziele erfolgt in den wöchentlichen Teamsitzungen. Für die Ziele werden Strömungen aufgegriffen, z. B. Nachhaltigkeit, und als Oberziel für weitgehend alle Fächer ernannt (F2/47, F2/48–49). Ziele werden nicht verordnet, um Widerwillen zu vermeiden, werden sie von der erweiterten Schulleitung in Personengruppen von zehn bis elf Lehrkräften kommuniziert. Gleichzeitig spricht die schulische Führungskraft Lehrpersonen, die für ein Ziel besonders wertvoll erscheinen, aktiv an (F2/50–51).

In der Schule F3 fassen die Schulleitung und die beiden Qualitätsverantwortlichen ihre Ideen zu einem bestimmten Thema, z. B. Individualisierung, zusammen und stellen sie dem Kollegium vor. Wenn die Inhalte vom Kollegium angenommen werden, werden Referentinnen und Referenten von außen zur Moderation von Zieleworkshops hinzugezogen. Ziele resultieren auch aus vorgegebenen Zielen des privaten Schulträgers, hier betont die Führungskraft die Vernetzung in Form von Leitertreffen. Die vorgegebenen Ziele fließen in einem Zwei-Jahre-Rhythmus in den Schulalltag ein und da sind alle eingebunden (F3/35–37).

Eine Führungskraft führt laufende Besprechungen mit den Schulqualitätsprozessmanagerinnen bzw. -prozessmanagern an, wo Ziele festgelegt werden. Die Lehrkräfte werden in den Prozess einbezogen. Ziele werden entweder vorgegeben, wenn es um die strategische Richtung geht, oder gemeinsam beschlossen, wenn es sich um weitreichende Ziele handelt. Dabei werden teilweise auch die Maßnahmen beschlossen (F4/32–34).

Im Fall 5 berichtet die Führungskraft, dass Ziele aus Evaluationsergebnissen entstehen. Aus identifizierten Defiziten werden Ziele entwickelt, die von der Arbeitsgemeinschaft Schulentwicklung weiterverfolgt werden. Die von der AG Schulentwicklung ausgearbeiteten Entwicklungsziele werden von der Führungskraft mit der Bildungsverwaltung vereinbart (F5/39). Die gemeinsame Zielvorstellung wird durch die Vorstellung in Konferenzen oder im Rahmen eines pädagogischen Tages gefördert (F5/40–41).

Eine weitere Führungskraft berichtet, dass die Umsetzung von Zielen am Ende des Schuljahres besprochen wird, was in Corona-Zeiten untergegangen ist. Teamziele wurden im laufenden Schuljahr erstmalig genauer definiert und eingehalten (F6/38, F6/42).

Die Führungskraft in der Schule F7 nützt einen alternativen Weg für Ziele. Zu Beginn des Schuljahres sammelt sie die persönlichen Ziele, auch Leitsprüche und Zitate oder Kurzgeschichten von den Lehrkräften ein, die gegen Ende des Schuljahres retourniert und gemeinsam reflektiert werden. Die Führungskraft nimmt sich dafür zwei bis drei Stunden Zeit pro Mitarbeiter/in (F7/49, F7/52–59).

Eine andere Führungskraft betont den hohen Stellenwert von Zielen. Ziele werden aus den Ergebnissen von Online-Befragungen abgeleitet (F8/18). Ziele, die aus gesetzlicher Notwendigkeit entstehen, werden ohne Zustimmung des Kollegiums umgesetzt, jene Ziele, die sich aus den Konzepten von Arbeitsgruppen ergeben, werden in der Konferenz vorgestellt, gemeinsam vereinbart und festgelegt (F8/70). Zwischenergebnisse werden in den Arbeitsgruppen beschlossen, Endergebnisse im Kollegium präsentiert (F8/72).

Die schulische Führungsperson in der Schule F9 betont die Unterschiedlichkeit von Zielen. Bei Reformvorhaben werden Ziele landesweit von oben vorgegeben und müssen umgesetzt werden. Die Ziele der Führungskraft, die mit der Bildungsdirektion vereinbart werden, werden transparent im Kollegium kommuniziert. Ziele, die aus den Teams kommen, werden ebendort formuliert (F9/39–40).

Eine andere Führungskraft betont die Wichtigkeit von Zielsetzung, realistischen Teilzielen und Zielerreichungskontrolle. Sie versucht, die Zielvorstellung im Kollegium durch Moderation zu stärken, um Vertrauen im Kollegium zu gewinnen und zu motivieren (F10/39–41, F10/42–47). Die Führungsperson versucht mitunter, durch provokante Fragestellungen eine Initialzündung zu setzen, z. B. *„Was müssen wir machen, damit wir noch mehr Schülerinnen und Schüler verlieren?"* (F10/42–47).

Die schulische Führungsperson in der Schule F11 reflektiert, dass es zwar flächendeckende Mitarbeitergespräche gebe, wo aktuelle Themen immer in Bezug auf die Schulkultur intensiv besprochen werden, aber bei der Zielformulierung und persönlichen Zielerreichungsgesprächen bestehe Nachholbedarf (F11/59). Es existiert ein Zwei-Jahresplan basierend auf einem Projekt zum Thema Lehrergesundheit, wo zum Zeitpunkt der Befragung eine Reflexionsphase stattfindet (F11/61). Der Fokus lag in den letzten Jahren aufgrund zahlreicher Veränderungen beim Absichern und Coaching durch die Führungskraft, es ginge jetzt darum, zielgerichtet neue Wege einzuschlagen, wobei SQA als Werkzeug für Schulentwicklung geschätzt wird (F11/61).

Eine Schulleitung berichtet darüber, dass Ziele gemeinsam festgelegt werden und in Konferenzen konkrete Handlungsschritte vereinbart werden (F12/45). Die Evaluierung und Reflexion der Zielerreichung erfolgen auf verschiedenen Ebenen (F12/47). Die Führungskraft hebt Kreativität als allgemeines Schulqualitätsziel hervor (F12/103).

Auch im Fall 13 wird das QM-Tool als hilfreiches Werkzeug hervorgehoben (F13/35). Ziele ergeben sich aus Ideen aus dem Kollegium, die vom SQA-Team, bestehend aus der Schulleitung und zwei Lehrkräften, aufgegriffen und im Kollegium besprochen werden. In den Konferenzen werden Zeitfenster geschaffen, damit die Zielerreichung laufend reflektiert werden kann (F13/35). Im SQA-Tool werden die Ziele heruntergebrochen und dokumentiert. Durch die Verschriftlichung bleiben die Ziele präsent und können im Rahmen des pädagogischen Tages im Herbst reflektiert werden (F13/38–41).

Zusammenfassend kann gesagt werden, dass Qualitätsmanagement-Programme die Kontrolle der Zielerreichung erfolgreich unterstützen, da Ziele heruntergebrochen, terminisiert und dokumentiert werden können und dadurch der Prozess der Evaluierung vereinfacht wird. Teilweise fließen Evaluierungsergebnisse aufgrund von Zielen in die Leitbilder hinein oder führen zu neuen Zielen. Es zeigt sich, dass Ziele transparent kommuniziert werden und das Kollegium bei der Zielefestlegung durch Diskussion und Offenheit eingebunden wird, wodurch die Zielvorstellung gefördert werden kann. Ziele werden in einigen Fällen im Rahmen eines pädagogischen Tages thematisiert, jedoch zeigt sich, dass das Festlegen persönlicher Ziele für Lehrkräfte nicht oft praktiziert wird. Eine interessante Vorgehensweise findet sich in der Schule F7, wo die Führungskraft zu Beginn des Schuljahres persönliche Ziele, Leitsprüche und Zitate oder Kurzgeschichten einsammelt, die zum Ende des Schuljahres gemeinsam reflektiert werden.

### 4.1.8 Strategieprozess

In diesem Kapitel werden die Ergebnisse der Analyse für die Subkategorie „B3 Strategieprozess" beschrieben. Die Frage, die dieser Subkategorie zugrunde liegt, beabsichtigt, Erkenntnisse über die Einstellung der Führungskräfte in Bezug auf den Strategieprozess zu gewinnen.

Die Frage, wie die Mitarbeiterinnen und Mitarbeiter an der Mitgestaltung der Strategie beteiligt sind, beantwortete die Führungskraft in der Schule F1 damit, dass es regelmäßige, monatliche pädagogische Konferenzen gibt, wo verschiedene Themen besprochen werden, wo darüber diskutiert wird, was gut bzw. weniger gut läuft. Im überschaubaren Team sind alle Lehrkräfte stark eingebunden, auch, wie die Führungskraft betont, weil sie auch ausführende Personen sind. in Corona-Zeiten erfolgten wöchentliche Videokonferenzen (F1/34, F1/36).

Eine andere Führungskraft verweist für den Strategieprozess auf die erweiterte Schulleitung (F2/35) und das Schulentwicklungsteam. Interessierte Lehrkräfte können sich diesem sich ständig in der Zusammenarbeit ändernden Team anschließen, das auch von Fall zu Fall umbenannt wird, z. B. in Nachhaltigkeitsteam, „[…] *weil das ist irgendwie ein bisschen so ein verbrannter Begriff.*" (F2/36)

Eine sehr offene Miteinbeziehung des Kollegiums beschreibt die Führungskraft in der Schule F3. Für jede der beiden Schulen, welche die Führungskraft verantwortet, gibt es zwei Qualitätsbeauftragte, die in den Strategieprozess ebenso eingebunden sind wie die Personalvertretung, die Vertrauensausschuss genannt wird. Lehrkräfte aus den unterschiedlichen Fachgruppen sind eingeladen, in den Schulentwicklungsgruppen mitzuarbeiten. Zu den in Konferenzen oder bei pädagogischen Halbtagen kommunizierten Informationen können die Lehrkräfte in Online-Umfragen oder im Rahmen von persönlichen Gesprächen Rückmeldung geben (F3/33).

Eine andere Führungskraft berichtet, dass Ideen und Vorschläge jederzeit eingebracht werden können. Die Umsetzung wird grundsätzlich in pädagogischen Konferenzen und dann im Kollegium besprochen. Wenn es um die konkrete Umsetzung geht, werden im Rahmen von pädagogischen Konferenzen Fachvorträge angeboten, bei denen sich die Lehrkräfte zum strategischen Thema weiterbilden können und zusätzliche Informationen holen können. (F4/30)

In der Schule F5 spielt das Schulmotto „Fit für den Beruf, fit für das Leben" eine große Rolle, denn dahinter verbirgt sich die Strategie, welche die schulische Führungsperson nicht als Strategie im eigentlichen Sinn bezeichnen will. Die Rolle der Lehrkräfte spielt eine große Rolle bei der Intention, Jugendliche zu entwickeln, damit sie im Leben Fuß fassen können (F5/34).

Eine Führungskraft berichtet, dass individuelle Ideen jederzeit bei der Schulleitung deponiert werden können. Ansonsten sammeln die Fachgruppen Vorschläge, über die Zusammenschau der einzelnen Fachgruppen werden Strategien entwickelt (F6/36).

Die Führungskraft in der Schule F7 betont ebenfalls die Verantwortung der Lehrkräfte bei der Umsetzung von Strategien und fühlt sich angewiesen auf deren Mitarbeit, um gemeinsame Projekte umsetzen zu können (F7/45). Die Führungskraft betont, dass ihre Vorhaben transparent in Gesprächen, bei SQA-Sitzungen und bei Konferenzen kommuniziert werden, wobei sie für angenehme

Atmosphäre sorgt. Vor dem Start von Projekten wird das Vorhaben für das Kollegium verschriftlicht (F7/46–47).

Eine Führungskraft berichtet von der Zukunftswerkstatt, die jährlich in Form einer Klausur außer Haus mit freiwilliger Teilnahme stattfindet. Dort werden Ideen kollaborativ ausgearbeitet (F8/47, F8/65). Prinzipiell erfolgen Strategieprozesse in einer Mischung von top-down, zur Anregung, und bottom-up, in der Zukunftswerkstatt (F8/65).

Auch in der Schule F8 wird das Kollegium sehr wesentlich an der Strategie beteiligt, *„weil die Strategie ja nicht ich als Führungskraft umsetzen kann, zumindest in weiten Teilen, sondern das wirklich durch den Unterricht passiert"* (F9/36–37). Die schulische Führungsperson betont, dass der durch die Strategie bewirkte Unterricht starken Einfluss auf das Image der Schule hat. In den Kollegiumssitzungen werden im Sinne eines kontinuierlichen Prozesses Teilaspekte ausgetauscht und nach einer gemeinsamen Linie gesucht (F9/36–37).

Eine Führungskraft berichtet, dass sie Ideen als Information an das Kollegium weitergibt, damit dieses sich damit auseinandersetzt. Bei Unterrichtsentwicklung beispielsweise befasst sich das Schulentwicklungssteam, bestehend aus den Koordinatorinnen und Koordinatoren der Hauptgegenstände, einer/einem Lerndesigner/in und der Leitungsstellvertretung, mit dem Thema und präsentiert seine Ergebnisse in pädagogischen Konferenzen, wo sich jede/r einbringen kann und dann bei Bedarf nachjustiert wird (F10/24–28).

Im Fall 11 gibt es an beiden Schulstandorten ein Kernteam, das seine Entwicklungen bei Konferenzen als Vorschlag zur Diskussion einbringt. Die Schulleitung sieht die Herausforderung darin, dass es einen Generationswechsel im Lehrerteam gibt, wo die Älteren viel aufgebaut haben, die Jungen alles neu erfinden wollen, wodurch aber auch Bewegung und Neues entsteht (F11/53).

In der Schule F12 wird der Pädagogik Raum und Platz eingeräumt. Angeleitet vom Schulentwicklungsprozess, werden Strategien ausgehend von kleinen Meetings und Konferenzen gemeinsam entwickelt. Über die Mitarbeitergespräche können die Ziele und Visionen des Kollegiums eingebracht werden (F12/41).

Die schulische Führungsperson in der Schule F13 berichtet von einer gut durchdachten Teamstruktur mit transparenter Aufgabenverteilung, die im Strategieprozess eine wesentliche Rolle spielt. Ideen, die an die Führungskraft herangetragen werden, werden in einer Kleingruppe unter Einbeziehung der Personalvertretung weiterverfolgt. Bei Ideen der Schulleitung werden Lehrkräfte eingeladen, für welche die Idee interessant ist. Die Ergebnisse werden ins Plenum getragen (F13/33).

Zusammenfassend kann festgehalten werden, dass sich der Strategieprozess in den betreffenden Schulen stark am Schulentwicklungsprozess orientiert. In allen Fällen wird das Kollegium in unterschiedlicher Ausprägung einbezogen,

Schulentwicklungsteams oder Kernteams befassen sich mit Ideen, die entweder vom Kollegium oder von der Schulleitung eingebracht werden. Zwei Führungskräfte berichten von der Einbeziehung der Personalvertretung. In allen Fällen werden die Lehrkräfte in Konferenzen oder im Rahmen von pädagogischen Tagen über den Strategieprozess informiert. Rückmeldungen des Kollegiums in Form von Umfragen, persönlichen Gesprächen oder Diskussionen werden in der Strategie berücksichtigt. Eine Schulleitung bevorzugt Klausuren außer Haus, bei denen die Lehrkräfte auf freiwilliger Basis teilnehmen können. Dieselbe Führungskraft setzt im Strategieprozess auf eine Kombination durch top-down-Anregung und bottom-up-Strategieentwicklung im Rahmen einer Zukunftswerkstatt. Eine Führungsperson sieht die Strategie im Schulmotto verborgen. Hervorgehoben werden kann, dass einige Befragten die wichtige Rolle der Lehrkräfte bei der Umsetzung der Strategie betonen.

### 4.1.9 Persönliche Werte

Dieser Abschnitt beschäftigt sich mit der Frage, welche persönlichen Werte die Führungskraft hinsichtlich der Führungskultur verfolgt. Im Folgenden werden die Ergebnisse der Analyse für die Subkategorie „C5 Werte und Normen" vorgestellt.

Die erste Führungskraft führt an, dass sie einen Schwerpunkt auf Stärkenorientierung legt, sowohl bei den Lehrkräften als auch bei den Schülerinnen und Schülern. Sie betont ihren Wunsch nach einem wertschätzenden Miteinander und Demokratieverständnis, das sich auch im Schülerparlament und in den Kinderkonferenzen in den Klassen zeigt (F1/49–50).

Der zweiten Führungskraft ist es wichtig, dass die Unterrichtszeit gut ausgenützt wird und sie legt Wert auf eine angstfreie Schulumgebung sowie auf höflichen und rücksichtsvollen Umgang miteinander (F2/55). Eine andere Führungskraft betont im Zusammenhang mit Schulkultur Wertschätzung und Eigenverantwortung sowie personenorientierte Begabungsförderung, die als besondere Form der individualisierten Unterstützung betrachtet wird (F2/55).

Für die Schulleitung in der Schule F4 stehen Wertschätzung und Eigenverantwortung an oberster Stelle. Außerdem nennt die Führungskraft Leistungsorientierung und Kommunikation, um gemeinsam Lösungen zu finden (F4/36). Eine andere Führungsperson nennt vier Werte: Individualisierung, Ergebnisverantwortung, Prozessverantwortung und Evaluation (F5/47).

Am Schulstandort F6 werden Toleranz, Transparenz und Offenheit genannt. Die Führungskraft betont, dass es wichtig ist, zuzulassen und in diesem Kontext auch viel zuzuhören (F6/46). Eine weitere Führungsperson gibt an, dass Beziehung an erster Stelle steht. Ihr ist es besonders wichtig, dass eine gute Beziehung zu den Kindern, zu den Eltern und zu den Lehrkräften aufgebaut wird.

Darüber hinaus sind Wertschätzung, das gegenseitige Wahrnehmen, Transparenz und Kreativität von Bedeutung (F7/63, F7/117).

Für die Schulleitung in der Schule F8 ist die Begegnung auf Augenhöhe ganz wichtig. Darüber hinaus nennt sie Partizipation, da sie der Meinung ist, dass es dem Gemeinwesen guttut, möglichst viele Perspektiven miteinzubeziehen. An dritter Stelle führt sie an, dass die Führungskraft Vorbild ist, die Freude am Lehrberuf vermitteln und vorleben soll (F8/74).

Während die Führungskraft in der Schule F9 Ehrlichkeit, Konsequenz und Respekt anführt (F9/74), ist für eine andere Schulleitung Kommunikation in der Beziehungsarbeit besonders wichtig. Die Beziehungsarbeit mit den Mitarbeiterinnen und Mitarbeitern, Schülerinnen und Schülern sowie Eltern müsse am Anfang von allem stehen (F10/75–77). Den Mitarbeiterinnen und Mitarbeitern Vertrauen entgegenzubringen, ist ebenso wichtig wie auch die Lernbereitschaft. Die Führungskraft hält sehr viel von lernenden Lehrkräften (F10/77–80).

Wertschätzung ist auch für die restlichen drei Führungskräfte von hoher Bedeutung (F11/63, F12/49, F13/43). Die Führungskraft in der Schule F11 nennt auch Kommunikation sowie den Informationsfluss von der Schulleitung zu den Lehrkräften und von den Lehrkräften zu den Kindern (F11/63). Neben Wertschätzung nennt eine Führungsperson auch Empathie und Respekt (F12/49). Die letzte schulische Führungskraft führt neben Wertschätzung Zusammenhalt und Leistungsorientierung an (F13/43).

Durch die Auswertung dieser Subkategorie wird deutlich, dass die Mehrheit der befragten Führungspersonen bei den persönlichen Werten hinsichtlich der Schulkultur Wertschätzung anführt. Mehrfachnennungen gibt es auch für Kommunikation, Respekt, Leistungsorientierung und Transparenz. Ansonsten werden u. a. die Werte Demokratieverständnis, Stärkenorientierung, Eigenverantwortung, Toleranz, Begabungsförderung, Kreativität, Beziehung, Ehrlichkeit, angstfreie Schulumgebung, Konsequenz und Respekt, Informationsfluss, Empathie und gute Ausnützung der Zeit genannt.

### 4.1.10 Einbringen von Ideen und Vorschlägen

In diesem Kapitel werden die Ergebnisse der Subkategorie „C4 Ideen und Vorschläge" beschrieben. Die schulischen Führungskräfte wurden im Interview darüber befragt, wie ihre Mitarbeiter/innen deren Vorstellungen und Ideen einbringen können.

Die erste Führungskraft gibt an, dass den Lehrkräften in den pädagogischen Konferenzen Raum und Zeit gegeben wird, ihre Ideen vorstellen. Diese seien im Rahmen eines Austauschs mit Lehrkräften aus anderen Schulen bei Hospitationen oder bei Fortbildungsveranstaltungen aufgegriffen worden

(F1/38). Die Schulleitung betont, dass jeder Kollegin und jedem Kollegen im Laufe eines Schuljahres die Möglichkeit eingeräumt wird, durch Hospitationen an anderen Schulen Anregungen für neue Ideen zu sammeln (F1/93). Im Rahmen von SCHILFs und SCHÜLFs werden zudem jedes Semester externe Referentinnen und Referenten an die Schule geholt, um neue Vorstellungen zu fördern. Die Ideen, die im Rahmen der Veranstaltungen entstehen, werden von den Lehrkräften gemeinsam erarbeitet und in den Teams weiterbehandelt (F1/38).

Die zweite Führungskraft bekräftigt, dass Ideen willkommen sind und unterstützt werden (F2/96). Auch im Fall 3 gibt die Schulleitung an, dass Ideen und Vorschläge jederzeit bei ihr eingebracht werden können (F4/30). Eine andere Führungsperson verweist auf die Veränderungs- und Schulentwicklungsprozesse und erklärt, dass Ideen über Projektanträge in einem Projektmanagementsystem eingebracht werden können. Jeder dürfe Ideen einbringen, in den Projektanträgen müsse aber ein Bezug zum Qualitätsleitbild angegeben werden (F5/36–37). Auch die Schulleitung in der Schule F6 gibt an, dass immer die Möglichkeit besteht, individuelle Ideen und Vorschläge direkt bei ihr einzubringen, die Mitarbeiter/innen jedoch dazu eingeladen werden, ihre Anregungen in den Fachgruppen vorzubringen. Aus Sicht der Führungskraft braucht es Personen, welche die Ideen umsetzen, daher ist ihr die Umsetzung ein großes Anliegen. Sie ergänzt, dass nicht alle Ideen umgesetzt werden (F6/68).

Eine andere Führungsperson gibt an, dass Ideen und Vorschläge durch das Zusammenleben und im SQA-Prozess entstehen (F7/36). Im Fall 8 erklärt die Schulleitung, dass sich einmal im Jahr Kolleginnen und Kollegen auf freiwilliger Basis in eine Klausur, die Zukunftswerkstatt, begeben (F8/47). Eine andere Führungskraft führt an, dass Ideen und Ziele im Klassenrat und in den Teams entstehen. Sie ergänzt, dass sie als Visions- bzw. Ideengeber/in oder zur Moderation eingeladen wird, aber auch als Informationsquelle genutzt wird (F9/39–40).

Ganz anders verhält es sich in der Schule F11. Aufgrund der vielen Veränderungen, die von außen an die Schule herangetragen werden, geht es jetzt eher um das Absichern und um die Entscheidung, in welche Richtung es weitergeht (F11/61). Die Führungskraft in der Schule F12 gibt an, dass es kollegiale Besprechungen gibt. Sehr spannend sei, dass die Junglehrer/innen im Coaching-Prozess viele Ideen vom Masterstudium einbringen. Dadurch wird ihr neues Wissen im Kollegium multipliziert und weitergetragen (F12/38). Eine andere Schulleitung erklärt, dass es am Schulstandort eine ausgeklügelte Teamstruktur gibt. Sie führt an, dass Ideen an sie herangetragen werden, aber auch sie selbst eigene Ideen einbringt. Diese Ideen und Vorschläge werden dann in den Teams, in einer Kleingruppe, weiterverfolgt und ins Plenum getragen (F13/33).

Zusammenfassend lässt sich sagen, dass Ideen in vielen Fällen ausdrücklich willkommen sind und jederzeit eingebracht werden können, sei es bei der Führungskraft selbst, in den Fachgruppen, in kollegialen Besprechungen, pädagogischen

Konferenzen oder über einen Projektantrag. Eine Führungskraft betont, dass Ideen auch umgesetzt werden sollen, es daher Personen für die Umsetzung brauche. In Bezug auf Projektanträge wird der Hinweis gegeben, dass bei Ideen und Vorschlägen ein Bezug zum Qualitätsleitbild vorliegen muss. Ideen entstehen auch im SQA-Prozess, aber auch im alltäglichen Zusammenleben. Quellen für Ideen und Vorschläge sind Teamsitzungen, Klausuren, Fortbildungen und Hospitationen in anderen Schulen. Eine Führungskraft betont, dass es am Schulstandort aufgrund vieler Veränderungsprozesse derzeit nur um das Absichern geht.

## 4.1.11 Kommunikation und Information

In diesem Abschnitt werden die Erkenntnisse aus der Kategorie „C1 Kommunikation und Information" dargestellt. Die Fragen, welche Kommunikationskultur am Schulstandort etabliert wurde und welche Kommunikationsangebote den Mitarbeiterinnen und Mitarbeitern angeboten werden, beantwortete die Führungskraft in der Schule F1 damit, dass es aufgrund des überschaubaren Teams viele Alltagsgespräche gibt, wo viele Themen geklärt werden können. Ansonsten ist die Tür der Schulleitung immer offen, Lehrkräfte können jederzeit kommen. Ein weiteres Kommunikationsangebot ist das Mitarbeitergespräch. In brisanten Fällen, meist bei Problemen mit Schülerinnen und Schülern, finden Gespräche unter Beiziehung einer neutralen dritten Person statt. Die Informationsweitergabe erfolgt mittels E-Mail, gelegentlich gibt es bei wichtigen, dringenden Belangen auch Nachrichten per WhatsApp. Im Lehrerzimmer gibt es eine Pinnwand, wo aktuelle Termine des Monats ausgehängt werden (F1/51–52, F1/116).

Auch die Führungskraft in der Schule F2 ist jederzeit für das Kollegium erreichbar. Die Tür zu Direktion ist immer offen, außer, wenn Gespräche stattfinden (F2/61). Jeden Donnerstag gibt es im Rahmen eines Jour-fixe-Termins (F2/84) vor Unterrichtsbeginn Kurzkonferenzen, wo Aktuelles besprochen wird. Die Ergebnisse und Informationen dazu werden mittels E-Mail an das ganze Kollegium weitergeleitet. Stellenausschreibungen leitet die Führungsperson mittels E-Mail an das Kollegium weiter (F2/59). In Corona-Zeiten gibt es Videokonferenzen und alle sechs Wochen finden Lehrerkonferenzen mit allen Lehrkräften statt. Die Führungskraft kommuniziert über E-Mail, hat dazu verschiedene E-Mail-Verteiler, z. B. für die Eltern. Betont wird, dass es ein papierloses Büro gibt (F2/91) und dass die Aufgabenverteilung innerhalb der erweiterten Schulleitung transparent veröffentlicht wird (F2/92).

Eine andere Führungskraft führt das persönliche, direkte Gespräch an und die Möglichkeit für das Kollegium, mit den Ansprechpartnerinnen und Ansprechpartnern in der Bildungsdirektion oder der Personalvertretung Kontakt aufzunehmen. E-Mail dient als wichtiges Kommunikationsmittel und seit

Corona auch die Videokonferenz. Ansonsten gibt es einen wöchentlichen Newsletter und den Austausch bei den pädagogischen Tagen (F3/43).

Die Führungsperson in der Schule F4 ist jederzeit für das Kollegium erreichbar, wenn es Anliegen gibt. Sie führt an, dass Lösungen gemeinsam gefunden werden. *„Gemeinsam können wir stark sein."* (F4/38). Der Informationsfluss top-down über verschiedene Kanäle, z. B. per E-Mail oder in Videokonferenzen, funktioniert gut laut der Führungskraft. Sie schränkt ein, dass es noch einen geregelten Prozess braucht, welche Informationen über welchen Kanal verbreitet werden sollen (F4/40). Im Lehrerzimmer gibt es ein Schwarzes Brett, wo die wichtigsten Punkte veröffentlicht werden. Eine Lehrergruppe in den Sozialen Medien unterstützt die Kommunikation innerhalb des Lehrkörpers. Alle Lehrkräfte können auf ein gemeinsames Laufwerk mit den wichtigsten Unterlagen zugreifen (F4/42).

Auch die Führungskraft in der Schule F5 spricht über eine *„offene-Tür-Politik"* (F5/49). Entscheidungen und Informationen werden per E-Mail an das Kollegium weitergeleitet. Ein Newsletter wird in Zusammenarbeit mit dem Team der Öffentlichkeitsarbeit zweimal im Jahr erstellt. Bei diesem Newsletter, der innerhalb und außerhalb der Schule verbreitet wird, kommen auch die Schülerinnen und Schüler zu Wort. Die Führungskraft betont, dass sie oft im Lehrerzimmer ist, dass immer kommuniziert wird. Diese Gespräche ersetzen derzeit noch die Personalentwicklungsgespräche, bei deren Institutionalisierung die Führungskraft noch Defizite eingesteht. (F5/49)

Eine andere schulische Führungsperson betont das offene Gespräch und die Notwendigkeit, sich Zeit zu nehmen für Anliegen, die anfallen. Für längere Gespräche werden Termine vereinbart, wobei rasch auf Terminanfragen reagiert wird. Austausch findet auch im Rahmen von Mitarbeitergesprächen statt. Wichtig empfunden wird das „Sich-zufällig-Treffen". Bei den Sitzungen in den Gremien, bei Teamsitzungen mit dem Führungsteam und dem Direktionsrat (Verantwortliche der drei Schultypen) wird über die Lösung bestimmter Anliegen und Probleme beraten (F6/48). Die Führungskraft betont, dass sie großen Wert darauf legt, Möglichkeiten für wertfreies Feedback zu schaffen (F6/134).

Die Führungskraft in der Schule F7 nimmt sich bereits am Morgen Zeit für Gespräche und hat immer eine offene Tür für ihre Mitarbeiter/innen. Die Vormittage sind für Unvorhergesehenes reserviert (F7/65, F7/67).

Eine Führungsperson beschreibt das digitale Infoportal als wichtigste Säule der Kommunikation, wo mit jedem Mitglied der Schulgemeinschaft über E-Mails kommuniziert werden kann (F8/22–23, F8/77). Die Führungskraft hat stets eine offene Tür, führt viele Gespräche im Lehrerzimmer (F8/72) und achtet auf angemessene Intervalle zwischen den Konferenzen (F8/76). Auf einer Alumni-Seite können ehemalige Lehrkräfte miteinander kommunizieren. Bei der sogenannten Montagsinfo werden Neuigkeiten kommuniziert, die Teilnahme ist freiwillig und danach bekommt jede Lehrkraft ein Protokoll, sodass immer alle über die aktuellen Entwicklungen informiert sind (F8/22–23, F8/77).

Im Fall 9 wird von der Schulleitung berichtet, dass das Sekretariat Zugriff auf den Outlook-Kalender der Führungskraft hat. Es wird ein Zeitfenster für spontane Einzelgespräche zur Verfügung gestellt. E-Mails werden häufig genützt, die Führungskraft antwortet bei dringenden Anfragen am gleichen Tag, ansonsten spätestens nach zwei bis drei Tagen (F9/46). Das sogenannte digitale Register dient als Kommunikationsinstrument zwischen Lehrkräften und Eltern. Die Schüler/innen sehen in Echtzeit Benotungen, Mitteilungen, auch die Führungskraft kann darin aus dem Schriftverkehr sich zuspitzende Konflikte identifizieren (F9/101).

Eine andere schulische Führungskraft befindet Informationsweitergabe als sehr wichtig und sorgt für Vernetzung und professionelle und konstruktive Kommunikation. Die Türe in der Schulleitung ist offen für die Lehrkräfte. Kommunikation erfolgt in Teambesprechungen, Konferenzen, über elektronische Kommunikation und Dokumente. Eine WhatsApp-Gruppe sorgt für Vernetzung zwischen Schulleitung und Kollegium (F10/82–86).

Im Fall 11 befindet die Führungskraft, dass das Mitarbeitergespräch zur Stärkung des Miteinanders, des Kommunikations- und Informationsflusses dient (F11/66). Am betreffenden Schulstandort werden Informationen über die laufende Woche per E-Mail in der Wochenpost an das Kollegium kommuniziert. E-Mails mit Verteilern lassen die zielorientierte Weitergabe von Information zu. Zum schnellen Austausch wird eine Schoolfox-Gruppe mit den Lehrkräften genutzt. Die analoge Informationsweitergabe funktioniert über eine Informationswand bzw. eine Akut-Informationswand an der Tür oder über das Postfach (F11/67–88, F11/87). Die Führungskraft ist nach Möglichkeit immer sofort erreichbar oder es gibt Terminvereinbarungen (F11/70). Die Führungsperson versucht, den Vormittag für die Belegschaft zu reservieren. *„Ich finde, Mitarbeiter/innen haben immer Vorrang"* (F11/72).

Eine Führungskraft sieht die offene Tür als Symbol (F12/119, F12/121) und forciert den Dialog nach den sieben Regeln nach David Bohm, um eine offene Kommunikation zu fördern und Zeit zur Reflexion zu schaffen (F12/51, F12/53). In Corona-Zeiten wurden Videokonferenzen mit straffer Strukturierung eingeführt (F12/53).

Die Führungskraft in der Schule F13 hat auf jeden Fall ihre Tür immer offen. Persönliche Gespräche sind ihr wichtig, ansonsten gibt es eine strukturierte Kommunikationsschiene, z. B. eine Freitagsmail mit dem Wochenplan an das gesamte Kollegium. Dadurch soll garantiert werden, dass auch Teilzeitkräfte immer informiert sind. Begleitende E-Mails werden genützt, um zum Beispiel Danke zu sagen oder auf wichtige Dinge hinzuweisen. Darüber hinaus gibt es Teamsitzungen und Einzelgespräche sowie strukturierte Reflexionsgespräche (F13/45).

In dieser Subkategorie zeigt sich, dass allen schulischen Führungskräften persönliche Gespräche wichtig sind und darauf geachtet wird, dass die Tür zur Schulleitung offen ist. In den meisten Fällen werden Informationen über E-Mails in mehr oder weniger strukturierter Form an die Mitarbeiter/innen weitergeleitet. Einige Schulleiter/innen nutzen Rundmails, z. B. in Form einer Wochenpost. Eine Pinnwand im Lehrerzimmer wird ebenso genutzt wie Gruppennachrichten in sozialen Medien. Eine schulische Führungskraft berichtet über einen Newsletter, in dem auch die Schüler/innen zu Wort kommen. Viele Führungskräfte reservieren bestimmte Zeiträume im Kalender für Unvorhergesehenes oder bieten Terminvereinbarungen für geplante Gespräche an. Ein Infoportal bzw. ein digitales Register bieten zwei Führungskräften die Möglichkeit, Schriftverkehr, Notizen bzw. Leistungsbeurteilungen nachzuvollziehen. In einem Interview wird über den Dialog nach den sieben Regeln nach David Bohm berichtet, der am Schulstandort zur Anwendung kommt.

### 4.1.12 Förderung der Kultur des Vertrauens und der Zusammengehörigkeit

In diesem Abschnitt soll aufgezeigt werden, wie die befragten Expertinnen und Experten auf die Frage, wie sie eine Kultur des Vertrauens und der Zusammengehörigkeit fördern, reagiert haben. Die erste Führungskraft führt an, dass das gemeinsame Planen von Schulfesten sehr wichtig für das Kollegium und die Kinder ist, weil das Teamgefühl gesteigert wird. Wesentlicher Faktor ist auch der wertschätzende Umgang innerhalb des Kollegiums. Die Führungskraft gibt an, dass die Lehrkräfte von ihr dabei unterstützt werden, jederzeit in einer Parallelklasse zu hospitieren, sich gegenseitig Offenheit entgegenzubringen, z. B. bei der gemeinsamen Erarbeitung von Unterrichtssequenzen (F1/54).

Die zweite Schulleitung berichtet von ihrer Vorgängerin, die viel kontrolliert hat, was im Kollegium nicht gut angekommen ist. Daher wurde ein Lehrerausflug am Anfang des Schuljahres sowie ein gemeinsames Weißwurstessen am Freitag nach Unterrichtsende eingeführt. Dieses Vorhaben wird allerdings dadurch erschwert, dass es viele Pendler/innen und Fernpendler/innen gibt (F2/63). Ein gutes Zusammengehörigkeitsgefühl zu schaffen ist auf aufgrund der starken Fluktuation schwierig. Die meisten Lehrkräfte, die weit pendeln müssen, werden nach ein bis drei Jahren versetzt.

Eine weitere schulische Führungskraft berichtet vom Zusammengehörigkeitsgefühl, das sich aufgrund der Besonderheit der Privatschule ergibt. Die Kultur des Vertrauens und der Zusammenarbeit wird sehr deutlich wahrgenommen, da die Sicherheit der Arbeitsplätze stark von den Schülerzahlen abhängig ist, daher sind alle für den Erfolg der Schule verantwortlich. Am Schulstandort gibt es – für die Schulleitung unbeeinflussbar – eine Gruppenbildung aufgrund des

Alters, des Dienstalters. Teams bilden sich auch in den Fachgruppen. Um das Gemeinschaftsgefühl zu stärken, findet zum Schulschluss eine gemeinsame Veranstaltung statt, auch gibt es nach Unterrichtsende gemeinsame Treffen mit Verköstigung. Die Personalvertretung organisiert ohne Zutun der Schulleitung jedes Jahr einen zweitägigen Lehrerausflug. (F3/44–45)

Die Führungskraft in der Schule F4 schafft nach ihren Angaben eine Kultur der Zusammengehörigkeit, indem sie Vertrauen schafft, sich aktiv den Sorgen, Nöten und Ideen der Lehrkräfte widmet und auf Beschwerden eingeht. Sie versucht dabei, einen Weg zu finden, mit dem alle Beteiligten umgehen können (F4/46).

Die Führungsperson in der Schule F5 hat bereits vor ihrer Bestellung eine vertrauensbildende Maßnahme gesetzt, in dem sie das Kollegium in der Probephase miteinbezogen hat. Durch eine Evaluation durfte das Kollegium quasi mitbestimmen, obwohl es im Schulgesetz nicht vorgesehen ist. Laut Auskunft der Schulleitung wissen die Lehrkräfte, dass das ganze Schulleitungsteam offen kommuniziert, die Personalvertretung wird in Entscheidungen eingebunden, obwohl das Schulgesetz ein hierarchisches Prinzip vorsieht (F5/51). Der Onboarding-Prozess soll gewährleisten, dass sich neue Lehrkräfte am Schulstandort wohl fühlen. Es gibt eine selbst entwickelte Broschüre für Neulehrer/innen, denen auch Lernmaterialien zur Verfügung gestellt wird (F5/74).

Eine andere Führungskraft setzt auf Vertrauen und Zutrauen, den Lehrkräften Raum zum Ausprobieren lassen (F6/150–151). Es braucht auch Humor, Scherze und Menschliches, nicht ausschließlich nur Sachlichkeit (F6/136). Die Führungsperson führt an, dass sie es wichtig findet, Interesse zu zeigen, Sicherheit zu geben und für Informationsweitergabe zu sorgen. Sie gibt an, günstige Rahmenbedingungen ohne ständige Kontrolle schaffen zu wollen, die eigene Entfaltung und Eigenmotivation zulassen (F6/50, F6/150–151).

Im Fall 7 berichtet die Schulleitung, dass sie viel Wert auf das Miteinander legt, das durch viele gemeinsame, auch spontane Aktivitäten, Gespräche und Begegnungen – auch mit Eltern – gefördert wird. Konferenzen finden in angenehmer Atmosphäre statt, wo auch für das leibliche Wohl gesorgt wird. Die Führungskraft fördert eine gewisse Feierkultur (F7/36, F7/69). Eine das ganze Schuljahr hindurch gemeinsam organisierte Oper, die im Festsaal aufgeführt wird, festigt das Zusammengehörigkeitsgefühl (F7/111) genauso wie die Reflexion von zum Schulanfang erstellten Listen. Lehrkräfte werden von der Schulleitung zu Schulbeginn aufgefordert, zu notieren, was sie aus einem Tief heraushalt, wenn es ihnen nicht gut geht. Gegen Ende des Schuljahres oder wenn die Führungskraft das Gefühl hat, dass es einer Lehrkraft nicht gut geht, findet ein gemeinsames Gespräch statt, wo der Eintrag gemeinsam reflektiert wird. Die Schulleitung nimmt sich dafür viel Zeit. (F7/49, F7/51).

Die Führungsperson in der Schule F8 setzt auf Offenheit, Anregung statt Druck, Vertrauen statt ständiger Kontrolle, damit im Kollegium Selbstvertrauen entwickelt werden kann. Gemeinsame Unternehmungen sollen Gemeinschaft fördern, wobei die Schulleitung ein Teil davon sein möchte (F8/79). Die Führungskraft gibt an, dass sie versucht, durch Authentizität und positive Einstellung sowie durch Zugeben eigener Fehler mit gleichzeitigem Zulassen von Fehlern bei den Mitarbeiterinnen und Mitarbeitern eine Kultur des Vertrauens zu schaffen (F8/80).

Eine Führungsperson fördert eine Kultur des Vertrauens, indem sie Informationen über aktuelle Entwicklungen schnell und offen an das Kollegium weitergibt, wobei sie auch ihre persönliche Meinung darüber bekanntgibt (F9/48). Durch die Erinnerung an die im Verhaltenskodex angeführten Maßnahmen werden Normen und Werte in der Organisation gefestigt (F9/49). Die Führungskraft ermuntert zu kollegialer Hospitation, die jedoch nur von wenigen, innovativen, engagierten und selbstbewussten Lehrkräften genützt wird. Die Führungskraft nimmt sich vor, diesen Punkt weiter zu fördern (F9/50). Gemeinsame Aktionen mit dem Sekretariat und dem Kollegium, z.B. Weihnachtsessen, Abschlussfeier, pädagogischer Tag, interne Fortbildung, sollen eine Kultur des Miteinanders fördern. Der Führungskraft ist das Image der Schule sehr wichtig. Sie versucht, dem Kollegium u.a. durch Corporate Identity zu vermitteln, wie wichtig ihr der gute Ruf und die Außenwirkung der Schule ist (F9/50).

Die Führungskraft in der Schule F10 setzt auf vertrauensbildende Maßnahmen und gibt an, auf die Mitarbeiter/innen einzugehen, indem sie achtsam ist und versucht, die Befindlichkeiten des Kollegiums auszuloten. Damit sich das Kollegium verstanden und gut aufgehoben fühlt, geht sie auf mögliche Schwierigkeiten, sei es im privaten oder schulischen Bereich, ein (F10/88–89).

Eine andere Schulleiterin gibt an, dass an ihrem Schulstandort die Donnerstag-Jause am wichtigsten ist. Stehtische, eine gemütliche Ecke ermöglichen den guten Austausch. Kommunikation, so ergänzt die Führungskraft, sei enorm wichtig (F11/66). Auf Kommunikation setzt auch die Schulleiterin in der Schule F12. Sie berichtet über Gespräche, eine positive Einstellung ohne Jammern und führt an, dass es ihr wichtig ist, zuzuhören, Leistungen anzuerkennen und zu unterstützen, wenn Hilfe benötigt wird. Es sei wichtig, eine Kommunikationsstruktur – auch Online-Kommunikation – zu schaffen, die eine gute Zusammenarbeit ermöglicht (F12/59).

Die Führungskraft in der Schule F13 fördert eine Kultur des Vertrauens und der Zusammengehörigkeit, indem sie den Kolleginnen und Kollegen viel zutraut und Fehler zulässt. Eigeninitiative wird zugelassen. Nach eigenen Angaben hat die Führungskraft immer ein offenes Ohr für kreative Ideen. Die offene Tür und viele Gemeinschaftsveranstaltungen sowie Rituale, wie z.B. Adventkranzsegnung, schaffen eine familiäre Atmosphäre, die auch von den Schülerinnen und Schülern geschätzt wird (F13/53–54).

Zusammenfassend lässt sich sagen, dass die meisten Führungskräfte in der Subkategorie „C2 Förderung Kultur des Vertrauens und der Zusammengehörigkeit" über gemeinsame Veranstaltungen, Ausflüge und Unternehmungen berichten. Sehr oft kommen die Punkte offene Kommunikation und Vertrauen zur Sprache. Eine Schulleitung verweist auf einen Verhaltenskodex, eine andere wiederum bringt den Onboarding-Prozess für neue Lehrkräfte zur Sprache, die sich sofort in der Schule wohlfühlen sollen. Andere Führungskräfte geben an, dass sie offen sind für Ideen und Fehler zulassen. Möglichst wenig Controlling, das Fördern von Selbstvertrauen, Anregung statt Druck, Achtsamkeit und sich der Sorgen und Nöte anderer zu widmen zählten auch zu den Antworten, die in dieser Subkategorie genannt wurden.

### 4.1.13  Förderung von Teamentwicklung

In diesem Abschnitt wird beschrieben, welche Antworten die befragten Expertinnen und Experten in der Subkategorie „C3 Förderung der Teamentwicklung" gegeben haben. Die erste Führungskraft sieht einen Zusammenhang zwischen der Teamentwicklung und Ideen, die im Rahmen von SCHILFs oder kleineren Lehrgängen durch externe Referentinnen und Referenten entstehen. Die Schulleitung gibt an, dass mindestens einmal pro Semester Referentinnen und Referenten an die Schule geholt werden (F1/79–81).

Die Führungskraft in der Schule F2 definiert Teams als Personalgruppen, die als Team gemeinsam an Aufgaben arbeiten, bis diese erledigt sind. Danach werden wieder neue Teams gebildet. Am Schulstandort gibt es demnach außer der erweiterten Schulleitung wenige fixe Teams (F2/94). Das Schulentwicklungsteam arbeitet gemeinsam an aktuellen Themen. Dort werden Ideen eingebracht. Die Teamentwicklung werde durch großen Gestaltungsspielraum und Unterstützung gefördert (F2/95–96).

Eine andere Führungskraft bezieht sich neuerlich auf Freizeitaktivitäten. Durch sich ständig ändernde Zusammensetzungen in den Schulentwicklungsgruppen entstehen automatisch Teams, die auf bestimmte Zeit lösungs- und projektorientiert zusammenarbeiten. An pädagogischen Tagen wird mit Referentinnen und Referenten in Kleingruppen weitergearbeitet, wodurch Teams entstehen, die unterschiedlich lange zusammenarbeiten (F3/65).

Während in der Schule F4 zur Teamförderung mindestens zweimal im Jahr Fachgruppenbesprechungen stattfinden (F4/68), berichtet die Führungskraft in der Schule F5 davon, dass am Schulstandort zum Zeitpunkt des Interviews Teamstrukturen mit Klassenteams entstehen (F5/19, F5/55). In der autonomen Schule sollen laut der Schulleitung die Teams Freiheiten bei der Entscheidungsfindung genießen dürfen (F5/55).

Eine andere Führungskraft nennt beispielhaft das Care-Team, das am Schulstandort als Krisentinterventionsteam handelt, wenn Situationen eintreten, wo ganz gezielt gehandelt werden muss (F6/44). Die Führungskraft selbst sieht sich als Teamplayer/in, nach deren Ansicht Teams aus Expertinnen und Expertinnen bestehen, die auch Umsetzungsqualitäten besitzen. Die Führungskraft gibt an, dass sie großes Vertrauen in Teams setzt, weil sie der festen Überzeugung ist, dass Teams gemeinsam Aufgaben am besten lösen können (F6/68).

Eine Führungskraft beobachtet Teams, um herauszufinden, wer gut zusammenpasst und ob alle im Boot sind. Sie hört dabei gut zu und beachtet auch Nebensächliches. Manchmal gibt sie bei Zweierteams eine dritte Person dazu, wenn es die Situation erfordert (F8/108).

Die Führungskraft in der Schule F9 steht den Teams für Supervision zur Verfügung, speziell in Konfliktsituationen. Sie gibt darüber hinaus an, dass sie Hospitationen aktiv bewirbt und Teamunterricht über das Plansoll ermöglicht, wodurch immer zwei Lehrkräfte gleichzeitig in der Klasse anwesend sein können (F9/70).

Eine andere Schulleitung gibt an, dass sich das Kollegium am Schulstandort immer mehr zu Teamarbeiterinnen und Teamarbeitern entwickelt. Für die Führungskraft spielt Kommunikation in der Teamentwicklung eine wichtige Rolle (F10/77). In Bezug auf die Teamzusammensetzung gibt sie ferner an, dass sie einen Lernprozess hinter sich hat. Ging sie früher davon aus, dass kohärente Gruppen gut zusammenarbeiten, so habe sich gezeigt, dass unterschiedliche Persönlichkeiten mitunter bessere Ergebnisse liefern. *„Wenn man sich zu ähnlich ist und die Leute sich so blind verstehen, dann ja, brät man doch immer im eigenen Saft [...].*" (F10/140–141) Die Schulleitung fördert die Teamentwicklung durch die Einteilung der richtigen Gruppierungen, durch Förderung der Kommunikation, eine auf die Gruppen abgestimmten Aufgabenverteilung und durch Implementierung einer guten Konflikt- und Gesprächskultur. Die schulische Führungsperson möchte dabei Vorbild sein (F10/143–145). Durch externe Schulentwicklungsberatung wurde Unterstützung an die Schule geholt und es wurden Themen wie z. B. Teamteaching bearbeitet (F10/162–163).

Im Fall 11 berichtet die Schulleitung, dass jede Aufgabe grundsätzlich zwei Personen zugeteilt wird, wobei eine Person die andere stützen soll (F11/66). Die Führungskraft beabsichtigte durch ein Gesundheitsprojekt mit freiwilligen Workshops und Reflexionsmöglichkeit die Förderung von Teambildung und Teamentwicklung. In der Supervision wurde jedoch zu wenig auf Konfliktpunkte eingegangen, was in der Belegschaft Unzufriedenheit hinterlassen habe (F11/103–106). Um Tandems strukturell zu stärken und den Lehrkräften die Vorbereitung und die Weiterentwicklung des Unterrichts zu erleichtern, wird von der Führungskraft eine Freistunde in der Woche parallel gelegt (F11/132). SCHILFs und SCHÜLFs sowie übergreifende Fortbildungen tragen laut der Schulleitung ebenso zur gemeinsamen Teamentwicklung bei (F11/115).

Die Schulleitung in der Schule F12 ist stolz darauf, dass alle Klassen am Schulstandort Verbindungstüren haben, was zeigt, dass das Kollegium im Team arbeitet (F12/32). Die Führungskraft gibt an, dass Teamentwicklung durch gemeinsame

Konferenzen, in denen Gemütlichkeit und Humor nicht zu kurz kommen dürfen, gefördert werde. Alle Mitarbeiter/innen sollen mit all ihren Stärken und Schwächen, aber auch Krisen als Mensch wahrgenommen werden (F12/86). Die Führungskraft berichtet vom Kreativteam, wo sich auch die Schulleitung einbringen kann. Kreativität sei ein Allgemeinziel im Rahmen der Schulqualität. Das Kollegium schreibt Theaterstücke zum Großteil selbst und übernimmt auch die Gestaltung von Kulissen für die jährlichen Theater- und Musicalvorführungen. Abschließend führt die Führungskraft aus, dass das zweite Ziel lautet: *„Verantwortung für andere zu übernehmen"* (F12(102–103).

Im Fall 13 wird von den pädagogischen Tagen mit den gemeinsamen Veranstaltungen, Sitzungen und Besprechungen berichtet. Die Führungskraft führt an, dass im schulautonomen Bereich kleine Abgeltungen für Kustodiate und Nebenleistungen gewährt werden. Dabei stünde nicht das Geld im Vordergrund, sondern Wertschätzung und Motivation. In diesem Zusammenhang führt die Führungskraft Reflexionsgespräche durch. Basis dieser Reflexionen sind die Aufzeichnungen über die Tätigkeiten, die von diesen Lehrkräften durchgeführt werden, sowie das Feedback, das sie sich von den anderen Kolleginnen und Kollegen dafür einholen. Bei diesen Gesprächen seien die Lehrkräfte immer sehr erfreut darüber, dass die anderen Lehrkräfte ihre Bemühungen wahrnehmen (F13/80).

Anhand der erhaltenen Antworten lässt sich für diese Subkategorie erkennen, dass es eine Tendenz dazu gibt, Teams autonome Entscheidungsfreiheit zu gewähren und Vertrauen entgegenzubringen. Gemeinsame Veranstaltungen, Fortbildungen und die Möglichkeit für Reflexion und Supervision werden ebenso als Fördermaßnahmen für Teamentwicklung genannt wie auch ein Fokus auf gemeinsame Aufgaben und Teamteaching, wofür Rahmenbedingungen geschaffen werden. Eine Führungskraft hebt hervor, dass die Zusammensetzung von Teams aufgrund von Beobachtungen und gutem Zuhören erfolgt, wobei hier auf Heterogenität zu achten wäre, um Kreativität zu fördern.

### 4.1.14 Führungsstil

In diesem Abschnitt werden die Ergebnisse für die Subkategorie „D1 Führungsstil" dargestellt. Die befragten Schulleiter/innen konnten ihren Führungsstil in einer Skala von 1 bis 6 einschätzen, wobei 1 für einen autoritären und 6 für einen demokratischen Führungsstil mit hohem Entscheidungsspielraum für die Mitarbeiter/innen steht.

Die erste Führungskraft gibt an, dass ihr Führungsstil demokratisch ist. Sie gewährt den Lehrkräften großes Mitspracherecht oder Abstimmungsmöglichkeit im Schulforum. Mit dem Elternverein gebe es eine gute Zusammenarbeit. Die Führungskraft berichtet, dass sie durch Fragen die gemeinsame Erarbeitung von

Antworten anregt und dass es viel mehr bringt, *„wenn die Lehrer Entscheidungen aus sich heraus treffen können oder mitbestimmen können"* (F1/58).

Die zweite Führungskraft reiht sich in der Skala bei 4, also einem kooperativen Führungsstil ein. In den wöchentlichen Sitzungen werden die Aufgaben so verteilt, dass sich die Mitglieder des Kollegiums melden können. Die Führungsperson gibt an, dass sie sich auf ihr Team verlassen und viele Dinge delegieren kann. Sie schaut stark auf Ergebnisse und verzichtet auf kleinliches Nachfragen. Den Prozess würde die Führungskraft nur dann kontrollieren, wenn sie das Gefühl hat, dass etwas nicht gut läuft (F2/66, F2/68).

Die Führungskräfte in den Schulen F3 und F4 geben einen Führungsstil zwischen 5 und 6, also zwischen partizipativ und demokratisch an (F3/47, F4/48), wobei die Schulleitung in der Schule F4 ergänzt, dass sie situationsbezogen führt (F4/48). Eine weitere Führungsperson schätzt ihren Führungsstil zwischen kooperativ und partizipativ, aber eher partizipativ ein (F5/53). Im Fall 6 gibt die Führungskraft an, dass sie sich als Teamplayer/in eindeutig zwischen 5 und 6 einstuft. Aufgaben werden klar definiert, eine Begegnung auf Augenhöhe wird eingefordert und jede/r versucht, sich bestmöglich einzubringen. Entscheidungen sollen aus dem Team heraus getroffen werden und alle direkt betroffenen Mitarbeiter/innen sollen eingebunden werden. Entscheidungen durch die Führungskraft werden nur getroffen, wenn es die Situation erfordert (F6/52, F6/54).

Die Schulleitung der Schule F7 ist nach innen demokratisch, partizipativ, also 5 bis 6, entscheidet jedoch situativ auch autoritär, womit sie dem Wunsch der Belegschaft entspricht, die sich auf das Expertenwissen der Führungskraft verlässt. Nach außen ist der Führungsstil oft autoritär (F7/72).

Eine andere schulische Führungsperson reiht sich bei 5, also partizipativ, ein. Ein rein demokratischer Führungsstil ist für sie nicht denkbar, da es ihrer Meinung nach vermutlich ein ziemliches Durcheinander auslösen würde in einem großen Kollegium, autoritär schließt sie aus (F8/82).

Eine Schulleitung wechselt ihren Führungsstil je nach Thema und Situation. Bei gesetzlichen Vorgaben handelt sie autoritär, grundsätzlich von ihrem Typ her reiht sie sich zwischen 3 und 6, also zwischen beratend und demokratisch, ein. Bei Zielen, die sie selbst verfolgt, handelt sie beratend, kooperativ (F9/52). Die Führungsperson in der Schule F9 sieht sich in ihrer Rolle weniger in der kontrollierenden, strafenden Vorgesetztenrolle, sondern hebt die beratende, coachende Art des Führens hervor (F9/130).

Eine andere schulische Führungskraft tendiert beim Führungsstil Richtung 5, also partizipativ, da ihr die Meinung des Kollegiums wichtig ist. Sie nützt ihren Angaben zufolge Instrumente zum Fokussieren, Kanalisieren und Zusammentragen (F10/92–93). Für sie gilt der Grundsatz *„Leiten heißt Ermöglichen"* (F10/96–97). Vorgaben werden individuell gegeben, da manche Lehrkräfte eher strikte Vorgaben wünschen, andere wiederum bräuchten Freiraum (F10/96–97).

Die Schulleitung hat Vertraute, deren Meinung sie bei Entscheidungen einholt, betont jedoch, dass sie vorsichtig ist bei Zurufen, da nicht immer diejenigen Recht hätten, die am lautesten schreien (F10/172–130).

Die Führungskraft der Schule F11 reiht ihren Führungsstil in der sechsstufigen Skala bei 4, also bei kooperativ, ein. Sie reflektiert, dass sie bei Konflikten sehr lange zuwartet, bevor sie eingreift (F11/65). Im Fall 12 beschreibt die Schulleitung ihren Führungsstil als partizipativ. Sie betont die Begegnung mit anderen auf Augenhöhe, dabei jeden Einzelnen wahrnehmend. Sie sieht Schule nicht nur als einzelne Zelle, sondern auch im Gesellschaftskontext (F12/65).

Die Führungsperson der Schule F13 schätzt ihren Führungsstil zwischen 4 und 5, also kooperativ bis partizipativ, ein. Sie betont, dass sie den Kolleginnen und Kollegen viel zutraut, dabei auch Fehler zulässt (F13/53). Sie reflektiert, dass ein rein demokratischer Führungsstil als Entscheidungsschwäche einer Führungskraft ausgelegt werden könnte, weshalb sie in der Kommunikation viel klarer ist (F13/58–59). Entscheidungen werden auf Basis eingeholter Meinungen getroffen. Den Führungsstil 4–5 sieht sie als Kompromiss, da einige Lehrkräfte gerne die totale Freiheit hätten, andere hingegen wollten jeden Schritt angeordnet haben (F13/58–59). Sie vermittelt mit dieser Vorgangsweise die Botschaft *„Ich traue mich zu entscheiden und stehe dazu"* (F13/59).

Die nachfolgende Darstellung in Form eines Blasendiagramms gibt einen besseren Überblick über die einzelnen Antworten für die Subkategorie „D1 Führungsstil". Auf der X-Achse sind die erhaltenen Antworten der Teilnehmer/innen an der Studie auf einer Skala von 0 bis 10 als Blasen eingetragen, wobei der Entscheidungsspielraum des Kollegiums von links nach rechts aufgrund des Führungsstils steigt. So bedeutet 0, dass die Mitarbeiter/innen keinen Entscheidungsspielraum haben, beim Wert 10 hingegen liegt ein demokratischer Führungsstil mit starker Einbindung des Kollegiums vor. Je dunkler das Blau, desto höher ist der Entscheidungsspielraum der Mitarbeiter/innen. Die Antworthäufigkeit wird durch die Größe der Blasen dargestellt. Das Blasendiagramm zeigt eine starke Konzentration der Antworten in den Bereichen 4 bis 5.

Abbildung 50: Führungsstil (eigene Darstellung)

Zusammenfassend kann gesagt werden, dass mehrere schulische Führungskräfte ihren Führungsstil situationsbezogen anpassen. Autoritäre Entscheidungen werden anlassbezogen, wenn es die Situation erfordert, getroffen. Eine Führungskraft betont, dass Leiten auch Ermöglichen bedeutet. Aus der Analyse geht auch hervor, dass sich Führungskräfte an die unterschiedlichen Erwartungen der Mitarbeiter/innen anpassen, da manche Lehrkräfte Anordnungen brauchen, andere wiederum Freiheit in ihrem Arbeitsgebiet bevorzugen.

### 4.1.15  Führungsstil in Veränderungsprozessen und in Krisen

In diesem Abschnitt werden die Ergebnisse der Analyse für die Subkategorien „D3 Führungsstil in Veränderungsprozessen" und „D4 Führungsstil in Krisenzeiten" beschrieben. Bei den Antworten zum Führungsstil in Krisenzeiten basieren die Antworten sehr stark auf den Erfahrungen während der Corona-Krise.

Im Fall 1 berichtet die Führungskraft, dass sie in Veränderungsprozessen partizipativ führt, wenn es die Situation erfordert, entscheidet sie selbst (F1/64–65). Für Krisenzeiten beschreibt sie ihren Führungsstil als teilweise beratend, teilweise autoritär, wenn rasch Entscheidungen getroffen werden müssen (F1/62–63).

Die zweite Führungskraft sieht ihren Führungsstil bei Veränderungen eher bei 3, also beratend. Wenn sie Veränderung anordnet, müsse sie es enger kontrollieren. Wird Veränderung gewünscht, braucht es mehr Offenheit. Die Schulleitung gibt an, dass sie in der Schule um die beste Lösung ringen müsse (F2/81). In Krisen liegt der Führungsstil bei 1 bis 2, also zwischen autoritär und patriarchalisch, weil einfach Entscheidungen getroffen werden muss. Als Beispiel wird die Corona-Krise genannt (F2/81–82).

Im Fall 3 gibt die Führungskraft an, dass sie in Veränderungsprozessen in Richtung beobachtend, beratend, also kooperativ, führt (F3/57). In der Krise agiert sie nicht unbedingt autoritär, aber alle Fäden laufen bei der Führungskraft zusammen. Krisen erfordern, dass Entscheidungen ganz oben mit einer Stimme getroffen werden, so die Führungskraft (F3/55).

Eine andere Schulleitung findet, dass man sich als Führungskraft nicht einzementieren soll bei Veränderungen. Bei Veränderungen, die aus dem System oder von außen an die Schule herangetragen werden, werde eine gemeinsame Entscheidung angestrebt. Ihren Führungsstil in diesem Zusammenhang beschreibt die Führungskraft als kooperativ, demokratisch bei Veränderungen (F4/54). In der Krise brauche es schnelle Entscheidungen (F4/51). Die Führungskraft verweist auf die Corona-Krise, wo täglich schnelle Entscheidungen und Abstimmungen erfolgten. Videokonferenzen gewährleisteten die Kommunikation mit dem Kollegium (F4/64).

Im Fall 5 bezeichnet die Führungsperson ihren Führungsstil als sehr offen (F5/63), in der Krise nimmt sie die Managerrolle ein, setzt auf einen etwas autoritäreren Führungsstil, weil Maßnahmen schnell umgesetzt werden müssen, wobei die beratende Rolle nicht zu kurz kommen dürfe (F5/59).

Die Schulleitung aus der Schule F6 versucht, bei Veränderungen für Entscheidungen Zustimmung abzuholen, um sicherzugehen, dass der eingeschlagene Weg auch der richtige ist. Es besteht der Wunsch nach breitem Konsens. Die Führungskraft gibt an, mit klarer Sprache zu kommunizieren, präsent zu sein, zu helfen und zu unterstützen (F6/59). In der Krise ist es ihr wichtig, Ruhe zu bewahren, zu vermitteln, Gelassenheit weiterzutragen und nur gesicherte Informationen weiterzugeben (F6/59).

Im Fall 7 beschreibt die Schulleitung ihren Führungsstil in der Veränderung nur dann als autoritär, wenn das Ziel verloren geht, weil z. B. der Rahmen nicht vorgegeben wurde. Die Führungskraft gibt an, dass sie in diesen Situationen versucht, Ruhe und Gelassenheit auszustrahlen (F7/81). In der Krise führt sie autoritär, gibt aber einen Rahmen vor, innerhalb dessen sich die Mitarbeiter/innen bewegen können (F7/79).

Eine andere Führungsperson führt in Veränderungsprozessen stark partizipativ, bindet die Mitarbeiter/innen ein. Die Verständigung erfolge über ein gemeinsames Ziel (F8/88). In der Krise erkennt sie den Wunsch nach Führung und klaren Ansagen und nicht nach Partizipieren (F8/90). Bei Todesfällen spendet die Führungskraft nach eigenen Aussagen Trost (F8/92).

Im Fall 9 beschreibt die Führungskraft ihren Führungsstil bei Veränderungen bezogen auf Unterrichtsentwicklung als partizipativ und demokratisch (F9/63). Für Krisen gibt sie an, dass Ruhe und Gelassenheit helfen, wenn sich Menschen in einem hohen Erregungszustand befinden (F9/61).

Eine andere Führungsperson beschreibt den Führungsstil bei Veränderungen als kooperativ bis partizipativ, verweist aber darauf, dass man als Führungskraft einschätzen können muss (F10/117). In der Krise wäre Besonnenheit wichtig. Je turbulenter die Zeit, desto ruhiger müsse die Schulleitung sein (F10/110). Die Führungsperson gibt an, dass in der Krise viele Entscheidungen emotional getroffen werden, schulische Führungskräfte daher den Fokus auf sich selbst richten sollten (F10/115).

Im Fall 11 beschreibt die Schulleitung ihren Führungsstil bei Veränderungen als kooperativ bis partizipativ, wobei es bei strategischen Veränderungsprozessen keine basisdemokratischen Entscheidungen gebe (F11/85). In Krisen gibt die Führungskraft die Linie vor, wobei die Führungskraft angibt, viel Kommunikationsarbeit zu leisten, auch mit Eltern und Lernenden. *„In der Krise gibt es wenig Demokratie"* und bezogen auf Corona waren viele Entscheidungen am Wochenende zu treffen (F11/92).

Während die Führungskraft in der Schule F12 ihren Führungsstil bei Veränderungen klar als demokratisch beschreibt (F12/75), gibt die Schulleitung im Fall 13 an, dass sie bei Veränderungen eher beratend führt, dabei viel kommuniziert, klare Vorgaben ausgibt und Gelegenheiten zum Nachfragen nützt (F13/69, F13/71). Es fällt ihr schwer, eine Bezeichnung für ihren Führungsstil in der Krise zu finden. Sie gibt an, nicht autoritär und auch nicht patriarchalisch zu führen, aber sie führt direktiver, leitend, begleitend und beratend, wobei sie das Kollegium laufend informiert (F13/67, F13/71).

Die Hauptaussage nach der Auswertung der Subkategorie „D4 Führungsstil in Krisenzeiten" lautet, dass die Führungskräfte bei schnell zu treffenden Entscheidungen autoritär führen, wobei Kommunikation und Beratung nicht zu kurz kommen dürfen. Angegeben wurde auch, dass nur gesicherte Informationen weitergegeben werden und die schulische Führungskraft Ruhe und Gelassenheit ausstrahlen solle.

In der Subkategorie „D3 Führungsstil in Veränderungsprozessen" lässt sich als Haupttendenz erkennen, dass der Führungsstil eher im Bereich kooperativ bis demokratisch zu finden ist. Ein Teil der Führungskräfte berichtet, dass bei angeordneten Veränderungen keine basisdemokratische Entscheidung herbeigeführt und enger kontrolliert wird. Es zeigt sich, dass Kommunikation bei Veränderungen eine wichtige Rolle spielt.

### 4.1.16  Führungseigenschaften in der autonomen Schule

In diesem Abschnitt werden die Ergebnisse der Subkategorie „D6 Führungseigenschaften in der autonomen Schule" beschrieben. Die Interviewpartner/innen wurden nach ihrer Meinung befragt, welche Führungseigenschaften ihrer Meinung nach für die Leitung einer autonomen Schule am wichtigsten seien.

Die erste Führungskraft gibt an, dass die Führung einer autonomen Schule das Einbeziehen des Kollegiums, eine klare Kommunikation und ein demokratisches Verständnis erfordert. Die Stärken der Kolleginnen und Kollegen müssen in den Vordergrund gestellt werden (F1/87). Eine andere Schulleitung gibt zu bedenken, dass eine autonome Schule vermutlich auch autoritär geführt werden könne, solange es Ergebnisorientierung gäbe. In jedem Fall braucht es ein hohes Maß an Verantwortungsgefühl und ein entsprechendes Arbeitsethos (F2/99).

Im Fall 3 nennt die Führungskraft die Punkte Zielorientiertheit, Vision, Innovationsbereitschaft und Flexibilität (F3/67). Die Schulleitung aus der Schule F4 betont die Bedeutung von Entscheidungsfreudigkeit, Kommunikation und Personalentwicklung, verweist aber darauf, dass sie einen geringen Erfahrungsschatz nach 2jähriger Leitungstätigkeit vorweisen kann (F4/71).

Eine andere schulische Führungsperson bezeichnet den partizipativen Führungsstil und eine Vertrauenskultur im Zusammenhang mit Beteiligung als sehr wichtig. In der autonomen Schule müssten Entscheidungen auch in das Kollegium übergeben werden, wofür es klare Strukturen brauche (F5/70). Im Fall 6 gibt die Führungskraft an, dass es Mut zur Entscheidung für das Einschlagen neuer Wege und einen Sinn für Machbarkeit und Ermöglichung braucht. Man müsse auch gut vernetzt sein, um beispielsweise Projekte umzusetzen. Dabei solle die Führungskraft auch Akzeptanz anstreben (F6/70).

Die Führungsperson in der Schule F7 meint, *„wer führen will, muss dienen können"* (F7/91). Die wichtigsten Eigenschaften sind ihrer Meinung nach Zuhören, Wahrnehmen, Sich-Zeit-Nehmen, Reflektieren und Reden (F7/91). Eine andere Schulleitung gibt Kommunikationsgeschick, gegenseitiges Vertrauen und Offenheit der Führung für Ideen an (F8/110).

Eine Schulleitung gibt an, dass für das Führen einer autonomen Schule Hellhörigkeit, Besonnenheit und Professionalität im Vordergrund stünden (F10/148), während eine andere die Moderation bei Diskussionen und in Entscheidungsprozessen als wichtigste Aufgabe sieht (F9/72). Darüber hinaus brauche es eine gute Selbsteinschätzung, was delegiert werden kann. Eine Führungskraft müsse eine natürliche Autorität aus Wissen, Klarheit und Überzeugungskraft entwickeln und ein klares Wertesystem verkörpern (F9/72).

Die anderen Führungskräfte nennen Eigenschaften wie Hellhörigkeit, Besonnenheit, Professionalität (F10/148) oder Verantwortlichkeit, Menschlichkeit und Selbständigkeit (F12/88) sowie Mut, Kreativität und Entscheidungsfreudigkeit (F13/82). Die Schulleitungsperson in der Schule F11 gibt an, dass es Kommunikations- und Entscheidungsfreude braucht sowie Offenheit für neue Entwicklungen, was jedoch nicht ausschließlich mit der autonomen Schule im Zusammenhang stünde (F11/108–109). Wichtig wäre es auch, den Austausch zu pflegen (F11/108–109) und vor allem Mut (F11/111).

Zusammenfassend kann für diese Subkategorie festgehalten werden, dass einige Führungskräfte Kommunikation, Vertrauen, Entscheidungsfreudigkeit, Offenheit sowie gutes Wahrnehmungsvermögen durch Zuhören und Hellhörigkeit anführen. Darüber hinaus werden Eigenschaften wie Ergebnisorientierung, Partizipation und Mut genannt. Erwähnt werden ferner Professionalität, Verantwortungsgefühl, Reflexionsvermögen und gute Selbsteinschätzung sowie Kreativität, Selbstdisziplin und die Fähigkeit zum Moderieren.

## 4.1.17 Entscheidungsfreiheit im Arbeitsgebiet

In diesem Abschnitt werden die Ergebnisse der Subkategorie „D2 Entscheidungsfreiheit im Arbeitsgebiet gewähren" beschrieben. Abgefragt wurde, welche Entscheidungsfreiheit den Lehrkräften in ihrem Arbeitsgebiet gewährt wird und inwieweit eigene Wege der Mitarbeiter/innen zugelassen werden, auch wenn die Führungskraft vielleicht anderer Meinung ist.

Die erste Führungskraft gewährt nach eigenen Aussagen Entscheidungsfreiheit, wenn Lehrkräfte ihre Ideen gut begründen können. Entscheidend sei auch ein Mehrwert für das Kollegium und die Schüler/innen sowie positive Rückmeldungen. Die Schulleitung betont, dass sie dankbar ist, wenn eigene Ideen entwickelt und ausprobiert werden (F1/59–61).

Eine andere Führungsperson gibt an, dass die Lehrkräfte aufgrund der schulinternen Rahmenbedingungen einen geringen Entscheidungsspielraum haben. Leistungsaufgaben statt Schulaufgaben seien beispielsweise in der 5. und 6. Jahrgangsstufe vorgesehen und Lehrwerke würden von den Fachschaften ausgewählt. Dort allerdings bestehe Autonomie bei der Auswahl. Die Lehrkräfte können jedoch ihre Unterrichtsstunden frei gestalten, sie sind aber an den Lehrplan gebunden (F2/72–73). Bei pädagogischen Überzeugungen lasse die Führungskraft nicht zu, wenn sich diese in einem ausschließlichen Frontalunterricht ausdrücken. Der Führungsperson zufolge lässt sie Versuche zu, wenn sie nicht von vornherein abwegig erscheinen oder aufgrund von Erfahrungswerten nicht zielführend erscheinen. Die Lehrkräfte werden dazu aufgefordert, nach Durchführung ihrer Versuche Rückmeldung über das Ergebnis zu geben, danach entscheidet die Führungskraft, ob eine Fortsetzung möglich ist oder nicht (F2/76–77).

Eine Schulleitung erklärt, dass sie volles Vertrauen in das Kollegium hat und selbständige Wege ausdrücklich unterstützt. Sie gewähre den Fachgruppen und Lehrkräften die Möglichkeit, sich zu entwickeln. Dabei habe sie keine Angst, dass Entscheidungen getroffen werden, die der Schule schaden könnten (F3/51). Eigene Wege werden respektiert und zugelassen, auch wenn die Führungskraft anderer Meinung ist, allerdings gebe es eine Abwägung, ob der Vorschlag im Sinne des Kollegiums und der Schule ist. Sie betont, dass es grundsätzlich keine kategorische Ablehnung gibt (F3/52–53).

Die Führungskraft in der Schule F4 gibt an, dass vom gesamten Führungsteam eine prinzipielle Richtung auf Basis von Vision und Leitbild vorgegeben wird, damit alle wissen, wo es hingeht (F4/50). Sie ergänzt, dass sie sich nicht in die Fachgruppenarbeit einmischt. Ideen dürfen laut der Führungskraft umgesetzt werden, wenn die Umsetzung innerhalb der durch Vision und Leitbild definierten Rahmenbedingungen erfolgt. Sie übergebe häufig die Zuständigkeit und die Verantwortung, wenn Vorhaben im Team umgesetzt werden (F4/50).

Im Fall 5 erklärt die schulische Führungskraft, dass sie sich gerne anders entscheidet, wenn das Kollegium gut argumentiert. Sie gehe immer auf Ideen und Vorschläge ein, prüfe aber die rechtlichen Voraussetzungen, ggf. mit der Bildungsverwaltung. Sie gibt an, dass sie Vorhaben auch ablehnt, wenn die rechtlichen Voraussetzungen nicht gegeben sind (F5/57).

Die Schulleitungsperson in der Schule F6 lässt eigene Wege gerne zu, diskutiert aber nicht über ihre Grundüberzeugungen. So müsse die Umsetzung im jeweiligen Arbeitsgebiet im Interesse der Schüler/innen sein und es brauche einen guten Sinn für die Realität (F6/56).

Eine andere Führungsperson gibt an, dass sie dem Kollegium Freiheiten gewährt und andere Meinungen zulässt. Die Schulleitung erklärt, dass sie sich freut, wenn sie selbst dazu lernen kann. Sie ergänzt, dass sie die Vorhaben beobachtet und Hinweise gibt. Sie fördere das Ausprobieren und sehe Fehler als Chancen für gute Entwicklungen (F7/74, F7/76).

Im Fall 8 gewährt die Führungskraft möglichst viel Entscheidungsfreiheit, weil sie das Kollegium gut kennt. Sie lässt Fehler zu, unterstützt, lobt und zeigt Interesse an den Lehrkräften (F8/84). Verschiedene Wege werden zugelassen, solange es Einigkeit über die gemeinsamen Ziele gemäß dem Leitbild gibt (F8/86). Bei den rechtlichen Vorgaben gebe es keinen Entscheidungsspielraum und oberste Priorität sei das Wohl- und Fortkommen der Schüler/innen. Die Führungskraft gibt an, dass es auch Sondierungen bei der Personalvertretung und Befragungen des Kollegiums gibt (F8/94–96).

Eine andere Führungsperson betont das Prinzip der Autonomie: „[...] *das Prinzip der Autonomie soll durchgereicht werden*" (F9/54). Sie sieht das Verständnis von Autonomie darin, dass Subsidiarität bis auf die unterste Ebene weitergereicht wird, im besten Fall sogar auf den/die Einzelschüler/in, solange sich alle im Rahmen der Vereinbarungen bewegen (F9/55). Die Führungskraft sieht die Notwendigkeit von Fehlertoleranz, denn wenn Neues entsteht, müsse auch die Möglichkeit des Scheiterns in Betracht gezogen werden (F9/55). Sie ergänzt, „Es gibt nicht DIE eine Entscheidung." (F9/57) und dass sie andere Meinungen toleriert. Darin sehe sie die Echtheit von Autonomie. „*Ich kann nicht Autonomie geben in einem bestimmten Rahmen und mich dann aufregen, wenn diese Autonomie auch genutzt wird*" (F9/57).

Im Fall 10 gibt die Führungsperson an, dass ihre eigene Meinung nicht durchgesetzt wird, wenn alle davon profitieren. Voraussetzung sei, dass das Vorhaben moralisch vertretbar ist, gesetzlich gedeckt ist und sich in einem annehmbaren Rahmen bewegt. Die Schulleitung betont, dass sie die Letztverantwortung trägt und die Letztentscheidung trifft (F10/103–108).

Eine weitere Führungskraft erklärt, dass sie wenig kontrollieren will und dazu neigt, weniger Vorgaben und viel Freiraum zu geben. Sie warte lange zu und sei duldsam (F11/78). Die Schulleitung gibt an, dass sie eine tolerante Führungskraft ist, so wie es auch ihr Vorgesetzter ist, und glaubt, dass sich die Mitarbeiter/innen durch Toleranz kreativ entfalten können und Freude an der Arbeit haben. Sie und ihr/e Vorgesetzte/r denken: „*In großen Räumen denken und nicht in kleinen Spielräumen.*" (F11/79) Wer eine Aufgabe übernommen hat, kann sie frei gestalten, wenn sie nicht andere Planungen behindern. Die Führungskraft gibt an, dass sie vernetzt und organisiert und kreativen Spielraum frei werden lässt (F11/85). Ergänzend führt sie an, dass sie als Lehrkraft Freiraum geschätzt hat und nun bemüht sie sich, diesen Freiraum an das Kollegium weiterzugeben. Auch wenn sie weiß, dass gewisse Dinge so nicht funktionieren werden, wolle sie der betreffenden Lehrkraft nicht die Motivation nehmen (F11/89–90).

Im Fall 12 gibt die Führungsperson an, dass sie viele Freiheiten und Freiräume an das Kollegium weitergibt (F12/67). Sie ergänzt, dass sie Freiheiten zulässt, wenn sie erkennt, dass das pädagogische Selbstbild die bestmögliche

Förderung der Schüler/innen zulässt, auch wenn sie als Lehrer/in anders unterrichten würde (F12/69).

Die Schulleitungsperson in der Schule F13 gewährt fast grenzenlose Entscheidungsfreiheit im Unterricht. Sie führt an, dass sie sich nicht in die Wahl der Methoden und Inhalte einmischt, solange die Lehrkräfte innerhalb der Lehrpläne und im Rahmen der gesetzlichen und organisatorischen Vorgaben agieren. Sie nennt beispielhaft die Vorgabe, dass zuvor gemeinsam beschlossene Schularbeiten im Jahrgang ziemlich einheitlich gestaltet werden und am gleichen Tag stattfinden (F13/61–63).

Für diese Subkategorie kann zusammenfassend angeführt werden, dass dem Kollegium Freiheiten und Freiräume sowie freie Gestaltung des Unterrichts gewährt wird, solange die gesetzlichen und organisatorischen Rahmenbedingungen, moralische Grundsätze und pädagogische Werte eingehalten werden. Der Fokus liegt auf der Förderung der Schüler/innen und ein Mehrwert für Lehrkräfte und Schüler/innen muss erkennbar sein. In den verschiedenen Schulen gibt es unterschiedlich ausgeprägte schulinterne Rahmenbedingungen, auf die Rücksicht genommen werden muss. Zudem muss die Richtungsvorgabe der Führung in Bezug auf Vision und Leitbild berücksichtigt werden. Einige Führungskräfte geben an, dass sie eigene Wege respektieren und Subsidiarität gewähren, auch um Kreativität zuzulassen und selbst zu lernen. Betont wird zudem, dass das gesamte Kollegium und die Personalvertretung in bestimmten Fällen eingebunden werden. Einige Führungskräfte führen noch an, dass Fehler zugelassen werden und diese als Chance für das Entstehen von guten Entwicklungen gesehen werden.


### 4.1.18 Delegieren

In diesem Abschnitt werden die Ergebnisse der Subkategorien „D5 Shared Leadership/Delegieren" und „D7 Nicht delegierte Aufgaben" beschrieben. Im Zuge des Interviews wurde abgefragt, auf welcher Grundlage die Führungskraft Entscheidungen trifft, wie das Kollegium in Entscheidungen eingebunden wird und welche Aufgaben delegiert bzw. nicht delegiert werden.

Die erste Führungskraft gibt an, dass sie ihre Entscheidungen mit der Stellvertretung abspricht. Weitere Aufgaben zu delegieren wäre schwierig, weil die Lehrkräfte mit dem Unterricht ausgelastet seien (F1/66–67). Das Kollegium sei eingebunden durch gemeinsame Entscheidungen bezogen auf Unterricht und Betreuung oder zur Gestaltung des letzten Schultags beispielsweise. Die Schulleitung führt an, dass sie administrative Tätigkeiten, wie z.B. das Entgegennehmen von Telefonaten und Elternanfragen, die E-Mail-Abfrage, delegiert, wenn sie nicht im Haus ist (F1/68–69). Für die Homepage ist eine Lehrkraft zuständig, die auch Artikel für Zeitungen verfasst (F1/72–75). Diese gehen jedoch nicht ohne Zustimmung der Schulleitung außer Haus (F1/76–77). Keinesfalls delegiert wird die Arbeit mit dem Administrationsprogramm Sokrates, eine Monatsmeldung o. ä. zu erstellen wäre ohne Routine zu schwierig, zudem wolle die Führungskraft ihr Kollegium nicht überlasten (F1/71).

Im Fall 2 berichtet die Führungskraft, dass viele Aufgaben delegiert werden, z. B. die Pressearbeit, weil auf gute Arbeit vertraut wird (F2/66). Den Mitgliedern der erweiterten Schulleitung werden Aufgabengebiete zugewiesen, in denen sie weitgehend selbst entscheiden können, Standardaufgaben erledigen sie völlig eigenständig (F2/74–75). Bei den Standardaufgaben handelt es sich beispielsweise um die Terminplanung für das ganze Schuljahr, die Pressearbeit, die Systembetreuung, EDV-Planung und -Entwicklung und die Schulentwicklung (F2/90.92). Bei kritischen Entscheidungen wird die Führungskraft konsultiert (F2/74–75). An der Schule gibt es auch Konrektorinnen bzw. Konrektoren, das sind zwei Stellvertreter/innen. Ihnen obliegt die Seminarleitung zur Ausbildung von Junglehrerinnen und Junglehrern, Disziplinarmaßnahmen und die Neuaufnahme von Schülerinnen und Schülern, die Organisation der Abschlussprüfung, Probeunterricht, Vertretungsplan, Organisation der Pausen, Aufsichten und Präsenzen (F2/86–88, F2/90–92). Nicht delegiert werden die Unterrichtsplanung für das kommende Jahr sowie die Abstimmungen mit dem Ministerium. Das Kollegium wird hier nur informiert, jedoch nicht eingebunden, anders würde das nicht funktionieren (F2/84).

Eine andere Schulleitung betont, dass das Kollegium bei der Umsetzung von Projekten auf gleicher Höhe ist wie die Schulleitung, alle sind eingebunden, wenn es darum geht, Wege für die Verwirklichung zu finden. Man versuche, gemeinsam zu sagen: *„Das ist unser Ziel."* (F3/61). In der Schulentwicklung gibt es zwei Personen, die mit großer Eigenverantwortlichkeit ausgestattet sind. Freiheiten gibt es auch bei den vorwissenschaftlichen Arbeiten, bei Projekten oder in den Fachgruppen, die ihre Fachgruppensitzungen eigenständig gestalten und durchführen. Dabei werden beispielsweise Beurteilungsschemata oder die Gestaltung von Schularbeiten gemeinsam entwickelt. Die Führungskraft gibt lediglich Rückmeldungen anhand der ihr übermittelten Protokolle (F3/61). Nicht delegiert werden schulzentrale Themen wie die Lehrfächerverteilung, Stundenplanvorgaben und freie Tage. Diese Punkte werden, wenn überhaupt, nur mit dem/der Administrator/in besprochen (F3/63).

Die Führungskraft in der Schule F4 gibt an, dass sie delegierbare Aufgaben so gut wie möglich gleichmäßig über den Lehrkörper verteilt, abhängig von den Kompetenzen und Expertisen der Lehrkräfte und ohne einzelne Lehrkräfte zu überlasten. In der Corona-Zeit hat die Führungskraft entdeckt, dass sie es nicht allein geschafft hätte (F4/56). Elternbriefe wurden von den SQPMs verfasst, die zur Schulleitung gehören und die Klassenvorstände mussten Kontakt zu den Schülerinnen und Schülern halten. Administrative Aufgaben und die Informationsweitergabe hat die Führungskraft gemeinsam mit dem Sekretariat und mit einem/einer Administrator/in erledigt (F4/58). In der Corona-Zeit war die Führungskraft ständig im Kontakt mit den SQPMs, die durch Abstimmung in Entscheidungen eingebunden waren (F4/62). In „normalen" Zeiten erfolgen Abstimmungen nach Bedarf, entweder in einer Konferenz, einer Besprechung oder in einer Pause (F4/66). Die Führungskraft führt an, dass sie Repräsentationsaufgaben auf keinen Fall delegiert (F4/56).

Einer der schulischen Führungskräfte ist es wichtig zu betonen, dass Verteilen Philosophie sei (F5/55). In diesem Sinne gibt sie Autonomie an die Abteilungsleiter/innen weiter und erwartet sich, dass diese in gleichem Ausmaß das Kollegium miteinbeziehen. Sie nimmt dabei auch Widerstände der Bildungsverwaltung in Kauf. Die Führungsperson betont, dass sie die Entscheidungsgewalt, wo es geht, gerne an die Klassenteams weiterleitet (F5/55). Angelegenheiten, die direkt den Schulalltag betreffen, werden an die Abteilungsleiter/innen delegiert. Dazu zählen Aufgaben wie Schüleraufnahme, Versetzungen, Umgang mit pädagogischen Maßnahmen (F5/68). Die Abteilungsleiter/innen übernehmen auch Personalentwicklungsgespräche (F5/78). Delegiert werden viele Agenden bis zur Unterschrift der Führungskraft (F5/68), dienstliche Beurteilungen und Konfliktgespräche hingegen muss die Führungskraft selbst durchführen (F5/78).

Im Fall 6 gibt die Führungskraft an, dass sie Aufgaben an ein Führungsteam delegiert und deren Durchführung nicht kontrolliert, sondern vertraue, dass diese erledigt werden. Entscheidungen werden nach Beratungen mit dem Führungsteam getroffen (F6/62–64). Die Führungskraft in der Schule F7 streicht heraus, dass Lehrkräfte die Führungskräfte in der Klasse sind (F7/83). Das Kollegium werde bei der Stundenplangestaltung und Stundenverteilung eingebunden (F7/86–87), nicht jedoch bei der Lehrfächerverteilung (F7/87). Administrative Aufgaben im Programm Sokrates, wie z. B. die Zeugniseingabe, übernimmt die Führungskraft, um die Lehrkräfte zu entlasten (F7/83, F7/85). Bei Vereinbarungen mit der Bildungsdirektion und bei Budgetverhandlungen mit der Gemeinde wird das Kollegium nicht eingebunden (F7/87).

Eine andere Führungsperson erklärt, dass die Unterrichtsplanung in enger Absprache mit dem Kollegium erfolgt (F8/27). Agenden der Personalführung werden teilweise delegiert (F8/100). Darüber hinaus betraut die Führungskraft Kolleginnen und Kollegen mit operativen Aufgaben (F8/104). Die Beurteilung darf aus rechtlichen Gründen nicht delegiert werden, wobei die Stellvertretung eingebunden wird (F8/102). Wesentliche Aufgaben der Schulleitung, wie z. B. Kommunikation und Repräsentationsaufgaben, werden nur ganz am Rande delegiert (F8/106).

Im Fall 9 berichtet die schulische Führungskraft, dass sie versucht, das Kollegium einzubinden, wenn es Kompetenz besitzt. Für die Schulen gibt es ein mittleres Management, eine Stellvertretung, die zum Teil freigestellt ist, vom Lehrerkollegium gewählte Lehrkräfte, die als kritische Freunde fungieren und Rückmeldung geben (F9/66).

Die Führungskraft delegiert den Bereitschaftsplan, die Supplierverwaltung oder Stundenplan. Elternkontakte und Elterngespräche laufen großteils über die Lehrkräfte (F9/68).

Eine weitere Schulleitung reflektiert, dass sie wahrscheinlich zu wenig delegiere. Wenn sie delegiert, dann im administrativen Bereich (F10/135–136). Entscheidungen, die Schüler/innen betreffen oder pädagogische Entscheidungen werden nicht delegiert. Dies ist zum Beispiel der Fall, wenn sich mehrere Lehrkräfte um einen bestimmten Gegenstand oder eine Klasse bemühen (F10/138).

Im Fall 11 gibt es ein Leitungsteam, welches für Planungen, Termine und Vorbereitungen für das Schuljahr zuständig ist. Die Führungskraft legt viel Entwicklung in die Hände der Fachteams (F11/94). Das Kollegium ist durch Informationsweitergabe eingebunden. Die Führungsperson betont, dass sie Informationen weitergibt mit der Bitte weiterzudenken, damit das Thema zu gegebener Zeit besprochen werden kann (F11/99). Delegieren wird in der Umbruchsphase, mit der sich die Führungskraft gerade beschäftigt, ein großes Thema werden, da Aufgabenbereiche neu zugewiesen werden. Eine anstehende Clusterbildung wird diesbezüglich sowohl als Chance als auch als Herausforderung gesehen, letzteres wegen der unterschiedlichen Dienstrechte (F11/101).

Eine andere Führungskraft setzt auf Dialog (F12/79) und bezieht das Kollegium ein, indem anhand von Vorgaben Vorhaben reflektiert werden (F12/77). In Corona-Zeiten wird die Umsetzung der Hygienevorschriften delegiert, denn die Verantwortung läge bei jeder einzelnen Lehrkraft (F12/81). Nicht delegiert werden Managementaufgaben, vor allem mit dem Programm Sokrates und Kontakte mit der Wirtschaft, der Gemeinde oder dem Elternverein, wobei die Lehrkräfte zweite Ansprechpartner/innen wären (F12/82). Im Bereich der Öffentlichkeitsarbeit schreibt die Führungskraft Presseartikel, die sie jedoch nach Möglichkeit von Kolleginnen oder Kollegen zweitlesen lässt (F12/83–84).

Die Schulleitung in der Schule F13 betont, dass die Leitungsaufgabe nicht delegiert wird, aber die Meinung des Kollegiums eingeholt werde. Das Administrationsteam und die Personalvertretung seien stark eingebunden in Entscheidungen (F13/73). Erhebungen werden an die Klassenvorstände delegiert. Delegiert werde vor allem dort, wo es gesetzlich vorgeschrieben ist, z. B. Kustodiate. Der Führungskraft ist es wichtig zu betonen, dass mit der Aufgabe auch die Verantwortung mitdelegiert wird (F13/75). Bei der Schulentwicklung trägt die Schulleitung die Letztverantwortung, aber das Kollegium wirkt mit. Die Leitungsaufgabe wird nicht delegiert (F13/73).

Als Haupttendenz lässt sich zusammenfassend feststellen, dass in Schulen, in denen es ein Leitungsteam gibt, Führungsaufgaben, wie z. B. einige Aufgaben der Personalentwicklung, delegiert werden. Ansonsten werden vor allem Aufgaben wie Systembetreuung, EDV-Planung und EDV-Entwicklung, die Festlegung von Beurteilungsschemata, die Planung und Umsetzung der vorwissenschaftlichen

Arbeiten, Stundenplan, Stundenverteilung oder Supplierverwaltung delegiert. Ein Teil der Führungskräfte berichtet, dass die Bedienung des Programms Sokrates, mit dem z.b. die Zeugnisse verwaltet werden, nicht delegiert wird, vor allem, um die Lehrkräfte zu entlasten. Andere Aufgabenbereiche, die nicht delegiert werden, sind Verhandlungen mit der Bildungsdirektion oder dem Ministerium, Absprachen mit Vertreterinnen und Vertretern der Wirtschaft und dem Schulträger sowie Repräsentationsaufgaben. In der Öffentlichkeitsarbeit werden die Betreuung der Homepage und das Verfassen von Pressetexten zwar delegiert, jedoch liegt die Letztverantwortung bei der schulischen Führungskraft. Weitere Aufgaben, die nicht delegiert werden, sind dienstliche Beurteilungen und Konfliktgespräche und die Umsetzungsverantwortung bei der Schulentwicklung. In den meisten der Fälle wird das Kollegium beratend hinzugezogen. Das Schulentwicklungsteam arbeitet teilweise mit großer Eigenverantwortlichkeit. Eine Schulleitung betont, dass für Aufgaben, die delegiert werden, auch die Verantwortung mitdelegiert wird.

## 4.1.19 Personalentwicklung

In diesem Kapitel werden die Ergebnisse der Subkategorien „E1 Qualifizierungspersonal erheben", „E2 Talente fördern" und „E3 Personalentwicklungswerkzeuge" beschrieben. Die Schulleiter/innen wurden während der Interviews gebeten, die Personalentwicklung am Schulstandort zu beschreiben. Die Führungskräfte haben beschrieben, wie sie das Qualifizierungspotenzial an der Schule erheben, wie sie Talente fördern und welche Personalentwicklungswerkzeuge sie anwenden.

Die erste Führungskraft gibt an, dass die Mitarbeiter/innen einmal im Jahr zu einem Mitarbeitergespräch eingeladen werden, anlassbezogen geht die Initiative manchmal auch vom Kollegium aus (F1/90–91). Der Qualifizierungsbedarf wird auf Basis der gemeinsamen Planung der Fortbildung zur Umsetzung des Leitbilds erhoben. Referentinnen und Referenten kommen an die Schule, damit nach Möglichkeit Fortbildungsmaßnahmen gemeinsam besucht werden können (F1/92–93). Talente werden gefördert, indem den betreffenden Lehrkräften die Teilnahme an Hochschullehrgängen für Schulmanagement empfohlen wird bzw. offene Leitungsstellen zur Kenntnis gebracht werden (F1/99–102). Bei der Gestaltung des Stundenplans bzw. bei der Lehrfächerverteilung wird auf Stärken und Talent der Kolleginnen und Kollegen Rücksicht genommen (F1/96–98).

Im Fall 2 berichtet die Führungsperson von jährlichen Mitarbeitergesprächen durch die Personalgruppenleitungen, die bei der Einführung der erweiterten Schulleitung institutionalisiert wurden (F2/103). Im Mitarbeitergespräch wird der Qualifizierungsbedarf erhoben und spezifisches Interesse identifiziert. Aufgrund der durch die Mitarbeitergespräche gewonnenen Erkenntnisse wird in der Schulleitung entschieden, wer gefördert werden soll (F2/103). Talentierte Lehrkräfte werden direkt angesprochen, ob sie am Kurs „Schule verantwortlich mitgestalten" teilnehmen wollen. Diese Lehrpersonen können dann an einem Assessment teilnehmen, das alle zwei Jahre stattfindet (F2/104). Lehrkräften, die eine Leitungsposition anstreben, werden gezielt attraktive Fortbildungsmaßnahmen ermöglicht und sie erhalten Unterstützung im Genehmigungsverfahren bei der Aufsichtsbehörde (F2/105, F2/107).

Eine andere Führungskraft gibt an, dass in der Regel jährlich einmal mit allen Lehrkräften längere Mitarbeitergespräche durchgeführt werden. Darüber hinaus gibt es ein Personalentwicklungswerkzeug, im Rahmen dessen eine gegenseitige Feedbackgebung stattfindet. Dabei holen Lehrkräfte im Zeitraum von vier Semestern Feedback von den Schülerinnen und Schülern ein und besprechen die Ergebnisse mit einer Lehrperson ihrer Wahl. Die Führungskraft steht im Rahmen der Mitarbeitergespräche für Beratung und klärende Gespräche hinsichtlich der Feedbackergebnisse zur Verfügung (F3/81). Das Qualifizierungspotenzial erfolgt nicht im Sinne einer zielorientierten Erhebung, sondern durch die Wahrnehmung der Führungskraft, z. B. in der Schulentwicklung (F3/71). Begabungen werden durch mitfinanzierte, personenorientierte Weiterbildungsmaßnahmen gefördert (F3/73–77).

Im Fall 4 berichtet die Führungskraft, dass sie jährliche Mitarbeitergespräche führt, die jedoch im Corona-Jahr ausgefallen sind (F4/75). Im Rahmen der Mitarbeitergespräche wird erkannt, für welche Bereiche sich die Lehrkräfte interessieren und wo sie sich gezielt weiterentwickeln wollen. Die Führungskraft setzt auf Freiwilligkeit bei der Fort- und Weiterbildung, gelegentlich wird auch entschieden, wer an einer Qualifizierungsmaßnahme teilnimmt (F4/75). Grundsätzlich gibt es keine Einschränkung bei Fortbildungen, solange das Budget vorhanden ist und die Maßnahme in den Schulkontext passt (F4/86). Um Talente zu fördern, werden Lehrkräfte dort eingesetzt, wo sie ihre Stärken entfalten können (F4/77). *„Man erkennt Talente, wenn man zuhört und die Leute ein bisschen beobachtet, wie sie so tun."* (F4/79–80)

Die Führungskraft in der Schule F5 reflektiert, dass derzeit noch wenige Personalentwicklungswerkzeuge eingesetzt werden (F5/49, F5/78, F5/80). Das Aufeinander-Zugehen ersetzt noch die Personalentwicklungswerkzeuge, die noch nicht institutionalisiert sind (F5/49). Die Schulleitung erklärt, dass die Weitergabe von Lernmaterialien im Kollegium ein großer Vorteil für die Personalentwicklung ist (F5/74). Als Personalentwicklungswerkzeuge werden Fortbildungen genannt (F5/80). Erwähnt wurde die in Hessen vorhandene Möglichkeit, Erfahrung in der Bildungsverwaltung zu sammeln, wodurch auch Talente gefördert werden. Wenn sich Lehrkräfte dahingehend entwickeln möchten, gibt es freiwillige Mitarbeitergespräche (F5/80). In der Schule F5 gibt es ein Fortbildungskonzept und ein Onboarding-Konzept, die Bestandteile des schulinternen Qualitätsmanagements sind (F5/74). Der Fortbildungsbedarf wird jährlich durch eine

Abfrage erhoben. Eine für das Qualitätsmanagement zuständige Lehrkraft führt Aufzeichnungen über Fortbildungsmöglichkeiten und unterstützt bei der Suche nach Fortbildung. Für die Anmeldung gibt es ein schulinternes Antragswesen (F5/84). Die Führungskraft erklärt, dass das Fortbildungsangebot nur von einzelnen Lehrkräften in Anspruch genommen wird, sie daher plane, diesen Prozess zu verbessern (F5/84).

Im Fall 6 gibt die Führungskraft an, dass es kein klassisches Mitarbeitergespräch gibt. Signale für Personalentwicklungsbedarf würden sich aus den einzelnen Sitzungen ergeben. Die Führungskraft gehe auf die Lehrkräfte zu und weise auf Fortbildungen hin (F6/74–75). Bei der Personalaufnahme achtet die Schulleitung darauf, Lehrkräfte anzustellen, die bereits einen guten Ruf haben, was nicht immer leicht sei aufgrund der Ranglisten und Rangordnungen (F6/75). In den Gesprächen mit den Lehrkräften ist die Führungskraft umsichtig im Umgang mit Lob, sondern sucht Gelegenheit, die Personen an ihre Qualitäten und Stärken zu erinnern (F6/75). Talentierte Lehrkräfte werden direkt angesprochen und die Führungskraft bietet Anregungen, Ideen und Netzwerke an. Durch schulische Projekte beispielsweise werden Schritte unternommen, um das Potenzial zu entfalten (F6/77).

Eine andere Schulleitung sieht Mitarbeitergespräche nicht als Bewertungswerkzeug, sondern als Rahmen für den persönlichen Austausch und als Werkzeug, um Wünsche und Sorgen der Mitarbeiter/innen aufzunehmen, um sie zu unterstützen (F7/102–103, F7/105).

Sie gibt an, dass ihr beim Mitarbeitergespräch ein wertschätzender Zugang zu den Lehrkräften wichtiger ist, als ein bürokratisches Messinstrument zu generieren (F7/108–109). Der Qualifizierungsbedarf wird durch Beobachtungen und Gespräche im Sinne eines guten Schulklimas erhoben (F7/98–99). Werden Talente entdeckt, weist die Führungskraft auf Fortbildungen hin und achtet auf die Stärken der Mitarbeiter/innen. Talente werden auch gefördert, indem sehr viel delegiert wird und Erfolge und Lob personifiziert werden, um die Motivation zu steigern (F7/101).

Im der Fallschule 8 gibt die Führungsperson an, dass Mitarbeitergespräche geführt werden (F8/26) und der Fokus bei Zielen, die im Rahmen der Mitarbeitergespräche vereinbart werden, auf individuellen Zielen basierend auf Stärken liegt (F8/118). In der Schule liegt ein Fortbildungskatalog mit Themen, die von der Schulleitung und den Fachbereichen eingebracht und priorisiert werden, auf (F8/33–37). Die Führungskraft betont den Fortbildungswillen des Kollegiums (F8/33–37), Qualifizierungspotenzial werde durch Beobachtung und Erkennen von Leistungsträgerinnen und -trägern identifiziert (F8/114). Die Führungskraft erklärt, dass sie Talente fördert, indem sie in der Kommunikation Selbstvertrauen fördert und die Lehrperson mit Aufgaben betraut (F8/116).

Eine andere Führungsperson betont die große Bedeutung von Mitarbeitergesprächen. Dieses Personalentwicklungswerkzeug sei nicht institutionalisiert, werde bei Bedarf auch mehrmals jährlich geführt, wenn z. B. etwas Konkretes zu regeln ist oder Mitarbeiter/innen Klärungsbedarf haben (F9/77). Die Führungskraft konzentriert sich bei den Gesprächen auf Einsteiger/innen oder neue, erfahrene Lehrkräfte, um zu verstehen, ob diese sich mit dem Wertesystem und der Ausrichtung der Schule identifizieren können (F9/83–86). Fortbildungen werden gezielt als Personalentwicklungswerkzeug eingesetzt (F9/80). Mögliche neue Aufgaben und das damit verbundene Qualifizierungspotenzial werden durch Beobachtung und Menschenkenntnis erhoben (F9/81). Die Führungskraft gibt an, dass Talentförderung dann am besten ist, wenn die Lehrkräfte ermutigt werden, ihre Talente einzusetzen, wenn ein geschützter Rahmen geschaffen wird, damit sie Selbstbewusstsein gewinnen können. Schrittweise erreichte positive Ergebnisse motivieren und unterstützen die Personen dabei, Selbstbewusstsein zu gewinnen (F9/78–80).

Die Führungskraft in der Schule F10 gibt an, dass Mitarbeitergespräche neben Befragungen und professioneller Moderation in professionellem Rahmen vermutlich das wichtigste Instrument seien (F10/158–159). Sie reflektiert, dass das Qualifizierungspotenzial vermutlich zu wenig erhoben wird. Bei Hospitation durch die Führungskraft wird das Unterrichtsgeschehen besprochen, bei bestimmten Lernformen werden Ansprechpartner/innen gesucht und gebeten, Material zusammenzutragen, das umgesetzt werden könnte (F10/152–154). Angesprochen auf die Förderung von Talenten, meint die Führungskraft: *„Die richtigen Aufgaben den richtigen Leuten geben"* (F10/156).

Eine andere Führungsperson gibt an, dass Mitarbeitergespräche flächendeckend geführt, jedoch zielorientierter geführt werden sollten (F11/126–128). Die Qualifizierung erfolgt angebotsorientiert und hängt mit der Aufgabenbeschreibung und dem Leitbild zusammen. Die Führungskraft achtet darauf, ob Fortbildungswünsche zielgerichtet sind (F11/119). Talente werden durch Leidenschaften gefördert. Wer gerne möchte, darf sich einbringen, denn *„was die Lehrer und Lehrerinnen gern tun, das möchten sie auch gerne einbringen"* (F11/121). Die Führungskraft ermöglicht den Lehrkräften, Ideen umzusetzen und sich fortzubilden (F11/121).

In der Fallschule 12 beschreibt die Führungsperson, welche Frage sie beim mindestens jährlichen Mitarbeitergespräch stellt: *„Wenn eine Zauberfee jetzt zu dir käme, welche drei Wünsche würdest du an sie richten bezüglich Schule?"* F12/41). Sie gibt an, dass Visionen und Ziele der einzelnen Lehrkräfte viel Platz hätten in diesen Gesprächen (F12/41, F12/93). Für jede Lehrkraft gibt es einen Fort- und Ausbildungsplan (F12/95, F12/97). In Bezug auf die Förderung von Talenten gibt die Schulleitung an, dass sie darauf achtet, dass alle ihre Stärken einbringen und sich verwirklichen können. Die Lehrpersonen werden direkt angesprochen, ob sie an bestimmten Aus-, Fort- und Weiterbildungsangeboten teilnehmen wollen. Die Führungskraft gibt an, dass sie vom Gelernten der Kolleginnen und Kollegen selbst lernend profitiert (F12/101).

Die letzte Führungskraft führt jährliche, schwerpunktmäßige, strukturierte, leitfadengestützte Reflexionsgespräche, ähnlich Mitarbeitergesprächen, die aber nicht so genannt werden. Sie betont, dass die Gespräche auf freiwilliger Basis geführt werden, da sie verpflichtend keinen Sinn machen würden (F13/45–47). Im Rahmen des Auswahlverfahrens werden bei Bewerbungsgesprächen die Kustodinnen bzw. Kustoden einbezogen, um die Personalauswahl treffsicher zu gestalten. Im Bewerbungsprozess wird nicht nur auf das Fachwissen geachtet. Wichtig sei, dass die neue Lehrkraft gut in die Schule passe (F13/86). Fortbildung wird als Personalentwicklungswerkzeug ebenso genutzt wie Teamentwicklungsmaßnahmen (F13/87–88). Die Führungskraft fördert Talente durch Zutrauen, durch Übertragen von Aufgaben. Reflexionsgespräche dienen als Werkzeug für die Entwicklung (F13/90).

Zusammenfassend lässt sich sagen, dass alle befragten Führungskräfte eine Art Mitarbeitergespräch führen. Andere Personalentwicklungsmaßnahmen sind gezieltes Feedback, Fortbildungen, Befragungen, Reflexionsgespräche und definierte Auswahlverfahren. Das Qualifizierungspotenzial wird durch gemeinsame Planung von Fortbildungen, anhand von Mitarbeitergesprächen oder durch Beobachtungen erhoben. In einer Schule existiert ein im schulinternen Qualitätsmanagementsystem dokumentiertes Fortbildungs- und Onboarding-Konzept. Der Bedarf an Fortbildung wird auch durch Hospitationen oder angebotsorientiert erhoben. Als Entscheidungsgrundlage für Fortbildungen dienen neben dem Budget auch das Leitbild und der Schulkontext. Talente werden gefördert, indem die betreffenden Lehrkräfte zielgerichtet eingesetzt werden, indem ihre Ideen umgesetzt und sie gemäß ihren Stärken eingesetzt werden. Einige Schulleitungen geben an, dass den Lehrpersonen die Möglichkeit geboten wird, an Führungsprogrammen teilzunehmen. Das Ermutigen und Ermöglichen spielt ebenso eine wichtige Rolle.

### 4.1.20 Qualitätsentwicklung

In diesem Kapitel werden die Antworten zu den Subkategorien „F2 Weiterentwicklung Qualität", „F1 Einblick am Unterrichtsgeschehen gewinnen" und „F3 Weiterentwicklungsplan/Schulprogramm" zusammenfassend dargestellt. Die schulischen Führungskräfte wurden danach gefragt, welche Strategien sie hinsichtlich der Unterrichts- und Schulentwicklung verfolgen, wie sie sich Einblick in das Unterrichtsgeschehen am Schulstandort verschaffen bzw. wie der Schulentwicklungsplan am Schulstandort erarbeitet und umgesetzt wird.

Die erste Führungskraft gibt an, dass die Qualitätsentwicklung bottom-up durch Ideen aus dem Kollegium angestoßen wird. Nach einer gemeinsamen Formulierung mit der Schulleitung gibt es Beratungen mit dem/der Schulqualitätsmanager/in (F1/108). Die Schulleitung gibt an, dass sie ziemlich gut über die Leistungen und das Klima in den Klassen Bescheid weiß. Hospitationen werden durchgeführt, wenn Unstimmigkeiten auftreten oder wenn Studierende der Hochschule an der Schule sind. Da die Schulleitung nicht freigestellt ist, nimmt sie am Unterricht in jeder Klasse teil, sei es im Förderunterricht, in der pädagogischen Verstärkungsrunde oder in der Lernbetreuung. Darüber hinaus führt sie regelmäßig Gespräche mit den Klassenlehrkräften. Die Schüler/innen kommen zudem mit konkreten Fragestellungen oder Problemen zu ihr in die Direktion (F1/112). Der Schulentwicklungsplan werde immer im Sommersemester erarbeitet. Die/Der SQA-Koordinator/in verschriftlicht die Themen und Ziele. Die Schulleitung nützt die Expertise der Schulqualitätsmanagerin/des Schulqualitätsmanagers für Beratung und Reflexion (F1/108).

Die zweite Führungskraft berichtet von einem standardisierten Verbesserungswesen am Schulstandort und betont, dass sie dem Kollegium die Wichtigkeit von Standards vermittelt (F2/116). Das Schulentwicklungsteam begleitet Prozesse der ständigen Weiterentwicklung. Wichtige Themen werden identifiziert, wobei der Fokus auf Nachhaltigkeit liegt. Die Führungskraft gibt an, dass sie diese Prozesse verfolgt und durch Nachfragen einbezogen ist (F2/118–120). Die gemeinsame fachspezifische Unterrichtsentwicklung wird von den Fachgruppen durchgeführt. Bei Lehrplanänderungen werden Fortbildungsveranstaltungen zur Unterstützung besucht (F2/122). Ein Schulentwicklungsplan ist in Bayern gefordert, wird aber schulintern nicht genützt. Es handelt sich lediglich um eine kurze Zusammenfassung nur zum Thema Digitalisierung (F2/138–142).

In der Fallschule 3 berichtet die schulische Führungsperson, dass es eigene Konzepte für die Schulentwicklung gibt. Das Schulentwicklungsteam entspricht einem Steuerteam und arbeitet je nach Themen in unterschiedlicher Zusammensetzung mit den zwei Qualitätsverantwortlichen der beiden Schulen zusammen (F3/83–84). Durch die regelmäßige Teilnahme an Testungen der Bildungsstandards wird die Unterrichtsqualität weiterentwickelt. Die Ergebnisse im Ländervergleich werden dem Kollegium rückgemeldet und gemeinsam besprochen (F3/86). Die Schulleitung berichtet, dass sie sich durch regelmäßige Unterrichtsbesuche, in erster Linie jedoch bei jüngeren Kolleginnen und Kollegen, Einblick in das Unterrichtsgeschehen verschafft. Der Führungskraft ist es wichtig zu betonen, dass sie aufgrund ihres Führungsstils viel erfährt (F3/88). Der Schulentwicklungsplan wir gemeinsam mit dem/der Schulqualitätsverantwortlichen erstellt, wobei der Input der Lehrkräfte in Bezug auf wichtige Entwicklungsschritte in den Schulentwicklungsprozess aufgenommen werde (F3/94).

Eine weitere Führungskraft gibt an, dass die Qualität durch die Arbeit in den Fachgruppen weiterentwickelt wird. Diesen werden Freiheiten bei der Umsetzung zugestanden. Grundsätzliche Entwicklungen würden oft mit den SQPMs besprochen. Input bekomme die Schulleitung bei Direktorenbesprechungen und Tagungen, wo über Entwicklungen und Trends im Schulsystem, auch außerhalb von Österreich, berichtet wird. Diese Themen werden in den pädagogischen

Konferenzen besprochen, es wird ein Konzept erarbeitet und Lehrkräfte besuchen die entsprechenden Fort- und Weiterbildungen (F4/82). Die Führungskraft berichtet, dass das Kollegium Einmischungen in das Unterrichtsgeschehen nicht goutieren würden, sie daher einen Weg sucht, wie sie sich Einblick in das Unterrichtsgeschehen verschaffen kann. Hospitationen im herkömmlichen Sinn wolle sie keine durchführen, sie denke an Classroom Walkthrough (F4/84). Der Schulentwicklungsplan wir laut Aussage der Führungskraft immer mit den SQPMs auf Basis der Ideen aus dem Kollegium erarbeitet. Alle Lehrkräfte werden ermutigt, Ideen einzubringen, diese werden im Führungsteam besprochen und gegebenenfalls in den Schulentwicklungsplan aufgenommen (F4/88).

In der Fallschule 5 berichtet die Schulleitung, dass die Qualität über die Schulentwicklungsarbeitsgruppe weiterentwickelt wird (F5/85). Die Unterrichtsentwicklung werde innerhalb der Teamstrukturen durchgeführt, wenn Lernarrangements entwickelt werden (F5/88). Da sich die Kolleginnen und Kollegen noch nicht mit dem Teamkonzept angefreundet haben, werden Fortbildungsmaßnahmen für die Teams angeboten (F5/88). Einblick in das Unterrichtsgeschehen verschafft sich die Führungskraft durch Unterrichtsbeobachtungen und Evaluationen. Dabei gehe es nicht um die Kontrolle der Lehrer/innen, sondern ausschließlich um die Beobachtung des Unterrichts. Die Führungskraft habe sich vorgenommen, eine Klasse einen ganzen Tag lang zu begleiten, um den Unterricht zu verfolgen (F5/93). Durch das Qualitätsmanagementsystem und die Arbeitsgruppe erfolgt permanente Schulentwicklung, d. h. auch ein laufender Schulentwicklungsplan (F5/106).

Eine andere Schulleitung gibt an, dass die Schulqualität auf Basis von interner Evaluation, kollegialem Austausch, Austausch mit Eltern, Umfragen, Ergebnissen der PISA-Studie und Lernstandserhebungen weiterentwickelt wird (F6/79). Das Ausmaß der Unterrichtsentwicklung in den Fachgruppen ist abhängig von der Zusammensetzung der jährlich eingerichteten Arbeitsgruppen, je nachdem, wie die Teammitglieder miteinander zusammenarbeiten können (F6/80–83). Die Führungskraft verschafft sich durch Hospitationen Einblick in das Unterrichtsgeschehen, betont jedoch, dass sie angemeldete Hospitationen auf Augenhöhe bevorzuge. Es ginge darum, bewusst aufeinander zuzugehen, sich austauschen und Anregungen zu geben (F6/75). Verpflichtende Unterrichtsbesuche – einmal angekündigt und einmal nicht angekündigt – gäbe es im Probejahr. Da sich die Lernsituation durch die Hospitation verändert, beobachtet die Schulleitung bevorzugt in offenen Lernsituationen und gibt Rückmeldung über Beobachtungen. Das Feedback sei ohne Wertung, die Führungskraft wolle Selbstbeobachtung anstoßen (F6/85, F6/87, F6/90, F6/92). Der Schulentwicklungsplan wird in Form des Dreijahresplans entwickelt. Dieser besteht aus einem allgemeinen Bereich und einem Teil mit speziellen Schwerpunkten und den Tätigkeiten des laufenden Schuljahres, verbunden mit Informationen wie dem Organigramm und der Dokumentation der Arbeitsgruppen (F6/106).

In der Fallschule 7 gibt die Führungskraft an, dass die Qualität am Schulstandort aufgrund der Vorgaben von SQA und Evaluierung unter Berücksichtigung des Faktors Lehrergesundheit, auch durch SCHILF- und SCHÜLF-Fortbildungen weiterentwickelt wurde (F7/113). Die gemeinsame Unterrichtsentwicklung wird durch geöffnete Klassen und gemeinsame Fördermaßnahmen, Projekte und Schwerpunkte erreicht (F7/118–119). Die Initiative für Unterrichtsentwicklung gehe vom Kollegium aus, Lehrkräfte treffen sich privat und arbeiten Unterrichtskonzepte aus, die auch durch Fort- und Weiterbildungsmaßnahmen angestoßen werden. Die Führungskraft fördere dabei das Erproben (F7/120–123). Sie gibt an, dass sie jeden Tag in allen Klassen ist, alle Kinder beim Namen kennt. Beim täglichen Durchgang führt sie Gespräche. Die Führungsperson vermittelt dem Kollegium, dass Hospitationen erwünscht sind, bevorzugt aber, dass sie dazu eingeladen wird (F7/126–127). Ein/e SQA-Beauftragte/r ist verantwortlich für den Prozess der Erstellung des Schulentwicklungsplans, bei dem die Schulleitung die Rolle des Beraters bzw. der Beraterin einnimmt. Der Schulentwicklungsplan wird gemeinsam im Team erarbeitet, da so die Ideen entstünden (F7/137).

Eine Führungsperson gibt an, dass die Qualität am Schulstandort sowohl topdown als auch bottom-up ausgehend von Befragungen entwickelt wird (F8/123). Die Entwicklung wird in der Zukunftswerkstatt, durch kritische Anregungen der Eltern, der Lehrkräfte und der Klassensprecher/innen angestoßen. Die gemeinsame Unterrichtsentwicklung ist das Ergebnis der Diskussionen im Rahmen der Zukunftswerksstatt, der Arbeit der Arbeitsgruppen in den Konferenzen bzw. durch das Infoportal. Auf eine Steuergruppe werde verzichtet, jede/r könne mitwirken. Ein Mitglied des Schulleitungsteams koordiniert die Weiterentwicklung der Schulqualität (F8/124–125). Die Keimzelle von Ideen und Konzepten sei die Zukunftswerkstatt, wo alle Themen einbringen können, die priorisiert werden. Mehrere kleine Arbeitsgruppen, eventuell mit externer Moderation, arbeiten Konzepte aus, die dem Kollegium in einer Konferenz vorgestellt werden (F8/128–130). Die Hauptquellen für den Einblick in das Unterrichtsgeschehen seien die gesetzlich vorgeschriebenen, unangekündigten Unterrichtsbesuche in Abständen von vier Jahren für die Beurteilung. Die Führungskraft bekommt auch Rückmeldungen von Eltern, Lernenden und Fachbereichen, durch die Teilnahme an Fachsitzungen oder wenn die Führungskraft von Lehrkräften in den Unterricht eingeladen wird (F8/132–133, F8/135). Der Schulentwicklungsplan wird laufend an die großen Visionen angepasst (F8/61). Der Prozess der Erarbeitung wird dadurch angestoßen, dass die Führungskraft von der/dem Koordinator/in für Schulentwicklung über aktuelle Entwicklungen informiert wird. Das Kollegium wird über das Infoportal informiert und zu Rückmeldungen und Ergänzungen eingeladen. Die Ergebnisse werden in der Konferenz diskutiert und gemeinsam verabschiedet (F8/145).

Die Führungsperson der Schule F9 gibt an, dass die Qualitätsentwicklung im Dreijahresplan basierend auf einer Evaluations- und Fortbildungskultur dokumentiert wird. Sie gibt an, dass Fortbildung eine große Rolle bei der

Qualitätsentwicklung spielt (F9/90–91). Durch Unterrichtsentwicklung, die gemeinsam im Kollegium stattfindet, ändere sich das gesamte System. *„Es ist irgendwie egal, an welcher Stellschraube man da dreht, verändert sich das gesamte System"* (F9/92–94). Die Führungskraft möchte dieses Instrument zukünftig zielvoll und geplant einsetzen. Sie sieht einen Zusammenhang zwischen Unterrichtsentwicklung, dem Image der Schule und der Mitarbeiterzufriedenheit (F9/92–94). Das Qualitätsprogramm IQES wird als Quelle für Unterrichts- und Schulentwicklungswerkzeuge genützt (F9/128). Die Führungskraft verschafft sich durch Hospitationen, Unterrichtsbesuche und Beobachtungen Einblick in das Unterrichtsgeschehen. Sie besucht jede Klasse und jede Lehrperson mindestens einmal im Herbst und kann sich somit Einblick verschaffen. Darüber hinaus hat sie Zugang zum digitalen Register, einem Kommunikationsinstrument zwischen Eltern und Lehrkräften (F9/98–101). Die Führungskraft berichtet, dass sie die Interaktion zwischen den Schülerinnen und Schülern beobachtet, vor allem, wie mit Störungen und Regelverletzungen umgegangen wird (F9/104–105).

Eine andere Schulleitung gibt an, dass die Qualität durch das Schulentwicklungsteam weiterentwickelt wird. Mit Unterstützung durch externe Schulentwicklungsberater/innen wurden Themen wie die Aufgabenkultur und Teamteaching bearbeitet (F10/162–163). Die Unterrichtsentwicklung passiert permanent, bezogen auf die Fächer, wobei das Unterrichtsprinzip Lesen im Vordergrund steht (F10/165). Die Führungskraft verschafft sich durch Präsenz, eine offene Tür und Beobachtungen Einblick in das Unterrichtsgeschehen (F10/167–168). Die Ziele für den Schulentwicklungsplan werden gemeinsam festgelegt und von der/den SQA-Beauftragten verschriftlicht, die auch bei den Gesprächen mit der/dem Schulqualitätsmanager/in dabei ist (F10/176–177).

Die Führungskraft in der Schule F11 führt an, dass sie und das Kollegium durch Beobachtungen und Best Practice Beispiele an anderen Schulen Impulse für Schulentwicklung holen (F11/116–117). Aufgrund aktueller Umbrüche im Kollegium entwickeln sich die Fachteams weiter. Die Führungskraft stärke dabei Tandems beim Teamteaching, indem sie parallele Freistunden im Stundenplan vorsieht. Es gibt keine strukturierte Weiterentwicklung in Peer Learning-Gruppen, die Führungskraft setze auf Spaß in der Zusammenarbeit und gegenseitige Motivierung für Neues, das aus den Tandemgruppen entsteht (F11/130–133). Durch Classroom Walkthrough verschafft sich die Schulleitung Einblick in das Unterrichtsgeschehen. Sie nützt auch viele Gelegenheiten, um in störender Art und Weise in die Klasse zu kommen, um sich einen Eindruck zu vermitteln. Hospitationen kämen derzeit zu kurz, obwohl die Führungskraft wirklich versuche, neue Lehrkräfte zu begleiten (F11/134–135). Der Schulentwicklungsplan wird im kleinsten Kreis erarbeitet, breit in verschiedenen Gruppen diskutiert und in der Konferenz endgültig beschlossen (F11/143).

In der Schule F12 gibt es zum Zeitpunkt des Interviews einen Schulentwicklungsprozess mit Beratung (F12/107–109). Die gemeinsame Unterrichtsentwicklung im Kollegium erfolgt in Teams mit unterschiedlichen Schwerpunkten (F12/110–111). Die Führungskraft gibt an, dass sie sich manchmal einbringt, jedoch Selbständigkeit gewährt (F12/113). Ideen holt sie sich durch Besuche anderer Schulen, durchaus auch im Ausland (F12/132–134). Einblick in das Unterrichtsgeschehen holt sich die Führungskraft durch Hospitationen und dadurch, dass die Türen am Schulstandort offen sind (F12/115–117). Durch den Schulentwicklungsprozess haben sich das Kollegium und die Schulleitung sehr intensiv mit dem Schulentwicklungsplan beschäftigt und gemeinsam durch das Setzen gemeinsamer Ziele einen Entwicklungsplan aufgebaut. Dabei können alle ihre Visionen einbringen, die dann auf einen Nenner gebracht werden (F12/129).

Die Führungskraft in der Schule F13 gibt an, dass Schulentwicklung durch die Resultate der Matura, Ergebnisse der Schülerfeedbacks von Maturantinnen und Maturanten oder aufgrund von Ideen aus dem Kollegium angestoßen wird (F13/93). Die gemeinsame Unterrichtsentwicklung erfolgt im Rahmen der pädagogischen Tage und bei Teamsitzungen. Unterrichtsentwicklung werde auch durch die Stärkung der Fachteams gefördert. Die Bereitschaft, sich weiterzuentwickeln sei Bestandteil der Schulkultur (F13/91–93). Die Schulleitung verschafft sich durch Rundgänge einen schnellen Eindruck über das Unterrichtsgeschehen. Mit Hospitationen sei sie nicht zufrieden, weil diese für die Lehrkraft Stress bedeuten, wenn sie unangekündigt stattfinden. Wird angekündigt hospitiert, wirke der Unterricht gekünstelt. Ein wichtiger Einblick ist die Matura, wo die Ergebnisse der Bemühungen gesehen werden. Die Führungskraft fungiert als Supplierreserve und bekommt so einen guten Überblick über die Arbeitsmaterialien in den Klassen (F13/97). Der Schulentwicklungsplan wird in einem kleinen Team erarbeitet, eventuell werden Lehrkräfte dazu geholt. Der Entwicklungsstand wird dem restlichen Kollegium kommuniziert. Es besteht die Möglichkeit, Ergänzungen einzubringen, bevor er in der Konferenz beschlossen wird (F13/107–108).

Es fällt auf, dass nur eine Schulleitung von einem ständigen Verbesserungswesen im Rahmen eines Qualitätsmanagements berichtet. Einige Schulleitungen setzen Schulentwicklungsteams ein, die ausgehend von Ideen aus dem Kollegium Vorschläge zur Umsetzung erarbeiten oder eigene Konzepte zur Schulentwicklung implementiert haben. Schulentwicklung wird in einigen Fällen durch Rückmeldungen, Evaluation, Netzwerktreffen, Tagungen oder Fortbildung angestoßen. Eine Schulleitung holt sich Ideen, indem sie Schulen im In- und Ausland besucht. Die Unterrichtsentwicklung findet in mehreren Fällen in den Fachbereichen statt und basiert auf den Ergebnissen von Testungen im Rahmen von Bildungsstandards, Rückmeldungen, Matura-Ergebnissen, Feedbackergebnissen oder Lernstandserhebungen. SCHILFs und SCHÜLFs sind ebenso ausschlaggebende Faktoren zum Anstoß von Unterrichtsentwicklungsmaßnahmen.

Zusammenfassend lässt sich sagen, dass die Schulleitungen durch Unterrichtsbesuche, sei es durch Hospitationen oder Classroom Walkthrough, Einblick in das Unterrichtsgeschehen am Schulstandort gewinnen. Durch Supplierstunden, Förderunterricht oder Lernbetreuung sowie Gesprächen mit Eltern, Lehrkräften und Lernenden bekommen sie einen guten Eindruck, wie der Unterricht am Standort gestaltet wird. Eine Schulleitung betont, dass Hospitation auf Augenhöhe erfolgen soll und dabei die Selbstbeobachtung angestoßen werden sollte.

Je nach Größe der Schule wird der Schulentwicklungsplan entweder gemeinsam mit dem ganzen Kollegium, im Führungsteam, mit den Schulentwicklungsbeauftragten oder in kleinen Teams erarbeitet. In einigen Fällen werden erste Vorschläge ausgearbeitet, die vom Kollegium ergänzt werden können, bevor das Konzept in einer Konferenz verabschiedet wird. In zwei Fällen wird berichtet, das die Schulaufsicht beratend bei der Erstellung des Schulentwicklungsplans eingebunden wird. Externe Schulentwicklungsberatung unterstützt das Kollegium und die Schulleitung bei der Erarbeitung des Schulentwicklungsplans, z. B. für das Setzen von Zielen.

## 4.1.21 Wissensmanagement

In diesem Abschnitt werden die Analyseergebnisse für die Subkategorien „G1 Voneinander- und Miteinanderlernen", „G2 Verbreitung von Wissen" und „G3 Förderung von Lernen bei den Mitarbeiterinnen und Mitarbeitern" beschrieben. In der Kategorie Wissen beschreiben die befragten Schulleiter/innen, wie sie mit Information und Wissen am Schulstandort umgehen. Dabei ist bei den Interviews nachgefragt worden, wie das Voneinander- und das Miteinanderlernen erfolgt und wie das Lernen aller Mitarbeiter/innen gefördert wird. Schließlich äußern sich die schulischen Führungskräfte darüber, wie das Wissen in der Schule verbreitet wird.

Die erste Führungskraft der Schule mit vier Klassen berichtet, dass die Zusammenarbeit grundlegend wichtig ist. Ideen werden demnach gleich an die anderen weitergegeben, wobei die Umsetzung jeder Lehrkraft freistehe (F1/110). Jedes Semester werden mindestens einmal Referentinnen und Referenten für SCHILFs oder kleine Lehrgänge im Rahmen von SCHÜLFs an die Schule geholt. Die Idee, Teilnehmer/innen aus verschiedenen pädagogischen Bereichen, wie z. B. Kindergartenpädagoginnen und -pädagogen oder Logopädinnen und Logopäden, einzuladen, sei aus einer Elterninitiative entstanden und werde durch einen Verein unterstützt. Ideen werden der Führungskraft zufolge im Team oder auch gemeinsam mit Expertinnen und Experten weiterbearbeitet (F1/79–83). Wenn Kolleginnen oder Kollegen bei einer Fortbildungsveranstaltung gewesen sind, berichten sie in der nächsten pädagogischen Konferenz darüber (F1/114).

Eine andere schulische Führungskraft gibt an, dass Lehrkräfte, die auf einer Fortbildungsveranstaltung gewesen sind, Informationen weitergeben (F2/135–137). Das Lernen werde durch SCHILFs gefördert, Wissen werde auch durch die Fachbereiche weitergegeben. Die Stellvertretung der Schulleitung koordiniert laut der Führungskraft Seminare in der Funktion der Seminarleitung (F2/134).

In der Fallschule 3 erzählt die Schulleitung, dass die Lehrkräfte durch den Austausch und die Abstimmung im Rahmen einer gemeinsamen Unterrichtsstunde voneinander und miteinander lernen (F3/90). Lernen spiele eine wichtige Rolle und werde durch Schwerpunkte bei SCHILFs und SCHÜLFs gefördert (F3/92). Wenn Mitglieder des Kollegiums an einer Fortbildung teilgenommen haben, werden Rückmeldungen bei den pädagogischen Tagen oder bei Konferenzen gegeben (F3/92).

Eine Führungskraft berichtet darüber, wie die IT-Fachkräfte das gesamte Kollegium innerhalb einer Woche auf MS Teams geschult haben (F4/86). Der Wissensaustausch erfolgt im Rahmen von SCHILFs und SCHÜLFs, auch Online-Fortbildungen werden in Anspruch genommen (F4/86). Nach Fortbildungen werden Informationen in die Fachgruppe getragen und Unterlagen zur Verfügung gestellt. Die Teilnehmer/innen und Teilnehmer an Fortbildungsveranstaltungen fungieren laut der Führungskraft als Multiplikatorinnen und Multiplikatoren. Es werde dabei in der Fachgruppe entschieden, wer an einer Fortbildungsveranstaltung teilnimmt (F4/69).

Die Schulleitungsperson in der Schule F5 gibt an, dass das Lernen der Mitarbeiter/innen durch viele interne Schulungen gefördert wird. Das Lernen habe schon seit Jahren einen hohen Stellenwert an der Schule (F5/95). Fortbildungsmaßnahmen finden geballt immer kurz vor den Sommerferien statt. Die Führungskraft berichtet, dass 20 bis 30 ungefähr doppelstündige Fortbildungsveranstaltungen angeboten werden. Bei Bedarf gäbe es diese auch unter dem Schuljahr (F5/99). Das Lernen aller Mitarbeiter/innen werde vom Qualitätsmanagement und von der Teamstruktur unterstützt (F5/101). Das Voneinander- und Miteinanderlernen wird durch Arbeitsanweisungen und Schulungen von Lehrkräften gefördert. Lehrkräfte, die im Rahmen der Organisationsstrukturen Erfahrungen gesammelt haben, geben ihr Wissen weiter an das Kollegium (F5/95, F5/97). Lehrkräfte stellen laut der Führungskraft in der Gesamtkonferenz gute Fortbildungen vor und Lernmaterialien werden zwischen den Kolleginnen und Kollegen ausgetauscht, vor allem an neue Lehrkräfte (F5/74). Auf einem Netzlaufwerk-Ordner stehen dem Kollegium Protokolle der wöchentlichen Sitzungen zur Verfügung. Um das Wissen in der Organisation zu verbreiten, werde auch ein Moodle-System genützt, wo Lernarrangements und andere Informationen verfügbar gemacht werden (F5/95). Die Führungskraft erklärt, dass alle Veranstaltungen evaluiert werden, die Ergebnisse der Evaluation werden im Kollegium vorgestellt (F5/103).

Eine andere Führungsperson fördert das Lernen bei den Mitarbeiterinnen und Mitarbeitern, indem sie die Lehrkräfte auf Fortbildungen aufmerksam macht und möglichst viele Gelegenheiten zur fachlichen und persönlichen Fortbildung bietet (F6/75). Das Wissen werde beim Austausch am pädagogischen

Tag verbreitet (F6/75). Alle könnten ihr Wissen und ihr Können frei einbringen (F6/94). Darüber hinaus werden laut der Führungskraft digitale Informationskanäle genutzt, um eine gute Gesprächskultur zu pflegen (F6/95). Lehrkräfte werden als Multiplikatorinnen und Multiplikatoren gesehen, um den Informationsstand zu halten. Wissen werde durch Kurzreferate im Plenum oder in einer Gruppe weitergegeben (F6/97). Lernmaterialien werden im Kollegium ausgetauscht. Informationen werden auch in einem Jahrbuch und auf der Homepage festgehalten. Und schließlich gibt es laut der Führungskraft für spezielle Projekte jeweils am Anfang und am Ende Pressekonferenzen (F6/99–100).

In der Fallschule 7 gibt die Führungskraft an, dass sie das Lernen im Kollegium unterstützt, indem sie Material und Bücher nach Möglichkeit aus dem Budget finanziert oder Fortbildungen, die am Vormittag stattfinden, genehmigt (F7/134–135). Interessante Fortbildungen werden gemeinsam für alle Lehrkräfte organisiert: *„Wenn jemand auf Schatzsuche ist, dann bringt er oder sie die Schätze auch mit."* (F7/132–133). Unterrichtsmaterialien werden laut der Schulleitung geteilt und verborgt, damit alle sie verwenden können (F7/132–133). Die Führungskraft erläutert, dass interessante Themen bei Konferenzen oder Meetups vorgestellt und gemeinsam diskutiert werden. Eine WhatsApp-Gruppe werde für rein schulische Angelegenheiten genützt (F7/131).

Eine andere Führungsperson führt an, dass das Voneinander- und Miteinanderlernen durch Hospitationen, Teamteaching, SCHILFs, kurzfristig anberaumte Mini-SCHILFs, Fachsitzungen und die Verbreitung von Anleitungen erfolgt (F8/32, F8/138, F8/142). Es gäbe auch Aushänge, aber wichtig wäre das gemeinsame Tun (F8/139). Die Führungskraft betont die Wichtigkeit von Fortbildungen, viele davon fänden als SCHILFs statt (F8/32). Sie fördere auch die gegenseitige Unterstützung der Lehrkräfte, indem die Anliegen und Interessen des Kollegiums ernstgenommen werden, z. B. durch Coaching von Kolleginnen und Kollegen (F8/142–143). Der Führungskraft zufolge wird das Lernen auch durch die Bereitstellung personeller Ressourcen unterstützt. Daher macht das für Schulentwicklung zuständige Mitglied im Leitungsteam dem Kollegium neue Erkenntnisse zugänglich (F8/143). Das Wissen wird laut der Schulleitung im Rahmen von Fachsitzungen, durch das Infoportal, Gespräche und gemeinsame Aktivitäten verbreitet (F8/140).

Die Führungskraft der Schule F9 hält kritisch fest, dass beim Voneinander- und Miteinanderlernen eine vorurteilsfreie Haltung zur kollegialen Hospitation fehlt. Diesbezüglich versuche sie herauszufinden, wie das Selbstvertrauen gestärkt und die Angst vor Hospitation gemindert werden kann (F9/107). Laut der Führungskraft gibt es die Möglichkeit, an spezialisierten Fortbildungen teilzunehmen, was die Schulentwicklung positiv beeinflusst (F9/91). Sie gibt an, dass sie sich einbringt, wenn sie etwas Neues kennenlernt und diese Erkenntnisse im Kollegium vorstellt (F9/107). Die Führungskraft erklärt, dass sie vom Kollegium für genehmigte Fortbildungen ein sogenanntes „Payback" einfordert. Neue Methoden und alle

Unterlagen werden demnach im Kollegium zur Verfügung gestellt, in Sitzungen, Fachgruppen oder durch Hospitationen weitergegeben. Ist das Interesse größer, werden schulinterne Fortbildungsveranstaltungen geplant (F9/109).

Das Lernen der Mitarbeiter/innen in der Schule F10 wird dadurch gefördert, dass die Führungskraft Vorbild sein will. Ihre Idealvorstellung sei eine *„lernende Lehre"* (F10/174). Das Wissen werde in den pädagogischen Konferenzen, in den Teambesprechungen, durch Gespräche im Konferenzzimmer oder nach Fortbildungen durch Berichte in den Fachgruppen oder in der Konferenz verbreitet (F10/170–172).

Die Führungskraft in der Schule F11 fördert das Lernen im Kollegium durch SCHILFs und SCHÜLFs, die gemeinsam im Kollegium konsumiert werden. Ein Besuch einer Schule mit Jahrgangsdurchmischung in einem anderen Bundesland bezeichnet sie als wichtigen Lernprozess (F11/115, F11/140). Die Führungsperson gibt an, laufend zu Fortbildungen zu ermutigen, auch wenn suppliert werden müsse. Sie sei davon überzeugt, dass die Lehrkräfte mit erweitertem Geist von Fortbildungen zurückkämen. Daher genehmige sie auch Fortbildungen zur Psychohygiene, wo auch mehrere Kolleginnen und Kollegen gleichzeitig teilnehmen können (F11/117). Bei den Fortbildungen gibt es im Qualitätsprogramm SQA einen roten Faden (F11/141). Beim Voneinander- und Miteinanderlernen spielen laut der Führungskraft auch Talente eine Rolle. *„Die Talente kommen ja aus dem, was sie auch gerne tun"* (F11/122). Wenn Lehrkräfte sich aus Interesse in eine Materie einarbeiten, geben diese ihr Wissen an andere weiter (F11/122). Das Wissen wird der Führungskraft zufolge durch Berichte im Rahmen der Konferenzen verbreitet. Die Informationsweitergabe erfolgt zudem unmittelbar nach einer Fortbildung durch Gespräche im Lehrerzimmer bzw. durch Videobesprechungen (F11/138).

Eine andere Führungsperson berichtet, dass Inhalte und Ideen, die durch Seminare und Literaturrecherche entstehen, im Team gemeinsam reflektiert werden (F12/123). Das Voneinander- und Miteinanderlernen werde durch einen Weiterbildungsplan gefördert. Das Kollegium könne daraus entnehmen, wer an einem bestimmten Seminar teilgenommen hat. Wer daher über ein bestimmtes Thema etwas wissen möchte, kann sich mit diesen Personen austauschen (F12/124, F12/127). Beim Kopierer liegen laut der Führungsperson auch Inhalte von Literatur oder Seminaren auf, um das Wissen im Kollegium zu verteilen (F12/123). Eine Lehrkraft absolviert zum Zeitpunkt des Interviews ein Masterstudium und multipliziert ihr Wissen im Kollegium (F12/38).

Die Schulleitung der Schule F13 sieht die pädagogischen Tage als Motor für das Lernen (F13/104–105), wo die Lehrkräfte gruppenweise an gleichen Themen oder Subthemen arbeiten. In den Fachgruppen werde viel kommuniziert, wodurch Impulse für das Lernen entstünden und ein Wissensaustausch erfolge (F13/103). Bezüglich der Verbreitung von Wissen gibt die Führungskraft an, dass Fortbildungsinhalte in den Fachgruppen weitergegeben werden und in den Konferenzen kurze Blitzlichtrunden zum Thema der Fortbildung erfolgen (F13/99). Das Kollegium wird im Wochenplan darüber informiert, welche Lehrkraft an welcher Fortbildungsmaßnahme teilnimmt, damit sich die Lehrkräfte untereinander austauschen können (F13/99).

Für die hier vorgestellten Subkategorien kann zusammenfassend festgestellt werden, dass das Lernen in den meisten Schulen über pädagogische Tage, SCHILFs und SCHÜLFs erfolgt. Eine wesentliche Rolle für das Voneinander- und Miteinanderlernen spielen auch die Teamstrukturen und das Qualitätsmanagement. Die Rolle der Führungskraft liegt darin, dass sie Fortbildungen ermöglicht, sei es in Bezug auf Finanzierung oder Freistellung. Interessante Einblicke liefern Aussage zu einem Weiterbildungsplan, der den Austausch innerhalb des Kollegiums fördern soll. In den meisten Fällen wird das Wissen über Berichte zu absolvierten Fortbildungsveranstaltungen in den Fachgruppen oder im Rahmen von pädagogischen Konferenzen verbreitet.

### 4.1.22 Veränderungsprozesse

In diesem Kapitel wird beschrieben, wie Veränderungsprozesse in der Schule initiiert und gesteuert werden bzw. wie die Visionen der Führungskräfte in die Veränderungsprozesse einfließen. Dabei werden die beiden Subkategorien „H3 Anstoßen von Veränderungsprozessen" und „H1 Einfluss von Vision in Veränderungen" zusammenfassend dargestellt.

Die erste Führungskraft gibt an, dass sich Veränderungsprozesse meist aus konkreten Situationen heraus bzw. aus dem Bedürfnis nach Veränderung ergeben (F1/118). Die Vision der Führungsperson wird durch eine Frage an das Kollegium einbezogen. Die Führungskraft führt auch an, dass sie keine Visionen vorgeben möchte, sondern dass sich diese aus dem Kollegium heraus entwickeln sollen, obwohl sie versucht, durch Rückmeldungen bei Besprechungen die Diskussion in eine bestimmte Richtung zu lenken. Wenn sich dabei herausstellt, dass dieser Weg nicht den Bedürfnissen des Kollegiums entspricht, dann entsteht eine Vision, die unter Umständen in eine andere Richtung geht (F1/120).

Eine andere Führungsperson berichtet, dass im Schulentwicklungsteam versucht wird, ein gutes Konzept zu erarbeiten, das dem Kollegium mit der Vorstellung von Standards im Rahmen einer Konferenz vorgestellt wird (F2/144). Der Fokus der schulischen Führungskraft liege auf Wirksamkeit. Der Führungskraft ist es wichtig, dass der/die einzelne Schüler/in im Blick der Lehrkräfte ist. Sie stelle dabei die organisatorischen Rahmenbedingungen zur Verfügung (F2/146).

Eine andere Führungskraft gibt an, dass sie versucht, wichtige Themen und Anliegen, die das Kollegium beschäftigen, wahrzunehmen. Diese Themen seien dann Anlass für Entwicklungsschritte und Projekte mit professioneller Begleitung, z. B. „Gesunde Schule". Der private Schulerhalter unterstützt dabei mit finanziellen Mitteln (F3/49). Lehrkräfte seien ermutigt, selbst die Initiative zu ergreifen und durch die Zusammenarbeit entwickeln sich laut der Führungskraft Prozesse, die von ihr unterstützt, aber vom Kollegium gewünscht werden (F3/96). In den zweitägigen Klausuren, die alle eineinhalb bis zwei Jahre stattfinden, fließen die Überlegungen der Führungskraft zu gutem Unterricht regelmäßig sein (F3/98).

Im Fall 4 berichtet die Führungskraft, dass ihre persönlichen Visionen sukzessive in der Zusammenarbeit einfließen. *„Ich gehe jetzt nicht hin und sage, ich will das jetzt so und das muss jetzt auf der Stelle so sein, sondern ich versuche da eher in Zusammenarbeit auch meine Ideen einzubringen und versuche so, sie auch umzusetzen"* (F4/92). Angestoßen werden Veränderungen laut der Führungskraft meist durch eine Person, z. B. wenn diese bei Seminaren etwas gehört hat (F4/90).

Eine andere Führungsperson gibt an, dass es drei Arbeitsgruppen gibt. Eine davon befasse sich mit Projektmanagement und betreut die Projektsteuerung, über die das Kollegium Ideen für Projektanträge eingeben kann. Der Führungsperson zufolge können alle Projektanträge erstellen, bei denen der Zusammenhang zum Qualitätsleitbild gegeben sein muss. Die Arbeitsgruppe Schulentwicklung entscheidet, ob ein Projekt angenommen wird, wobei alle Mitglieder, auch die Führungskraft ist dabei, eine gleichwertige Stimme haben (F5/37, F5/109). Die Führungskraft betont, dass sie das Kollegium dazu ermuntert, Projektanträge zu stellen. Sie gibt ferner an, dass *„die autonome Schule eigentlich nur etwas erreichen kann, wenn diese Autonomie, diese Selbständigkeit beim Kollegium ankommt"* (F5/64). Sie ergänzt: *„Ich gebe nur den Korridor vor, würde ich sagen"* (F5/64). Ihre eigenen Visionen fließen durch eigene Projektanträge ein. Als die Führungsperson als Schulleiter/in bestellt wurde, hat sie ihre Vision der lernenden Organisation vorgestellt. Seit damals versuche sie, ihre Vision durch Vorleben und das Vorgeben von Richtlinien zu verfolgen. *„Das ist aber nichts, was ich permanent in Schriftform oder sonstiger Form einbringe, sondern versuche, durch Vorleben einzubringen"* (F5/111).

Die Führungskraft der Schule F6 erläutert, dass sie die Erfahrung gemacht hat, dass Veränderung ein sensibles Thema ist und dass der Veränderungsprozess nicht von oben angeordnet werden darf. Die Schulleitung müsse ein Gespür für Notwendigkeit entwickeln und viel Geduld haben. Veränderungsprozesse werden der Führungskraft zufolge in kleinen Gruppen angestoßen und kleinschrittig mit großzügiger Zeitvorgabe umgesetzt. Sie habe die positiven Erfahrungen gemacht, dass sich dadurch im restlichen Kollegium Neugier entwickelt und sich die Gruppen dadurch vergrößern (F6/112–113). Ihre Vision fließe durch Kommunikation und Vorbildwirkung in Veränderungsprozesse ein (F6/119).

Die Führungskraft in der Schule F7 gibt an, dass sie nicht das Gefühl hat, dass Veränderung von ihr gesteuert wird. *„Es passiert"* (F7/139). Sie sehe sich kanalisierend, damit Energien dorthin fließen können, wo sie gebraucht werden (F7/139). Ihre Visionen fließen stark in Veränderungsprozesse ein. Sie bindet die Kinder in die Bildung der Vision ein, indem sie nach deren Zukunftsbildern fragt: *„Wie siehst du die Welt in 20 Jahren?"* (F7/141).

Eine andere Schulleitung sieht ihre Aufgabe bei Veränderungsprozessen darin, einen Beitrag zu leisten und die Personalvertretung einzubeziehen. Viele Veränderungen werden durch das Ministerium angestoßen und an der Schule initiiert. Für deren Umsetzung könne sich das Kollegium freiwillig melden, daran gearbeitet wird dann meistens in der Schulleitung oder in Arbeitsgruppen (F8/68, F8/147). Der Führungskraft ist es wichtig, dass sich alle, auch die Schüler/innen, intensiv in die Gestaltung der Schule einbringen. Eine Schulkultur, die sich über die letzten 16 Jahre entwickelt hat, ist das Ergebnis der Vision, dass es Veränderung braucht und sich alle einbringen. Eine weitere Vision sei, dass die digitale Bildung fester im Unterricht verankert wird. (F8/61)

Im Fall 10 gibt die Führungskraft an, dass Veränderungsprozesse von einzelnen Lehrpersonen ausgehen, die von einer bestimmten Idee überzeugt sind. Auslöser können auch Evaluationsergebnisse sein. Die befragte Schulleitung betont, *„Evaluation ist kein Selbstzweck"* (F9/114), es müssen daraus Maßnahmen abgeleitet werden. Evidenzbasierte, kritische Rückmeldungen sind daher für die Führungskraft wichtige Impulsgeber (F9/114). Die Führungskraft erzählt, dass sie von den Teams bei der Entwicklung von Zielen als Ideen- oder Visionengeber/in eingeladen wird (F9/39–40). Sie lässt ihre Visionen in Gesprächen, Besprechungen einfließen, indem sie von ihren pädagogischen und didaktischen Überzeugungen spricht. Dabei nennt sie die Vision auch beim Namen und beobachtet, ob sie damit im Kollegium auf Zustimmung stößt (F9/116).

Eine andere Schulleitung erläutert, dass Veränderungsprozesse über die Teams initiiert werden. Dabei nützt die Führungskraft nach eigenen Angaben unterschiedliche Instrumente, wie z. B. die Anmoderation bei einer pädagogischen Konferenz. Wichtig sei es, bei den Lehrkräften das Bedürfnis nach Veränderung hervorzurufen. Bei der Einladung zu der Konferenz wird das Thema bekanntgegeben, damit sich das Kollegium im Vorfeld darauf vorbereiten und Informationen einholen kann. Dadurch komme es bei der Konferenz auch zu weniger Debatten, wodurch dieses Bedürfnis nach Veränderung geweckt werden könne (F10/179). Die Führungskraft gibt an, dass ihre Vision Gewicht hat, denn ihre Meinung ist den Lehrkräften wichtig. Die Mitarbeiter/innen kennen laut der Führungsperson das Verhältnis von Innovation zu Verantwortung und Nachhaltigkeit. Wichtig sei ihr zudem, dass danach evaluiert wird, was sich in welcher Form verändert hat (F10/181).

Im Fall 11 gibt die Führungskraft an, dass Veränderungsprozesse in der Regel durch Themen und Verordnungen von oben oder aufgrund der Ergebnisse von Überprüfungen im Rahmen der Bildungsstandards angestoßen werden. Dadurch würden Fenster geöffnet und andere Voraussetzungen kommen

(F11/149). Die eigene Vision lässt die Führungskraft einfließen, indem sie mit gutem Beispiel vorangeht, auch selbst etwas ausprobiert. Sie erklärt auch, dass sie ihre Vision mit großer Rhetorikgewalt und mit *„Zuckerln und Versüßen"* einbringt (F11/151–153).

Eine andere Schulleitung beschreibt sich als Person, die in Bezug auf Veränderungsprozesse sehr umtriebig ist. Sie und ihr Team schauen hinaus, in andere Schulen und in andere Länder. Die Erfahrungen anderer Schulen dienen als Antrieb für Veränderungen. Ideen würden im Team reflektiert, um herauszufinden, was gerade passt und was nicht (F12/131). Ihre Visionen fließen laut der Führungsperson im Dialog, im Gespräch ein, aber auch in der Gestaltung des Gebäudes, denn sie sieht Raum als *„dritten Pädagogen bzw. dritte Pädagogin"* (F12/138–139).

Die schulische Führungskraft der Schule F13 erläutert, dass Ideen in kleinen Teams, den Steuergruppen, bearbeitet werden, deren Mitglieder entweder von der Führungskraft bestimmt werden oder für die sich die Lehrkräfte freiwillig melden können (F13/110). Bei der Entwicklung der Zukunftsideen mit dem Kollegium kommen die Visionen der Schulleitung zum Tragen (F13/29–31). Über die Ergebnisse wird entweder im Kollegium abgestimmt, manchmal entscheidet aber auch die Führungskraft (F13/110). Viele Veränderungsprozesse und Weiterentwicklungen kommen laut der Führungsperson in Form von Reformen von außen, aber auch aufgrund von Unzufriedenheit mit vorhandenen Prozessen (F13/110).

Zusammenfassend lässt sich sagen, dass Veränderungsprozesse in den Schulen entweder durch Verordnungen und Reformen von außen oder aufgrund eines Bedürfnisses nach Veränderung bzw. aufgrund eines erkannten Verbesserungspotenzials intern angestoßen werden. Evidenzbasierte Evaluationsergebnisse und kritische Rückmeldungen werden diesbezüglich als Auslöser für Veränderungen genannt. Um die Bereitschaft für Veränderung im Kollegium zu erhöhen, wird Autonomie an das Kollegium weitergereicht. Wenn Veränderung dann „passiert", braucht es die Unterstützung der Schulleitung. Betont wird, dass Veränderungen in kleinen Schritten erfolgen sollen und die Führungskraft geduldig sein sollte. Die Visionen der befragten Führungskräfte werden durch Vorbildwirkung, Richtlinien, Rahmenbedingungen sowie Kommunikation und Dialog in die Veränderungsprozesse eingebracht. Visionen zeigen sich auch im Raum, diesbezüglich wird Raum als *„dritter Pädagoge bzw. dritte Pädagogin"* (F12/138–139) bezeichnet.

### 4.1.23 Angst und Blockaden im Rahmen von Veränderungsprozessen

In diesem Kapitel werden die Ergebnisse der Subkategorie „H2 Umgang mit Angst und Blockaden bei Veränderungen" dargestellt. Die Führungskräfte wurden gebeten zu beschreiben, wie sie mit Angst und Blockaden im Rahmen von Veränderungsprozessen umgehen.

Die erste Führungskraft gibt an, dass das Kollegium bei Veränderungsprozessen sehr eingebunden ist, wodurch Angst und Blockaden in der Regel nicht entstehen. Sollten diese aber auftreten, hätte die Führungskraft das Kollegium überfordert oder etwas übersehen. In diesem Fall würde sie externe, neutrale Beratung in Anspruch nehmen, z. B. ein/e Schulqualitätsmanager/in (F1/124). Eine andere Schulleitung erläutert, dass in Einzelgesprächen erklärt und abgegrenzt wird, was verlangt wird, wodurch Blockadehaltungen vermieden werden (F2/148). Nach Ansicht der Führungskraft in der Schule F3 werden Mitarbeiter/innen, von denen angenommen werden kann, dass sie von Ängsten geplagt sind, in den Kommunikationsprozess eingebunden. Es wäre auch nicht zielführend, von Veränderungen überzeugte Lehrkräfte zu Sprecher/innen in Veränderungsprozessen zu ernennen, besser wäre es, auch jene mit Ängsten zu Wort kommen zu lassen. Ängste sollten thematisiert, wahrgenommen und in den Veränderungsprozessen einbezogen werden (F3/100).

Die Führungskraft in der Schule F4 gibt an, dass es unterschiedliche Typen von Lehrkräften gibt. Die einen wären gelassen, andere hingegen erwarten sich einen genauen Leitfaden. Die Führungsperson erklärt, dass sie dem Kollegium die sofortige Weitergabe der für die Arbeit relevanten Informationen verspricht, um Stress herauszunehmen. Wichtig wäre auch, dass eine Führungskraft Ängste und Blockaden nicht persönlich nimmt. Nicht immer könne die Führungskraft alle überzeugen, manchmal müsse sich auch entscheiden, ob Maßnahmen zu ergreifen sind (F4/59–60).

Einer anderen Führungsperson zufolge braucht es Transparenz, Offenheit, Geduld und Fortbildungen. Um Veränderungsprozesse voranzubringen, müsse sie mindestens zwei Drittel des Kollegiums überzeugen (F5/113–114). Im Fall 6 erklärt die Führungsperson, dass Angst zugelassen, aber auch nicht stark thematisiert werden soll. Es brauche niederschwellige Gesprächsangebote und Hilfestellung, auch professionelle Hilfestellung. Die Schulleitung führt an, dass sie das Thema anspricht, wenn sie sieht, dass jemand Angst hat (F6/113–114). So sieht es auch die Führungskraft in der Schule F7. Sie gibt an, dass sie schnell wahrnimmt, wenn jemand Angst hat, und sie sich dann Zeit zum Reden nimmt. Sie selbst habe kaum Ängste (F7/143).

Einer anderen Schulleitung ist es wichtig, dass sich Mitarbeiter/innen freiwillig für Projekte melden, sie gibt aber auch Anregung, sich für Projekte zu melden. Laut der Führungskraft macht es keinen Sinn, Menschen zu zwingen, weil dann die Kreativität darunter leide (F8/68). Die Schulleitung gibt an, dass sie versucht, sich in die Lehrkräfte hineinzuversetzen, um die Relevanz von Widerständen zu erkennen. Das bedeute nicht, dass sie Widerstand scheut, aber sie könne dann damit besser umgehen (F8/149). Die Führungskraft sieht die Notwendigkeit, die Ängste der Lehrkräfte ernst zu nehmen, ihre Meinungen in Diskussionen einzubeziehen und die Belegschaft, die aus *„Progressiven und Rückwärtsgewandten"* besteht, zu einen. Es gelte, Verständnis für Entwicklungs- und Veränderungsprozesse zu erzeugen (F8/151, F8/153). Als Beispiel nennt die Führungskraft die Einführung der erweiterten Schulleitung, wo es Ängste gab, dass eine gefährliche, mittlere Führungsebene eingezogen wird. Diese Ängste wurden durch Exkursionen zu Schulen mit erweiterter Schulleitung und aus- führliche Diskussionen über verschiedene Varianten ausgeräumt (F8/152).

In der Fallschule F9 merkt die Führungskraft an, dass es wesentlich ist, die Wahrnehmung zu schärfen. Es bestünde die Gefahr, dass eine Führungsperson, die für eine Idee brennt, Zurückhaltung übersieht und zu wenig darauf achtet, ob die Belegschaft folgen kann. Es brauche vielmehr Geduld, um lange gewachsene Visionen und Ideen im Kollegium wirken zu lassen, da es Lehrkräfte gibt, die bremsen, andere leisten Widerstand und dazwischen gibt es laut der Führungs- kraft auch eine Gruppe. Die Schulleitung gibt an, dass sie Meinungen respektiert, wertschätzt und ergründet. Veränderungsprozesse werden in kleinteilige Schritte aufgegliedert. Es wäre wichtig, *„dass man nicht das ganze Paket vorsetzt, sondern ein bisschen kleine Häppchen, die verdaubar sind."* (F9/119–121)

Eine andere Führungskraft setzt auf systemisches Konsensieren. Dabei werden die Mitarbeiter/innen nach einer Wertung von Punkten gefragt, die nicht infrage kommen. Dadurch könne die Führungsperson erkennen, was nicht mit- getragen wird und wo Widerstand auftreten kann (F10/30–34). Nach Ansicht der schulischen Führungskraft sind Widerstände nicht per se schlecht, da sie den Ent- wicklungsprozess befruchten. Wichtig sei die Vorbildfunktion der Schulleitung, umgesetzt könne nur werden, wovon diese auch überzeugt ist (F10/119–123). Sie dürfe auch keine Angst zeigen (F10/183). Die Führungskraft betont, dass es wichtig ist, dass Veränderungsprozesse mit dem richtigen Tempo umgesetzt werden, damit alle folgen können (F10/178).

Die Führungsperson in der Schule F11 erkennt, dass das Kollegium durch viele Veränderungen entwicklungsmüde geworden ist. Sie wünscht sich dies- bezüglich zur Entlastung eine Art Coaching für Schulentwicklung, auch weil Schulleiter/innen vereinsamen (F11/144–147). Die Schulleitung führt an, dass sie ihren Lehrkräften Raum und Sicherheit gibt, für Gespräche zur Verfügung steht und Ruhe vermittelt, dabei Vereinbarungen trifft, um nicht zu viel zu ver- langen (F11/155).

In der Schule F12 wendet die Führungskraft bei Ängsten und Wider- ständen Methoden der Provokativpädagogik an. Sie gibt an, mit Blockaden sehr konstruktiv umzugehen, indem sie diese langsam löst. *„Manchmal braucht es auch die Zeit und dieses Zugeständnis. Das, was mir wichtig ist, ist, dass jeder und jede mitkann, und auch, dass von den Kindern und Erwachsenen keine/r zurück- gelassen wird."* (F12/141)

Eine andere Führungsperson findet, dass es wichtig ist, dass das Kollegium verschieden ist. Sie gibt an, dass es wesentlich und hilfreich ist, herauszufinden, an welchen Ängsten zu arbeiten ist. Die Führungskraft erklärt, dass diese Haltung nicht bedeutet, dass sie nachgibt, sondern dass sie das Bewusstsein für Veränderung schaffen möchte. Lehrkräfte müssten dazu gewonnen werden, zumindest die im Kollegium getroffene Entscheidung zu akzeptieren (F13/112). Durch die dieser Subkategorie zugeordneten Antworten lassen sich die nachfolgenden Tendenzen feststellen. Einerseits versuchen die Führungskräfte durch Kommunikation und Gespräche Ängste herauszufinden, Widerstandspunkte zu sammeln, Erwartungen abzugrenzen und so verängstigte Lehrkräfte zu Wort kommen zu lassen. Auf der anderen Seite wird durch Transparenz, Offenheit und Informationsweitergabe Stress herausgenommen. Mit Geduld wird gewährleistet, dass bei Veränderungsprozessen das richtige Tempo gewählt wird. Angeführt wurden auch Punkte wie die Bedeutung von Vorbildwirkung, das Anbieten von Varianten oder das Treffen von Vereinbarungen. Es wird darauf hingewiesen, dass Widerstand und die Verschiedenheit im Kollegium den Entwicklungsprozess befruchten.

## 4.1.24 Freiwillige interne und externe Evaluation

In diesem Kapitel werden die Antworten der befragten Führungskräfte zu den Subkategorien „I1 Freiwillige interne und externe Evaluation" und „I2 Umfassende Außensicht der Schulqualität durch Außenstehende" beschrieben. Gefragt wurde, in welchen Abständen eine freiwillige interne und externe Evaluation durchgeführt wird und wie eine systematische, umfassende Außensicht der Schulqualität eingeholt wird.

Die erste Führungskraft gibt an, dass jährlich abwechselnd Schüler/innen und Eltern befragt werden. Die Ergebnisse dieser Befragungen fließen in den Schulentwicklungsplan bzw. in Veränderungsprozesse ein (F1/126). Die Lehrkräfte evaluieren ihren Unterricht und berichten der Führungskraft über einen anonymen Feedbackbogen (F1/138). Viele Rückmeldungen kommen laut der Schulleitung über die wöchentlichen oder monatlichen Kinderkonferenzen, wo die Kinder in einer Runde ihre Gedanken äußern, Probleme schildern bzw. Danke sagen können (F1/147–149). Im Rahmen des vierteljährlichen Schülerparlaments werden die in den Kinderkonferenzen gesammelten Rückmeldung mit der Schulleitung besprochen (F1/151, F1/153). Die Führungskraft gibt an, dass eine weitere externe Evaluation neben jener der Eltern in den kommenden ein bis zwei Jahren angedacht wird (F1/127–128). Dabei könnte es um Schulautonomie oder deren gelingende Umsetzung gehen bzw. darum, welchen Nutzen Lehrkräfte und Schüler/innen daraus ziehen können (F1/130).

In der Schule F2 wünscht sich die Führungskraft mehr Evaluation. Hospitationen zur Evaluation werden laut der Schulleitung von den Lehrkräften nicht angenommen, da es große Vorbehalte gibt (F2/165). Die Lehrkräfte hätten

Angst, sich dem Urteil der Schüler/innen zu stellen. Ein neues elektronisches Umfragetool werde erstmals genutzt und solle den Lehrkräften zur Reflexion dienen (F2/150, F1/162–163). Die Schulleitung berichtet, dass alle sechs Wochen Gruppen von Lehrkräften und Eltern zu unterschiedlichen Themen befragt werden (F2/154–157). Befragungen von Schülerinnen und Schülern finden eher selten statt, da diese als nicht zielführend angesehen werden (F2/172–173). Die Führungskraft gibt an, dass im Rahmen eines Schulversuchs Umfragen durch das begleitende Staatsinstitut durchgeführt werden. Der Führungsperson ist es wichtig, dass sich die Eltern und Lehrkräfte gehört fühlen und Wertschätzung erfahren, wenn ihre Meinung berücksichtigt wird. Auf der anderen Seite sollten die Eltern nicht mit Umfragen erschlagen werden (F2/152–153). Die Führungs-kraft gibt an, dass die externe Evaluation in Bayern festgelegt ist, darüber hinaus wird keine systematische, umfassende Außensicht der Schulqualität eingeholt, denn der Elternbeirat wird noch zu den Schulangehörigen gezählt (F2/158–159).

In der Schule F3 werden die Plattformen QIBB und SQA genutzt. In Zu-sammenarbeit mit der Pädagogischen Hochschule wird laut der Schulleitung mit fundierter wissenschaftlicher Begleitung im 3-Jahres-Rhythmus Feedback eingeholt. Die Führungskraft gibt an, dass Schüler/innen in kleinen Feedback-runden befragt werden (F3/36–37). Zudem gebe es anlassbezogene Umfragen und jährliche Befragungen von Eltern und Lernenden in bestimmten Schul-stufen (F3/102). Die Schulleitung gibt an, dass sich die Lehrkräfte regelmäßig von den Lernenden Feedback einholen können und sollen. Die Führungskraft betont aber, dass Befragungen keine aussagekräftigen Ergebnisse bringen, wenn sie zu oft stattfinden, denn die Schüler/innen würden diese als Muss empfingen (F3/111–113).

Eine andere schulische Führungskraft gibt an, dass Feedback immer ge-wünscht ist. Sie verpflichte aber niemanden, auch gebe es keine Vorgaben, in welcher Form dieses eingeholt werden soll, entweder über die QIBB-Plattform oder mit einem Blatt Papier (F4/98–99). Die Führungskraft gibt an, dass die Wirkung von Maßnahmen im Kollegium reflektiert wird (F4/107). Nach Ansicht der Schulleitung hat die Schule einen guten Ruf in den regionalen Medien, auch die Rückmeldung des Schulqualitätsmanagers bzw. der Schulqualitätsmanagerin sei gut (F4/101).

In der Fallschule F5 berichtet die Schulleitung, dass es laufend Evaluationen gibt und sich das Kollegium mindestens einmal im Semester Feedback von den Schülerinnen und Schülern einholt (F5/116). Anlassbezogene Evaluation wird intensiv als Instrument zum Nachsteuern im Rahmen des PDCA-Zirkels genutzt (F5/117–118). Die Arbeitsgruppe EVA ist zuständig für Evaluierung und wartet ein Onlinetool, wo Abfragen durchgeführt werden können oder Feedbackbögen erstellt werden können. Diese Arbeitsgruppe, die aus 6 bis 7 Personen besteht, hat laut der Führungsperson einen Instrumentenkoffer entwickelt und unter-stützt das Kollegium bei Abfragen (F5/122). Die Lehrkräfte melden das erhaltene

Schülerfeedback zurück an die AG EVA, wenn dieses mit Unterstützung der Arbeitsgruppe durchgeführt worden ist (F5/126). Das kollegiale Feedback in den Teams müsse noch optimiert werden. Es besteht laut der Führungskraft noch Entwicklungspotenzial beim Erfahrungsaustausch in den Teams, woran aber gearbeitet werden soll (F5/126). Die Schulleitung berichtet über die Metaevaluation, wo auch Betriebe und Auszubildende von externen Evaluationsgruppen befragt werden. Diese Überprüfung findet alle fünf Jahre statt. Die Führungskraft überlegt, Betriebe in kürzeren Abständen zu befragen, dieser Schritt wurde jedoch noch nicht systematisiert. Die Betriebe werden aber laut der Führungsperson bei Treffen befragt. Geplant sei darüber hinaus, die Schüler/innen verstärkt und strukturiert zu befragen (F5/120).

Die nächste Führungsperson berichtet von einer gezielten Nutzung von internen und externen Evaluationsinstrumenten. So werden die Instrumente einer externen Evaluation durch das Schulamt gezielt für die Umsetzung genützt (F6/79). Interne und externe Evaluation wird dann durchgeführt, wenn der Bedarf dafür besteht, z. B. für den Fernunterricht in Corona-Zeiten. Dafür werde eine Online-Plattform genutzt (F6/125). Die Schulleitung gibt an, dass sich die Schule vor drei Jahren freiwillig für eine externe Evaluation gemeldet hat, was als Gewinn gesehen wird (F6/127). Die Führungskraft führt an, dass Unternehmen im Zuge gemeinsamer Projekte mit der Schule Projektfeedback geben, das in den Projektbericht geschrieben wird (F6/132).

In der Schule F7 berichtet die Führungskraft, dass sie über den Elternbrief oder über Gespräche viele Eltern befragt (F7/145). Eine freiwillige Evaluation werde alle ein bis zwei Jahre durchgeführt. Eine externe Evaluation auf freiwilliger Basis hat es im Rahmen von SQA durch den/die Schulqualitätsmanager/in im Jahr vor der Befragung gegeben (F7/148–151). Die Anmeldezahlen können laut der Führungsperson als Indikator für Qualität gesehen werden. *„Nachdem ich jedes Jahr Kinder wegschicken muss, weil ich nicht alle nehmen kann, ist das schon ein Zeichen, dass gut gearbeitet wird."* (F7/152–154). Die Führungskraft betont, dass sie das Feedback von kritischen Eltern schätzt (F7/158).

Eine Führungskraft gibt an, dass alle zwei bis drei Jahre eine allgemeine oder auf bestimmten Themen basierende Online-Befragung von Eltern, Schülerinnen und Schülern und Lehrkräften durchgeführt wird (F8/18). Kurz vor dem Interview sei das Kollegium im Rahmen einer Online-Umfrage, die alle zwei Jahre in Zusammenarbeit mit einer tertiären Bildungseinrichtung durchgeführt wird, zum Thema Digitalisierung befragt worden (F8/19, F8/162). Eine freiwillige externe Evaluation gibt es laut der Führungskraft nicht, da alle fünf Jahre eine verpflichtende staatliche Überprüfung erfolgt (F8/157). Für interne Evaluationen oder Teilevaluationen, z. B. eine wahrnehmungsbasierte Evaluation, wird gemäß der Führungskraft eine externe Unterstützung für die Moderation eingeladen. Bei dieser Befragung wird ein Fragebogen ausgefüllt und anhand der Ergebnisse eine Gap-Analyse zu Wunsch und Desiderat durchgeführt (F8/158). Die

Schulleitung berichtet, dass die externe Evaluation durch das Ministerium zu Ängsten bei den Lehrkräften führt, sie diese aber begrüßt, da alle Bereiche von Außenstehenden durchleuchtet werden und dadurch wichtige Anregungen gegeben werden. Evaluierung von wirtschaftlichen Unternehmen werden von der Schulleitung als nicht zielführend angesehen (F8/158, F8/160).

Eine Führungskraft berichtet, dass die Freiwilligkeit bei Evaluation nur in der Wahl der Form und Häufigkeit besteht, da die autonome Schule zur Rechenschaftslegung verpflichtet ist und jährlich evaluiert werden muss. Die Lehrkräfte evaluieren mindestens einmal im Jahr den eigenen Unterricht in jeder Klasse mit selbstgewählten Instrumenten. Die Führungskraft stellt Instrumente, wie z. B. eine Zielscheibe und ein Stimmungsbarometer zur Verfügung, die sie bei Sitzungen im Kollegium anwendet, um herauszufinden, wie etwas ankommt. Sie empfiehlt laut eigenen Angaben den Lehrkräften, über das Schuljahr verteilt zu evaluieren, überlasst den Umfang und die Häufigkeit der Evaluation den Lehrkräften autonom. Die Schulleitung gibt an, dass sie es den Lehrkräften freistellt, die Ergebnisse oder den Umfang an Ergebnissen an sie rückzumelden (F9/123). Die Schule wird alle drei Jahre durch eine unabhängige Evaluationsstelle anhand übermittelter Dokumente und alle sechs Jahre vor Ort überprüft (F9/124). Die Führungskraft führt an, dass alle Lehrpersonen Zugriff zu IQES haben, wo Online-Fragebögen ausgearbeitet und anonym ausgewertet werden können. IQES biete auch viel Unterrichts- und Schulentwicklungsmaterial (F9/128). Die Schulleitung betont, dass das Geben von Feedback in allen Sitzungen der Mitbestimmungsgremien vorgesehen ist. Die Führungskraft biete den Lehrkräften Coaching und Einzelgespräche für Feedback an (F9/130). Ein Einholen von systematischer, umfassender Außensicht erfolgt nicht, jedoch gib es einen regen Austausch durch die Netzwerkarbeit und die Zusammenarbeit mit den Gemeinden und mit Vereinen (F9/126).

In der Schule F10 gibt es laut der Führungsperson von Zeit zu Zeit eine Fragebogenumfrage für Lehrkräfte und Schüler/innen (F10/185). Die Führungskraft reflektiert, dass es zu selten und ohne vordefinierten Zeitplan Umfragen gibt. Diese finden dann statt, wenn sich Themen aufdrängen, z. B. Gewalt in der Medienberichterstattung (F10/187). Durch offenen Diskurs und gelegentliche Befragungen könne das Kollegium Feedback und Anregungen geben (F10/188–189). Die Lehrkräfte holen sich im Schnitt einmal jährlich Feedback von den Schülerinnen und Schülern (F10/192). Die systematische Außensicht erfolgt über die üblichen Kompetenzmessungen betreffend die Lernfortschritte der Schüler/innen, z. B. IKM, Bildungsstandards (F10/185).

Eine Führungsperson gibt an, dass das SQA-Feedback nicht jedes Jahr durchgeführt wird. In der Corona-Krise hat es sehr viele mündliche und schriftliche Rückmeldungen von den Eltern gegeben, die zur Qualitätssicherung genützt werden (F11/157). Darüber hinaus gibt es Interviewrunden in den Klassen. Testungen im Rahmen von Bildungsstandards und IKM ermöglichen

Rückschlüsse zur Bildungs- und Unterrichtsqualität. Der Führungskraft zufolge stellt sich die Schule den qualitativen Herausforderungen, indem sie beispielsweise ECDL-Prüfungen und die Vorbereitung für das Cambridge Certificate anbietet (F11/159). Die Führungskraft erklärt, dass eine umfassende Außensicht der Schulqualität durch Außenstehende im Rahmen der Kooperation mit regionalen Wirtschaftsbetrieben erfolgt. Das sind Firmen, bei denen die Schüler/innen schnuppern können (F11/183–186).

Die Schulleitung der Schule F12 berichtet von freiwilliger Evaluierung auf unterschiedlichen Ebenen, z. B. eine Umfrage mit einem selbst entworfenen Eltern-Fragebogen über die Schulqualität im vergangenen Jahr oder die wöchentliche Schulversammlung mit den Kindern, wo Ziele reflektiert werden (F12/47). Externe Evaluierungen gebe es alle ein bis zwei Jahre (F12/143). Die Führungskraft meint dazu: „Zu viel evaluiert ist auch zu Tode evaluiert, glaube ich" (F12/145). Feedback von den Schülerinnen und Schülern holen sich die Lehrkräfte durch tägliche Gespräche, Reflexion im täglichen Morgenkreis, die wöchentliche Schulversammlung und den Klassenrat, eine Schulversammlung der Kinder (F12/152–163). Eine umfassende Außensicht der Schulqualität durch Außenstehende wird durch qualitative oder quantitative Evaluierung und durch Gespräche, z. B. mit der Gemeinde, eingeholt (F12/147).

Die Führungskraft in der Schule F13 gibt an, dass Evaluation anlassbezogen über das SQA-Online-Tool durchgeführt wird, z. B. zum Distance Learning (F13/114). Jedes Jahr findet eine systematische Befragung der Maturantinnen und Maturanten statt und nach den Projekttagen wird über die Klassenvorständinnen und -vorstände Feedback im Rahmen einer Fragebogenumfrage eingeholt. Die Rücklaufquote beträgt laut der Führungsperson ca. 80 Prozent. Feedback wird auch in Gesprächen erhalten, was die Führungskraft jedoch als unverbindlich empfindet (F13/114). Bei der Frage nach der umfassenden Außensicht der Schulqualität erklärt die Führungskraft, dass sie positives Feedback bei den Gesprächen in der Region bekommt und durch die aktive Medienarbeit und Kooperationen mit verschiedenen Institutionen Rückmeldungen zu Projekten gegeben werden. Das Einholen von Elternfeedback sei geplant (F13/116–117).

Zusammenfassend lässt sich sagen, dass der Großteil der befragten Schulleiter/innen Online-Tools zum Zwecke der freiwilligen Evaluierung verwendet. Die Intervalle variieren je nach Schule zwischen ein und drei Jahren, durchgeführt werden themenspezifische oder allgemeine Befragungen. In einer Schule erfolgt die Befragung des Kollegiums mit wissenschaftlicher Begleitung durch eine tertiäre Bildungseinrichtung. Befragt werden entweder abwechselnd Schüler/innen und Eltern, Abschlussklassen oder das Kollegium. Die Ergebnisse der Evaluierung fließen in den Schulentwicklungsplan bzw. in Veränderungsprozesse ein. Die Lehrkräfte holen sich Feedback von den Schülerinnen und Schülern in Form von Gesprächen, bei Feedbackrunden oder bei Befragungen. Eine Schulleitung sieht Schülerbefragungen als nicht zielführend an, eine andere betrachtet Feedback in Form von Gesprächen als zu unverbindlich. Ergebnisse der von Lehrkräften durchgeführten Evaluierungen werden den schulischen Führungskräften entweder in einem anonymen Fragebogen oder auf freiwilliger Basis mitgeteilt. In einer Schule wird laufend evaluiert, auch zum Nachsteuern im Rahmen des PDCA-Zyklus.

In Bezug auf die systematische, umfassende Außensicht der Schulqualität geben einige Schulleiter/innen an, dass sie aufgrund der Medienarbeit gute Rückmeldungen bekommen. Schulen, die eng mit Betrieben zusammenarbeiten, holen sich Rückmeldung über die Schulqualität in Form von Gesprächen, Projektrückmeldungen oder zukünftig durch Befragungen. Weitere Feedbackgeber/innen sind die Schulqualitätsmanager/innen, das Ministerium oder die Gemeinden. Bei der Frage nach einer umfassenden Außensicht der Schulqualität werden die Eltern kaum angeführt, da diese bei vielen schulischen Führungskräften zur Schulgemeinschaft gezählt werden. Kritische Eltern werden als wichtige Impulsgeber und Motor für Veränderung bezeichnet.

### 4.1.25 Feedback für die Führungskraft

In diesem Abschnitt werden die Ergebnisse für die Subkategorie „I3 Einholen von Feedback für die Führungskraft" beschrieben. Dabei wurden die Führungskräfte danach gefragt, wie oft und in welcher Form sie sich Feedback von den Lehrkräften einholen.

Die erste Führungskraft gibt an, dass sie sich Feedback vom Kollegium in den pädagogischen Konferenzen oder im Rahmen von persönlichen Gesprächen – ausgehend von den Lehrkräften – einholt (F1/138). Im zweiten Jahr in der Schulleitung hat sie eine anonyme Umfrage durchgeführt, die sie plant zu wiederholen (F1/140, F1/144).

Eine andere Führungsperson holt zwei- bis dreimal im Jahr Online-Feedback ein und bekommt auch mehrmals im Jahr Rückmeldung aus den Personalgruppensitzungen (F2/167–169). In der Schule F3 berichtet die schulische Führungskraft über Online-Befragungen, die alle drei Jahre anhand eines selbst erstellten Fragebogens stattfinden (F3/107–110).

Die Führungskraft in der Schule F4 holt das Feedback des Kollegiums über die QIBB-Plattform ein und bekommt auch Rückmeldung von der/dem Schulqualitätsmanager/in (F4/98–99). Eine andere Schulleitung hat sich bisher zweimal Feedback eingeholt. Sie nützt dazu die Arbeitsgruppe EVA, die eine Umfrage entwickelt und die Schulleitung startet diese dann. Die Führungskraft gibt an, dass sie die Ergebnisse der Auswertung vorstellt und Maßnahmen daraus ableitet, unterstützt von der AG EVA (F5/124).

Eine andere Schulleitung holt Rückmeldung über Gespräche und über die Fachgruppen ein. Sie berichtet, dass sie darüber hinaus längere Feedbackgespräche im Führungsteam geführt werden, wo besprochen wird, wie sich die Mitglieder gegenseitig wahrnehmen. (F6/138). Die Führungskraft in der Schule F7 nützt Mitarbeitergespräche dazu, Feedback von den Lehrkräften einzuholen. Sie gibt an, dass die Lehrkräfte in diesem Rahmen ihre Wünsche und Probleme deponieren können. Dabei werde nicht die einzelne Lehrkraft bewertet, sondern die Führungskraft (F7/105). Die Führungskraft berichtet, dass sie immer wieder mit Fragebogen-Umfragen Feedback einholt. Sie gibt an, dass sie das jedes Jahr haben möchte (F7/145–147).

Die Schulleitung in der Schule F8 berichtet über eine aktuelle Umfrage zum Thema Digitalisierung in Zusammenarbeit mit einer tertiären Bildungseinrichtung, wo auch die Schulleitung durchleuchtet wird. Zum Zeitpunkt der Befragung gibt es noch keine Ergebnisse F8/19, F8/162). Die Führungsperson führt an, dass sie Feedback über eine Online-Umfrage über ein Tool namens „Feedback Schule" einzuholen plant (F8/164–165). Informelles Feedback werde über den Personalrat eingeholt. Die Schulleitung nutzt auch das Kommunikationsmittel Montagsmail dazu, die Lehrkräfte um Feedback zu bitten. Die Fragen seien an einzelne Themen gebunden und das Feedback sei nicht umfassend (F8/167).

Eine Führungskraft holt jährlich über den IQES-Fragebogen Feedback vom Kollegium ein (F9/132). Eine andere Schulleitung gibt an, dass sie unterschiedliche Instrumente zum Einholen von Feedback einsetzt, z. B. das systemische Konsensieren, das regelmäßig ungefähr einmal im Jahr stattfindet (F10/194). In der Schule F11 erklärt die Führungskraft, dass sie über persönliche Gespräche, Mitarbeitergespräche und alle zwei Jahre über das Tool SQA das Feedback des Kollegiums einholt (F11/170–172).

Die Führungsperson in der Schule F12 gibt an, dass sie sich die Rückmeldung des Kollegiums im Mitarbeitergespräch und im täglichen Gespräch sowie in den wöchentlichen Meetings einholt (F12/165, F12/167). Eine andere Führungskraft erklärt, dass sie vorgehabt hat, jedes Jahr ein Direktions-Feedback einzuholen, aber dann gemerkt hat, dass es den Kolleginnen und Kollegen fast lästig ist. Daher sucht sie die Rückmeldungen durch das Kollegium in größeren Abständen und auf verschiedene Art und Weise. Entweder sind es Fragebögen, die sie selbst entwickelt oder die Methoden des SQA-Online-Tools (F13/114).

Bei den Ergebnissen zu dieser Subkategorie fällt auf, dass vor allem das persönliche Gespräch, das Mitarbeitergespräch sowie anonyme Umfragen mit Fragebögen bzw. unter Verwendung von Online-Tools dazu genützt werden, um das Feedback des Kollegiums einzuholen. Die Lehrkräfte werden auch in wöchentlichen Informationsmails, in Konferenzen und Besprechungen dazu eingeladen, der Führungskraft Rückmeldung zu geben. Eine Schulleitung setzt auf das systemische Konsensieren, eine andere sucht das Feedback über die Fachgruppen.

## 4.1.26 Fort- und Weiterbildungen für schulische Führungskräfte

In diesem Kapitel wird beschrieben, welche Fort- und Weiterbildungsmaßnahmen die befragten Führungskräfte am besten dazu befähigt haben, ihre Aufgaben im Rahmen von Schulautonomie auszuüben und welche ihre Führungstätigkeiten fördern könnten. Die Subkategorien, die diesen Fragen zugrunde liegen, heißen „J1 förderlichste Fort- und Weiterbildung der Vergangenheit" und „J2 Wünsche an Aus- und Weiterbildung für Führungskräfte".

Die erste Führungsperson gibt an, dass der Schulmanagementkurs mit Pädagoginnen und Pädagogen aus verschiedenen Schulformen sehr hilfreich gewesen ist. Besonders hervorgehoben wird die Möglichkeit des Austauschs, da es unterschiedliche Vorgaben und Ideen gibt (F1/157). Nach Auffassung der Führungskraft ist es sehr schade, dass es die Leadership-Academy nicht mehr gibt. Als Themen für unterstützende Fortbildungen nennt sie Seminare im Bereich Kommunikation (F1/159, F1/161), Personalentwicklung (F1/159), Persönlichkeitsentwicklung und Zeitmanagement (F1/161) sowie Projektmanagement (F1/162–163).

Im Fall 2 gibt die Führungskraft an, dass die in Bayern vorgeschriebene dreiwöchige Ausbildung in der Lehrerbildungsanstalt nicht sehr zielführend gewesen ist. Sie ergänzt, dass eine jeweils einwöchige Reise im Rahmen eines Erasmus-Projekts nach Finnland, Schweden und Estland besonders gewinnbringend war. Die Führungskraft betont, dass dadurch wichtige Impulse gewonnen werden konnten (F2/176–177). Für die Zukunft wünscht sie sich Führungskräfteseminare, wo Führungswerkzeuge und -instrumente aus der Wirtschaft vorgestellt werden (F2/179–182).

Eine andere Schulleitung führt an, dass ihr alle Fort- und Weiterbildungen, die nicht nur fachorientiert sind, besonders jedoch zu den Themen Leadership, Schulmanagement und Schulentwicklung geholfen haben, den Alltag in der Schulleitung zu meistern. Sie hebt besonders die Leadership Academy in Alpbach und dreitägige Veranstaltungen positiv hervor, bei denen behandelt wird, wie Entwicklungsschritte gefördert oder Lehrkräfte ins Boot geholt werden können. Bei den Schulmanagement-Lehrgängen sind die Module, welche die Umsetzung der Schulautonomie behandeln, besonders wichtig gewesen, da die Führungskraft der Meinung ist, dass der Rahmen immer enger geworden ist (F3/117–119). Für die Zukunft interessiert sich die Führungskraft für Fortbildungsveranstaltungen für Personalentwicklung (F3/121).

Die Führungsperson in der Schule F4 bezeichnet den Hochschullehrgang Schulmanagement als zielführendste Weiterbildungsmaßnahme (F4/111). In Bezug auf Fort- und Weiterbildungsmaßnahmen, die ihre Tätigkeit als schulische Führungskraft weiter unterstützen würden, nennt die Schulleitung Fortbildungen rund um Schulautonomie und für die Anwendung von Computer-Programmen, z. B. für die Stundenplangestaltung, (F4/113–115), sowie betriebswirtschaftliche

Themenbereiche, z. B. Budgetzahlen, Ein- und Auszahlungen. Es sei nicht bekannt, welche Prozesse im Hintergrund ablaufen und die Führungskraft hätte dazu gerne mehr Einblick (F4/116–177).

Eine andere Führungskraft gibt an, dass ihr die Berufserfahrung in der Bildungsverwaltung und in einem Schulentwicklungsteam im Schulleiteralltag sehr hilft, daher hat sie kaum Fortbildungen benötigt. Sie empfiehlt jedoch Fort- und Weiterbildungsmaßnahmen, auch mit Prüfungen, wo Inhalte wie Budgetierung, Schulrecht, Einstellungen oder Beförderungen behandelt werden (F5/128–130). Themen für Fortbildungen, die ihre Führungstätigkeit in der autonomen Schule weiter unterstützen könnten, gehen in Richtung Schul- und Qualitätsentwicklung, in der Art, wie sie auch vom Ministerium angeboten werden. Ein- bis zweitägige Veranstaltungen, die einen guten Überblick darüber geben, wie eine Schule qualitätsorientiert umgestaltet werden kann, würden für eine selbständige Schule definitiv zielführend sein (F5/132).

Die Führungskraft in der Schule F6 erklärt, dass es seit einigen Jahren einen PSI-Ausbildungsweg zur Förderung von Selbststeuerungskompetenzen bei Lehr- und Leitungspersonen gibt. Sie findet, dass Fort- und Weiterbildungen mit den Themen Selbststeuerung in Stresssituationen, Stärken stärken und wertorientiertes Führen sowie Fortbildungen, die der Resilienz dienen, für schulische Führungskräfte wichtiger sind als Veranstaltungen, wo es um Theorie geht. (F6/140–141). Sie gibt an, dass ihr auch die jährlichen Standort- und Bewertungsgespräche mit der Bildungsdirektion sehr wichtig sind (F6/144). Die jährlichen Follow Ups der Führungskräfteausbildung würden den Austausch unterstützen (F6/145–146). In Hinblick auf die Zukunft werden Veranstaltungen mit den Themen Stressbewältigung oder Umgang mit belastenden Situationen, z. B. Streit und Spannungen im Kollegium, genannt (F6/147). Gewünscht werden auch Seminare, bei denen Instrumente und Übungen vorgestellt werden, bei denen Balance zwischen Empfinden, Gefühl, Intuition und Denken gefunden werden kann (F6/148).

Eine Schulleitung gibt an, dass sie viele Fortbildungen absolviert, wobei ihr all jene wichtig sind, die sich mit Achtsamkeit, Stressmanagement, Resilienz oder Gesundheitsmanagement beschäftigen. Wichtig sei es, Fortbildungen zu wählen, die der Führungskraft guttun und es sei immer etwas dabei, das ihr hilft, z. B. Yoga (F7/160). Die Führungskraft erklärt, dass sie oft Fortbildungen für Lehrkräfte in anderen Bundesländern besucht. Sie beachtet dabei die Rückmeldungen der Lehrkräfte, um zu erkennen, wie sich das Führungsverhalten auf die Motivation der Lehrerinnen und Lehrer auswirkt. Diese Erfahrung empfindet die Führungskraft als heilsam, weil sie dabei ihr eigenes Führungsverhalten reflektiert (F7/161–164).

Die Führungsperson in der Schule F8 führt an, dass keine Fort- und Weiterbildungsmaßnahme besonders hilfreich für sie ist. Was für sie immer wichtig gewesen ist, sind menschliche Begegnungen und Vorbilder, z. B. die erste

Schulleitung in der schulischen Laufbahn (F8/169). Sie könne sich aber vorstellen, zur emotionalen Stärkung im Rahmen von Supervision den Austausch mit anderen schulischen Führungskräften zu suchen (F8/171).

Eine Führungskraft gibt an, dass sie ca. zehn Jahre lang eine Veranstaltung besucht hat, wo sich ungefähr 15 schulische Führungskräfte zwei- bis dreimal im Jahr getroffen haben und Konflikte bzw. Probleme gesammelt und gemeinsam aufgearbeitet haben. Dabei wurden sie von einem Soziologen und Psychotherapeuten begleitet. Dadurch sei das Führungsverständnis nachhaltig geprägt worden. Nachdem sich ein persönlicher Führungsstil herauskristallisiert hat, waren laut der Führungskraft Fortbildungen zur Konfliktbewältigung im Sekretariat oder für den Umgang mit schwierigen Eltern und Lehrkräften, die Schüler/innen politisch inkorrekt behandeln, sehr zielführend (F9/135–136). Nach Auffassung der Führungskraft in der Schule F9 kann es nicht genug Fortbildungen zu diesen Themen geben, weil laufend Veränderung stattfindet. Gruppensupervision sei sehr anregend, da Probleme, die in unterschiedlichen Varianten immer wieder auftauchen, in Rollenspielen, Aufstellungen und Achtsamkeitsübungen gemeinsam bearbeitet werden können (F9/138–139).

Im Fall 10 berichtet die Schulleitung, dass sie als Referent/in an der Pädagogischen Hochschule vom regen Austausch bei Lehrveranstaltungen profitiert. Sie nennt Fort- und Weiterbildungsmaßnahmen im Rahmen der Schulautonomie und Leiterkonferenzen, wo diese Themen weitergetragen werden, als wirkungsvoll für schulische Führungskräfte (F10/197–199). Für die Zukunft wünscht sich die Führungskraft, dass die Vernetzungstreffen der Pädagogischen Hochschule weiter stattfinden (F10/201).

Eine andere Führungsperson erzählt, dass sie von Seminaren mit Vorträgen und Keynotes, verschiedenen Angeboten einer pädagogischen Hochschule sowie der Leadership Academy in Alpbach profitiert hat. Sehr zielführend sei die Leadership Academy gewesen, da Schulleiter/innen aus verschiedenen Bundesländern und Schularten zusammengekommen sind und miteinander gearbeitet haben. Die Führungskraft gibt an, dass KTC-Seminare für kollegiales Team-Coaching Schulleiter/innen stärken (F11/189–190). Vernetzende Treffen, regelmäßige Begleitung und Coaching für Schulleitungen seien unentbehrlich und hier gebe es sicher einen großen Bedarf. Die schulische Führungskraft gibt an, dass die Sicht auf Führungsthemen im schulformenübergreifenden Austausch mit anderen Schulleiterinnen und Schulleitern gebraucht wird (F11/190). Die Führungskraft in der Schule F12 hingegen profitiere von ihrem Studium der Bildungswissenschaften (F12/169) und erklärt, dass sie den Bedarf nach Fortbildungsveranstaltungen zu den Themen Shared Leadership und Leiten von Clustern sieht (F12/171).

Die Schulleitung in der Schule F13 führt Lehrveranstaltungen im Rahmen von Schulautonomie als wichtige Voraussetzung für die schulische Führungsarbeit an. Sie sieht eine riesige Ressource bei den Direktorenseminaren, wo sich schulische

Führungskräfte auf niederschwelliger Ebene austauschen können (F13/119). Eine wichtige Ausbildung war die Leadership Academy. Die Schulleitung nennt Fort- und Weiterbildung allgemein als Voraussetzung dafür, dass man auf dem Laufenden bleibt. Wichtig sei, sich auch durch Literaturrecherche zu bilden, um offen zu bleiben. Als gutes Beispiel nennt sie „Selbst ist die Schule" (F13/120). Die Führungskraft zeigt sich auch begeistert von einer Veranstaltungsreihe zum Thema Schulautonomie des Ministeriums, wo Schulen aus ganz Österreich vernetzt wurden (F13/122). Interessant wären ihrer Meinung nach Fortbildungsveranstaltungen, wo sich Leitungsteams, Sekretariate und Administratorinnen bzw. Administratoren schulübergreifend austauschen können. Das würde helfen, eingefahrene Muster aufzubrechen. Die Führungskraft bedauert, dass ihr Wunsch nach kollegialer Hospitation für Schulleitungen in Tandems derzeit noch an bürokratischen Hürden scheitert. Diese Fortbildungsmaßnahme würde sie sich sehr wünschen (F13/122).

Bei der Auswertung der Subkategorie „J1 Förderlichste Fort- und Weiterbildung der Vergangenheit" zeigt sich ein starker Trend zur Leadership Academy bzw. zu den Hochschullehrgängen Schulmanagement. Geschätzt wird vor allem der schularten- und bundesländerübergreifende Erfahrungsaustausch. Eine Schulleitung gibt an, besonders von den Erfahrungen der Erasmus-Reisen nach Finnland, Schweden und Estland profitiert zu haben. Für wichtig erachtet werden Fortbildungsveranstaltungen für die Themen Stress- und Konfliktbewältigung, Lehrkräfte ins Boot holen, Entwicklungsschritte fördern, Resilienz sowie Stärken richtig einsetzen. Generell werden persönlichkeitsbildende Fortbildungen öfter genannt, aber auch fachliche Fortbildungen zu Schulautonomie, Schulrecht, Budget, Einstellung und Beförderung von Mitarbeiterinnen und Mitarbeitern werden als zielführende Veranstaltungsreihen angeführt. Seminare und Tagungen mit Vorträgen, Direktorentreffen zum Austausch auf niederschwelliger Ebene, aber auch jede andere Art der Fort- und Weiterbildung wird als wichtig erachtet, um offen zu sein für Neuerungen und Veränderungen.

Zusammenfassend lässt sich sagen, dass in der Subkategorie „J2 Wünsche an Aus- und Weiterbildung für Führungskräfte" Themen wie Leadership-Seminare, insbesondere Shared Leadership, Personalentwicklung, Schul- und Qualitätsentwicklung sowie Qualitätsmanagement dominieren. Einige Führungskräfte geben an, dass Angebote für Supervision und Gruppensupervision der emotionalen Stärkung dienen und der Vereinsamung der schulischen Führungskräfte entgegenwirken. In Zusammenhang mit Gruppensupervision werden Rollenspiele, Aufstellungen und Achtsamkeitsübungen sowie aktives Zuhören genannt. Mehrfach wird angeführt, dass der schulartenübergreifende Erfahrungsaustausch besonders gewinnbringend ist. Vernetzende Treffen, regelmäßige Begleitung und Coachings finden ebenso Erwähnung wie Seminare, wo Führungs- und Personalentwicklungswerkzeuge aus der Wirtschaft vorgestellt werden, sowie Schulungen für Computerprogramme und betriebswirtschaftliche Themen in Bezug auf Budgetierung und Finanzen. Eine Führungskraft regt an, Fortbildungsveranstaltungen anzubieten, bei denen sich Schulteams bestehend aus den Leitungsteams und den Sekretariaten austauschen können. Kollegiale Hospitation unter schulischen Führungskräften in Tandems würden derzeit an bürokratischen Hürden scheitern, wären aber sehr zielführend. Weitere Fortbildungsthemen, die genannt wurden, sind Kommunikation, Zeit- und Projektmanagement, Umgang mit belastenden Situationen wie Streit und Spannungen im Kollegium sowie Stressbewältigung.

### 4.1.27 Fort- und Weiterbildung für die Lehrkräfte in der autonomen Schule

Die Ergebnisse für die Subkategorie „J3 Ideale Fort- und Weiterbildung für Lehrkörper" bilden den Fokus dieses Abschnittes. In den Interviews wurde abgefragt, welche Fort- und Weiterbildungsmaßnahmen die Lehrkräfte dabei unterstützen würden, delegierte Aufgaben besser umsetzen zu können.

Die erste Führungskraft gibt an, dass Lehrkräfte Computerprogramme im Bereich der Administration, z. B. das Programm Sokrates, beherrschen sollten. Ein wichtiges Thema wäre auch Projektmanagement (F1/165). Eine andere Führungsperson führt an, dass Lehrkräfte von Führungskräfteseminaren profitieren würden (F2/183). Die Schulleitung in der Schule F3 empfiehlt alle Fortbildungen, die dazu dienen, das Selbstvertrauen und das Selbstwertgefühl von Lehrkräften zu stärken. Lehrkräfte bräuchten Mut, damit sie nicht an ihren Fähigkeiten zweifeln, wenn es darum geht, Neues zu wagen oder schulautonome Entscheidungen für den Unterricht, z. B. bei der Leistungsbeurteilung, zu treffen (F3/123).

Die Führungskraft in der Schule F4 erklärt, dass Fortbildungen für Klassenvorständinnen und Klassenvorstände angeboten werden sollten (F4/119–120). Da Lehrkräfte Führungskräfte in Klassen sind, sind aus ihrer Sicht Führungskräfteseminare im Zusammenhang mit Qualitätsmanagement zielführend. Darüber hinaus empfiehlt sie Fortbildungsmaßnahmen zum Thema Führen von Schülergruppen, z. B. für Sport- und Sprachwochen (F4/122).

Eine Führungskraft empfiehlt Qualifizierungsmaßnahmen für das mittlere Management und meint dabei abgespeckte Versionen der Schulmanagementlehrgänge, wo Bereiche wie Budgetierung, Qualitätsmanagement und Individualisierung von Unterricht thematisiert werden (F5/134, F5/136). Auch in der Schule F6 führt die Schulleitung an, dass Themen wie Führung und Führungsqualitäten Lehrkräfte in ihrer Funktion als Führungskraft in Klassen unterstützen würden (F6/146, F6/153). Darüber hinaus sollten Fortbildungen angeboten werden, in denen fachliche und persönliche Fähigkeiten gestärkt und Lehrpersonen dazu eingeladen werden, sich verstärkt einzubringen (F6/153).

Eine andere Führungskraft setzt sich für Veranstaltungen zum Thema Lehrergesundheit ein, im Rahmen derer es auch um Selbstwahrnehmung und Delegieren geht. Auch diese Schulleitung kommt zu der Auffassung, dass Lehrkräfte Führungskräfte in der Klasse sind und somit zu Führungsseminaren eingeladen werden sollten (F7/167–168). In der Schule F8 nennt die Führungsperson methodisch didaktische Fortbildungen in Anlehnung an Projektmanagement, z. B. beim Verteilen von Verantwortlichkeiten und dem Setzen von Meilensteinen und Evaluierung. Ergänzend führt sie die Bereiche Selbstmanagement und Burnout-Prävention an (F8/173).

Eine schulische Führungsperson stellt fest, dass es Bedarf an Fortbildungen gibt, bei denen sich Lehrkräfte theoretische Grundlagen zum Thema Delegieren mit und ohne Verantwortung aneignen, um ihr Verständnis im Umgang mit Befugnissen und Verantwortungsübernahme zu schärfen (F9/141). Die Schulleitung in der Schule F10 empfiehlt die Lerndesigner-Ausbildung (F10/203).

Eine andere Führungskraft erklärt, dass Themen wie Achtsamkeit, Aufeinander-Zugehen und Reset für Resilienz am Schulstandort bereits angedacht sind (F11/195). Sie ergänzt, dass der Hochschullehrgang Vorqualifikation an der Pädagogischen Hochschule und jede Art von Weiterbildung mit Masterabschluss die Lehrkräfte dabei unterstützen, delegierte Aufgaben umzusetzen (F11/199, F11/203, F11/201).

Im Fall 12 führt die Führungskraft an, dass die Lehrkräfte Schulungen für das Erstellen von Zeugnissen im Programm Sokrates und für die Gestaltung der Homepage benötigen, damit diese Aufgaben delegiert werden können (F12/173). Eine andere Schulleitung setzt auf schulinterne Fortbildung oder den schulübergreifenden Austausch mit Kolleginnen und Kollegen, die gleiche Aufgaben erfüllen, z. B. EDV-Kustodinnen und -Kustoden, ferner Bibliothekarinnen und Bibliothekare (F13/124). Sie gibt ferner an, dass bereits zwei Lehrkräfte am Hochschullehrgang Vorqualifikation Schulmanagement teilgenommen haben (F13/125–126).

Nach der Auswertung der Subkategorie „J3 Ideale Fort- und Weiterbildung für Lehrkörper" kann zusammenfassend gesagt werden, dass ein Teil der Schulleitungen Führungskräfteseminare für die Lehrkräfte befürwortet. Theoretische Grundlagen für den Umgang mit Befugnissen und Verantwortung für delegierte Aufgaben werden ebenso empfohlen wie Softwareschulungen für die Bedienung von Zeugnisprogrammen und die Wartung der Homepage. Ergänzend werden die Fortbildungsbereiche Qualitätsmanagement, Schulentwicklung und Projektmanagement genannt. Neben fachlichen Fortbildungen geben die befragten Führungskräfte Veranstaltungen an, welche Themen wie Achtsamkeit, Aufeinander-Zugehen, Resilienz, Selbstvertrauen, Selbstmanagement, Lehrergesundheit und Burnout-Prävention behandeln. Zur Unterstützung bei der Führung von Klassen werden auf die Aufgaben von Klassenvorständinnen und Klassenvorständen zugeschnittene Fortbildungen empfohlen. Für Lehrkräfte, die

Gruppen im Rahmen von Sport- und Sprachwochen betreuen, wird angeregt, Fortbildungen zum Thema Führen von Gruppen anzubieten. Eine Führungskraft schlägt Veranstaltungen für Lehrkräfte mit gleichen Aufgabenfeldern zum schulübergreifenden Austausch vor. Empfohlen werden auch alle Weiterbildungen mit Masterabschluss, Schulentwicklungsseminare und die Ausbildung zum Lerndesigner/zur Lerndesignerin.

# 5 Interpretation

In diesem Abschnitt erfolgt die Interpretation der empirischen Ergebnisse anhand einer Gegenüberstellung mit der Literatur aus dem theoretischen Teil und die Beantwortung der Forschungsfrage. Zunächst wird ein Vergleich der durch die empirische Studie gewonnenen Informationen mit der Literatur durchgeführt. Ziel ist es, zu analysieren, inwieweit die im Rahmen der empirischen Studie erhaltenen Antworten mit den in der Literatur identifizierten Theorien übereinstimmen bzw. welche Unterschiede sich diesbezüglich feststellen lassen.

## 5.1  Zentrale Ergebnisse

In diesem Kapitel wird die zentrale Forschungsfrage anhand der im Ergebnisteil zusammengefassten Erkenntnisse im Abgleich mit den theoretischen Annahmen im Theorieteil diskutiert und beantwortet.

*Welche Aspekte des Führungsverhaltens und welche Führungs- und Management-konzepte begünstigen gelingende, gelebte Schulautonomie in Hinblick auf die Er-weiterung derselben durch das Bildungsreformgesetz 2017 in Österreich?*

Es werden in Zusammenhang mit der Forschungsfrage noch unterschiedliche Aspekte beleuchtet, auf die in den kommenden Abschnitten eingegangen wird.

### 5.1.1  Schulautonomie am Schulstandort

In Kapitel 2.7.2 wird der Zusammenhang zwischen Schulautonomie und der Theorie autopoietischer Systeme hervorgehoben, da das Konzept von Auto-nomie besagt, dass sich soziale Systeme selbst erzeugen, regulieren und er-halten (Luhmann, 1993, S. 472). Probst (1992, S. 2261) führt als Merkmale selbstorganisierender sozialer Systeme neben Redundanz, Komplexität und Selbstreferenz Autonomie an und meint damit u.a. Selbststeuerung, Hand-lungsspielräume und minimale Vorgaben bzw. Spezifikationen. In Anlehnung an Rürup (2019, S. 69) wird Schulautonomie in erster Linie als Stärkung der dezentralen Verantwortung gesehen, angelehnt an ein betriebswirtschaftlich inspiriertes Managementmodell (vgl. Kapitel Kapitel 2.2). Im Rahmen der Be-fragungen wird hinterfragt, in welcher Form Schulautonomie gelebt wird, um die theoretischen Definitionen für Schulautonomie der gelebten Praxis gegenüber-zustellen. Im Zuge der Studie ist bereits anhand der Theorie deutlich geworden, dass es in den verschiedenen Ländern unterschiedliche Ausprägungen des Reifegrades von Schulautonomie gibt, die im Kapitel 2.2.2 eingehend beschrieben werden. So wurde Schulautonomie in Südtirol bereits Mitte der 1990er-Jahre eingeläutet. Im Kapitel 0 wird der Dreijahresplan, der in Zusammenarbeit mit allen Mitgliedern der Schulgemeinschaft erarbeitet wird und als Herzstück der Schulautonomie in Südtirol gesehen wird, näher beschrieben (Sporer, 2020, S. 168). Bezogen auf Bayern wird im Kapitel 0 angeführt, dass Führungsaufgaben an eine erweiterte Schulleitung delegiert und fachliche Weisungsbefugnisse beispielsweise an Fachleitungen übertragen werden können (Maier & Rudolph-Albert, 2020, S. 177). In Hessen gibt es die Besonderheit, dass Schulleiter/innen über eine schulbezogene Ausschreibung Lehrpersonal selbst auswählen oder über ein zentrales Ranglistenverfahren auf Basis einer Bestenauslese einstellen können (Juranek, 2019, S. 29). Den beruflichen Schulen in Hessen wurde im Rahmen der Umwandlung in Selbständige Berufliche Schulen (SBS) ein bestimmtes Qualitätsmanagementsystem verbindlich vorgeschrieben und damit verbunden auch die Verpflichtung zu einer jährlichen externen Überprüfung und Bewertung der eigenen Entwicklungsvorhaben durch externe Fachleute (Bordon & Leist, 2019, S. 83 ff).

In Österreich hat sich die Rolle der Schulaufsicht durch Schulautonomie stark verändert. Im Kapitel 2.2.3 des Theorieteils wird dazu angeführt, dass der Einfluss der Schulaufsicht sinkt, je stärker der Autonomiegrad ausgeprägt ist (Juranek, 2019, S. 41). Das neue Aufgabenprofil der Schulaufsicht wird folgend als beratend und unterstützend beschrieben (vgl. Kapitel 2.2.3) und es wird hervorgehoben, dass die Aufsichtsfunktion auf die Prüfung der rechtlichen Vereinbarkeit der Entscheidungen am Schulstandort mit den rechtlichen Vorgaben beschränkt ist (Juranek et al., 2018, S. 107). Diese theoretischen Annahmen werden durch die Ergebnisse der Befragungen in Hinblick auf den jeweiligen Autonomiegrad bestätigt und im Kapitel 4.1.1 ausführlich beschrieben. Bei der Befragung konnten die Schulleiter/innen das Ausmaß der Nutzung schulautonomer Freiräume in einer Skala von 0 bis 5 angeben, wobei der Wert 5 als maximale Ausnützung verstanden werden kann. Es zeigt sich eine starke Konzentration im Bereich 4 bis 5, wobei die Person, die den niedrigsten Wert angab, diesen zwischen 2 und 3 lokalisierte. Die niedrigeren Werte hängen damit zusammen, dass Schulautonomie in den Fallschulen in verschiedenen Bereichen unterschiedlich stark genützt wird, wobei manche Autonomiebereiche aufgrund der am jeweiligen Schulstandort vorherrschenden Rahmenbedingungen nicht voll ausgeschöpft werden können. Die Interviewauszüge lassen vermuten, dass im Vorfeld der auszunützende Rahmen mit der Bildungsdirektion abgesteckt wird, was die theoretischen Annahmen in Bezug auf die beratende Funktion der Schulaufsicht bestätigt.

Im Kapitel 4.1.2 wird in der Ergebnisdarstellung darauf eingegangen, wie Schulautonomie am Schulstandort zum Tragen kommt und auf welche Errungenschaften die befragten Schulleitungspersonen nicht mehr verzichten könnten. Bei den Antworten sind die unterschiedlichen gesetzlichen Rahmen-bedingungen in den Ländern Bayern, Hessen, Österreich und Südtirol zu be-rücksichtigen, auf die im Kapitel 2.2.2 näher eingegangen wird. Die Summe aller angegebenen Errungenschaften setzt sich aus folgenden Aspekten zu-sammen:

- das Mitspracherecht bei der Personalauswahl und die freien Personalmittel,
- die Entscheidungsfreiheit,
- finanzielle Freiheiten,
- pädagogische Errungenschaften wie den pädagogischen Tag,
- die Schulentwicklung,
- die Gestaltung der Lehrpläne und der Unterrichtszeit,
- die Kooperationen,
- das Delegieren von Personalverantwortung,
- die Einflussnahme auf Unterrichtsgegenstände und unverbindliche Übungen,
- die Schwerpunkte,
- die Jahrgangsdurchmischung,
- die schulautonomen Zweige,
- die Klassenteilungen und die Schülergruppenzahlen,
- die offenen Lernformen und
- die durch Autonomie entwickelte Seriosität und Professionalität

Im Kapitel 4.1.3 werden die Ergebnisse der Befragung in Hinblick auf die Kennt-nisse der gesetzlichen Rahmenbedingungen beschrieben, die ein heterogenes Bild zeigen. Die befragten Schulleitungspersonen wurden aufgefordert, einen Wert zwischen 0 und 10 zu wählen, wobei 10 für Expertenwissen steht. Ledig-lich eine Person gibt Expertenwissen an, welches durch eine vorherige Tätigkeit im Ministerium erlangt wurde. Bei der Auswertung der Antworten zeigt sich eine starke Konzentration in den Bereichen 5 und 7. Die Schulleitungspersonen begründen ihre Aussagen damit, dass es gute Möglichkeiten zum Nachlesen gebe oder dass es gar nicht erforderlich sei, alle gesetzlichen Regelungen bis ins Detail zu kennen bzw. dass sich die gesetzlichen Vorgaben laufend ändern würden. Hervorgehoben wird auch die gute Zusammenarbeit mit der Bildungs-direktion sowie den vergleichbaren Institutionen in den anderen Ländern, bei der nachgefragt werden kann, was erneut die im Kapitel 2.2.3 beschriebenen theoretischen Annahmen in Bezug auf die neue beratende, coachende Funktion der Schulaufsicht bestätigt.

Im Kapitel 4.1.4 werden die Ergebnisse der Befragung in Bezug auf die Herausforderungen, die durch Schulautonomie entstehen, angeführt. Hier kann zusammenfassend festgehalten werden, dass der administrative Aufwand sowie der Zeitaufwand für das Treffen gut überlegter Entscheidungen durch die Schul-autonomie gestiegen sind. Eine immer noch vorhandene Anordnungskultur von oben steht der Schulautonomie entgegen. Diese Aussage bestätigt die im Kapitel 2.2.3 angeführte theoretische Annahme, dass die Beaufsichtigung der Schulen an die durch Schulautonomie geschaffenen Voraussetzungen angepasst werden muss (Dubs, 2011, S. 72). Das Ergebnis spiegelt auch das neue herausfordernde Rollenbild der Schulaufsicht wider, welches zwischen einer formal verwaltenden Tätigkeit als Organ der Schulaufsicht und der unterstützenden Rolle in einer wertschätzenden Beratungsstruktur die richtige Balance finden muss (Huber et al., 2020, S. 253).

### 5.1.2 Wertschätzende Kooperation an der autonomen Schule

Wie im Kapitel 2.3 beschrieben wird, hat jede Organisation eine eigene spezifische Kultur, die mehr oder weniger stark ausgeprägt ist (Sackmann, 2004, S. 24) und in der die schulischen Führungskräfte als soziale Architektinnen und Architekten fungieren (Bennis & Nanus, 1986, S. 113). In den Interviews wird ersichtlich, dass die Schulleitungspersonen offen für Ideen sind, Fehler zulassen und auf eine Schulkultur achten, in der durch möglichst wenig Controlling das Selbstvertrauen der Lehrkräfte gefördert werden soll (vgl. Kapitel 4.1.12).

Führungskräfte wirken durch ihre Vorbildfunktion kulturstärkend, da die Mitarbeiter/innen die Organisationskultur durch nachahmendes Verhalten habitualisieren (Sausele-Bayer, 2009, S. 61). Die Befragungen haben ergeben, dass die Schulleitungspersonen im Sinne der Vorbildwirkung auf einen wertschätzenden Umgang, offene Kommunikation und gegenseitiges Vertrauen achten (vgl. Kapitel 4.1.12). Diesbezüglich stimmen die theoretischen Annahmen mit den Erkenntnissen aus der empirischen Studie überein.

Eine der zentralen Funktionen der Organisationskultur ist die Identifikation mit der Organisation Schule (Sackmann, 2004, S. 27). Bei der Betrachtung der im Kapitel 4.1.12 dargestellten Antworten im Rahmen der Studie wird ersichtlich, dass die Führungskräfte über gemeinsame Veranstaltungen, Ausflüge und Unternehmungen sowie informelle Treffen eine Kultur des Vertrauens und der Zusammengehörigkeit schaffen wollen. Die Identifikation mit der Schule wird auch durch die Einbindung des Kollegiums in Entscheidungen gesteigert und ein Onboarding-Prozess für neue Lehrkräfte soll die Eingliederung neuer Lehrkräfte in die Organisation fördern.

In der Literatur wird angeführt, dass sich grundlegende Überzeugungen als Kern einer Organisationskultur u. a. im Umgang miteinander manifestieren und das Denken und das Verhalten steuern (Sackmann, 2004, S. 24). Durch die im Kapitel 4.1.9 dokumentierten Auswertungsergebnisse wird deutlich, dass die Mehrheit der befragten Führungspersonen bei den persönlichen Werten hinsichtlich der Schulkultur Wertschätzung als wesentlichen Faktor anführen. Mehrfach genannt werden auch die Werte Kommunikation, Respekt, Leistungsorientierung und Transparenz. In den Interviews werden auch Demokratieverständnis, Stärkenorientierung, Eigenverantwortung, Toleranz, Begabungsförderung, Kreativität, Beziehung, Ehrlichkeit, angstfreie Schulumgebung, Konsequenz und Respekt, Informationsfluss, Empathie und gute Ausnützung der Zeit angeführt.

Im Abgleich mit den theoretischen Annahmen im Kapitel 2.3.1 kann durch die Ergebnisdarstellung der Interviewauswertung (vgl. Kapitel 4.1.6) bestätigt werden, dass die Schulen Leitbilder entwickelt haben, in denen ihre Vision abgebildet ist. Das Leitbild hat eine wichtige Identifikations- und Motivationsfunktion (Capaul et al., 2020, S. 123; Seitz & Capaul, 2005, S. 127 f), was jedoch aus den Fallstudien nur schwach herauskommt.

In der Literatur wird empfohlen (vgl. Kapitel 2.3.1), das Leitbild im Rahmen eines pädagogischen Tages gemeinsam zu erstellen, um sich ausgiebig mit den Zielen und Werten der Schule auseinandersetzen zu können (Freihold, 2018, S. 220). Führungskräfte können zudem durch das gemeinsame Entwickeln des Leitbilds das Zusammengehörigkeitsgefühl stärken und die Identifikation mit der Schule steigern (Lindemann, 2010, S. 35). In der Literatur wird für den Beginn der Entwicklung ein innerschulischer Reflexionsprozesses empfohlen, gefolgt von der Erfassung der Ausgangslage der Schule anhand einer Ist-Analyse (Bartz, 2016, S. 384; Capaul et al., 2020, S. 122). Aus den Fallstudien geht hervor, dass diese Vorgehensweise in vielen Schulen praktiziert wird (vgl. Kapitel 4.1.6). In zwei Schulen finden sich Vision und Leitbild in einem Dreijahresplan. In einer Schule wurde ein umfangreiches Qualitätsleitbild erarbeitet, das laufend überarbeitet wird und von dem Ziele und Maßnahmen abgeleitet werden. Dies bestätigt die theoretische Annahme, dass es kein „fertiges" Leitbild gibt, da die Faktoren und Einflüsse, die auf eine Organisation einwirken, eine ständige Anpassung des Leitbilds erforderlich machen (Freihold, 2018, S. 220). Die Aussagen zeigen jedoch auch, dass das Leitbild zwar in allen Fällen partizipativ erarbeitet wurde, aber in einigen Schulen nicht regelmäßig überarbeitet wird. Hier werden die Leitbilder abweichend von den Empfehlungen in der Literatur teilweise über viele Jahre nicht geändert. In einigen Schulen wird bzw. wurde das Leitbild partizipativ unter Einbindung von Eltern und Schüler/innen erarbeitet.

In einer Schule wurde das Leitbild grafisch aufbereitet. Im theoretischen Teil wird diesbezüglich angeführt, dass grafisch visualisierte Leitbilder und Entwicklungsziele besonders wirksam sind, da die Vision auf einen Blick klar ersichtlich dargestellt wird (Burow, 2016, S. 113).

Im Kapitel 4.1.11 werden die Ergebnisse der empirischen Studie in Bezug auf Kommunikation und Information in der autonomen Schule dargestellt. In den Interviews wird ersichtlich, dass allen schulischen Führungskräften persönliche Gespräche wichtig sind und darauf geachtet wird, dass die Tür zur Schulleitung geöffnet ist als Zeichen der ständigen Erreichbarkeit der Führungskraft für die Mitarbeiter/innen. Im Sinne einer wertschätzenden Schulkultur und zur Erhöhung der Mitarbeiterzufriedenheit reservieren die schulischen Führungskräfte bestimmte Zeiträume im Kalender für Unvorhergesehenes oder bieten Termin-vereinbarungen für geplante oder längere Gespräche an. Im Theorieteil im Kapitel 2.3.2 wird dazu korrespondierend festgestellt, wie mächtig inoffizielle Kommunikation in einer Organisation ist. Führungskräften wird in der Literatur geraten, bei informellen Anlässen zuzuhören und über Erfolge, Stärken und Qualitäten zu sprechen, um positive Energie auszustrahlen und die Gelegenheit zu nutzen, die Mitarbeiter/innen zu ermutigen (Seliger, 2014, S. 168 f). Dies-bezüglich besteht Übereinstimmung zwischen der Literatur und den empirischen Ergebnissen.

Im Theorieteil wird im Kapitel 2.3.2 festgehalten, dass sich die Gestaltung der schulischen Kommunikationsprozesse stark auf die Schulkultur und die Mitarbeiterzufriedenheit auswirkt (Dubs, 2005, S. 345). Für die interne Kommunikation müssen daher durch die Führungskraft Kommunikations-kanäle definiert, Kommunikationsformen gefunden, der Informationsfluss überprüft und in regelmäßigen Abständen Mitarbeitergespräche geführt werden (Mittelstädt, 2016, S. 1159 f). In der empirischen Untersuchung wird deutlich, dass in den meisten Schulen über E-Mails in mehr oder weniger strukturierter Form Informationen an die Mitarbeiter/innen weitergeleitet werden. Konferenzen werden zur Informationsweitergabe genutzt, diese werden aufgrund der Corona-Krise vermehrt durch Videokonferenzen ersetzt. Wie im Kapitel 4.1.11 ausführ-lich beschrieben wird, nutzen zudem einige Schulleitungspersonen regelmäßige Rundmails, z. B. in Form einer Wochenpost. Eine Pinnwand im Lehrerzimmer wird ebenso eingesetzt wie Gruppennachrichten in den sozialen Medien. Eine Schulleitungsperson berichtet über einen Newsletter, in dem auch die Schüler/innen zu Wort kommen. Mitarbeitergespräche finden in den meisten Schulen regelmäßig statt, auch wenn sie nicht überall institutionalisiert sind und in der empfohlenen Vorgangsweise durchgeführt werden.

In der Literatur wird empfohlen (siehe dazu Kapitel 2.3.2), die Mitarbeiter/innen mit allen erforderlichen Informationen zu versorgen und dafür ein Informationssystem einzurichten. Das für den Unterricht erforderliche Wissen soll auf eine Art und Weise zur Verfügung gestellt werden, dass jede Lehrkraft im Bedarfsfall darauf zugreifen kann (Bartz, 2016, S. 409). In der Systemtheorie (vgl. Kapitel 2.7.2) wird in Zusammenhang mit Informationssystemen angeführt, dass Informationen nicht über Systemgrenzen übertragen werden, daher muss jedes System für die Informationsbereitstellung selbst sorgen, durch Blickver-engung ermöglichen Informationsverarbeitungsinstrumente die Informations-gewinnung und Interpretation (Aderhold & Jutzi, 2003, S. 123). Es ist erforderlich, dass sich die Führungskraft der Bedeutung der kommunikativen Aktivität des Informierens bewusst sind, da sich Mitarbeiter/innen, die nicht ausreichend mit Informationen versorgt werden, möglicherweise zurückgesetzt fühlen (Hertel, 2018, S. 69). Aus den Fallstudien geht hervor (vgl. Kapitel 4.1.11), dass sowohl der Führungskraft als auch dem Kollegium durch ein Infoportal, ein digitales

Register und/oder ein gemeinsames Laufwerk ermöglicht wird, den Schriftverkehr, Notizen bzw. Leistungsbeurteilungen und sonstige für den Unterricht erforderliche Unterlagen nachzuvollziehen bzw. Informationen zur gemeinsamen Nutzung zur Verfügung gestellt werden.

In Kapitel 2.3.2 des Theorieteils wird darauf hingewiesen, dass die schulischen Kommunikationsprozesse top-down, bottom-up und horizontal erfolgen sollen (Dubs, 2005, S. 343). Die Ergebnisse der Studie zeigen, dass die Kommunikationsprozesse top-down über die oben genannten Kommunikationskanäle erfolgen, während die bottom-up Prozesse durch die Mitarbeitergespräche und im Rahmen von offenen Gesprächen, bei zufälligen Treffen oder in Gremien stattfinden. Diesbezüglich wird in der Literatur hervorgehoben, dass ein partizipativ-situativer Führungsstil die bottom-up-Kommunikation unterstützt (Dubs, 2005, S. 345). Die horizontalen Kommunikationsprozesse finden in den Teamsitzungen statt. In den Interviews wird ersichtlich, dass die Schulleitungspersonen die Teamstrukturen stärken, um diese Art der Kommunikation zu fördern. Diesbezüglich besteht Übereinstimmung mit den theoretischen Annahmen in der Literatur.

Im Theorieteil (vgl. Kapitel 2.5.1) wird angeführt, dass Prozesse zur Qualitätssteigerung nicht allein von den einzelnen Lehrkräften gestaltet werden können, daher Teamarbeit immer wichtiger wird (Buhren & Rolff, 2009, S. 13). Die Bedeutung der kollegialen Zusammenarbeit wird besonders hervorgehoben, gleichzeitig wird aber betont, dass es noch immer Einzelkämpfer/innen im Kollegium gibt (Terhart, 2016, S. 281), weshalb schulische Führungskräfte ihr Augenmerk auf die Teamentwicklung richten sollten (Sitek, 2018, S. 3). Die Zusammenarbeit von Lehrkräften wird in der Literatur als wichtige Voraussetzung für eine systematische Schulentwicklung gesehen (Schultebraucks-Burkart, 2013, S. 203). Demnach sind Steuergruppen, die Prozesse der Schulentwicklung koordinieren und steuern, Kernelement eines neuen Leitungs- und Organisationsverständnisses in der autonomen Schule (Rolff, 2016, S. 339). Die Zusammenarbeit in Teams unterstützt zudem aufgrund ihrer Heterogenität und der Vielfalt unterschiedlicher Meinung die gelingende Umsetzung von Visionen (Schratz et al., 2010, S. 67). In der Literatur wird angeführt (vgl. Kapitel 2.6.1), dass die Schulleitungsperson mit ihrem Führungsverhalten Teamentwicklung im Lehrerkollegium maßgeblich beeinflusst, wobei der demokratisch-partizipative Führungsstil der förderlichste für eine selbstgesteuerte Teamarbeit zu sein scheint, im Gegensatz zu einem autoritären Führungsstil (Schratz et al., 2010, S. 102). Schließlich ist Teamentwicklung insbesondere in Hinblick auf Leistungssteigerung und Arbeitszufriedenheit von zentraler Bedeutung (Schiersmann & Thiel, 2010, S. 218). Lehrerteams, so sie funktionsfähig sind, fördern durch ihre professionelle Zusammenarbeit die Lern- und Entwicklungsmöglichkeiten am Schulstandort (Buhren et al., 2013, S. 47) und sind eine wichtige Voraussetzung für die systematische Schulentwicklung (Schultebraucks-Burkart, 2013, S. 203).

Insgesamt kann bei den befragten Schulleitungspersonen festgestellt werden, dass sie Teams autonome Entscheidungsfreiheiten gewähren und Vertrauen entgegenbringen (vgl. Kapitel 4.1.13). Um die Teamentwicklung zu fördern, werden gemeinsame Veranstaltungen, Fortbildungen und die Möglichkeit für Reflexion und Supervision genannt sowie ein Fokus auf gemeinsame Aufgaben und Teamteaching, wofür in einigen Schulen bewusst Rahmenbedingungen geschaffen werden. In diesem Zusammenhang wird auch die Förderung von kollegialer Hospitation genannt. Hervorgehoben wird auch, dass die Zusammensetzung von Teams aufgrund von Beobachtungen und aufmerksamem Zuhören durch die Führungskraft erfolgt, wobei auch auf Heterogenität in den Teams geachtet wird, um Kreativität zu ermöglichen. Aus den Fallstudien geht ferner hervor, dass es Schulen gibt, die zur Betonung der Aufgabenkultur wenige feste Teams bilden, da nach der Aufgabenerfüllung neue Teams gebildet werden, in denen sich wieder alle Lehrkräfte einbringen können. Die Interviewauszüge lassen vermuten, dass durch die Förderung von Teams beabsichtigt wird, die Lehrkräfte von Einzelkämpferinnen bzw. Einzelkämpfern zu Teamplayer/innen zu entwickeln, wodurch insgesamt die theoretischen Annahmen bestätigt werden.

### 5.1.3 Förderung von Innovation, Kreativität und Entwicklung

Wie bereits im vorhergehenden Kapitel angeführt, sind heterogene Teams eine Quelle für Kreativität. Dazu wird in der Literatur (vgl. Kapitel 2.6.1) bekräftigt, dass Steuergruppen Schulentwicklungsprozesse koordinieren und lenken, sie somit das Kernelement der autonomen Schule darstellen (Rolff, 2016, S. 339). Aus den Interviews geht dazu hervor (vgl. Kapitel 4.1.8), dass das Kollegium in unterschiedlicher Ausprägung in den Strategie- oder Schulentwicklungsprozess eingebunden wird, wobei sich der Strategieprozess in den Fallschulen stark am Schulentwicklungsprozess orientiert. In der Regel befassen sich Kernteams mit Ideen, die entweder vom Kollegium, von Fachgruppen oder von der Schulleitung eingebracht werden. Bei kleineren Schulen kann dies auch das gesamte Kollegium sein. In den größeren Schulen wird das restliche Kollegium im Rahmen einer Konferenz oder eines pädagogischen Tages in den Prozess eingebunden (vgl. Kapitel 4.1.8).

In der Theorie wird angeführt (vgl. Kapitel 2.3.2), dass von der Führungskraft niederschwellige Möglichkeiten geschaffen werden sollten, um Ideen und Verbesserungsvorschläge einzubringen (Mittelstädt, 2016, S. 1159 f). Die Einbeziehung der Mitarbeiter/innen kann auch mit Hilfe eines Vorschlags- bzw. Verbesserungswesens oder über Qualitätszirkel im Rahmen des schulischen Qualitätsmanagementsystems erfolgen (Wunderer, 2011, S. 215) (vgl. Kapitel 2.4.1). Aus den Fallstudien geht diesbezüglich hervor (vgl. Kapitel 4.1.10), dass Ideen in vielen der untersuchten Schulen ausdrücklich willkommen sind und jederzeit eingebracht werden können, sei es bei der Führungskraft selbst, über die Fach-gruppen, in kollegialen Besprechungen, pädagogischen Konferenzen oder mittels Projektantrag im Rahmen des Qualitäts- bzw. Projektmanagementsystems (vgl. Kapitel 4.1.10). Strategien werden auch in Klausuren entwickelt, wo die schulische Führungskraft durch top-down-Anregungen Ideen anstiftet, die in einem bottom-up-Prozess gemeinsam entwickelt werden (vgl. Kapitel 4.1.8). In den Interviews wird ersichtlich, dass der Rolle von Lehrkräften bei der Umsetzung von Strategien ein wesentlicher Stellenwert beigemessen wird. Bei diesem Aspekt besteht daher Übereinstimmung mit den theoretischen Annahmen (vgl. Kapitel 4.1.8).

Der Vergleich der Schulen macht deutlich, dass Veränderungsprozesse nicht nur durch Verordnungen und Reformen von außen, sondern vor allem aufgrund eines Bedürfnisses nach Veränderung bzw. aufgrund eines erkannten Verbesserungspotenzials intern angestoßen werden (vgl. Kapitel 4.1.22). In den Interviews werden diesbezüglich evidenzbasierte Evaluationsergebnisse und kritische Rückmeldungen als Auslöser für Veränderungen genannt. In der Theorie wird in diesem Zusammenhang angeführt (vgl. Kapitel 2.4.1), dass Impulse und Anregungen vom Kollegium nach dem Prinzip der Subsidiarität in einem wechselseitigen Prozess aufgenommen und gewürdigt werden sollen (Rauscher & Tscherne, 2019, S. 5). Hiermit können die theoretischen Annahmen aufgrund der empirischen Befunde bestätigt werden. In diesem Zusammenhang wird auch auf das Kapitel 2.7.2 dieser Arbeit verwiesen, wo darauf eingegangen wird, dass Systeme von außen per se nicht geändert werden, sondern sich aus sich heraus verändern bzw. erneuert werden. Veränderungsimpulse von außen können lediglich Irritationen im System bewirken (Becker, 2013, S. 69). Bezogen auf die in den Interviews angeführten kritischen Rückmelder als Auslöser für Veränderung (vgl. Kapitel 4.1.22) besteht Übereinstimmung mit den theoretischen Annahmen.

Aus den Fallstudien geht hervor, dass Autonomie an das Kollegium weitergereicht wird, um die schulinterne Bereitschaft für Veränderung im Kollegium zu erhöhen (vgl. Kapitel 4.1.22). Diese Aussage wird durch die theoretische Annahme von Amundsen und Martinsen (2014) gestärkt, die betonen, dass Delegieren voraussetzt, dass die Lehrkräfte durch die Schulleitungsperson in deren Autonomie gestärkt werden (vgl. Kapitel 2.4.1). Auch hier werden die theoretischen Annahmen durch die Erkenntnisse aus den Interviews bestätigt.

In der Literatur wird beschrieben (vgl. Kapitel 2.4.1), dass die Ausrichtung auf Demokratie in einem partizipativen System ein Kennzeichen der autonomen Schule ist (Rauscher & Tscherne, 2019, S. 191). Darüber hinaus wird betont (vgl. Kapitel 2.3.1), dass es besonders bei Schulentwicklungsvorhaben eine klare Bestimmung der Zielrichtung braucht, die durch die Vision verdeutlicht und ausgedrückt wird (Burow, 2016, S. 115). Diesbezüglich geht aus den Befragungen hervor (vgl. Kapitel 4.1.22), dass die Visionen der befragten Führungskräfte durch Vorbildwirkung, Richtlinien, Rahmenbedingungen sowie Kommunikation und Dialog in Veränderungsprozesse eingebracht werden. Visionen der Schulleitungspersonen zeigen sich auch in der Gestaltung der Schule, z. B. durch Verbindungstüren zwischen den Klassen. (vgl. Kapitel 4.1.22).

Wie im Kapitel 2.3.1 beschrieben ist, soll sich die autonome Schule mit ihren Zielen und ihrer Strategie unter Einbeziehung von Vision und Leitbild auseinandersetzen (Dubs, 2018, S. 296). Dabei kommt der Führungskraft die Rolle zu, langfristiges und innovatives Denken und Kreativität in der Organisation Schule zu stimulieren und zu verstärken (Bennis & Nanus, 1986, S. 187). Anhand der Ergebnisse im Kapitel 4.1.7 kann festgehalten werden, dass Qualitätsmanagement-Programme die Kontrolle der Zielerreichung erfolgreich unterstützen, da Ziele heruntergebrochen, terminisiert und dokumentiert werden können und dadurch der Prozess der Evaluierung vereinfacht wird. Evaluierungsergebnisse fließen in die Leitbilder ein oder führen zu neuen Zielen. Es zeigt sich, dass Ziele transparent kommuniziert werden und das Kollegium bei der Zielefestlegung durch Diskussion und Offenheit eingebunden wird, wodurch die Zielvorstellung gefördert werden kann.

In der Theorie wird zwischen den Zielen der Organisationen und den Zielen der Mitarbeiter/innen unterschieden (Capaul et al., 2020, S. 280). Die Auswertung hat ergeben, dass Ziele in einigen Fällen im Rahmen eines pädagogischen Tages thematisiert werden, jedoch zeigt sich, dass das Festlegen persönlicher Ziele für Lehrkräfte nicht oft praktiziert wird. Eine interessante Vorgehensweise findet sich in der Schule F7, wo die Führungskraft zu Beginn des Schuljahres persönliche Ziele, Leitsprüche und Zitate oder Kurzgeschichten einsammelt, die zum Ende des Schuljahres gemeinsam reflektiert werden. Auf das Thema Zielvereinbarungsgespräch wird im Kapitel 5.1.5 unter dem Blickwinkel des Mitarbeitergespräches als Personalentwicklungswerkzeug eingegangen.

Im Kapitel 4.1.7 wird die Unterschiedlichkeit von Zielen betont. Demnach werden bei Reformvorhaben Ziele von oben vorgegeben und müssen umgesetzt werden. Es gibt aber auch Ziele, die Führungskräfte mit der Schulaufsicht vereinbaren, diese werden jedoch im Kollegium transparent kommuniziert, wie es auch in der Literatur empfohlen wird. Im theoretischen Teil im Kapitel 2.5.3 wird dazu angeführt, dass die Führungskraft selbst auch klare Ziele haben und diese transparent und verständlich kommunizieren soll. Dazu wird in der Literatur angeführt, dass eine Schulleitung nicht davor zurückschrecken darf, Ziele vorzugeben, von deren Erreichung sie überzeugt ist, auch wenn es nicht möglich ist, einen Konsens zu erzielen (Kempfert & Rolff, 2018a, S. 303).

### 5.1.4 Führung in der autonomen Schule

In den Interviews sollten die Schulleitungspersonen ihren Führungsstil angeben. Dabei zeigt sich eine klare Tendenz zu einem kooperativen bis demokratischen

Führungsstil (vgl. Kapitel 4.1.14). In der Literatur (vgl. Kapitel 2.4.1) wird angeführt, dass die kooperative Führungskraft Entscheidungsprozesse partizipativ und mit starker Mitarbeitereinbeziehung gestaltet (Steyrer, 2015, S. 62). Dazu wird im Kapitel 2.4.1 Bonsen (2016, S. 319) zitiert, der davon ausgeht, dass *„Führung dann besonders effektiv auf die Schule insgesamt und auf die Schülerinnen und Schüler im Besonderen wirkt, wenn sie möglichst breit innerhalb der Schule verteilt ausgeführt wird".* In Anlehnung an Rauscher (2019, S. 5) wird ergänzend angeführt, dass in der autonomen Schule Verantwortung möglichst weitreichend und auf allen Ebenen delegiert werden soll, dabei jedoch darauf zu achten ist, dass eine Einzelperson nicht überfordert wird (vgl. Kapitel 2.4.1). In der Literatur wird betont (vgl. Kapitel 2.4.1), dass die Ausrichtung auf Demokratie in einem partizipativen System ein Kennzeichen der autonomen Schule ist (Rauscher & Tscherne, 2019, S. 191).

Aus den Fallstudien geht hervor, dass den Lehrkräften von den Schulleitungen Freiheiten und Freiräume sowie freie Gestaltung des Unterrichts gewährt werden, solange die gesetzlichen und organisatorischen Rahmenbedingungen, moralische Grundsätze und pädagogische Werte eingehalten werden. Der Fokus liegt auf der Förderung der Schüler/innen und ein Mehrwert für Lehrkräfte und Schüler/innen muss für die Schulleitungsperson erkennbar sein. In den verschiedenen Schulen gibt es unterschiedlich ausgeprägte schulinterne Rahmenbedingungen, die zu berücksichtigen sind. Zudem muss die Richtungsvorgabe der Führung in Bezug auf Vision und Leitbild berücksichtigt werden. Einige Führungskräfte geben an, dass sie eigene Wege respektieren und Subsidiarität gewähren, auch um Kreativität zuzulassen und selbst zu lernen. Betont wird zudem, dass das gesamte Kollegium und die Personalvertretung in speziellen Fällen eingebunden werden (vgl. Kapitel 4.1.17).

In der Literatur wird angeführt (vgl. Kapitel 2.4.1), dass Delegieren voraussetzt, dass die Autonomie der Mitarbeiter/innen mit Autonomie gestärkt (Amundsen & Martinsen, 2014) und mit den delegierten Aufgaben auch die Verantwortung übertragen wird (Dubs, 2016, S. 138). Eine Schulleitung betont in diesem Zusammenhang, dass für Aufgaben, die delegiert werden, auch die Verantwortung mitdelegiert wird (vgl. Kapitel 4.1.18). Diesbezüglich besteht Übereinstimmung mit den theoretischen Annahmen.

In den Fallstudien wird berichtet, dass in Schulen, in denen es ein Leitungsteam gibt, Führungsaufgaben, wie z. B. einige Aufgaben der Personalentwicklung, delegiert werden. Ansonsten werden vor allem Aufgaben wie Systembetreuung, EDV-Planung und EDV-Entwicklung, die Festlegung von Beurteilungsschemata, die Planung und Umsetzung der vorwissenschaftlichen Arbeiten, der Stundenplan, die Stundenverteilung oder die Supplierverwaltung delegiert. Ein Teil der Führungskräfte berichtet, dass die Bedienung des Programms Sokrates, mit dem z. B. die Zeugnisse verwaltet werden, nicht delegiert wird, vor allem, um die Lehrkräfte zu entlasten. Andere Aufgabenbereiche, die nicht delegiert werden, sind

Verhandlungen mit der Bildungsdirektion oder dem Ministerium, Absprachen mit Vertreterinnen und Vertretern der Wirtschaft und dem Schulträger sowie Repräsentationsaufgaben. In der Öffentlichkeitsarbeit werden die Betreuung der Homepage und das Verfassen von Pressetexten zwar delegiert, jedoch liegt die Letztverantwortung bei der schulischen Führungskraft. Weitere Aufgaben, die nicht delegiert werden, sind dienstliche Beurteilungen und Konfliktgespräche und die Umsetzungsverantwortung bei der Schulentwicklung. In den meisten der Fälle wird das Kollegium beratend hinzugezogen. Das Schulentwicklungsteam arbeitet teilweise mit großer Eigenverantwortlichkeit (vgl. Kapitel 4.1.18).

In der Literatur (vgl. Kapitel 2.4.1) wird im Zusammenhang mit Delegation beschrieben, dass eine Führungskraft die Ziele selbst vorgeben muss, da diese Führungsaufgabe nicht delegiert werden kann (Malik, 2019, S. 173). In den Interviews werden Ziele jedoch weder bei den delegierten Aufgaben noch bei den nicht delegierten Aufgaben angeführt.

Mehrere schulische Führungskräfte geben an, dass sie ihren Führungsstil situationsbezogen anpassen (vgl. Kapitel 4.1.14). Im Theorieteil wird diesbezüglich beschrieben (vgl. Kapitel 2.4.3), dass es für flexible Mitarbeiter/innen, die rasch auf unterschiedliche Entwicklungen reagieren und sehr lernfähig sind, keinen allgemein gültigen Führungsstil gibt.

In der Literatur ist nachzulesen, dass es die Aufgabe von Führung ist, Entscheidungen zu treffen (Seliger, 2014, S. 61, 2018, S. 33, 36). Diese theoretische Annahme deckt sich mit den Ergebnissen der Expertenbefragungen. Entscheidungen sollen zwar aus dem Team heraus entstehen und alle direkt Betroffenen sollen eingebunden werden, aber wenn notwendig, entscheidet die Führungskraft allein. Autoritäre Entscheidungen werden anlassbezogen getroffen, wenn es die Situation erfordert (vgl. Kapitel 4.1.14). Eine Führungskraft betont in diesem Zusammenhang, dass sie dem Kollegium die Botschaft vermittelt, *„Ich traue mich zu entscheiden und stehe dazu"* (F13/59.). Durch die Interviews wird auch deutlich, dass sich Führungskräfte an die unterschiedlichen Erwartungen der Mitarbeiter/innen anpassen, da manche Lehrkräfte Anordnungen brauchen, andere wiederum Freiheit in ihrem Arbeitsgebiet bevorzugen (vgl. Kapitel 4.1.14). In der Literatur (vgl. Kapitel 2.4.3) wird in diesem Zusammenhang auf das Modell von Schein eingegangen, aus dem konkrete Anforderungen an die Schulleitung abgeleitet werden. In diesem Modell wird davon ausgegangen, dass es Mitarbeiter/innen gibt, die effiziente Prozesse mit starker Kontrollfunktion wünschen, andere hingegen wollen eingebunden werden und Aufgaben übertragen bekommen (Achouri, 2015, S. 176). In diesem Zusammenhang besteht Übereinstimmung zwischen den theoretischen Annahmen und den Ergebnissen der empirischen Studie.

In der Literatur wird angeführt (vgl. Kapitel 2.4), dass Menschen ein bemerkenswertes Maß an Zufriedenheit erlangen und die Zielerreichung forcieren, wenn sie die Möglichkeit bekommen, Leistung zu erbringen (Malik, 2019,

S. 45 f). Eine der befragten Führungskräfte betont in diesem Zusammenhang, dass Leiten auch Ermöglichen bedeutet (vgl. Kapitel 4.1.14).

Im Theorieteil wird Ouchis Theorie Z vorgestellt (vgl. Kapitel 2.4.3), in der von einem Beschäftigungsverhältnis ausgegangen wird, das durch informelle Kontrolle, gemeinsame Entscheidungsfindung und kooperative Bestrebungen zur Zielerreichung geprägt ist (Kerzner, 2008, S. 196; Miebach, 2017, S. 39). Diese auf Vertrauen und Wertschätzung basierenden Arbeitsbedingungen wirken sich positiv auf die Arbeitshaltung und Leistungserbringung aus (Ouchi, 1982, S. 83). In den Interviews wird ersichtlich, dass den Lehrkräften Vertrauen entgegengebracht wird und die Vorgesetztenrolle weniger als eine kontrollierende, sondern mehr als eine beratende, coachende gesehen wird. Betont wird auch eine Kultur des Zutrauens, in der auch Fehler zugelassen werden (vgl. Kapitel 4.1.14).

In keinem der Interviews werden Menschenbilder thematisiert, auf die im Theorieteil näher eingegangen wird (vgl. Kapitel 2.4.3). Führungskräfte sollten sich aber dessen bewusst sein, dass sie mit ihrem Verhalten und mit ihrer Art zu kommunizieren von einem bestimmten Menschenbild ausgehen (Dell, 2012, S. 35 f) und dadurch die Gefahr besteht, dass sie das Potenzial ihrer Mitarbeiter/innen unterschätzen. Dies kann dazu führen, dass Innovationen und Entwicklungen verzögert oder verhindert werden (McGregor & Cutcher-Gershenfeld, 2006, S. 331).

In den Interviews werden die Schulleitungspersonen danach gefragt, welche Führungseigenschaften ihrer Meinung nach für die Leitung einer autonomen Schule am wichtigsten sind (vgl. Kapitel 4.1.16). Einige schulische Führungskräfte in den untersuchten Schulen nennen in diesem Zusammenhang die Faktoren Kommunikation, Vertrauen, Entscheidungsfreudigkeit, Offenheit sowie gutes Wahrnehmungsvermögen durch Zuhören und Hellhörigkeit. Darüber hinaus werden Eigenschaften wie Ergebnisorientierung, Partizipation und Mut genannt. Erwähnt werden ferner Professionalität, Verantwortungsgefühl, Reflexionsvermögen und gute Selbsteinschätzung sowie Kreativität, Selbstdisziplin und die Fähigkeit zu Moderieren (vgl. Kapitel 4.1.16). In der Theorie wird darauf hingewiesen (vgl. Kapitel 2.4), dass das Verhalten der Führungskraft, ihre Art zu kommunizieren und Ziele zu vermitteln bzw. Aufgaben zu verteilen, wesentliche Elemente der Führung sind (Rosenstiel, 2014, S. 4).

Aus den Fallstudien geht hervor, dass die meisten Schulleitungspersonen bei Veränderungsprozessen einen Führungsstil im Bereich kooperativ bis demokratisch pflegen (vgl. Kapitel 4.1.15). Damit die Veränderung gemeinsam getragen wird, wird ein gemeinsames Ziel definiert und versucht, breite Zustimmung einzuholen. Einige schulische Führungskräfte in den untersuchten Schulen geben an, dass bei angeordneten Veränderungen keine basisdemokratische Entscheidung herbeigeführt und enger kontrolliert wird. Bei bottom-up initiierten Veränderungen braucht es mehr Offenheit. In den Interviews wird ersichtlich, dass Kommunikation bei Veränderungsprozessen von ebenso großer Bedeutung ist wie klare Vorgaben (vgl. Kapitel 4.1.15). In der Literatur (vgl. Kapitel 2.6.4) wird mit Verweis auf Ouchi (2003, S. 242) angeführt, dass das Kollegium Veränderungen nur dann fürchtet, wenn es nicht in den Veränderungsprozess einbezogen wird und es an Möglichkeiten fehlt, die neue Richtung und den Prozess zu beeinflussen. Darüber hinaus muss die Schulleitungsperson für einen funktionierenden Informationsfluss sorgen (Schratz et al., 2010, S. 107 ff).

Führungskräfte müssen bei Veränderungsprozessen auf Widerstände vorbereitet sein und ihr Führungsverhalten entsprechend anpassen (vgl. Kapitel 2.6.4). In der Literatur wird darauf aufmerksam gemacht, dass bei Vorhaben, die mit reiner Macht durchgesetzt werden sollen, Resistenzen und nicht planbare ungewollte Auswirkungen auftreten können (Terhart, 2016, S. 280). Die Innovationsfähigkeit einer Schule kann demnach durch Widerstände reformverweigernder Lehrkräfte eingeschränkt werden, da diese als starke Kräfte jede Art von Veränderungsbestrebungen blockieren können (Probst & Raisch, 2004, S. 41) (vgl. Kapitel 2.6.2). Aus den Fallstudien geht hervor, dass die schulischen Führungskräfte versuchen, eventuelle Ängste durch Gespräche herauszufinden und Widerstandspunkte sammeln. Es wird angegeben, dass es nicht zielführend ist, wenn nur überzeugte Lehrkräfte zu Sprecherinnen und Sprechern von Veränderungsprozessen ernannt werden, stattdessen sollen jene Mitarbeiter/innen aktiv in den Kommunikations- und Informationsprozess eingebunden werden, die Vorbehalte haben. Die schulischen Führungskräfte geben auch an, dass Transparenz, Offenheit und laufende Informationsweitergabe Stress herausnehmen. Um alle ins Boot zu holen, bieten einige Schulleitungspersonen Umsetzungsvarianten an oder treffen Vereinbarungen. In den Interviews wird aber auch ersichtlich, dass Widerstand und die Verschiedenheit im Kollegium einen Entwicklungsprozess befruchten können. Eine Schulleitungsperson würde auch eine/n neutrale/n Berater/in hinzuziehen, wenn sich keine Lösung für die Widerstände und Ängste abzeichnet (vgl. Kapitel 4.1.23).

Die Erkenntnisse der Literatur zeigen auch (vgl. Kapitel 2.6.4), dass Veränderungsprojekte in zu kurzen Zeitabständen zu einer Überforderung im Kollegium führen können (Dubs, 2019, S. 396). Lehrkräfte können durch unaufhörlichen Wandel in der Organisation auf Dauer so sehr überlastet werden, dass diese sprichwörtlich auszubrennen drohen (Probst & Raisch, 2004, S. 39). Zu hoch gesteckte Ziele können das organisationale Handeln in Schulen lähmen, daher sind es mehrere kleinere Schritte, die zur Erreichung größerer Ziele führen (Senge et al., 2005, S. 138). Damit die Organisation Schule handlungs- und leistungsfähig sein kann, braucht es Sinn und eine Reduktion der Komplexität, denn *„jeder Komplexitätszuwachs an einer Stelle vergrößert die Komplexität der Umwelt für alle anderen Systeme"* (1993, S. 243) (vgl. Kapitel 2.7.2). Aus den Fallstudien geht diesbezüglich hervor, dass durch Geduld ermöglicht wird, dass Veränderungen in kleinen Schritten erfolgen können und dabei das richtige Tempo gewählt wird, um das Kollegium nicht zu überfordern (vgl. Kapitel 4.1.23 und

4.1.22). In diesem Bezug besteht Übereinstimmung zwischen der Literatur und den Ergebnissen der empirischen Studie.

Aus den Fallstudien geht hervor (vgl. 4.1.15), dass Führungskräfte in der Krise, diesbezüglich verweisen alle Befragten auf die Corona-Krise, bei schnell zu treffenden Entscheidungen autoritär führen, wobei besonders auf ausreichende Kommunikation und Beratung geachtet wurde. Dabei wird von den Schulleitungskräften betont wird, dass nur gesicherte Informationen weitergegeben dürfen und die schulische Führungskraft Ruhe und Gelassenheit ausstrahlen sollte. Der autoritäre Führungsstil in der Krise bestätigt den situationsabhängigen Führungsstil der Schulleitungspersonen. Diesbezüglich verweist die Autorin dieser Studie auch auf die theoretischen Annahmen in der Literatur (vgl. Kapitel 2.4.3) und auf McGregor (1960), der zwischen zwei idealtypischen Menschenbildern unterscheidet. Die Theorie X geht davon aus, dass der Mensch arbeitsunwillig ist. Dem steht die Theorie Y entgegen, die besagt, dass der Mensch ehrgeizig und fleißig ist. Führungskräfte stimmen laut dieser Theorie ihr Führungshandeln auf Basis ihrer jeweiligen Annahme ab. Theorie Y-Führungskräfte handeln jedoch auch autoritär, wenn es eine Situation erfordert (McGregor & Cutcher-Gershenfeld, 2006).

Schein schreibt in seinem Vorwort in der Neuauflage von McGregors Publikation „The Human Side of Enterprise" (McGregor & Cutcher-Gershenfeld, 2006), dass autoritäre Führungskräfte nicht automatisch Führungspersonen der Theorie X sind, da autokratisch zu sein mehr mit einer Aufgabe als mit Annahmen über Menschen zusammenhängt

## 5.1.5 Personalentwicklung

Den theoretischen Annahmen im Kapitel 2.6.1 folgend, bringen alle Mitarbeiter/innen ihre Werte, ihre Erfahrungen, ihr Wissen sowie ihre Fähigkeiten in die Organisation Schule ein (Becker, 2013, S. 732), weshalb bei der Schul- bzw. Organisationsentwicklung auch immer die Personalentwicklung mitbetrachtet werden muss. In der Literatur wird angeführt, dass die Personalentwicklung in wechselseitiger Beziehung zur Organisationsentwicklung steht und somit gleichermaßen Ergebnis der Schulentwicklung wie auch die Voraussetzung dafür darstellt (Poelke, 2013, S. 40). So ist es die Aufgabe der Schulentwicklung (vgl. Kapitel 2.6.1), den Schulstandort weiterzuentwickeln, während die Personalentwicklung in erster Linie darauf ausgerichtet ist, die einzelne Lehrkraft zu fördern und weiterzuentwickeln. Die aus diesen beiden Bereichen entstehende Lücke wird durch gezielte Personalentwicklung geschlossen (Poelke, 2013, S. 40). In den Interviews werden neben dem Mitarbeitergespräch die Personalentwicklungsmaßnahmen Fortbildung, Befragungen und standardisierte Auswahlverfahren genannt (vgl. Kapitel 4.1.19).

Für die Durchführung von Mitarbeitergesprächen wird in der Literatur empfohlen, dass diese in regelmäßigen Abständen stattfinden (Mittelstädt, 2016, S. 1159 f), wobei eingeräumt wird (vgl. Kapitel 2.5.3), dass prinzipiell jedes Gespräch zwischen einem Mitarbeiter bzw. einer Mitarbeiterin und einer Schulleitungsperson als Mitarbeitergespräch gesehen werden kann (Hinrichs, 2009, S. 13). Dies bestätigt sich auch in den Interviews, bei denen angegeben wird, dass die befragten Führungskräfte in unterschiedlicher Art und Weise Mitarbeitergespräche führen (vgl. Kapitel 4.1.19). Diese werden als wichtiges Instrument der Personalentwicklung erkannt und in der Regel jährlich, in manchen Schulen auch mehrmals im Jahr, anlassbezogen oder schwerpunktmäßig bzw. in Form von Reflexionsgesprächen durchgeführt. Aus den Interviews geht hervor, dass Mitarbeitergespräche in einigen Schulen auf freiwilliger Basis oder auf Wunsch der einzelnen Lehrkraft erfolgen. Es gibt aber auch Schulen im Rahmen dieser Studien, in denen dieser Prozess noch nicht ausgereift ist. Der Qualifizierungsbedarf wird stattdessen in persönlichen Gesprächen mit den Lehrkräften oder im Rahmen von Besprechungen erhoben. Diesbezüglich besteht Übereinstimmung zwischen Theorie und Praxis, wie aus den Fallstudien hervorgeht.

In der Literatur wird angeführt (vgl. Kapitel 2.5.1), dass vor der Entscheidung für Fort- und Weiterbildungsmaßnahmen eine Bedarfsanalyse durch die Schulleitung durchgeführt werden soll, mit einer Abschätzung, welche Effekte diese auf die Kompetenzentwicklung der einzelnen Lehrkraft, die Entwicklung einzelner Teams und die Schulentwicklung haben werden (Sitek, 2018, S. 7). Aus den Fallstudien geht hervor, dass das Qualifizierungspotenzial im Rahmen von Mitarbeitergesprächen, in Gesprächen oder durch Beobachtungen erhoben wird. Um die individuelle Kompetenzentwicklung zu fördern, gibt es in manchen Schulen für jede Lehrkraft einen Aus- und Fortbildungsplan. Im Rahmen der Mitarbeitergespräche wird erkannt, für welche Bereiche sich die Lehrkräfte interessieren und wo sie sich gezielt weiterentwickeln wollen. In einigen Schulen wird der Fortbildungsbedarf auch aufgrund von Hospitationen oder angebotsorientiert erhoben. In einer Schule existiert ein im schulinternen Qualitätsmanagementsystem dokumentiertes Fortbildungs- und Onboarding-Konzept.

In der Theorie wird betont (vgl. Kapitel 2.5), dass gutes Personalmanagement nicht darauf ausgerichtet ist, alle Wünsche zu erfüllen (Sitek, 2018, S. 4). Diese theoretische Annahme wird durch die empirische Studie insofern bestätigt, dass es durch manche Schulleitungspersonen zwar grundsätzlich keine Einschränkung bei der Genehmigung von Fortbildungen gibt, jedoch das Budget dafür vorhanden sein muss und die Maßnahmen mit dem Schulkontext, dem Leitbild und den Schulentwicklungsmaßnahmen korrespondieren müssen. Eine Führungskraft gibt bei den Interviews an, dass sie Wünsche nach Fortbildungen auch ablehnt, wenn sie der Meinung ist, dass diese für den Schulstandort nicht benötigt werden (vgl. Kapitel 4.1.19).

In der Theorie wird angeführt (vgl. Kapitel 2.5.1), dass es nicht reicht, nur einzelne Lehrkräfte weiterzuqualifizieren, sondern das gesamte Kollegium im Sinne eines sogenannten „Staff Development" gefördert werden soll (Buhren & Rolff, 2009, S. 103). Einige schulische Führungskräfte in den untersuchten Schulen geben diesbezüglich an, dass Fortbildungen teilweise gemeinsam geplant werden oder Referentinnen und Referenten im Rahmen von SCHILFs und SCHÜLFs an die Schule geholt werden (vgl. Kapitel 4.1.19). Aus den Fallstudien geht hervor, dass das gemeinsame Lernen in den meisten Schulen über pädagogische Tage, SCHILFs und SCHÜLFs erfolgt (vgl. Kapitel 4.1.21). Das „Staff Development" wird durch das Voneinander- und Miteinanderlernen, die Teamstrukturen und das Qualitätsmanagement gefördert. Ein transparenter Weiterbildungsplan fördert den Austausch innerhalb des Kollegiums. Aus den Fallstudien geht hervor, dass das durch Fortbildungsmaßnahmen neu erworbene Wissen anhand von Berichten in den Fachgruppen oder in den pädagogischen Konferenzen verbreitet wird (vgl. Kapitel 4.1.21). Dadurch werden die theoretischen Annahmen in dieser Beziehung bestätigt.

In den Interviews wurden die Schulleitungspersonen danach gefragt, welche Fort- und Weiterbildungsmaßnahmen für Lehrkräfte in autonomen Schulen aus ihrer Sicht zielführend sind. Aus den Fallstudien geht hervor (vgl. Kapitel 4.1.27), dass einige schulische Führungskräfte für ihren Lehrkörper Führungskräfteseminare befürworten. Weitere zielführende Schulungsthemen sind theoretische Grundlagen für den Umgang mit den Befugnissen und der Verantwortung im Rahmen von delegierten Aufgaben sowie Softwareschulungen für die Bedienung von Zeugnisprogrammen und die Wartung der Homepage. Ergänzend werden die Fortbildungsbereiche Qualitätsmanagement, Schulentwicklung und Projektmanagement genannt. Neben den fachlichen Fortbildungsthemen geben die befragten Führungskräfte eine Summe von Veranstaltungen an, welche die Themen Achtsamkeit, Aufeinander-Zugehen, Resilienz, Selbstvertrauen, Selbstmanagement, Lehrergesundheit und Burnout-Prävention behandeln. Zur Unterstützung bei der Führung von Klassen werden Fortbildungen empfohlen, die auf die Aufgaben von Klassenvorständinnen und Klassenvorständen zugeschnitten sind. Für Lehrkräfte, die Gruppen im Rahmen von Sport- und Sprachwochen betreuen, wird angeregt, Fortbildungen zum Thema Führen von Gruppen anzubieten. Eine Führungskraft schlägt Veranstaltungen für Lehrkräfte mit gleichen Aufgabenfeldern mit der Möglichkeit eines schulübergreifenden Austausches vor. Empfohlen werden auch alle Weiterbildungen mit Masterabschluss, Schulentwicklungsseminare und die Ausbildung zum Lerndesigner bzw. zur Lerndesignerin.

Wie in der Theorie angeführt wird (vgl. Kapitel 2.5), konzentriert sich richtig verstandene Personalentwicklung neben der erfolgreichen Planung und Umsetzung von Fort- und Weiterbildungsmaßnahmen vor allem auf die Förderung jener Aktivitäten, welche die Karriere einer Person begünstigen (Mentzel, 1992,

S. 16). Aus den Interviews geht hervor, dass Talente gefördert werden, indem die betreffenden Lehrkräfte zielgerichtet eingesetzt werden, indem ihre Ideen berücksichtigt und sie gemäß ihren Stärken mit Aufgaben vertraut werden. Einige Schulleitungen geben an, dass den Lehrpersonen die Möglichkeit geboten wird, an Führungsprogrammen teilzunehmen. Lob, Ermutigen und Ermöglichen spielen ebenso wichtige Rollen bei der Förderung von Talenten (vgl. Kapitel 4.1.19).

### 5.1.6 Bildung und Aufrechterhaltung einer vertrauensfördernden Qualitätskultur

In der Literatur (siehe dazu Kapitel 2.6.3) wird angeführt, dass es in der autonomen Schule eine Kultur der Evaluation braucht, in deren Rahmen sich alle schulischen Akteure aktiv beteiligen und Reflexion zulassen (Kempfert & Rolff, 2018b, S. 13). Die Interviews zeigen, dass in allen untersuchten Schulen eine qualitätsfördernde Evaluationskultur existiert. Der Großteil der befragten Schulleitungspersonen verwendet für die freiwillige Evaluierung Online-Tools. Die Intervalle zwischen den Evaluationen variieren je nach Schule zwischen ein und drei Jahren. Durchgeführt werden themenspezifische oder allgemeine Befragungen (vgl. Kapitel 4.1.24).

In der Literatur wird angeführt (vgl. Kapitel 2.6.3), dass neben den Lehrkräften auch Eltern und Schüler/innen durch ihre Meinung im Rahmen von Evaluation die Möglichkeit geboten werden sollte, partizipativ am schulischen Entwicklungsprozess teilzunehmen (Zenkel, 2015, S. 65). In den Interviews wird ersichtlich, dass sowohl Schüler/innen und Eltern als auch das Kollegium in unterschiedlichen Abständen und Formen anlassbezogen oder in regelmäßigen Abständen befragt werden. Eltern, die kritische Rückmeldungen abgeben, werden dabei als wichtige Impulsgeber und Motor für Veränderung gesehen. Die Lehrkräfte holen sich Feedback von ihren Schülerinnen und Schülern in Form von Gesprächen, bei Feedbackrunden oder bei Befragungen. Ergebnisse der von den Lehrkräften durchgeführten Evaluierungen werden den schulischen Führungskräften entweder in einem anonymen Fragebogen oder auf freiwilliger Basis im Rahmen eines Gespräches mitgeteilt. (vgl. Kapitel 4.1.24)

In der Literatur (vgl. Kapitel 2.6.3) wird die Vorbildrolle der schulischen Führungskraft in der Evaluation hervorgehoben (Burkard & Eikenbusch, 2016, S. 1294). Aus den Fallstudien geht hervor, dass die befragten schulischen Führungskräfte ihrer Vorbildwirkung gerecht werden, indem sie das Kollegium dazu ermutigen, ihnen Rückmeldung zu geben. Feedback wird in regelmäßigen Abständen eingeholt, wofür das persönliche Gespräch, das Mitarbeitergespräch sowie anonyme Umfragen genützt werden (vgl. Kapitel 4.1.25).

Aus den Fallstudien geht hervor (vgl. Kapitel 4.1.20), dass die Schulleitungen durch Unterrichtsbesuche im Rahmen von Hospitationen oder „Classroom

Walkthrough" Kenntnis über das Unterrichtsgeschehen am Schulstandort gewinnen. Durch Supplierstunden, Förderunterricht oder Lernbetreuung sowie durch Gespräche mit Eltern, Lehrkräften und Lernenden bekommen sie einen guten Eindruck, wie der Unterricht am Standort gestaltet wird. Dabei wird betont, dass Hospitation auf Augenhöhe erfolgen soll und in erster Linie Impulse für die Selbstbeobachtung gesetzt werden sollen (vgl. Kapitel 4.1.20).

Im Theorieteil (vgl. Kapitel 2.6) wird angeführt, dass das schulische Qualitätsmanagement beabsichtigt, dass sich Kollegium und Schulleitung kollaborativ an der Entwicklung, Aufrechterhaltung und Verbesserung der Qualität der pädagogischen Arbeit beteiligen (Huber et al., 2014, S. 15). Qualitätsmanagementsysteme unterstützen kontinuierliche Schulentwicklungsvorhaben und damit auch die ständige Verbesserung der pädagogischen Arbeit an den Schulen (BMBWF, o. J.). Zum Zeitpunkt der Durchführung der Interviews im Rahmen dieser Forschungsarbeit waren in den Schulen unterschiedliche Qualitätsmanagementsysteme im Einsatz, mit denen der Schulentwicklungsplan bzw. das Schulentwicklungsprogramm erstellt wird. Mit Jänner 2021 wurde in Österreich QMS für alle Schultypen eingeführt, welches die bisher im Einsatz befindlichen Systeme SQA und QIBB ablöst. QMS (vgl. Kapitel 2.6) unterstützt die lernende Organisation Schule bei der Qualitätsentwicklung und Evaluation ihrer Kernprozesse in der Unterrichts-, Personal- und Organisationsentwicklung (BMBWF, o. J. b;). Aus den Fallstudien geht hervor, dass Qualitätsmanagementsysteme, wie z. B. QIBB und SQA, intensiv genutzt werden, um Fragebögen oder Online-Umfragen zu erstellen (vgl. Kapitel 4.1.24).

### 5.1.7 Fort- und Weiterbildungsmaßnahmen für schulische Führungskräfte

Wie im Theorieteil (vgl. Kapitel 2.6.5) angeführt, ist es wichtig, dass Schulleitungspersonen die eigene Persönlichkeit als Lernaufgabe im Sinne des lebenslangen Lernens verstehen, um aus den eigenen Erfahrungen lernen zu können und Innovationen basierend auf ihren Visionen und persönlichen Zielen anstoßen zu können (Schratz et al., 2010, S. 159). Dazu wird in der Literatur bekräftigt (vgl. Kapitel 2.6.5), dass erfolgreiche Schulleitungspersonen offen für kontinuierliche Fort- und Weiterbildung zur Steigerung der Professionalität sind und nach Möglichkeiten suchen, um sich durch Feedback, Coaching und Supervision weiterzuentwickeln (Schratz et al., 2010, S. 170 ff). Aus den Fallstudien geht hervor (vgl. Kapitel 4.1.26), dass die Schulleitungspersonen Angebote für Supervision und Gruppensupervision besonders schätzen, da diese der emotionalen Stärkung dienen und der Vereinsamung der schulischen Führungskräfte entgegenwirken. In Zusammenhang mit Gruppensupervision werden Rollenspiele, Aufstellungen und Achtsamkeitsübungen sowie aktives Zuhören als besonders effektiv bezeichnet. Mehrfach wird in diesem Zusammenhang angeführt, dass der schulartenübergreifende Erfahrungsaustausch besonders gewinnbringend ist. Eine Schulleitungsperson betont den Wunsch nach kollegialer Hospitation unter schulischen Führungskräften in Tandems, die als besonders zielführend beschrieben werden. Vernetzende Treffen, regelmäßige Begleitung und Coachings dienen der Weiterentwicklung und der Steigerung der Professionalität. Eine Führungskraft regt an, Fortbildungsveranstaltungen anzubieten, bei denen sich Schulteams bestehend aus den Leitungsteams und den Sekretariaten austauschen können. Diesbezüglich bestätigen die empirisch ermittelten Befunde die Annahmen aus der Literatur.

Eine Schulleitungsperson sollte neben Planungs-, Gestaltungs- und Kommunikationskompetenz vor allem Problemlösungskompetenz besitzen (Schratz et al., 2010, S. 19). Zudem gilt es, besonders den Kommunikationskompetenzen Beachtung zu schenken (ebd., S. 60), da diese für den Aufbau von leistungsfähigen Organisationsstrukturen und einer transparenten, agilen Kommunikation erforderlich sind (Schratz et al., 2010, S. 100). Da in der Organisation Schule viele Menschen mit unterschiedlichen Interessen aufeinandertreffen, werden Konflikte begünstigt, welche von der Schulleitungsperson erkannt und gelöst werden müssen, daher sollte eine Schulleitungsperson ein hohes Maß an Konfliktlösungskompetenz aufweisen (Schratz et al., 2010, S. 173 f). In den Interviews werden in diesem Zusammenhang Fort- und Weiterbildungsmaßnahmen für Kommunikation, Zeit- und Projektmanagement, Umgang mit belastenden Situationen wie Streit und Spannungen im Kollegium sowie Stressbewältigung genannt. (vgl. Kap. 4.1.26).

Wie im theoretischen Teil angeführt wird (vgl. Kapitel 2.6.5), kann gute, autonome Schule nur mit einer professionellen Schulleitung gelingen, daher werden von Schulleitungspersonen Führungskompetenzen gefordert (Lohmann & Minderop, 2004, S. 70). Aus den Fallstudien geht klar hervor (vgl. Kapitel 4.1.26), dass Leadership-Seminare, besonders in Hinblick auf Shared Leadership, Personal-, Schul- und Qualitätsentwicklung als besonders zielführend für die Leitung einer autonomen Schule genannt werden. In den Interviews wird auch erwähnt, dass Führungs- und Personalentwicklungswerkzeuge aus der Wirtschaft sowie Schulungen für betriebswirtschaftliche Themen in Bezug auf Budgetierung und Finanzen für ihre Managementaufgaben als wichtig erachtet werden. Im Sinne des lebenslangen Lernens stehen vor allem Fortbildungsmaßnahmen im digitalen Bereich, insbesondere zur Administration im Berichtswesen, im Fokus der Professionalisierungsbestrebungen der Schulleitungspersonen. Diesbezüglich kann anhand der empirischen Studie bestätigt werden, dass den Schulleitungspersonen bewusst ist, dass ihre Führungs- und Managementkompetenzen durch Fort- und Weiterbildung gestärkt werden können und sollen.

Diese Arbeit beschäftigt sich in Hinblick auf die Führungskräfteentwicklung und Fort- sowie Weiterbildungsmaßnahmen für schulische Führungskräfte in der autonomen Schule eingehend mit der Systemtheorie und verschiedenen Führungstheorien (vgl. Kapitel 2.7). In Hinblick auf die theoretischen Annahmen zu selbstorganisierenden Systemen zeigt sich ein verändertes Bild von Führung, das zurückzuführen ist auf die Sichtwiese der Selbstorganisation, die von *„Flexibilität, Veränderung, Kreativität, Evolution und Innovation, Humanpotential- und Selbsterweiterung, geistig-sinnhaften Strukturen und Entwicklungen"* geprägt ist (Probst, 1992, S. 2266). Demnach benötigen Führungskräfte neben Führungskompetenz auch Systemkompetenz (Schmid, 2016, S. 137) (vgl. Kapitel 2.7).

Bei den Führungstheorien wird im Kapitel 0 das Grid-Modell nach Blake/ Mouton vorgestellt, das sich besonders gut für die Führungskräfteentwicklung eignet. Anhand einer neunstufigen Skala kann das Verhalten von Führungskräften ermittelt und reflektiert werden. In der Literatur (vgl. Kapitel 0) wird darauf verwiesen, dass die situativen Verhaltenstheorien davon ausgehen, dass es kein idealtypisches Führungsverhalten gibt, sondern adäquates Führungsverhalten von der jeweiligen Situation abhängig ist (Steyrer, 2015, S. 55). Dementsprechend kann auch das Reifegradmodell von Hersey/Blanchard (vgl. Kapitel 0) für die Führungskräfteentwicklung herangezogen werden.

### 5.1.8 Beantwortung der Forschungsfrage

Unter Berücksichtigung der in den vorangegangenen Kapiteln diskutierten Aspekte wird nachfolgend die Forschungsfrage

*„Welche Aspekte des Führungsverhaltens und welche Führungs- und Managementkonzepte begünstigen gelingende, gelebte Schulautonomie in Hinblick auf die Erweiterung derselben durch das Bildungsreformgesetz 2017 in Österreich?"*

beantwortet.

Um eine eigene, stark ausgeprägte, sinnstiftende Kultur zu entwickeln, müssen schulische Führungskräfte offen für Ideen sein, Fehler zulassen und auf eine Schulkultur achten, in der durch möglichst wenig Controlling das Selbstvertrauen der Lehrkräfte gefördert werden kann. Führungskräften sollte bewusst sein, dass sie durch wertschätzenden Umgang, offene Kommunikation und gegenseitiges Vertrauen in ihrer Vorbildfunktion die Schulkultur stärken können. Durch gemeinsame Veranstaltungen, Ausflüge und Unternehmungen sowie informelle Treffen soll eine Kultur des Vertrauens und der Zusammengehörigkeit geschaffen werden. Die Identifikation mit der Schule wird durch die Einbindung des Kollegiums in Entscheidungen gesteigert. Durch einen zielgerichteten Onboarding-Prozess für neue Lehrkräfte wird die Eingliederung neuer Mitarbeiter/innen in die Organisation und somit die Identifikation mit dem Schulstandort gefördert.

Wertschätzung, offene Kommunikation, Respekt, Leistungsorientierung und Transparenz sind Werte, die in der autonomen Schule von großer Bedeutung sind. Darüber hinaus soll eine Schulleitungsperson besonders auf ein vertieftes Demokratieverständnis, Stärkenorientierung, Eigenverantwortung, Toleranz, Begabungsförderung, Kreativität, Beziehungsarbeit, Ehrlichkeit, angstfreie Schulumgebung, Konsequenz, Respekt, Informationsfluss, Empathie und gutes Zeitmanagement achten.

Das Leitbild bildet auch die Vision einer Schule ab und hat eine wichtige Identifikations- und Motivationsfunktion. Damit sich das Kollegium ausgiebig mit den Zielen und Werten der Schule auseinandersetzen kann, wird empfohlen, dieses im Rahmen eines pädagogischen Tages gemeinsam zu entwickeln, wodurch das Zusammengehörigkeitsgefühl gestärkt und die Identifikation mit der Schule gesteigert werden kann. Darüber hinaus empfiehlt es sich, das Leitbild in regelmäßigen Abständen einem innerschulischen Reflexionsprozess zu unterziehen und den aktuellen Gegebenheiten anzupassen. Anhand der empirischen Studie wird empfohlen, ein umfangreiches Qualitätsleitbild zu erarbeiten, das laufend überarbeitet wird und von dem Ziele und Maßnahmen abgeleitet werden. Eine grafische Aufbereitung des Leitbilds ermöglicht eine Darstellung, in der die Vision auf einen Blick ersichtlich ist, wodurch die Entwicklungsziele besonders wirksam verinnerlicht werden können.

In der autonomen Schule sind persönliche Gespräche sehr wichtig. Als äußeres Zeichen für offene Kommunikation gilt die offene Tür zur Schulleitung. Im Sinne einer wertschätzenden Schulkultur und zur Erhöhung der Mitarbeiterzufriedenheit wird empfohlen, ein Zeitfenster für Unvorhergesehenes zu reservieren, z. B. jeden Vormittag von 9 bis 12 Uhr, damit die Mitarbeiter/innen bei persönlichen Anliegen kurzfristig Gehör finden können. Schulleitungspersonen sollten informelle Anlässe dazu nützen, zu beobachten und zuzuhören, aber auch, um über Erfolge und Stärken zu sprechen und Mitarbeiter/innen zu ermutigen. Dabei sollen sie eine positive Grundhaltung einnehmen und den Optimismus der Mitarbeiter/innen stärken.

Kommunikation ist in der autonomen Schule von besonderer Bedeutung, da sich die Gestaltung der schulischen Kommunikationsprozesse stark auf die Schulkultur und die Mitarbeiterzufriedenheit auswirkt. Die schulischen Führungskräfte sollten daher Kommunikationskanäle definieren, die einen wirkungsvollen Informationsfluss gewährleisten. Dabei können Informationen in elektronischer Form, analog über Pinnwände oder bei persönlichen Gesprächen bzw. in Konferenzen weitergegeben werden. Newsletter, z. B. in Form einer Wochenpost, auch mit Einbeziehung der Schüler/innen, führen dazu, dass alle Mitarbeiter/innen über den aktuellen Informationsstand verfügen. Mitarbeitergespräche sollen in regelmäßigen Abständen geführt werden.

Es wird empfohlen, ein Informationssystem einzurichten, auf dem alle für den Unterricht erforderlichen Informationen auf eine Art und Weise zur Verfügung gestellt werden, dass alle Lehrkräfte im Bedarfsfall darauf zugreifen können. Es ist erforderlich, dass sich die schulische Führungskraft in der autonomen Schule bewusst ist, dass Mitarbeiter/innen, die nicht ausreichend mit Informationen versorgt werden, möglicherweise zurückgesetzt fühlen. Ein Infoportal, ein digitales Register sowie ein gemeinsames Laufwerk ermöglichen es, dass alle für den Unterricht erforderlichen Unterlagen gemeinsam genutzt werden können.

Der schulische Kommunikationsprozess erfolgt top-down, bottom-up und horizontal. Mitarbeitergespräche und offene Gespräche, sei es bei zufälligen Treffen oder in Gremien, zählen zur bottom-up-Kommunikation. Um die horizontale Kommunikation zu fördern, müssen Schulleitungspersonen die Teamstrukturen stärken. Teamarbeit wird in der autonomen Schule im Zusammenhang mit einer systematischen Schulentwicklung immer wichtiger. Um die Teamentwicklung zu fördern, sollten gemeinsame Veranstaltungen, Fortbildungen und die Möglichkeit für Reflexion und Supervision geschaffen werden. Darüber hinaus braucht es einen Fokus auf gemeinsame Aufgaben und Teamteaching, wofür die Führungskraft entsprechende Rahmenbedingungen schaffen sollte. Um Kreativität zu ermöglichen, soll auf Heterogenität in den Teams geachtet werden. Im Sinne einer Aufgabenkultur wird empfohlen, wenige fest Teams zu bilden.

Um Ideen und Verbesserungsvorschläge einbringen zu können, sollten schulische Führungskräfte niederschwellige Möglichkeiten schaffen, wie z. B. ein Vorschlags- oder Verbesserungswesen. Ideen sollten ausdrücklich willkommen sein und jederzeit eingebracht werden können. Führungskräfte können über gemeinsame Klausuren an der Strategieentwicklung mitwirken. Die Führungskraft kann dazu durch top-down-Anregungen Ideen anstiften, die in einem gemeinsamen Prozess weiterentwickelt werden können. Kritische Rückmeldungen, z. B. von Eltern, sollten als positive Auslöser für Veränderung angenommen werden.

In der autonomen Schule sollte Autonomie an das Kollegium weitergegeben werden, um die Bereitschaft für Veränderung zu erhöhen. Ein weiteres Kennzeichen der autonomen Schule ist Demokratie in einem partizipativen System. Gemeinsame Schulentwicklungsprojekte brauchen ein eindeutiges Ziel, das durch die Vision verdeutlicht wird. Die Führungskraft kann ihre Vision durch Vorbildwirkung, Richtlinien, Rahmenbedingungen, Kommunikation und Dialog in die Schulentwicklungsprozesse einbringen.

In Qualitätsmanagementsystemen können Ziele heruntergebrochen, terminisiert und dokumentiert werden. Die Zielerreichung wird dadurch erheblich unterstützt. Evaluierungsergebnisse sollten in die Leitbilderstellung einfließen und zu neuen Zielen führen. Eine schulische Führungsperson in der autonomen Schule sollte Ziele transparent kommunizieren und das Kollegium bei der Zielefestlegung durch Diskussion und Offenheit einbinden, wodurch die Zielvorstellung gefördert werden kann. Eine gute Möglichkeit, gemeinsam Ziele zu vereinbaren, bietet der pädagogische Tag.

Anhand der Ergebnisse der Studie wird für autonome Schulen ein kooperativer bis demokratischer Führungsstil empfohlen, wobei der Führungsstil situationsbezogen angepasst werden sollte und in Krisenzeiten auch autoritär sein kann, wenn rasche Entscheidungen zu treffen sind. Zu beachten ist auch, dass es von Seiten der Mitarbeiter/innen unterschiedliche Erwartungen an die Führungskraft gibt. Manche Lehrkräfte brauchen Anordnungen, andere wiederum Freiheit in ihrem Arbeitsgebiet. Den Lehrkräften sollten innerhalb eines vorgegebenen Rahmens Freiheiten und Freiräume sowie eine freie Gestaltung des Unterrichts gewährt werden, wobei der Fokus auf der Förderung von Schülerinnen und Schülern liegen soll. Um Kreativität zuzulassen, sollten die schulischen Führungskräfte eigene Wege und Subsidiarität gewähren. Bei delegierten Aufgaben sollte auch die Verantwortung mitübertragen werden. Beim Delegieren ist darauf zu achten, dass einzelne Mitarbeiter/innen nicht überfordert werden und dass Ziele als Führungsaufgabe nur von der Schulleitung vorgegeben werden sollten.

Schulleitungspersonen sollten Entscheidungsfreude zeigen und dazu stehen. Autoritäre Entscheidungen werden getroffen, wenn es die Situation, z. B. in der Krise, erfordert. Führungskräfte sollten sich dessen bewusst sein, dass sie mit ihrem Verhalten und mit ihrer Art zu kommunizieren von einem bestimmten Menschenbild ausgehen (Dell, 2012, S. 35 f) und dadurch die Gefahr besteht, dass sie das Potenzial einzelner Lehrkräfte unterschätzen. Dies kann dazu führen, dass Innovationen und Entwicklungen verzögert oder verhindert werden (McGregor & Cutcher-Gershenfeld, 2006, S. 331). Diesbezüglich wird empfohlen, sich als schulische Führungskraft mit den unterschiedlichen Menschenbildern auseinanderzusetzen (vgl. Kapitel 2.4.3).

Wesentliche Eigenschaften einer Führungskraft in der autonomen Schule sind klare und offene Kommunikation, Vertrauen, Entscheidungsfreudigkeit, gutes Wahrnehmungsvermögen durch Zuhören und Hellhörigkeit. Darüber hinaus braucht es Eigenschaften wie Ergebnisorientierung, Partizipation und Mut, Professionalität, Verantwortungsgefühl, Reflexionsvermögen und gute Selbsteinschätzung sowie Kreativität, Selbstdisziplin und die Fähigkeit zur Moderation.

Bei Veränderungen sollte ein Führungsstil zwischen kooperativ und demokratisch gepflegt werden. Um Ängste und Widerstände zu vermeiden, sollte das Kollegium miteinbezogen und mit allen relevanten Informationen versorgt werden. Treten Ängste und Widerstände auf, sollten die Führungskräfte Widerstandspunkte sammeln und Ängste durch Gespräche herausfinden. Kritische Mitarbeiter/innen sollten aktiv in den Kommunikations- und Informationsprozess einbezogen werden. Vorausschauende Führungskräfte rechnen mit möglichen Widerständen und erkennen, dass diese durchaus befruchtend sein können.

Bei Veränderungsprozessen ist darauf zu achten, dass diese in kleinen Schritten mit realistischen Zielen durchgeführt werden, um das Kollegium nicht zu überfordern.

Mitarbeitergespräche sollten in regelmäßigen Abständen durchgeführt werden, diese können aber auch z. B. in Form von Reflexionsgesprächen stattfinden. Fort- und Weiterbildungsmaßnahmen zählen ebenso zu den Personalentwicklungsmaßnahmen, die für die autonome Schule von Bedeutung sind. Dabei ist darauf zu achten, dass das gesamte Kollegium im Sinne eines „Staff Developments" gefördert werden sollte. Talente können gefördert werden, indem Lehrkräfte gezielt eingesetzt werden, an Führungsprogrammen teilnehmen, aber auch Lob, Ermutigen und Ermöglichen spielen eine wichtige Rolle.

In der autonomen Schule braucht es eine Kultur der Evaluation, in der Schülerinnen und Schülern, Eltern sowie Lehrkräften die Möglichkeit gegeben werden sollte, am schulischen Entwicklungsprozess teilzunehmen. Befragungen können in regelmäßigen Abständen oder anlassbezogen durchgeführt werden. Führungskräfte sollten im Sinne der Vorbildwirkung regelmäßig Feedback einholen und das Kollegium dazu ermutigen, ihnen Rückmeldung zu geben. Unterrichtsbesuche sollten auf Augenhöhe erfolgen und Auslöser für die Selbstbeobachtung sein.

Autonome Schule kann nur mit einer professionellen Schulleitung gelingen, daher sollten sich Schulleitungspersonen im Sinne von lebenslangem Lernen laufend weiterbilden. Zur emotionalen Stärkung werden Angebote für Supervision und Gruppensupervision empfohlen, auch, um einer Vereinsamung entgegenzuwirken und um den schulübergreifenden Austausch zu fördern. Weitere Fortbildungsangebote werden im Kapitel 4.1.26 eingehend beschrieben.

Die in diesem Kapitel dargestellte Beantwortung der Forschungsfrage spiegelt die umfangreichen Voraussetzungen für eine gelingende Umsetzung von Schulautonomie wider.

## 5.2 Resümee

Schulautonomie erfordert ein neues Verständnis von Führung. Aufgrund der Erweiterung der Schulautonomie durch das Bildungsreformgesetz 2017 verfügen Schulleitungspersonen in Österreich über größere Handlungsspielräume, um den Unterricht am Schulstandort so zu entwickeln, dass dieser den Bedürfnissen und Anforderungen der schulischen Anspruchsgruppen entspricht. Die mit dem Bildungsreformgesetz 2017 geschaffenen pädagogischen, organisatorischen und personellen Freiräume haben dazu geführt, dass sich Schulleitungspersonen mit veränderten Management- und Führungsaufgaben konfrontiert sehen, wie z. B. Aufgaben in der Personal- und Organisationsentwicklung bzw. im Qualitätsmanagement.

Ziel dieser Forschung war es daher, aufzuzeigen, welche Führungs- und Managementkonzepte gelingende und gelebte Schulautonomie begünstigen und welcher Zusammenhang zwischen Führungsverhalten, strukturierter

Personalentwicklung und der erfolgreichen Umsetzung innovativer Schulentwicklungskonzepte im Rahmen der erweiterten Schulautonomie in Österreich besteht. Aufgrund dieser Zielsetzung lag dieser Forschungsarbeit folgende Forschungsfrage zugrunde, welche die zu schließende Wissenslücke benennt:

*Welche Aspekte des Führungsverhaltens und welche Führungs- und Managementkonzepte begünstigen gelingende, gelebte Schulautonomie in Hinblick auf die Erweiterung derselben durch das Bildungsreformgesetz 2017 in Österreich?*

Die zusammenfassende Beantwortung der Forschungsfrage befindet sich im Kapitel 5.1.8. Im Zuge dieser Forschung wurden Führungswerkzeuge, Führungskonzepte und -modelle sowie System- und Führungstheorien aus dem Blickwinkel der Organisation Schule betrachtet und in einen Kontext mit Schulautonomie gebracht. Zur Beantwortung der Forschungsfrage wurden zunächst anhand einer systematischen Literaturanalyse relevante Publikationen zur kritischen Auseinandersetzung mit der aktuellen Fachliteratur recherchiert und analysiert. Allgemeine begriffliche Grundlagen zur Forschungsfrage, detaillierte Ausführungen über Schulautonomie in Bayern, Hessen, Österreich und Südtirol sowie Führungstheorien und Erkenntnisse über Personal- und Organisationsentwicklung aus der Wirtschaft und der Schule bilden die Basis der theoretischen Kapitel. Bestehende Theorien zum Forschungsthema wurden in der vorliegenden Forschungsarbeit durch empirische Forschung im Rahmen einer europäischen Studie ergänzt und anhand der Ergebnisse in einer komparativen Analyse diskutiert (vgl. Kapitel 5.1).

Das vorliegende Forschungsvorhaben ist aus dem ERASMUS⁺ Projekt INNOVITAS entstanden, welches sich mit den standortbezogenen Autonomieentwicklungsmöglichkeiten in den teilnehmenden Ländern Bayern, Hessen, Österreich und Südtirol auseinandergesetzt hat. Im Rahmen dieses europäischen Projekts sind zahlreiche Publikationen zum Thema Schulautonomie entstanden, von denen einige in diese Forschungsarbeit eingeflossen sind (vgl. innovitas.ph-noe.ac.at).

Das im Rahmen dieser Untersuchung vorliegende Forschungsdesign entspricht einer qualitativen Fallstudie mit einer Querschnittsuntersuchung. Die empirisch erhobenen Daten wurden mittels interpretierender qualitativer Inhaltsanalyse basierend auf den Prinzipien von Mayring zusammengefasst und ausgewertet. Für die Datenerhebung wurde ein Experteninterview anhand eines semistrukturierten Leitfadens gewählt. Die Interviewpartner/innen stammen aus den am ERASMUS⁺ Projekt INNOVITAS teilnehmenden Ländern Bayern, Hessen, Österreich und Südtirol und haben teilweise jahrelange Praxis mit Schulautonomie bzw. nützen seit Jahren schulautonome Freiheiten. Diese Erfahrungen machen sie zu Expertinnen und Experten erfolgreich umgesetzter Schulautonomie.

Bei der Diskussion der Ergebnisse wurde auf verschiedene Aspekte eingegangen, die anhand der Erkenntnisse durch die Literaturanalyse und der Besonderheiten der empirischen Befunde als wesentlich identifiziert wurden. Durch den Erkenntnisgewinn im Rahmen dieser Studie wird ein weiterer Beitrag zur Stärkung der schulischen Führungskräfte in der autonomen Schule geleistet. Einerseits lassen sich Empfehlungen in Hinblick auf das Führungsverhalten und die Personal- und Organisationsentwicklung ableiten, auf der anderen Seite wird ein Beitrag zur Optimierung von Fort- und Weiterbildungsangeboten für schulische Führungskräfte und Lehrkräfte in der autonomen Schule angeregt.

## 5.3 Handlungsempfehlungen

Aufgrund der Erweiterung der Schulautonomie durch das Bildungsreformgesetz 2017 verfügen Schulleitungspersonen in Österreich über größere Handlungsspielräume, um den Unterricht am Schulstandort so weiterzuentwickeln, dass dieser den Bedürfnissen und Anforderungen der schulischen Anspruchsgruppen entspricht. Die damit verbundenen pädagogischen, organisatorischen und personellen Freiräume sowie die daraus resultierenden Management- und Führungsaufgaben erfordern ein neues Verständnis von Führung. Schulautonomie betrifft jedoch nicht nur schulische Führungskräfte, sondern auch alle Akteurinnen und Akteure am Schulstandort, die Schulaufsicht sowie die Pädagogischen Hochschulen und Universitäten, die dazu beitragen, die Qualität des Bildungssystems zu entwickeln. Um die im Rahmen dieser Arbeit gewonnenen Erkenntnisse für die schulische Praxis relevant zu machen, werden Handlungsempfehlungen abgeleitet, die im Folgenden, in drei Kategorien gegliedert, dargestellt werden. Im ersten Bereich (Kapitel 5.3.1) werden lösungs- und handlungsorientierte Empfehlungen für Schulleiterinnen und Schulleiter zum Führungsverhalten dargestellt, im zweiten Bereich (Kapitel 5.3.2) werden Handlungsempfehlungen für bedarfsorientierte Fort- und Weiterbildungsmaßnahmen an Pädagogische Hochschulen abgegeben. Im dritten Abschnitt (Kapitel 5.3.3) folgen Handlungsempfehlungen für das Bildungssystem, die für künftige Reformvorhaben in Betracht gezogen werden können.

### 5.3.1 Handlungsempfehlungen für Schulleiterinnen und Schulleiter

Diese Forschungsarbeit beschäftigt sich in Hinblick auf Schulautonomie mit verschiedenen Modellen, Theorien und Werkzeugen sowie Aufgaben und Verantwortlichkeiten der schulischen Führungskräfte in der Personal-, Organisations- und Qualitätsentwicklung. Die aus der Literatur gewonnenen Erkenntnisse wurden den Ergebnissen der empirischen Studie gegenübergestellt.

Daraus können die nachfolgenden Handlungsempfehlungen für schulische Führungskräfte abgeleitet werden.

Der schulischen Führungskraft kommt bei der Gestaltung einer sinnstiftenden, von Wertschätzung geprägten Schulkultur eine besondere Rolle zu. Um diese zu entwickeln, müssen Schulleitungspersonen offen für Ideen sein, Fehler zulassen und darauf achten, dass durch möglichst wenig Controlling das Selbstvertrauen der Lehrkräfte gestärkt wird. Damit alle am Schulleben beteiligten Akteurinnen und Akteure respektvoll und wertschätzend miteinander umgehen, ist es erforderlich, dass Führungskräfte den Kommunikationsprozessen am Schulstandort besondere Beachtung schenken. Offene Kommunikation, Respekt, Wertschätzung, gegenseitiges Vertrauen und Transparenz sind wesentliche Faktoren zur Schaffung einer Kultur des Vertrauens und der Zusammengehörigkeit. Darüber hinaus soll eine Schulleitungsperson im Sinne von Vorbildwirkung auf ein vertieftes Demokratieverständnis, Eigenverantwortung, Toleranz und Ehrlichkeit achten.

Kommunikation spielt in der autonomen Schule eine wichtige Rolle, da sich die Gestaltung der schulischen Kommunikationsprozesse stark auf die Schulkultur und die Mitarbeiterzufriedenheit auswirkt. Die schulischen Führungskräfte sollten daher Kommunikationskanäle definieren und Informationssysteme einrichten, die einen wirkungsvollen Informationsfluss ermöglichen. Für Gespräche mit den Lehrkräften sollte ausreichend Zeit zur Verfügung stehen. Dazu meinte eine Führungskraft in einem der Interviews: *„Ich finde, Mitarbeiter/ innen haben immer Vorrang"* (F11/72). Um Schule kontinuierlich verbessern zu können, braucht es niederschwellige Möglichkeiten, damit Ideen und Verbesserungsvorschläge eingebracht werden können. Deshalb sollte die schulische Führungskraft den Kommunikations- und Informationsflüssen, die bottom-up ausgerichtet sind, besondere Aufmerksamkeit schenken.

Teamarbeit wird in der autonomen Schule im Zusammenhang mit einer systematischen Schulentwicklung immer wichtiger. Diese kann durch gemeinsame Veranstaltungen, Fortbildungen und die Möglichkeit zur Reflexion und Supervision gefördert werden. Darüber hinaus braucht es einen Fokus auf gemeinsame Aufgaben und Teamteaching. Heterogenität in den Teams ermöglicht Kreativität. Im Sinne einer zielorientierten Aufgabenkultur wird empfohlen, wenige feste Teams bzw. diese nur für die Dauer der Erfüllung einer Aufgabe zu bilden. Im Verständnis einer lernenden Organisation reicht es zudem nicht, nur einzelne Lehrkräfte weiter zu qualifizieren, sondern es sollte das gesamte Kollegium im Sinne eines „Staff Developments" gefördert werden (Buhren & Rolff, 2009, S. 103). Hier bieten sich SCHILFs und SCHÜLFs als entsprechende Maßnahmen an.

Ein Kennzeichen der autonomen Schule ist Demokratie in einem partizipativen System. Dies wird besonders in einem Interview deutlich, wo die Führungskraft anführt: *„Ich kann nicht Autonomie geben in einem bestimmten*

*Rahmen und mich dann aufregen, wenn diese Autonomie auch genutzt wird"* (F9/57). Autonomie sollte im Sinne einer partizipativen Führungshaltung an das Kollegium weitergegeben werden, um die Bereitschaft für Veränderung zu erhöhen. In einem Interview wurde diesbezüglich angeführt: *„Je enger gefasst Führung ist, desto schwerer fällt Autonomie"* (F11/113). Den Lehrkräften sollten im Sinne von Partizipation und Subsidiarität innerhalb eines vorgegebenen Rahmens Freiheiten und Freiräume gewährt werden, wobei bei delegierten Aufgaben auch die damit verbundene Verantwortung zu übertragen ist. Das Kollegium sollte zudem in die Strategie eingebunden werden. Eine Führungskraft meint dazu (F9/36–37): *„[...] weil die Strategie ja nicht ich als Führungskraft umsetzen kann, zumindest in weiten Teilen, sondern das wirklich durch den Unterricht passiert."*

Um Ängste und Widerstände bei Veränderungen zu vermeiden, sollte das Kollegium aktiv in die Prozesse miteinbezogen und mit allen relevanten Informationen versorgt werden. Treten diese dennoch auf, sollten Führungskräfte Widerstandspunkte sammeln und Ängste durch wertschätzende, offene Gespräche identifizieren. Kritische Mitarbeiter/innen sollten aktiv in den Kommunikations- und Informationsprozess einbezogen werden. Vorausschauende Führungskräfte rechnen mit möglichen Widerständen und erkennen, dass diese durchaus befruchtend sein können.

In der autonomen Schule braucht es eine Kultur der Evaluation, in der allen Mitgliedern der Schulgemeinschaft die Möglichkeit gegeben werden sollte, durch Feedback am schulischen Entwicklungsprozess teilzunehmen. Die Schulleitungsperson sollte als Vorbild regelmäßig Feedback vom Kollegium einholen. Unterrichtsbesuche sollten auf Augenhöhe erfolgen und Selbstreflexion fördern.

Autonome Schule kann nur mit einer professionellen Schulleitung gelingen, daher ist es für Schulleitungspersonen in autonomen Schulen erforderlich, sich im Sinne von lebenslangem Lernen laufend weiterzubilden. Zur emotionalen Stärkung werden Angebote für Supervision und Gruppensupervision empfohlen, auch, um einer gewissen Vereinsamung entgegenzuwirken und um den schulübergreifenden Austausch zu fördern.

### 5.3.2 Handlungsempfehlungen für Pädagogische Hochschulen

Die durch die Studie gewonnenen Erkenntnisse, basierend auf den Erfahrungen der Expertinnen und Experten, können in die Gestaltung neuer Curricula für Hochschullehrgänge einfließen oder als Anregung für neue Angebote in den Fortbildungskatalogen der Pädagogischen Hochschulen in Betracht gezogen werden.

In Hinblick auf die Führungskräfteentwicklung sowie Fort- und Weiterbildungsmaßnahmen für schulische Führungskräfte in der autonomen Schule beschäftigt sich diese Arbeit eingehend mit der Systemtheorie und verschiedenen Führungstheorien. Die Ergebnisse dieser Studie zeigen, dass Professionalisierungsmaßnahmen für schulische Führungskräfte einerseits auf Führung und Personalentwicklung unter dem Aspekt von Schulautonomie ausgerichtet sein sollen, um diese zu befähigen, entsprechende Werkzeuge nach dem Vorbild der Wirtschaft gezielt einzusetzen. In Hinblick auf die theoretischen Annahmen zu selbstorganisierenden Systemen zeigt sich andererseits ein Bild von Führung, das zurückzuführen ist auf die Sichtweise der Selbstorganisation, die von *„Flexibilität, Veränderung, Kreativität, Evolution und Innovation, Humanpotential- und Selbsterweiterung, geistig-sinnhaften Strukturen und Entwicklungen"* geprägt ist (Probst, 1992, S. 2266). Demnach benötigen Führungskräfte neben Führungskompetenz auch Systemkompetenz (Schmid, 2016, S. 137) (vgl. Kapitel 2.7), auf die in Fort- und Weiterbildungsmaßnahmen für schulische Führungskräfte zukünftig eingegangen werden sollte.

Aus der hier vorliegenden Forschung geht hervor, dass es großen Bedarf an Angeboten für Supervision und Gruppensupervision gibt, da diese der emotionalen Stärkung der Schulleitungspersonen dienen und deren Vereinsamung entgegenwirken. In Zusammenhang mit Gruppensupervision werden Rollenspiele, Aufstellungen und Achtsamkeitsübungen sowie aktives Zuhören als besonders effektiv bezeichnet, z. B. in Hinblick auf die Kommunikation. Schulische Führungskräfte schätzen zudem den schulartenübergreifenden Erfahrungsaustausch durch vernetzende Treffen. Regelmäßige Begleitung und Coachings dienen ebenso der Weiterentwicklung und der Steigerung der Professionalität. Es besteht auch der Wunsch nach kollegialer Hospitation unter schulischen Führungskräften in Tandems und Fortbildungsveranstaltungen, in deren Rahmen sich Schulteams bestehend aus Leitungsteams und Sekretariaten austauschen können.

Da Schulleitungspersonen neben Planungs-, Gestaltungs- und Kommunikationskompetenz vor allem Problemlösungskompetenz besitzen sollten (Schratz et al., 2010, S. 19), wird den Pädagogischen Hochschulen empfohlen, für Fort- und Weiterbildungsmaßnahmen Themen wie Kommunikations-, Zeit- und Projektmanagement sowie Umgang mit belastenden Situationen wie Streit und Spannungen im Kollegium und Stressbewältigung anzubieten.

Autonome Schule erfordert eine professionelle Schulleitung, daher werden von Schulleitungspersonen Führungskompetenzen gefordert (Lohmann & Minderop, 2004, S. 70). Leadership-Seminare, besonders in Hinblick auf Shared Leadership, Personal-, Schul- und Qualitätsentwicklung werden als zielführend für die Leitung einer autonomen Schule gesehen. Ergänzend könnten Führungs- und

Personalentwicklungswerkzeuge aus der Wirtschaft sowie Schulungen für betriebswirtschaftliche Themen in Bezug auf Budgetierung und Finanzen für die Erfüllung von Managementaufgaben vertiefend angeboten werden.

Bei den in dieser Arbeit vorgestellten Führungstheorien wird das Grid-Modell nach Blake/Mouton vorgestellt, das sich besonders gut für die Führungskräfteentwicklung eignet. Anhand einer neunstufigen Skala kann das Führungsverhalten von Führungskräften ermittelt und reflektiert werden. Die situativen Verhaltenstheorien gehen davon aus, dass es kein idealtypisches Führungsverhalten gibt, sondern adäquates Führungsverhalten von der jeweiligen Situation abhängig ist (Steyrer, 2015, S. 55). Dementsprechend kann auch das Reifegradmodell von Hersey/Blanchard für Programme der Führungskräfteentwicklung zur Selbstreflexion herangezogen werden.

Im Sinne des lebenslangen Lernens stehen vor allem Fortbildungsmaßnahmen im digitalen Bereich, insbesondere für die Administration im Berichtswesen im Fokus der Professionalisierungsbestrebungen der Schulleitungspersonen.

Für die Gruppe der Lehrkräfte könnten Neuüberlegungen in Bezug auf die Aus-, Fort- und Weiterbildung angestellt werden, da sie in ihrer neuen Rolle Schule mitentwickeln sollen. Als Führungskräfte in den Klassen könnten sie von den verschiedenen Modulen der Führungskräfteausbildung profitieren. Wichtig erscheinen theoretische Grundlagen für den Umgang mit den Befugnissen und der Verantwortung im Rahmen von delegierten Aufgaben. Themen wie Softwareschulungen für die Bedienung von Zeugnisprogrammen und die Wartung der Homepage könnten ebenso verstärkt angeboten werden wie Inhalte für die Bereiche Qualitätsmanagement, Schulentwicklung und Projektmanagement. Neben den fachlichen Fortbildungsthemen werden Veranstaltungen empfohlen, welche die Themen Achtsamkeit, Aufeinander-Zugehen, Resilienz, Selbstvertrauen, Selbstmanagement, Lehrergesundheit und Burnout-Prävention behandeln. Zur Unterstützung bei der Führung von Klassen werden Fortbildungen empfohlen, die auf die Aufgaben von Klassenvorständinnen und Klassenvorständen zugeschnitten sind. Für Lehrkräfte, die Gruppen im Rahmen von Sport- und Sprachwochen betreuen, wird angeregt, Fortbildungen zum Thema Führen von Gruppen auszuschreiben. Vorgeschlagen wurden auch Veranstaltungen für Lehrkräfte mit gleichen Aufgabenfeldern mit der Möglichkeit eines schulübergreifenden Austausches. Die vorgeschlagenen Themen können für alle angebotenen Formate der Aus-, Fort- und Weiterbildung berücksichtigt werden, insbesondere für die Hochschullehrgänge mit Masterabschluss, Schulentwicklungsseminare und Ausbildungen zum Lerndesigner bzw. zur Lerndesignerin. Diesbezüglich könnten Synergien für neue oder veränderte Formen der Aus-, Fort- und Weiterbildung gefunden werden.

### 5.3.3 Handlungsempfehlungen System

Anhand der Ergebnisse der Befragung werden Herausforderungen aufgezeigt, die durch Schulautonomie entstanden sind. Hier kann zusammenfassend festgehalten werden, dass der administrative Aufwand sowie der Zeitaufwand für das Treffen gut überlegter Entscheidungen durch die Schulautonomie gestiegen sind. Eine teilweise immer noch vorhandene Anordnungskultur von oben steht der Schulautonomie entgegen. Diese Beobachtung legt nahe, dass die Beaufsichtigung der Schulen weiter an die durch Schulautonomie geschaffenen Voraussetzungen angepasst werden sollte. Das Ergebnis spiegelt auch das neue, herausfordernde Rollenbild der Schulaufsicht wider, welches zwischen einer formal verwaltenden Tätigkeit als Organ der Schulaufsicht und der unterstützenden Rolle in einer wertschätzenden Beratungsstruktur die richtige Balance finden muss (Huber et al., 2020, S. 253). Aus den Interviews geht auch hervor, dass den schulischen Führungskräften Möglichkeiten fehlen, eigenständig Personal einzustellen. Diesbezüglich verweist die Autorin auf Hessen, wo Lehrpersonal über eine schulbezogene Ausschreibung selbst ausgewählt werden kann (Juranek, 2019, S. 29). Empfohlen werden auch Überlegungen in Richtung Einführung einer erweiterten Schulleitung nach dem Beispiel Bayerns, damit Führungsaufgaben in größeren Schulen delegiert werden können.

## 5.4 Ausblick auf weiterführende Studien

Mit der vorliegenden Forschungsarbeit sollten die Faktoren für die gelingende Umsetzung von Schulautonomie in Bezug auf Führungshandeln exploriert werden. Die unter dem Kapitel 5.1 diskutierten Ergebnisse und die im Kapitel 3.6 angeführten Einschränkungen lassen Rückschlüsse auf weiterführende Studien in der Bildungsforschung zu, die nachfolgend vorgestellt werden.

### 5.4.1 Weiterführende Studien durch die Autorin dieser Studie

Die Forschungsergebnisse der vorliegenden qualitativen Studie beziehen sich auf einen Zeitpunkt der Datenerhebung, der die damalige Situation der Corona-Krise im ersten Halbjahr 2020 widerspiegelt. So führten die Führungskräfte beispielsweise beim Thema „Führen in der Krise" durchgehend die Herausforderungen während der Covid-Krise an. Es könnte daher angedacht werden, die wissenschaftliche Studie zu einem späteren Zeitpunkt zu wiederholen, um die berichteten Forschungsergebnisse zu vergleichen.

In einem neuen Forschungsvorhaben könnte der Einfluss der Covid-Krise auf das Führungsverhalten von Schulleitungspersonen beforscht werden.

### 5.4.2 Weiterführende Studien durch Kooperationen

Empfohlen wird eine begleitende Langzeitstudie, die von der Pädagogischen Hochschule in Kooperation mit der Universität durchgeführt werden könnte. Im Zuge eines solchen Forschungsvorhabens könnte erforscht werden, inwieweit sich die gelebte Schulautonomie in Österreich weiterentwickelt. Hier könnte auch zwischen größeren und kleineren Schulstandorten differenziert werden.

Im Zuge der Forschung wurde eine hohe Komplexität des Forschungsfeldes identifiziert. Es wird daher von der Autorin dieser Studie empfohlen, das Forschungsfeld Führungsverhalten in der Schulautonomie in Hinblick auf die Unterschiede zwischen den Ländern Bayern, Hessen, Österreich und Südtirol im Rahmen eines internationalen Forschungsprojektes weiter auszudifferenzieren.

### 5.4.3 Weiterführende Studien durch Pädagogische Hochschulen

An der Pädagogischen Hochschule könnten Themen für Master-Thesen ausgelobt werden, die sich mit der Kommunikation zwischen schulischen Führungskräften und dem Kollegium oder den horizontalen Kommunikationsprozessen in Teams beschäftigen. Von Studierenden in Hochschullehrgängen mit Masterabschluss könnte auch die neue Rolle der Lehrkräfte in der autonomen Schule beforscht werden.

# 6 Verzeichnisse

## 6.1 Literatur

Achouri, C. (2015). *Human Resources Management: Eine praxisbasierte Einführung* (2. Aufl). Wiesbaden: Springer Gabler.

Aderhold, J. (2003). Organisation als soziales System. In E. Weik & R. Lang (Hrsg.), *Moderne Organisationstheorien. 2: Strukturorientierte Ansätze* (1. Aufl, S. 153–188). Wiesbaden: Gabler.

Aderhold, J., & Jutzi, K. (2003). Theorie sozialer Systeme. In E. Weik & R. Lang (Hrsg.), *Moderne Organisationstheorien. 2: Strukturorientierte Ansätze* (1. Aufl, S. 121–151). Wiesbaden: Gabler.

Ahlers, G. M. (2006). Organisation der Integrierten Kommunikation. Entwicklung eines prozessorientierten Organisationsansatzes. Wiesbaden: Gabler.

Altrichter, H., & Heinrich, M. (2007). Kategorien der Governance-Analyse und Transformationen der Systemsteuerung in Österreich. In H. Altrichter, T. Brüsemeister, & J. Wissinger (Hrsg.), *Educational governance: Handlungskoordination und Steuerung im Bildungssystem* (S. 55–103). Wiesbaden: VS Verlag für Sozialwissenschaften.

Altrichter, H., Maag Merki, K., & Bonsen, M. (Hrsg.). (2016). Schulleitung und Führung in der Schule. In *Handbuch Neue Steuerung im Schulsystem* (2., überarbeitete und aktualisierte Auflage, S. 301–324). Wiesbaden: Springer VS.

Altrichter, H., & Posch, P. (1995). Austria: System of Education. In T. N. Postlethwaite (Hrsg.), *International Encyclopedia of National Systems of Education* (S. 45–58). Oxford: Pergamon Press.

Altrichter, H., Rürup, M., & Schuchart, C. (2016). Schulautonomie und die Folgen. In H. Altrichter & K. Maag Merki (Hrsg.), *Handbuch Neue Steuerung im Schulsystem* (2., überarbeitete und aktualisierte Auflage, S. 107–150). Wiesbaden: Springer VS.

Amundsen, S., & Martinsen, O. L. (2014). Empowering Leadership. Construct Clarification, Conceptualization, and Validation of a new Scale. *The Leadership Quarterly*, (25), 487–511.

Assländer, F. (2016). Spiritualität und Führung. In C. von Au (Hrsg.), *Wirksame und nachhaltige Führungsansätze: System, Beziehung, Haltung und Individualität* (S. 75–92). Wiesbaden: Springer.

Bartz, A. (2016). Grundlagen organisatorischer Gestaltung. In H. Buchen & H.-G. Rolff (Hrsg.), *Professionswissen Schulleitung* (4., überarbeitete und erweiterte Auflage, S. 365–417). Weinheim Basel: Beltz.

Bauer, H. P., & Enderle, I. (2015). Karriere durch Fachschulen für Betriebswirtschaft: Langzeituntersuchung zur beruflichen Entwicklung der Absolventen (2015. Aufl.). Wiesbaden: Springer Gabler.

Baumann, J., & Götz, T. (2016). *Schulleitung! Der Praxisleitfaden*. Weinheim Basel: Beltz.

Bayer, B. (2018). Situativ führen an Schulen: Führungsstile gezielt einsetzen und Mitarbeiterentwicklung. Kronach: Carl Link.

Becker, F. G., & Buchen, H. (2016). Personal- und Leistungsbeurteilung. In H. Buchen & H.-G. Rolff (Hrsg.), *Professionswissen Schulleitung* (4., überarbeitete und erweiterte Auflage, S. 586–645). Weinheim Basel: Beltz.

Becker, M. (2013). *Personalentwicklung: Bildung, Förderung und Organisationsentwicklung in Theorie und Praxis* (6., überarbeitete und aktualisierte Auflage). Stuttgart: Schäffer-Poeschel Verlag.

Bennis, W. G., & Nanus, B. (1986). *Führungskräfte. Die vier Schlüsselstrategien erfolgreichen Führens* (2. Aufl). Frankfurt/Main: Campus-Verl.

Bennis, W. G., & Nanus, B. (2007). *Leaders. Strategies for Taking Charge* (2. Auflage). New York: Harper Business Essentials.

Berelson, B. R. (1952). *Content Analysis in Communication Research*. Glencoe: Free Press.

Berghaus, M. (2011). *Luhmann leicht gemacht: Eine Einführung in die Systemtheorie* (3., überarbeitete und ergänzte Auflage). Köln: Böhlau.

Berkemeyer, J., Berkemeyer, N., & Schwikal, A. (2015). Lernen als Leitbild. Internationale Erfahrungen zum Schulleitungshandeln im Kontext von Professionalisierungsprozessen von Lehrkräften. In J. Berkemeyer, N. Berkemeyer, & F. Meetz (Hrsg.), *Professionalisierung und Schulleitungshandeln*

*Wege und Strategien der Personalentwicklung an Schulen* (S. 12–32). Weinheim Basel: Beltz Juventa.

Berkemeyer, N., Müller, S., & van Holt, N. (2016). Schulinterne Evaluation—Nur ein Instrument zur Selbststeuerung von Schulen? In H. Altrichter & K. Maag Merki (Hrsg.), *Handbuch Neue Steuerung im Schulsystem* (2., überarbeitete und aktualisierte Auflage, S. 209–234). Wiesbaden: Springer VS.

Berthel, J., & Becker, F. G. (2007). *Personal-Management* (8. Aufl.). Stuttgart: Schäffer-Poeschel.

Bessoth, R. (2001). Der Nachweis guter Arbeit. Neue Ziele und Wege in der Leistungsbeurteilung. *Pädagogische Führung, Neuwied*(3), 117–122.

Blake, R. R., & Mouton, J. S. (1964). The new managerial grid: Key orientations for achieving production through people. Houston: Gulf Publishing Company.

Blickhan, C. (2015). Visionen—Ziele—Erfolg. In D. Werther (Hrsg.), *Mission—Vision—Werte. Die Basis der Leitbild- und Strategieentwicklung* (S. 28–51). Weinheim Basel: Beltz.

BMBWF. (2018). Informationen zum Schulrecht. Handbuch Erweiterung der Schulautonomie durch das Bildungsreformgesetz 2017. Wien: Bundesministerium Bildung, Wissenschaft und Forschung.

BMBWF. (2021). Über QMS. Abgerufen 18. Januar 2021, von https://www.qms.at/ueber-qms

BMBWF. (o. J.). Qualitätsrahmen. Abgerufen 18. Januar 2021, von https://www.qms.at/qualitaetsrahmen

Bogner, A., & Menz, W. (2009). Das theoriegenerierende Experteninterview: Erkenntnisinteresse, Wissensformen, Interaktion. In A. Bogner, B. Littig, & W. Menz (Hrsg.), *Das Experteninterview: Theorie, Methode, Anwendung* (3. Aufl, S. 61–98). Wiesbaden: VS, Verl. für Sozialwiss.

Bohnsack, R. (2014). *Rekonstruktive Sozialforschung: Einführung in qualitative Methoden* (9., überarbeitete und erweiterte Auflage). Opladen Toronto: Verlag Barbara Budrich.

Bolman, L. G., & Deal, T. E. (2017). *Reframing Organizations. Artistry, Choice, and Leadership* (6. ed). San Francisco, Calif: Jossey-Bass.

Bonsen, M. (2003). Schule, Führung, Organisation: Eine empirische Studie zum Organisations- und Führungsverständnis von Schulleiterinnen und Schulleitern. Münster: Waxmann.

Bordon, F., & Leist, N. (2019). Schulautonomie und innovative Schulaufsicht in Hessen. In E. Rauscher, C. Wiesner, D. Paasch & P. Heißenberger (Hrsg.), *Schulautonomie—Perspektiven in Europa Befunde aus dem EU-Projekt INNOVITAS*. (S. 77–92). Münster New York: Waxmann Verlag.

Bortz, J., & Döring, N. (2006). *Forschungsmethoden und Evaluation: Für Human- und Sozialwissenschaftler; mit 87 Tabellen* (4., überarb. Aufl., [Nachdr.]). Heidelberg: Springer-Medizin-Verl.

Böttcher, W., Balzer, L., & Hense, J. (2018). Den Ist-Stand ermitteln, Beteiligte einbinden: Evaluation. In A. Zurwehme & C. Martin (Hrsg.), *Das große Handbuch Qualitätsmanagement in der Schule* (S. 299–346). Kronach, Oberfr: Carl Link.

Buchen, H. (2016). Schule managen—Statt nur verwalten. In H. Buchen & H.-G. Rolff (Hrsg.), *Professionswissen Schulleitung* (4., überarbeitete und erweiterte Auflage, S. 12–101). Weinheim Basel: Beltz.

Buchen, H., & Rolff, H.-G. (Hrsg.). (2016). *Professionswissen Schulleitung* (4., überarbeitete und erweiterte Auflage). Weinheim Basel: Beltz.

Buchen, H., Rolff, H.-G., & Buchen, H. (Hrsg.). (2016). Schule managen—Statt nur verwalten. In *Professionswissen Schulleitung* (4., überarbeitete und erweiterte Auflage, S. 12–101). Weinheim Basel: Beltz.

Buhren, C. G., & Rolff, H.-G. (2009). Personalmanagement für die Schule: Ein Handbuch für Schulleitung und Kollegium (2. Aufl.). Weinheim: Beltz.

Buhren, C. G., & Rolff, H.-G. (2016). Personalmanagement. In H. Buchen & H.-G. Rolff (Hrsg.), *Professionswissen Schulleitung* (4., überarbeitete und erweiterte Auflage, S. 450–544). Weinheim Basel: Beltz.

Buhren, C. G., Rolff, H.-G., & Neumann, S. (Hrsg.). (2013). *Das Handwerkszeug für die Schulleitung: Management - Moderation - Methoden*. Weinheim: Beltz.

Bundesministerium Bildung, Wissenschaft und Forschung. (2019). *Geschichte des österreichischen Schulwesens*. Wien. Abgerufen von https://www.bmbwf.gv.at/Themen/schule/schulsystem/sw_oest.html

Bundesministerium Bildung, Wissenschaft und Forschung. (o. J.-a). *Bildungsreform 2017*. Wien. Abgerufen von https://www.bmbwf.gv.at/Themen/schule/zrp/bilref.html

Bundesministerium Bildung, Wissenschaft und Forschung. (o.J.-b). *Bildungsreformgesetz 2017*. Wien. Abgerufen von https://www.bmbwf.gv.at/Themen/schule/schulrecht/erk/bildungsreformgesetz_2017.html

Burkard, C., & Eikenbusch, G. (2016). Evaluation. In H. Buchen & H.-G. Rolff (Hrsg.), *Professionswissen Schulleitung* (4., überarbeitete und erweiterte Auflage, S. 1292–1342). Weinheim Basel: Beltz.

Burow, O.-A. (2016). Wertschätzende Schulleitung: Der Weg zu Engagement, Wohlbefinden und Spitzenleistung. Wie Schulen zukunftsfähig werden. Beltz.

Capaul, R., Seitz, H., & Keller, M. (2020). Schulführung und Schulentwicklung. Theoretische Grundlagen und Empfehlungen für die Praxis (4. Auflage). Bern: Haupt Verlag.

Cihlars, D. (2012). Die Förderung der Berufszufriedenheit von Lehrkräften: Individuelle, soziale und organisationsbezogene Maßnahmen der schulischen Personalentwicklung. Bad Heilbrunn: Klinkhardt.

Collins, J. (2020). Der Weg zu den Besten. Die sieben Management-Prinzipien für dauerhaften Unternehmenserfolg. Frankfurt New York: Campus Verlag.

Collins, J. C. (2002). Der Weg zu den Besten. Die sieben Management-Prinzipien für dauerhaften Unternehmenserfolg (2. Auflage). Stuttgart: DVA.

Cronbach, L. J. (1972). Evaluation zur Verbesserung von Curricula. In C. Wulf (Hrsg.), *Evaluation. Beschreibung und Bewertung von Unterricht, Curricula und Schulversuchen* (S. 41–59). München: R. Piper & Co. Verlag.

Dell, C. (2012). Die improvisierende Organisation. Management nach dem Ende der Planbarkeit. Bielefeld: transcript.

Dey, I. (1993). Qualitative data analysis: A user-friendly guide for social scientists. London: New York, NY: Routledge.

Diekmann, S. (2013). Schicksalsfrage Vorgesetzter? *wirtschaft&weiterbildung, 25*(03/2013), 24–27.

Ditton, H. (2010). Evaluation und Qualitätssicherung. In R. Tippelt & B. Schmidt (Hrsg.), *Handbuch Bildungsforschung* (3. Auflage, S. 607–626). Wiesbaden: VS-Verlag.

Doppler, K., Fuhrmann, H., Lebbe-Waschke, B., & Voigt, B. (2002). *Unternehmenswandel gegen Widerstände. Change Management mit den Menschen.* Frankfurt/Main: Campus Verlag.

Doppler, K., & Lauterburg, C. (2014). *Change Management. Den Unternehmenswandel gestalten* (13., aktualisierte und erweiterte Ausgabe). Frankfurt New York: Campus Verlag.

Drack, S. F. (2010). Führungsförderndes Human Ressource Management: Ein HRM-Instrumentarium zur Förderung der Führung in Unternehmen (1. Aufl). Wiesbaden: Gabler.

Drescher, W. (Hrsg.). (2005). *Die bedeutendsten Management-Vordenker.* Frankfurt am Main: Campus Verlag.

Dresing, T., & Pehl, T. (2017). Praxisbuch Interview, Transkription & Analyse: Anleitungen und Regelsysteme für qualitativ Forschende (7. Auflage). Marburg: Eigenverlag.

Dubs, R. (2005). *Die Führung einer Schule* (2. Aufl.). Zürich: SKV.

Dubs, R. (2011). Die teilautonome Schule. Ein Beitrag zu ihrer Ausgestaltung aus politischer, rechtlicher und schulischer Sicht. Berlin: Ed. Sigma.

Dubs, R. (2016). Führung. In H. Buchen & H.-G. Rolff (Hrsg.), *Professionswissen Schulleitung* (4., überarbeitete und erweiterte Auflage, S. 102–176). Weinheim Basel: Beltz.

Dubs, R. (2018). Schulaufsicht, Schulleitung und Schulmanagement. In B. Korda, K. Oechslein, & T. Prescher (Hrsg.), *Das große Handbuch Personal & Führung in der Schule* (S. 293–311). Köln: Carl Link.

Dubs, R. (2019). *Die Führung einer Schule. Leadership und Management* (3., vollständig überarbeite und erw. Auflage). Stuttgart: Franz Steiner Verlag.

Elsik, W. (2015). Performance Management. In W. Mayrhofer, G. J. Furtmüller, & H. Kasper (Hrsg.), *Personalmanagement—Führung—Organisation* (5. Auflage, S. 357–412). Wien: Linde.

Ender, B., & Strittmatter, A. (2001). *Personalentwicklung als Schulleitungsaufgabe.* Innsbruck: StudienVerlag.

Evans, M. G. (1987). Führungstheorien—Weg-Ziel-Theorie. In A. Kieser (Hrsg.), *Handwörterbuch der Führung* (S. 948–965). Stuttgart: Schäffer-Poeschel.

Fend, H. (2003). Beste Bildungspolitik oder bester Kontext für Lernen? Über die Verantwortung von Bildungspolitik für pädagogische Wirkungen. In *Trends in Bildung international, Kultureller/soziokultureller Kontext in PISA und anderen Large Scale Untersuchungen (6)* (S. 1–11). Frankfurt am Main: DIPF.

Fiedler, F. E., Chemers, M. M., & Mahar, L. (1976). *Improving Leadership Effectiveness. The Leader Match Concept.* New York, London, Sydney, Toronto: John Wiley & Sons, Inc.

Fiedler, F. E., Chemers, M., & Mahar, L. (1979). *Der Weg zum Führungserfolg. Ein Selbsthilfeprogramm für Führungskräfte.* Stuttgart: Poeschel.

Fiedler, F. E., & Garcia, J. E. (1978). New approaches to effective leadership: Cognitive resources and organizational performance. New York: Wiley.

Fiedler, Fred Edward. (1967). *A Theory of Leadership Effectiveness.* New York: McGraw-Hill.

Flick, U., Kardorff, E. von, & Steinke, I. (Hrsg.). (2019). *Qualitative Methoden und Forschungspraxis* (13. Auflage, Originalausgabe). Reinbek bei Hamburg: rowohlts enzyklopädie im Rowohlt Taschenbuch Verlag.

Föhls-Königslechner, N., & Müller-Camen, M. (2015). Personalentwicklung. In W. Mayrhofer, G. J. Furtmüller, & H. Kasper (Hrsg.), *Personalmanagement—Führung—Organisation* (5. Auflage, S. 321–356). Wien: Linde.

Freihold, C. (2018). Ein motiviertes Kollegium fällt nicht vom Himmel—Sechs Wege zu mehr Motivation in Schulen. In B. Korda, K. Oechslein, & T. Prescher (Hrsg.), *Das große Handbuch Personal & Führung in der Schule* (S. 217–232). Köln: Carl Link.

Friederichs, P. (2004). Von der Vision zur politischen Umsetzung. In M. Dürndorfer & P. Friederichs (Hrsg.), *Human Capital Leadership. Strategien und Instrumente zur Wettbewerbsvorteile für den Erfolg von morgen* (S. 27–43). Hamburg: Murmann.

Friedrichs, J. (1990). *Methoden empirischer Sozialforschung* (14. Aufl). Opladen: Westdt. Verl.

Froschauer, U., & Lueger, M. (2020). Das qualitative Interview: Zur Praxis interpretativer Analyse sozialer Systeme (2.). Wien: Facultas.

Früh, W. (2017). *Inhaltsanalyse: Theorie und Praxis* (9., überarbeitete Auflage). Konstanz: UVK Verlagsgesellschaft mbH.

Fuchs, J. (2004). Führen in Know-how-Unternehmen: Wenn die Mitarbeiter ihren Chef bezahlen. In M. Dürndorfer & P. Friederichs (Hrsg.), *Human Capital Leadership. Strategien und Instrumente zur Wettbewerbsvorteile für den Erfolg von morgen* (S. 226–240). Hamburg: Murmann.

Gläser, J., & Laudel, G. (2010). Experteninterviews und qualitative Inhaltsanalyse als Instrumente rekonstruierender Untersuchungen (4. Auflage). Wiesbaden: VS Verlag.

Goldschmitt, R., & Goldschmitt, C. (2018). Zusammenarbeit in Teams als tragende Säule einer Schule. In B. Korda, K. Oechslein, & T. Prescher (Hrsg.), *Das große Handbuch Personal & Führung in der Schule* (S. 239–271). Köln: Carl Link.

Goleman, D. (2017). Soziale Intelligenz. Wer auf andere zugehen kann, hat mehr vom Leben. München: Droemer.

Graeff, C. L. (1983). The situational theory of leadership: A critical view. *Academy of Management Review, 8*(2), 285–291.

Güldenberg, S. (1997). Wissensmanagement und Wissenscontrolling in lernenden Organisationen: Ein systemtheoretischer Ansatz. Wiesbaden: Dt. Univ.-Verl.

Häring, K., & Litzcke, S. (Hrsg.). (2017). *Führungskompetenzen lernen: Eignung, Entwicklung, Aufstieg* (2., überarbeitete Auflage). Stuttgart: Schäffer-Poeschel Verlag.

Hauschildt, J., Salomo, S., Schultz, C., & Kock, A. (2016). *Innovationsmanagement* (6. Auflage). München: Vahlen.

Heinrich, M. (2001). „Nichts ist so ansteckend wie ein gutes Vorbild". Rückblick und Ausblick. In Bertelsmann Stiftung & Hans Böckler Stiftung (Hrsg.), *Praxis Unternehmenskultur* (S. 129–140). Gütersloh: Bertelsmann Stiftung.

Heißenberger, P. (2019). *Berufsbild Schulleiter/in: Europäische Qualifizierungsimpulse.* Baden: Pädagogische Hochschule Niederösterreich.

Herrmann, J. (2012). Mythos Selbstständigkeit von Schule? Fallstudien zum Modellvorhaben „Selbstständige Schule. NRW". Opladen: Budrich.

Hersey, P., Blanchard, K. H., & Johnson, D. E. (1969). Management of Organizational Behavior: Utilizing Human Resources.

Hersey, P. H., Blanchard, K. H., & Johnson, D. E. (1996). *Management of Organizational Behavior. Utilizing Human Resources* (7. Auflage). New Jersey: Pearson.

Hertel, V. (2018). Auf den Punkt gebracht Kommunikationsratgeber für Schulleitungen. Köln: Carl Link.

Hessisches Kultusministerium. (o. J.). *Flexibilität für Qualität nutzen.* Abgerufen von https://kultus-ministerium.hessen.de/schule/schulorganisation/selbststaendige-schule-hessen

Hilb, M. (2011). *Integriertes Personal-Management: Ziele – Strategien – Instrumente* (20., aktualisierte und erw. Aufl). Köln: Luchterhand.

Hinloopen, J. (2010). Innovation performance across Europe, Economics o Innovation and New Technology. *Economics of Innovation and New Technology, 12*(2), 145–161.

Hinrichs, S. (2009). Mitarbeitergespräch und Zielvereinbarung. Betriebs- und Dienstvereinbarungen. Frankfurt am Main: Bund-Verlag.

Hinterhuber, H. H. (2003). *Leadership: Strategisches Denken systematisch schulen von Sokrates bis Jack Welch* (197. Aufl.). Frankfurt am Main: Frankfurter Allg. Buch im F. A. Z.-Inst.

Hintz, A. J. (2018). *Erfolgreiche Mitarbeiterführung durch soziale Kompetenz. Eine praxisbezogene Anleitung* (4., aktualisierte und erweiterte Auflage). Wiesbaden, Germany: Springer Gabler.

Hoffian, A., & Joosten, J. (2013). Wirtschaften an Schulen mit immer weniger Mitteln. In C. G. Buhren, H.-G. Rolff, & S. Neumann (Hrsg.), *Das Handwerkszeug für die Schulleitung: Management—Moderation—Methoden* (S. 223–230). Weinheim: Beltz.

Hohm, H.-J. (2016). *Soziale Systeme, Kommunikation, Mensch: Eine Einführung in soziologische Systemtheorie* (3., überarbeitete und erweiterte Auflage). Weinheim Basel: Beltz Juventa.

Horster, L. (2016). Schulleitung—Ein Leitbild entwickeln. In H. Buchen & H.-G. Rolff (Hrsg.), *Professionswissen Schulleitung* (4., überarbeitete und erweiterte Auflage, S. 177–192). Weinheim Basel: Beltz.

Huber, G. L. (1994). *Analyse qualitativer Daten mit AQUAD vier* (1. Aufl). Schwangau: Huber.

Huber, S., Hader-Popp, S., & Schneider, N. (2014). *Qualität und Entwicklung von Schule. Basiswissen Schulmanagement.* Weinheim: Beltz.

Huber, U., Diernhofer, H., & Hauptfeld, N. (2020). Schulaufsicht in Österreich im Wandel. Gedanken und Perspektiven. In E. Rauscher (Hrsg.), *Schulautonomie zwischen Freiheit und Gesetz. Das INNOVITAS-Handbuch* (S. 245–254). Baden: Pädagogische Hochschule Niederösterreich.

Hussy, W., Schreier, M., & Echterhoff, G. (2010). Forschungsmethoden in Psychologie und Sozialwissenschaften: Für Bachelor. Berlin: Springer.

Jäger, R. S. (2018). Mobbing von Lehrkräften. In B. Korda, K. Oechslein, & T. Prescher (Hrsg.), *Das große Handbuch Personal & Führung in der Schule* (S. 492–522). Köln: Carl Link.

Juranek, M. (2019). Eigenverantwortlich—Selbständig—Autonom. Was wir aus einem Rechtsvergleich hinsichtlich schulischer Entscheidungsfreiräume lernen können. In E. Rauscher, C. Wiesner, D. Paasch, & P. Heißenberger (Hrsg.), *Schulautonomie—Perspektiven in Europa Befunde aus dem EU-Projekt INNOVITAS.* (S. 21–60). Münster New York: Waxmann Verlag.

Juranek, M. (2020). Schulautonomie in Österreich. Entwicklung, Stand, Zukunft und Rahmenbedingungen. In E. Rauscher (Hrsg.), *Schulautonomie zwischen Freiheit und Gesetz. Das INNOVITAS-Handbuch.* Baden: Pädagogische Hochschule Niederösterreich.

Juranek, M., Bott, W., Fresner, M., Graf, S., & Sporer, W. (2018). Innovitas. Rechtsvergleichende Analyse im Hinblick auf mögliche Gestaltungs- und Entscheidungsfreiräume von Schulen in Bayern, Hessen, Italien/Südtirol und Österreich. Zusammenfassender Bericht zu den rechtlichen Ausführungen der Partnerländer über ihre Schulautonomie Teil 2. *ÖGSR*, (2), 71–114.

Kansteiner-Schänzlin, K. (2002). Personalführung in der Schule: Übereinstimmungen und Unterschiede zwischen Frauen und Männern in der Schulleitung. Bad Heilbrunn/Obb: Klinkhardt.

Kasper, H., & Mühlbacher, J. (2002). Von Organisationskulturen zu lernenden Organisationen. In H. Kasper & W. Mayrhofer (Hrsg.), *Personalmanagement—Führung—Organisation* (3. Aufl., S. 95–156). Wien: Linde Verlag.

Kasper, H., & Schmidt, A. (2015). Organisationskultur—Ansätze zwischen Gestaltung und Selbstorganisation. In W. Mayrhofer, G. J. Furtmüller, & H. Kasper (Hrsg.), *Personalmanagement—Führung—Organisation* (5. Auflage, S. 245–282). Wien: Linde.

Keim, I. (2019). Die Autonomie der Südtiroler Schulen: Grenzen und Spannungsfelder. In M. Sitzmann (Hrsg.), *20 Jahre Autonomie der Schule in Südtirol: Einschätzungen und Erfahrungen* (S. 55–61). Bozen: Deutsche Bildungsdirektion.

Kempfert, G. (2016). Personalentwicklung in selbstständigen Schulen. In H. Buchen & H.-G. Rolff (Hrsg.), *Professionswissen Schulleitung* (4., überarbeitete und erweiterte Auflage, S. 545–585). Weinheim Basel: Beltz.

Kempfert, G., & Rolff, H.-G. (2018a). *Handbuch Qualität und Evaluation. Ein Leitfaden für Pädagogisches Qualitätsmanagement* (5., vollständig überarbeitete und erweiterte Auflage). Weinheim Basel: Beltz.

Kempfert, G., & Rolff, H.-G. (2018b). *Handbuch Qualität und Evaluation. Ein Leitfaden für Pädagogisches Qualitätsmanagement* (5., vollständig überarbeitete und erweiterte Auflage). Weinheim Basel: Beltz.

Kerzner, H. (2008). Projekt-Management: Ein systemorientierter Ansatz zur Planung und Steuerung (2. dt. Aufl). Heidelberg: mitp-Verl.

Klaußner, S. (2016). Partizipative Leitbildentwicklung: Grundlagen, Prozesse und Methoden. Wiesbaden: Springer Gabler.

Knoch, C. (2016). Professionalisierung von Personalentwicklung: Theorie und Praxis für Schulen und Non-Profit-Organisationen. Wiesbaden: Springer Gabler.

Köster-Ehling, O. (2019). Die Rolle der Schulleitung als Leadership begreifen. In S. G. Huber (Hrsg.), *Jahrbuch Schulleitung 2019. Impulse aus Wirtschaft und Praxis. Schwerpunkt: Digitalisierung— Chancen für Schule und Unterricht* (S. 3–19). Köln: Carl Link.

Kotter, J. P. (1990). *A force for change: How leadership differs from management.* New York: London: Free Press; Collier Macmillan.

Kruse, J. (2015). *Qualitative Interviewforschung: Ein integrativer Ansatz* (2., überarbeitete und ergänzte Auflage). Weinheim Basel: Beltz Juventa.

Kruse, P. (2020). next practice—Erfolgreiches Management von Instabilität. Veränderung durch Vernetzung (9. Auflage). Offenbach: GABAL Verlag.

Kuckartz, U. (2018). *Qualitative Inhaltsanalyse. Methoden, Praxis, Computerunterstützung* (4., überarbeitete). Weinheim Basel: Beltz Juventa.

Kuckartz, U., Dresing, T., Rädiker, S., & Stefer, C. (2008). *Qualitative Evaluation: Der Einstieg in die Praxis* (2., aktualisierte Auflage). Wiesbaden: VS, Verlag für Sozialwissenschaften.

Kühl, S. (2018). Organisationskulturen beeinflussen. Eine sehr kurze Einführung. Wiesbaden: Springer VS.

Lamnek, S. (1995). *Qualitative Sozialforschung.* Weinheim: Beltz, PsychologieVerlagsUnion.

Lamnek, S., & Krell, C. (2016). *Qualitative Sozialforschung: Mit Online-Material* (6., überarbeitete Auflage). Weinheim Basel: Beltz.

Landwehr, N., & Steiner, P. (2008). *Steuerung des Qualitätsmanagements durch die Schulleitung. Grundlagen zur wirksamen Lenkung der Qualitätsprozesse in der Schule* (Bde. 1–Heft 6). Bern: Hep-Verlag. Abgerufen von https://www.q2e.ch/q2e-modell/funktionenmodell/

Latham, G. P., & Locke, E. (2017). Goal Setting Theory, 1990. In E. A. Locke & G. P. Latham (Hrsg.), *New Developments in Goal Setting and Task Performance* (S. 3–15). New York: Routledge.

Lewin, K., Lippitt, R., & White, R. K. (1939). Patterns of Aggressive Behavior in Experimental Created „Social Climates". *The Journal of Social Psychology,* (10 Jg.), 271–299.

Likert, R. (1967). The Human Organization. Its Management and Values. New York: McGraw-Hill.

Lindemann, H. (2010). Unternehmen Schule. Organisation und Führung in Schule und Unterricht. Göttingen: Vandenhoeck & Ruprecht.

Linneweh, K., & Hofmann, M. (2014). Zukunftsfähige Personalarbeit für Krisenzeiten. In L. von Rosenstiel, E. Regnet, & M. E. Domsch (Hrsg.), *Führung von Mitarbeitern Handbuch für erfolgreiches Personalmanagement* (7. Aufl., S. 73–82). Stuttgart: Schäffer-Poeschel.

Lissmann, U. (1997). Inhaltsanalyse von Texten: Ein Lehrbuch zur computerunterstützten und konventionellen Inhaltsanalyse. Landau: Verl. Empirische Pädagogik.

Lohmann, A. (2019). Schulführung gelingt. *Pädagogische Führung,* (1), 22–27.

Lohmann, A., & Minderop, D. (2004). Führungsverantwortung der Schulleitung: Handlungsstrategien für Schulentwicklung im Reißverschlussverfahren (2., aktualisierte und erw. Aufl). München: Luchterhand.

Luhmann, N. (1989). Kommunikationsweisen und Gesellschaft. In W. Rammert & G. Bechmann (Hrsg.), *Technik und Gesellschaft: Bd. Jahrbuch 5* (S. 11–18). Frankfurt am Main, New York: Campus Verlag.

Luhmann, N. (1993). *Soziale Systeme: Grundriß einer allgemeinen Theorie* (4. Auflage). Frankfurt am Main: Suhrkamp.

Luhmann, N. (1997). *Die Gesellschaft der Gesellschaft.* Frankfurt am Main: Suhrkamp.

Luhmann, N. (2000). *Organisation und Entscheidung.* Opladen/Wiesbaden: Westdeutscher Verlag.

Maier, G., & Rudolph-Albert, F. (2020). Situation der eigenverantwortlichen Schule in Bayern. Zentrale Ergebnisse aus der Befragung von Schulleitungen im Rahmen des EU-Projekts INNOVITAS.

In E. Rauscher (Hrsg.), *Schulautonomie zwischen Freiheit und Gesetz. Das INNOVITAS-Handbuch* (S. 177–192). Baden: Pädagogische Hochschule Niederösterreich.

Malik, F. (2001). *Führen, leisten, leben: Wirksames Management für eine neue Zeit* (10. Aufl., Taschenbucherstausg). München: Heyne.

Malik, F. (2013a). *Management: Das A und O des Handwerks* (2., komplett überarb. und erw. Aufl). Frankfurt am Main: Campus-Verl.

Malik, F. (2013b). *Unternehmenspolitik und Corporate Governance. Wie Organisationen sich selbst organisieren* (2., komplett überarb. und erw. Aufl). Frankfurt am Main: Campus-Verlag.

Malik, F. (2019). Führen Leisten Leben: Wirksames Management für eine neue Welt, plus E-Book inside. Frankfurt: Campus Verlag.

Maxwell, J. C. (2013). *The 5 Levels of Leadership. Proven Steps to Maximize Your Potential*. New York, Boston, Nashville: Center Street.

Mayring, P. (2008). Neuere Entwicklungen in der qualitativen Forschung und der Qualitativen Inhaltsanalyse. In P. Mayring & M. Gläser-Zikuda (Hrsg.), *Die Praxis der qualitativen Inhaltsanalyse* (2. Auflage, S. 7–19). Weinheim Basel: Beltz Verlag.

Mayring, P. (2015). *Qualitative Inhaltsanalyse: Grundlagen und Techniken* (Neuausgabe, 12., aktualisierte). Weinheim Basel: Beltz.

Mayring, P. (2016). Einführung in die qualitative Sozialforschung: Eine Anleitung zu qualitativem Denken (6., überarbeitete Auflage). Weinheim Basel: Beltz.

Mayring, P. (2019). Qualitative Inhaltsanalyse. In U. Flick, E. von Kardorff, & I. Steinke (Hrsg.), *Qualitative Forschung: Ein Handbuch* (13. Auflage, Originalausgabe, S. 468–474). Reinbek bei Hamburg: rowohlts enzyklopädie im Rowohlt Taschenbuch Verlag.

Mayring, P., & Brunner, E. (2013). Qualitative Inhaltsanalyse. In B. Friebertshäuser, A. Langer, & A. Prengel (Hrsg.), *Handbuch qualitative Forschungsmethoden in der Erziehungswissenschaft* (4. Aufl., S. 323–334). Weinheim und Basel: Beltz Juventa. Abgerufen von http://www.content-select.com/index.php?id=bib_view&ean=9783779951124

McGregor, D. (1960). *The Human Side of Enterprise*. New York: McGraw-Hill.

McGregor, D., & Cutcher-Gershenfeld, J. (2006). *The Human Side of Enterprise* (Annotated ed). New York: McGraw-Hill.

Meetz, F. (2007). Personalentwicklung als Element der Schulentwicklung. Bestandsaufnahme und Perspektiven. Bad Heilbrunn: Klinkhardt.

Mello, J. A. (2011). *Strategic Management of Human Resources* (3. Aufl.). Australien: South-Western Cengage Learning.

Mentzel, W. (1992). Unternehmenssicherung durch Personalentwicklung: Mitarbeiter motivieren, fördern und weiterbilden (5., überarb. Aufl). Freiburg im Breisgau: Haufe.

Mentzel, W. (2008). *Personalentwicklung: Erfolgreich motivieren, fördern und weiterbilden* (3., überarbeitete Auflage). München: Dt. Taschenbuch-Verl. [u. a.].

Meuser, M., & Nagel, U. (2009). Das Experteninterview—Konzeptionelle Grundlagen und methodische Anlage. In S. Pickel, G. Pickel, H.-J. Lauth, & D. Jahn (Hrsg.), *Methoden der vergleichenden Politik- und Sozialwissenschaft: Neue Entwicklungen und Anwendungen* (1. Auflage, S. 465–479). Wiesbaden: VS, Verlag für Sozialwissenschaften.

Meyer, H.-D. (2009). Saying What We Mean, and Meaning What We Say—Unpacking the Contingencies of Decentralization. *American Journal of Education*, (115(3)), 457–474.

Miceli, N. (2018). Schulautonomie als Element neuer Steuerung: Rekontextualisierungen zwischen pädagogischer und struktureller Perspektive. Wiesbaden: Springer VS.

Miebach, B. (2017). Handbuch Human Resource Management. Das Individuum und seine Potentiale für die Organisation. Wiesbaden: Springer.

Miles, M. B., Huberman, A. M., & Saldaña, J. (2014). *Qualitative data analysis: A methods sourcebook* (Third edition). Thousand Oaks, Califorinia: SAGE Publications, Inc.

Misoch, S. (2019). *Qualitative interviews* (2nd edition). Boston, MA: De Gruyter Oldenbourg.

Mittelstädt, H. (2016). Interne und externe Öffentlichkeitsarbeit. In H. Buchen & H.-G. Rolff (Hrsg.), *Professionswissen Schulleitung* (4., überarbeitete und erweiterte Auflage, S. 1117–1205). Weinheim Basel: Beltz.

Moser, H. (2015). *Instrumentenkoffer für die Praxisforschung: Eine Einführung; [+Online-Material]* (6., überarb. u. erg. Aufl). Freiburg im Breisgau: Lambertus.

Müller, J. F. W. (2004). Organisationsentwicklung und Personalentwicklung im Qualitätsmanagement der Einrichtungen des Sozial- und Gesundheitswesens am Beispiel Altenhilfe. München und Mering: Hampp.

Neges, G., & Neges, R. (2007). Führungskraft und Team: Teams zusammenstellen und entwickeln; Teampotenzial-Analyse; strukturiertes Arbeiten mit Teams. Wien: Linde.

Negri, C., & Kiel, V. (Hrsg.). (2010). Wandel in Organisationen – Grundlagen und Prinzipien des Change Managements aus systemischer Perspektive. In *Angewandte Psychologie für die Personalentwicklung: Konzepte und Methoden für Bildungsmanagement, betriebliche Aus- und Weiterbildung; mit 26 Tabellen* (S. 413–440). Berlin, Heidelberg, New York: Springer.

Nerdinger, F. W. (2014). Formen der Beurteilung. In L. von Rosenstiel, E. Regnet, & M. E. Domsch (Hrsg.), *Führung von Mitarbeitern Handbuch für erfolgreiches Personalmanagement* (7. Aufl., S. 201–212). Stuttgart: Schäffer-Poeschel.

Nerdinger, F. W., Blickle, G., & Schaper, N. (2008). *Arbeits- und Organisationspsychologie.* Heidelberg: Springer Medizin.

Neuberger, O. (1995). *Führen und geführt werden* (5. Aufl.). Stuttgart: Ferdinand Enke.

Northouse, P. G. (1997). *Leadership: Theory and practice.* CA: Thousand Oaks.

Northouse, P. G. (2007). *Leadership: Theory and practice.* Sage: Thousand Oaks.

Ouchi, W. G. (1981). *Theory Z. How American Business Can Meet the Japanese Challenge* (Ninth Printing). Reading, MA: Addison-Wesley Publishing Company.

Ouchi, W. G. (1982). *Theory Z. How American Business Can Meet The Japanese Challenge.* New York: Avon Books.

Ouchi, W. G. (2003). *Making schools work. A revolutionary plan to get your children the education they need.* New York: Simon & Schuster.

Pernstich, A. (2019). 20 Jahre Autonomie der Schule in Südtirol—Der Weg zur „Volljährigkeit". In M. Sitzmann (Hrsg.), *20 Jahre Autonomie der Schule in Südtirol: Einschätzungen und Erfahrungen* (S. 10–15). Bozen: Deutsche Bildungsdirektion.

Philipp, E. (2016). Teamentwicklung. In H. Buchen & H.-G. Rolff (Hrsg.), *Professionswissen Schulleitung* (4., überarbeitete und erweiterte Auflage, S. 728–751). Weinheim Basel: Beltz.

Philipp, E., & Rolff, H. G. (2006). *Schulprogramme und Leitbilder entwickeln* (neu ausgestattete Sonderausg). Weinheim und Basel: Beltz.

Pircher-Friedrich, A. M. (2007). Mit Sinn zum nachhaltigen Erfolg: Anleitung zur werte- und wertorientierten Führung (2., neu bearb. Aufl). Berlin: Schmidt.

Poelke, K.-D. (2013). Werkzeuge systematischer Personalentwicklung. In C. G. Buhren, H.-G. Rolff, & S. Neumann (Hrsg.), *Das Handwerkszeug für die Schulleitung: Management—Moderation—Methoden* (S. 40–49). Weinheim: Beltz.

Probst, G. J. B. (1992). Selbstorganisation. In E. Frese (Hrsg.), *Handwörterbuch der Organisation* (3. Auflage, S. 2255–2269). Stuttgart: C. E. Poeschel Verlag, Stgt.

Probst, G., & Raisch, S. (2004). Die Logik des Niedergangs. *Harvard Business manager,* (3 (März)), 37–45.

Pullig, K.-K. (2016). Konferenzen. In H. Buchen & H.-G. Rolff (Hrsg.), *Professionswissen Schulleitung* (4., überarbeitete und erweiterte Auflage, S. 1088–1116). Weinheim Basel: Beltz.

Pulyer, V., & Stuppner, I. (2019). Rechenschaftslegung durch interne und externe Evaluation. In M. Sitzmann (Hrsg.), *20 Jahre Autonomie der Schule in Südtirol: Einschätzungen und Erfahrungen* (S. 62–69). Bozen: Deutsche Bildungsdirektion.

Purps-Pardigol, S., & Hüther, G. (2015). *Führen mit Hirn: Mitarbeiter begeistern und Unternehmenserfolg steigern.* Frankfurt New York: Campus Verlag.

Rädiker, S., & Kuckartz, U. (2019). *Analyse qualitativer Daten mit MAXQDA: Text, Audio und Video.* Wiesbaden: Springer VS.

Rahn, H.-J., & Mintert, S. (2019). *Unternehmensführung* (10. Auflage). Baden-Baden: Kiehl.

Rauscher, E. (1999). *Das Schulautonomie-Handbuch.* Wien: BMBWK.

Rauscher, E., & Tscherne, M. (Hrsg.). (2019). *Selbst ist die Schule: Eine Handreichung zur Anstiftung autonomer Aktivitäten.* Baden: Pädagogische Hochschule Niederösterreich.

Rauscher, E., Wiesner, C., Paasch, D., & Heißenberger, P. (Hrsg.). (2019). *Schulautonomie—Perspektiven in Europa Befunde aus dem EU-Projekt INNOVITAS.* Münster New York: Waxmann Verlag.

Reinders, H. (2016). *Qualitative Interviews mit Jugendlichen führen: Ein Leitfaden* (3., durchgesehene und erweiterte Auflage). Berlin Boston: De Gruyter Oldenbourg.

Ritsert, J. (1972). Inhaltsanalyse und Ideologiekritik. Ein Versuch über kritische Sozialforschung. Frankfurt: Athenäum.

Rolff, H.-G. (2016). Schulentwicklung, Schulprogramm und Steuergruppe. In H. Buchen & H.-G. Rolff (Hrsg.), *Professionswissen Schulleitung* (4., überarbeitete und erweiterte Auflage, S. 296–364). Weinheim Basel: Beltz.

Rolff, H.-G. (2019). Brauchen wir charismatische Schulleiter? *Pädagogische Führung*, (1), 28.

Rosenstiel, L. von. (2014). Grundlagen der Führung. In L. von Rosenstiel, E. Regnet, & M. E. Domsch (Hrsg.), *Führung von Mitarbeitern Handbuch für erfolgreiches Personalmanagement* (7. Aufl., S. 3–28). Stuttgart: Schäffer-Poeschel.

Rother, G. (1996). Personalentwicklung und strategisches Management: Eine systemtheoretische Analyse. Wiesbaden: Gabler.

Rürup, M. (2019). Schulautonomie in Deutschland—Ein Dauerthema der Schulreform. In E. Rauscher, C. Wiesner, D. Paasch, & P. Heißenberger (Hrsg.), *Schulautonomie—Perspektiven in Europa Befunde aus dem EU-Projekt INNOVITAS*. (S. 61–76). Münster New York: Waxmann Verlag.

Sackmann, S. A. (2002). *Unternehmenskultur. Erkennen, Entwickeln, Verändern*. Neuwied Kriftel: Luchterhand.

Sackmann, S. A. (2004). Erfolgsfaktor Unternehmenskultur. Mit kulturbewusstem Management Unternehmensziele erreichen und Identifikation schaffen – 6 Best Practice-Beispiele. Wiesbaden: Gabler & Bertelsmann Stiftung.

Sassenscheidt, H. (2013). Führungsfeedback: Wie holt man sich als Schulleitung Rückmeldung? In C. G. Buhren, H.-G. Rolff, & S. Neumann (Hrsg.), *Das Handwerkszeug für die Schulleitung: Management—Moderation—Methoden* (S. 17–29). Weinheim: Beltz.

Sausele-Bayer, I. (2009). Habitus und Organisationskultur. Führungsalltag in einer pädagogisch-sozialen Institution. In L. Klepacki, A. Schröer, & J. Zirfas (Hrsg.), *Der Alltag der Kultivierung: Studien zu Schule, Kunst und Bildung* (S. 47–62). Münster: Waxmann.

Schäfers, B. (2016). *Einführung in die Soziologie* (2., aktualisierte und verbesserte Auflage). Wiesbaden: Springer VS.

Schalk, A.-M. (2015). Standardisierung von Führungsverhalten. Eine Analyse der Internalisierung und Reproduktion von Führungskonzeptionen. Wiesbaden: Springer Gabler.

Schein, E. H. (1995). Unternehmenskultur. Ein Handbuch für Führungskräfte. Frankfurt: Campus.

Schein, E. H., & Schein, P. (2018). *Organisationskultur und Leadership* (5. Auflage; A. Jell, Übers.). München: Verlag Franz Vahlen.

Schiersmann, C., & Thiel, H.-U. (2010). *Organisationsentwicklung: Prinzipien und Strategien von Veränderungsprozessen* (2. Auflage). Wiesbaden: VS, Verlag für Sozialwissenschaften.

Schley, W., & Schratz, M. (2007). Leadership-Kompetenzen aufbauen: Zwei Workshop-Einheiten. *Journal für Schulentwicklung, 11. Jahrgang*(1/2007), 54–69.

Schmerbauch, A. (2017). Schulleitung und Schulsteuerung: Zwischen Anspruchen der Profession, okonomischen Interessen und Reformbestrebungen: Zwischen Ansprüchen der Profession, ökonomischen Interessen und Reformbestrebungen (1. Aufl. 2017). Wiesbaden: Springer VS.

Schmid, B. (2016). Führen aus systemischer Sicht. In C. von Au (Hrsg.), *Wirksame und nachhaltige Führungsansätze: System, Beziehung, Haltung und Individualität* (S. 135–152). Wiesbaden: Springer.

Schmidt, C. (2013). Auswertungstechniken für Leitfadeninterviews. In B. Friebertshäuser, A. Langer, & A. Prengel (Hrsg.), *Handbuch qualitative Forschungsmethoden in der Erziehungswissenschaft* (4. Aufl., S. 473–486). Weinheim und Basel: Beltz Juventa.

Schratz, M., & Hartmann, M. (2019). Schulautonomie in Österreich: Bilanz und Perspektiven für eine eigenverantwortliche Schule. In E. Rauscher, C. Wiesner, D. Paasch, & P. Heißenberger (Hrsg.), *Schulautonomie—Perspektiven in Europa Befunde aus dem EU-Projekt INNOVITAS*. (S. 107–132). Münster New York: Waxmann Verlag.

Schratz, M., Hartmann, M., & Schley, W. (2010). *Schule wirksam leiten: Analyse innovativer Führung in der Praxis*. Münster: Waxmann.

Schreyögg, G. (1987). Führungstheorien—Situationstheorie. In A. Kieser (Hrsg.), *Handwörterbuch der Führung* (S. 881–892). Stuttgart: Schäffer-Poeschel.

Schreyögg, G., & Koch, J. (2015). *Grundlagen des Managements. Basiswissen für Studium und Praxis* (3., überarb. und erw. Aufl.). Wiesbaden: Springer Gabler.

Schultebraucks-Burkart, G. (2013). Nachhaltige Schulentwicklung durch Kooperation. In C. G. Buhren, H.-G. Rolff, & S. Neumann (Hrsg.), *Das Handwerkszeug für die Schulleitung: Management—Moderation—Methoden* (S. 203–212). Weinheim: Beltz.

Seitz, H., & Capaul, R. (2005). Schulführung und Schulentwicklung. Theoretische Grundlagen und Empfehlungen für die Praxis. Bern: Haupt Verlag.

Seliger, R. (2014). *Positive Leadership: Die Revolution in der Führung* (1. Auflage 2014). Stuttgart: Schäffer-Poeschel.

Seliger, R. (2018). *Das Dschungelbuch der Führung: Ein Navigationssystem für Führungskräfte* (Siebte Auflage). Heidelberg: Carl-Auer Verlag GmbH.

Senge, P. M., Scharmer, C. O., Jaworski, J., & Flowers, B. S. (2005). *Presence. Exploring profound change in people, organizations and society*. London Boston: Nicholas Brealey Publishing.

Sergiovanni, T. J. (2001). *The Principalship: A Reflective Practice Perspective* (4. Aufl.). Boston: Allyn & Bacon.

Sertl, M. (1993). Kurze Geschichte der Autonomiediskussion in Österreich. In P. Posch & H. Altrichter (Hrsg.), *Schulautonomie in Österreich* (S. 88–124). Wien: BMUK.

Sitek, B. (2018). Personalentwicklung im pädagogischen Feld. In B. Korda, K. Oechslein, & T. Prescher (Hrsg.), *Das große Handbuch Personal & Führung in der Schule* (S. 3–32). Köln: Carl Link.

Specht, W. (1991). Schulqualität. Die internationale Diskussion um ein Konzept und einige Folgergungen für die Schulentwicklung in Österreich. Diskussionspapier. Graz: Zentrum für Schulversuche und Schulentwicklung – Abteilung II.

Sporer, W. (2020). Schulautonomie in Südtirol. In E. Rauscher (Hrsg.), *Schulautonomie zwischen Freiheit und Gesetz. Das INNOVITAS-Handbuch* (S. 165–176). Baden: Pädagogische Hochschule Niederösterreich.

Staehle, W. H. (1989). *Management* (4. Aufl.). München: Vahlen.

Steinle, C. (1978). Führung. Grundlagen, Prozesse und Modelle der Führung in der Unternehmung. Stuttgart: Poeschel.

Steyrer, J. (2002). Theorien der Führung. In H. Kasper & W. Mayrhofer (Hrsg.), *Personalmanagement—Führung—Organisation* (3. Aufl., S. 157–212). Wien: Linde Verlag.

Steyrer, J. (2015). Theorie der Führung. In W. Mayrhofer, G. J. Furtmüller, & H. Kasper (Hrsg.), *Personalmanagement—Führung—Organisation* (5. Auflage, S. 17–70). Wien: Linde.

Stippler, M., Moore, S., Rosenthal, S., & Dörffer, T. (2017). *Führung: Überblick über Ansätze, Entwicklungen, Trends* (5. Auflage). Gütersloh: Verlag Bertelsmann Stiftung.

Tannenbaum, R., & Schmidt, W. H. (1958). How to choose a Leadership Pattern. *Harvard Business Review*, (36), 95–101.

Tannenbaum, R., & Schmidt, W. H. (2008). *How to choose a leadership pattern*. Boston, MA: Harvard Business School Publishing Corporation.

Tarkian, J., Riecke-Baulecke, T., & Thiel, F. (2019). Interne Evaluation—Konzeption und Implementation in den 16 Ländern. In F. Thiel, J. Tarkian, E.-M. Lankes, N. Maritzen, T. Riecke-Baulecke, & A. Kroupa (Hrsg.), *Datenbasierte Qualitätssicherung und-entwicklung in Schulen: Eine Bestandsaufnahme in den Ländern der Bundesrepublik Deutschland* (S. 185–229). Wiesbaden: Springer VS.

Terhart, E. (2016). Personalauswahl, Personaleinsatz und Personalentwicklung an Schulen. In H. Altrichter & K. Maag-Merki (Hrsg.), *Handbuch Neue Steuerung im Schulsystem* (2., überarbeitete und aktualisierte Auflage, S. 279–300). Wiesbaden: VS, Verlag für Sozialwissenschaften.

Trice, H. M., & Beyer, J. M. (1984). Studying Organizational Cultures Through Rites and Ceremonials. *Academy of Management Review, 9*(4), 633–669.

Trinczek, R. (1995). Experteninterviews mit Managern: Methodische und methodologische Hintergründe. In C. Brinkmann, A. Deeke, & B. Völkel (Hrsg.), *Experteninterviews in der Arbeitsmarktforschung: Diskussionsbeiträge zu methodischen Fragen und praktische Erfahrungen* (S. 59–67). Nürnberg: Institut für Arbeitsmarkt- und Berufsforschung der Bundesanstalt für Arbeit.

Tscherne, M. (2020). Die erfolgreiche schulische Führungskraft im 21. Jahrhundert. Central 5—Ein Modell im Zentrum von Schulautonomie. In P. Heißenberger (Hrsg.), *Autonomos. Qualifikationskriterien von Schulleitungen zur Führung von autonomen Schulen: Empfehlungen zur Erstellung eines Curriculums.* (S. 43–56). Baden: Pädagogische Hochschule Niederösterreich.

Tutzer, F. (2019). Was hat sich durch die Autonomie der Südtiroler Schulen geändert? In M. Sitzmann (Hrsg.), *20 Jahre Autonomie der Schule in Südtirol: Einschätzungen und Erfahrungen* (S. 17–21). Bozen: Deutsche Bildungsdirektion.

271

Ulrich, D., Zenger, J., & Smallwood, N. (2000). Ergebnisorientierte Unternehmensführung. Von der Zielformulierung zu messbaren Erfolgen. Frankfurt/Main: Campus-Verl.

Vogel, R. (2006). Zur Institutionalisierung von New Public Management: Disziplindynamik der Verwaltungswissenschaft unter dem Einfluss ökonomischer Theorie. Wiesbaden: Deutscher Universitäts-Verlag.

von Au, C. (2016). Paradigmenwechsel in der Führung: Traditionelle Führungsansätze, Wandel und Leadership heute. In C. von Au (Hrsg.), *Wirksame und nachhaltige Führungsansätze: System, Beziehung, Haltung und Individualität* (S. 1–42). Wiesbaden: Springer.

Weibler, J. (2016). *Personalführung* (3. Auflage). München: Verlag Franz Vahlen.

Weinert, A. B. (2004). *Organisations- und Personalpsychologie: Lehrbuch* (5., vollständig überarbeitete Auflage). Weinheim: Beltz.

Werther, D., Bachmann, A., Benussi, S., Bergner, J., Besser, R., Blickhan, C., … Julius Beltz GmbH & Co. KG. (2020). *Vision—Mission—Werte die Basis der Leitbild- und Strategieentwicklung* (2. Auflage). Weinheim Basel: Beltz Verlag.

Wiesner, C., Schreiner, C., Breit, S., & Schratz, M. (2020). Bildungsstandards—Einblicke in die Entwicklung in Österreich. In U. Greiner, F. Hofmann, C. Schreiner, & C. Wiesner (Hrsg.), *Bildungsstandards: Kompetenzorientierung, Aufgabenkultur und Qualitätsentwicklung im Schulsystem* (S. 25–74). Münster New York: Waxmann.

Wikipedia. (o. J.). *Schulautonomie.* Abgerufen von https://de.wikipedia.org/wiki/Schulautonomie

Willke, H. (1991). Systemtheorie I: Grundlagen. Eine Einführung in die Grundprobleme der Theorie sozialer Systeme (3. Aufl.). Stuttgart: Lucius & Lucius.

Wissinger, J., & Huber, S. G. (Hrsg.). (2002). *Schulleitung—Forschung und Qualifizierung.* Opladen: Leske + Budrich.

Wollnik, M. (1998). Interventionschancen bei autopoietischen Systemen. In K. Götz (Hrsg.), *Theoretische Zumutungen: Vom Nutzen der systemischen Theorie für die Managementpraxis* (2. Aufl., S. 118–159). Heidelberg: Auer.

Wunderer, R. (2011). *Führung und Zusammenarbeit: Eine unternehmerische Führungslehre* (9., neu bearb. Aufl.). Köln: Luchterhand.

Yukl, G. (2000). *Leadership in Organizations* (5. Aufl.). New Jersey: Prentice Hall.

Yukl, G. A., & Gardner, W. L. (2020). *Leadership in organizations* (9. Aufl.). Harlow, Essex: Pearson.

Zenkel, S. (2015). Selbstevaluation und neue Autonomie der Schule. Kritische Anmerkungen zu vermeintlichen Selbstverständlichkeiten. Berlin: LIT Verlag.

Zielowski, C. (2006). Managementkonzepte aus Sicht der Organisationskultur. Auswahl, Ausgestaltung und Einführung. Wiesbaden: Dt. Univ.-Verl.

## 6.2 Abbildungen

## 6.3 Tabellen

## 6.4 Abkürzungen

| | |
|---|---|
| AG | Arbeitsgruppe |
| ECDL | European Computer Driving Licence |
| EVA | Evaluierung |
| ggf. | gegebenenfalls |
| IKM | Informelle Kompetenzmessung |
| KTC | Kollegiales Team Teaching |
| LLL | Lebenslanges Lernen |
| PDCA | Plan-Do-Check-Act: Zyklus in einem vierphasigen Modell der ständigen Verbesserung |
| PSES | Pädagogisch Selbständige Schulen, Hessen |
| Q2E | Qualität durch Evaluierung und Entwicklung |
| QDA | Software für die computergestützte qualitative Datenanalyse |
| QIBB | Qualitätsinitiative Berufsbildung |
| QMS | Qualitätsmanagementsystem für österreichische Schulen |
| RSBS | Rechtlich Selbständige Berufliche Schulen (Hessen) |
| SBS | Selbständige Berufliche Schulen (Hessen) |
| SE | Schulentwicklung |
| SES | Selbständige Schulen |
| SQA | Schulqualität Allgemeinbildung |
| u. a. | unter anderem |
| usw. | und so weiter |
| z. B. | zum Beispiel |

# 7 Anhang

## Interviewleitfaden

## Die Rolle der schulischen Führungskraft für gelingende Schulautonomie

Eine Analyse über den Zusammenhang zwischen Führungsverhalten und erfolgreich umgesetzter Schulautonomie

**Eröffnung des Interviews:**

**Abfragen von Fakten:**
Schultyp:
Anzahl Lehrkräfte am Schulstandort:
Anzahl Mitarbeiter/innen Administration (ev. Schulwarte, wenn schulzugehörig) am Schulstandort:
Anzahl Schüler/innen am Schulstandort:
Führungskraft seit:
Dienstalter:

**Schulautonomie:**

1. **Wie praktizieren Sie Schulautonomie?**
   *Wie kommt Schulautonomie bei Ihnen zum Tragen?*
2. **Wie intensiv nützen Sie autonome Spielräume? Auf einer Skala von 0 bis 5?**
   *Wobei: 0 ............... gar nicht      bis     5 .......... maximal*
   *Begründen bzw. beschreiben Sie.*
3. **Welche Errungenschaften und Veränderungen durch Schulautonomie möchten Sie nicht mehr missen und warum?**
4. **Wie gut kennen Sie die gesetzlichen Rahmenbedingungen für Schulautonomie? Auf einer Skala von 0 bis 10?**
   *Wobei: 0 ............... gar nicht      bis     10 .......... bis ins kleinste Detail*

**Vision, Ziele:**

1. Gibt es an Ihrer Schule ein Leitbild und eine verschriftlichte Vision?
   a. Wenn ja: Wie wurde das Leitbild erstellt?
   b. Wenn ja: Wo werden Leitbild und Vision abgebildet/wo veröffentlicht?
2. Wie sind Mitarbeiter/innen in der Administration und im Lehrerkollegium an der Mitgestaltung der Strategie beteiligt?
   *Ggf. nachfragen:*
   *Wie werden Ihre Mitarbeiter/innen in die Überlegungen hinsichtlich der Strategie eingebunden?*
   *Wie können Ihre Mitarbeiter/innen ihre Vorstellungen und Ideen einbringen?*
3. Wie gehen Sie mit Zielen um?
   *Ggf. nachfragen:*
   a. *Werden Ziele gemeinsam festgelegt?*
   b. *Wie fördern Sie gemeinsame Zielvorstellungen im Kollegium?*

**Organisationskultur:**

1. Welche persönlichen Werte verfolgen Sie hinsichtlich der Schulkultur? *(Nennen Sie 3)*
2. Welche Kommunikationskultur haben Sie an Ihrer Schule etabliert?
   *Ggf. nachfragen:*
   a. *Welche Kommunikationsangebote bieten Sie den Mitarbeiterinnen und Mitarbeitern an?*
3. Wie fördern Sie eine Kultur des Vertrauens und der Zusammengehörigkeit?

**Führungsstil:**

1. Wo reihen Sie sich mit Ihrem Führungsstil in einer Skala von 1 bis 6 ein?
   *Wobei:*

| 1 | 2 | 3 | 4 | 5 | 6 |
|---|---|---|---|---|---|
| Autoritär | Patriarcha-lisch | Beratend | Kooperativ | Partizipativ | demokratisch |
| Hoher Entschei-dungsspiel-raum des/ der SL | | | | | Hoher Entschei-dungsspiel-raum des/der Mitar-beiter/innen |

2. Bitte beschreiben Sie Ihren Führungsstil.

*Ggf. nachfragen:*

   a. *Welche Entscheidungsfreiheit gewähren Sie dem Kollegium in ihrem Arbeitsgebiet?*

   b. *Inwieweit lassen Sie „eigene Wege" Ihrer Mitarbeiter/innen zu, auch wenn Sie vielleicht anderer Meinung sind?*

   c. *Welchen Führungsstil üben Sie in Veränderungsprozessen und Krisenzeiten aus?*

3. Wie beziehen Sie Ihr Kollegium in die Leitung der Schule ein?

*Ggf. nachfragen:*

   a. *Auf welcher Grundlage treffen Sie Ihre Entscheidungen?*

   b. *Wie binden Sie das Kollegium in Entscheidungen ein?*

   c. *Welche Aufgaben delegieren Sie?*

4. Wie fördern Sie Teamentwicklung?

5. Welche drei Führungseigenschaften sind Ihrer Meinung nach für die Leitung einer autonomen Schule am wichtigsten?

6. Welchen Zusammenhang sehen Sie zwischen Führungsstil und gelingender Schulautonomie?

## Führungswerkzeuge:

1. Beschreiben Sie bitte die Personalentwicklung an Ihrer Schule.

*Ggf. nachfragen:*

   a. *Wie erheben Sie das Qualifizierungspotenzial an Ihrer Schule?*

   b. *Wie fördern Sie Talente?*

   c. *Welche Personalentwicklungswerkzeuge wenden Sie wie an? Z. B. Mitarbeitergespräch*

## Schulentwicklung:

1. Welche Strategien verfolgen Sie hinsichtlich Unterrichts- und Schulentwicklung?

*Ggf. nachfragen:*

   a. *Wie wird Qualität an Ihrer Schule weiterentwickelt?*

   b. *Gibt es an Ihrer Schule gemeinsame Unterrichtsentwicklung im Kollegium?*

2. Wie verschaffen Sie sich Einblicke in das Unterrichtsgeschehen an Ihrer Schule?

3. Wie gehen Sie mit Information und Wissen an Ihrer Schule um?

*Ggf. nachfragen:*

   a. *Wie erfolgt das Voneinander- und das Miteinanderlernen?*

   b. *Wie erfolgt die Verbreitung von Wissen?*

   c. *Wie fördern Sie das Lernen aller Mitarbeiter/innen und des Kollegiums?*

4. Wie wird der Schulentwicklungsplan an Ihrem Schulstandort erarbeitet und umgesetzt?

**Veränderungsprozesse:**

1. Wie werden Veränderungsprozesse an Ihrer Schule initiiert und gesteuert?
2. Wie fließen Ihre Visionen in die Veränderungsprozesse an Ihrer Schule ein?
3. Wie gehen Sie mit Angst und Blockaden im Rahmen von Veränderungsprozessen um?

**Qualitätssicherung:**

1. Welche Kultur der Rückmeldung und Qualitätssicherung gibt es an Ihrer Schule?
   *Ggf. nachfragen:*
   a. *In welchen Abständen wird eine freiwillige interne und externe Evaluation durchgeführt?*
   b. *Wie holen Sie eine systematische, umfassende Außensicht Ihrer Schulqualität ein?*
   c. *Welche Möglichkeiten für Feedback und Anregungen zur Reflexion bieten Sie Ihrem Lehrkörper an?*
   d. *Wie und wie oft holen Sie und Ihr Kollegium sich regelmäßiges Feedback zum Zweck der Evaluation ein?*
      i. *das Kollegium von den Schülerinnen und Schülern?*
      ii. *Sie von den Lehrkräften?*

**Fort- und Weiterbildung:**

1. Welche Fort- und Weiterbildungsmaßnahmen haben Sie am besten dazu befähigt, Ihre Aufgaben im Rahmen von Schulautonomie auszuüben?
2. Welche Fort- und Weiterbildungsmaßnahmen könnten Ihre Führungstätigkeiten fördern?
3. Welche Fort- und Weiterbildungsmaßnahmen würden Ihre Lehrkräfte dabei unterstützen, delegierte Aufgaben besser umzusetzen?

**Abschluss:**

**Wir sind jetzt am Ende des Interviews angelangt. Möchten Sie noch etwas über Ihre Rolle als Führungskraft in der autonomen Schule sagen? Gibt es noch einen Punkt, der Ihnen am Herzen liegt?**

**Abschließende Fragen zum Erasmus+ Projekt INNOVITAS:**

**Haben Sie vom Erasmus+ Projekt INNOVITAS gehört? JA/NEIN**
**Wenn ja: Haben Sie die Publikation „Selbst ist die Schule" gelesen? JA/NEIN**

*Wenn NEIN: Gerne übermittle ich Ihnen Informationen über das Projekt.*

**Wenn ja: Haben Sie ein Best Practice Beispiel für „Selbst ist die Schule" zur Verfügung gestellt? JA/NEIN**

**DANKE.**

## 7.2 Kodierleitfaden

### Name der Kategorie: A Schulautonomie

| Subkategorie | Kurze Definition *Beschreibung der Kategorie, u. U. mit theoretischer Anbindung)* | Anwendung der Kategorie/Kodierregeln | Beispiele aus dem Material | |
|---|---|---|---|---|
| A1 Ausnützen autonomer Spielräume | Alle Textstellen, die sich auf die Umsetzung autonomer Spielregeln beziehen. | Beschreibung, in welchem Ausmaß Autonomie umgesetzt wird; Entweder Zahl zwischen 0 und 5 und/oder Beschreibung | (4) | „Wir haben in unterschiedlichen Bereichen unterschiedlich viel Autonomie, da würd' ich es auf 4 einschätzen." (4–7) |
| A2 Errungenschaften durch Schulautonomie | Alle Textstellen, die sich auf die positiven Aspekte beziehen, die sich durch Schulautonomie ergeben haben. | Beispiele, nur positive Aspekte, keine Nachteile | (1) | „Also diese Entscheidungsmöglichkeiten zu haben, empfinde ich als sehr positiv und auch die Entscheidungsfreiheit zu haben." (167) |
| A3 Kennen gesetzlicher Rahmenbedingungen | Alle Textstellen, wo das Ausmaß der Kenntnisse über Schulautonomie beschrieben wird. | Keine Wertung der gesetzlichen Vorschriften; Angabe Zahl 0 bis 10 und/oder Beschreibung | (1) | „Ich würde sagen: 8. Und was ich nicht weiß, das kann man aber sehr gut herausfinden, also da gibt es genug, wo man wirklich nachschauen oder nachfragen kann." (26) |
| A4 Zusammenhang Führungsstil und gelingende Schulautonomie | Alle Textstellen, die sich auf den Zusammenhang mit dem Führungsstil der Schulleitung beziehen, damit Schulautonomie gelingen kann. | Keine Beschreibung des Führungsstils Begründung, warum es einen oder keinen Zusammenhang gibt, Beispiele für den Zusammenhang. | (1) | „Ich sehe einen sehr großen Zusammenhang zwischen Führungsstil und gelingender Schulautonomie. Denn die Umsetzung der Entscheidungen liegt großteils bei den Lehrerinnen und Lehrern und die müssen auch mit auf den Weg genommen werden. Wenn ich das autoritär entscheide, dann werden sie das zwar weitergeben, diese Entscheidung und weitertragen, aber möglicherweise nicht mit der Überzeugung." (89) |

| Subkategorie | Kurze Definition *Beschreibung der Kategorie, u. U. mit theoretischer Anbindung)* | Anwendung der Kategorie/Kodierregeln | Beispiele aus dem Material | |
|---|---|---|---|---|
| A5 Herausforderungen für die Schulleiter/innen durch Schulautonomie | Alle Textstellen, welche die Herausforderungen beschreiben, mit denen die Schulleiter/innen durch Schulautonomie konfrontiert werden. | Keine Beschreibung der Führungsaufgaben; Beispiele für Grenzen und besondere Herausforderungen, Belastungsfaktoren | (1) | „Die administrative Arbeit ist sicher durch die Schulautonomie sehr viel mehr geworden. Und die Zeit dafür ist aber nicht gegeben worden." (171) |
| A6 Förderliche Unterstützungen | Alle Textstellen, die beschreiben, welche Unterstützungsmaßnahmen die negativen Folgen der zusätzlichen Herausforderungen minimieren. | Beispiele für Maßnahmen, welche den Führungskräften bei der Bewältigung der Aufgaben im Rahmen der Schulautonomie helfen würden | (1) | „Eine Sekretärin wäre natürlich sehr von Vorteil, die gewisse administrative Tätigkeiten oder Verwaltungstätigkeiten übernehmen kann, Telefongespräche entgegennehmen kann, das wäre schon sehr hilfreich." (175) |
| A7 Schulautonomie am Standort | Alle Textstellen, die beschreiben, wie Schulautonomie am Schulstandort zum Tragen kommt. | Beispiele schulautonomer Aktivitäten und Besonderheiten | (8) | Bei der Unterrichtsorganisation zum Beispiel. Dass wir Intensivierungsstunden mit Modulen haben, das ist so nicht vorgesehen. Wir haben jahrgangsstufenübergreifende Kurse. Wir haben zum Beispiel jetzt in der Unterstufe eine Sportlerklasse. Wir haben eine Forscherklasse und auch eine Ganztagsklasse, aber das ist vielleicht auch mit der Stärke im System inbegriffen (16) |

# Name der Kategorie: B Strategisches Management

| Subkategorie | Kurze Definition *Beschreibung der Kategorie, u.U. mit theoretischer Anbindung)* | Anwendung der Kategorie/Kodierregeln | | Beispiele aus dem Material |
|---|---|---|---|---|
| B1 Erstellung Leitbild | Textstellen, die sich auf den Prozess der Leitbilderstellung beziehen. | Beschreibung, wie das Leitbild entstanden ist | (1) | „Ein Leitbild gibt es, das wir gemeinsam erarbeitet haben und auch jährlich wieder reflektieren und überarbeiten." (28) |
| B2 Veröffentlichung Leitbild und Vision | Textstellen, die Auskunft darüber geben, wo und wie das Leitbild und die Vision veröffentlicht sind. | Keine Beschreibung des Leitbildes und der Vision | (1) | „Das Leitbild wird auf der Homepage veröffentlicht, wird bei den ersten Elternabenden zu Beginn des Schuljahres besprochen mit den Eltern und es ist auch in der Schule ausgehängt." (28) |
| B3 Strategieprozess | Textstellen, die beschreiben, wie die Mitarbeiter/innen am Strategieprozess beteiligt waren/sind. | Beschreibung der Planung und Umsetzung von Strategieprozessen, Beschreibung, inwieweit das Personal bei strategischen Entscheidungen eingebunden ist | (1) | „Wir haben regelmäßige pädagogische Konferenzen, wo wir Themen besprechen, wo wir eben drüberschauen: Was läuft gut, was können wir noch ausbauen, was läuft vielleicht nicht so gut." (34) |
| B4 Ziele | Textstellen, die den Umgang mit Zielen beschreiben | Keine Zielbewertungen, Beschreibung, wie Ziele definiert und die Zielerreichung bewertet wird, Beispiele für Ziele in Verbindung mit dem Zielsystem der Schule, Beispiele, wo Ziele dokumentiert werden, Beispiele, wie Ziele und das Verständnis für Ziele im Kollegium gefördert werden | (1) | „Die Ziele ergeben sich eigentlich aus dem Alltag... Es kommt immer eine große Fragestellung von mir. Ich gebe keine Ziele vor, sondern es ist eher die Fragestellung, wohin wollen wir, was wollen wir erreichen und dadurch entstehen die Ziele." (40) „Ziele werden im SQA-Plan verschriftlicht, kleinere Ziele auch in den Protokollen und dann kann man beim nächsten Mal schauen, wie weit sind wir damit gekommen." (42) „Die gemeinsamen Zielvorstellungen werden dadurch gefördert, dass alle eingebunden sind." (46) |

| Subkategorie | Kurze Definition *Beschreibung der Kategorie, u. U. mit theoretischer Anbindung)* | Anwendung der Kategorie/Kodierregeln | Beispiele aus dem Material |
|---|---|---|---|
| B5 Vision | Textstellen, die sich auf die Beschreibung der Vision beziehen | Beschreibung der Vision, wo sich die Vision wiederfindet, Beschreibungen, inwieweit Ziele und Leitbilder identisch sind | (8) „Das Leitbild ist quasi auch die Vision. Wird es immer bleiben." (63) |

# Name der Kategorie: C Organisationskultur

| Subkategorie | Kurze Definition Beschreibung der Kategorie, u. U. mit theoretischer Anbindung) | Anwendung der Kategorie/Kodierregeln | Beispiele aus dem Material |
|---|---|---|---|
| C1 Kommunikation und Information | Textstellen, die sich auf die Kommunikationsangebote an die Mitarbeiter/innen beziehen und Textstellen, wie Informationen über die unterschiedlichen Kanäle an die Mitarbeiter/innen weitergegeben werden, Textstellen, wie die Kommunikation durch die Führungskraft gefördert wird | Keine Kommunikationsregeln Beispiele für Kommunikationskanäle, Informations- und Kommunikationsangebote | (1) „Meine Tür ist eigentlich auch immer offen, und wenn etwas besprochen werden muss, dann wissen sie, dass sie jederzeit kommen können und das mit mir klären können." „Dadurch, dass wir ein überschaubares Team sind, ergeben sich sehr viele Alltagsgespräche, wo vieles geklärt werden kann." „Nach dem Unterricht kommen fast alle Lehrer/innen immer mal im Lehrerzimmer zusammen und es kann gleich einmal spontan einiges ausgetauscht werden." (52) „Die Weitergabe von Information von meiner Seite erfolgt einfach per E-Mail." „Manchmal, wenn sehr interessant, mit einer Whatsapp-Nachricht, dass sie wirklich gleich reinschauen in die Mails." „Aushänge in der Schule. Wir haben im Lehrerzimmer eine Pinnwand, wo die aktuellen Termine des Monats immer aufgeschrieben werden." (116) |
| C2 Kultur des Vertrauens und der Zusammengehörigkeit | Textstellen, die sich darauf beziehen, wie eine Kultur des Vertrauens und der Zusammengehörigkeit gefördert werden | Beispiele für die Förderung des Zusammengehörigkeitsgefühls und Vertrauens | (1) „Da sind bei uns ganz wichtig Schulfeste." „Das gemeinsame Planen eines Schulfestes, wo wir zeigen wollen, was uns wichtig ist, was den Kindern wichtig ist." „Wichtig ist einfach auch unter den Kolleginnen ein wertschätzender Umgang." (54) |

| Subkategorie | Kurze Definition<br>*Beschreibung der*<br>*Kategorie, u. U.*<br>*mit theoretischer*<br>*Anbindung)* | Anwendung der<br>Kategorie/Kodier-<br>regeln | Beispiele aus dem Material |
|---|---|---|---|
| C3<br>Teamentwicklung | Textstellen, die sich<br>darauf beziehen, wie<br>Teamentwicklung<br>gefördert wird | Beispiele für<br>Teambildungsmaß-<br>nahmen, Sichtweise<br>der Führungskraft,<br>wie Teambildung ge-<br>fördert werden kann | (10) „Also, ich merke, dass wir<br>uns Gott sei Dank oder<br>die Lehrkräfte sich vom<br>Einzelkämpfertum doch<br>immerhin immer mehr zu<br>Teamarbeiterinnen und<br>Teamarbeitern entwickeln.<br>Also, das Miteinander, das<br>Kommunizieren, das ist für<br>mich das wichtigste Schlag-<br>wort." (76) |
| C4<br>Ideenmanagement | Textstellen, die be-<br>schreiben, wie Ideen<br>eingebracht werden<br>und wie damit um-<br>gegangen wird. | Beispiele, wie Ideen<br>des Kollegiums<br>eingebracht werden<br>und welche Rolle die<br>Führungskraft dabei<br>spielt | (4) „Also, Vorstellungen und<br>Ideen können jederzeit<br>eingebracht werden, also<br>wenn jemand irgendeine<br>Idee hat, kann er jederzeit<br>kommen und auch die bei<br>mir deponieren." (30) |
| C5<br>Werte und Normen | Textstellen, welche<br>Werte und Normen<br>von der Schulleitung<br>verfolgt werden. | Beispiele für<br>persönliche Werte<br>und Normen der<br>Führungskraft,<br>eventuell mit Bei-<br>spielen | „Also, ich würd' … Wert-<br>schätzung, Eigenver-<br>antwortung, die gehören<br>bei uns eigentlich fast<br>zusammen. Und das andere<br>war personenorientierte<br>Begabungsförderung. Also,<br>das ist eine besondere<br>Form der individualisierten<br>Unterstützung." (41) |

# Name der Kategorie: D Führung

| Subkategorie | Kurze Definition *Beschreibung der Kategorie, u. U. mit theoretischer Anbindung)* | Anwendung der Kategorie/Kodierregeln | Beispiele aus dem Material |
|---|---|---|---|
| D1 Führungsstil | Textstellen, die sich auf den eigenen Führungsstil beziehen | Beschreibung des allgemeinen Führungsstils, keine Beschreibung des Führungsstils in Veränderungsprozessen und Krisen; Erklärend und/oder Ziffer in einer Skala von 1–6 | (1) „6 Demokratisch" (56) „Großes Mitspracherecht von den Lehrerinnen und Lehrern, großes Mitspracherecht oder Abstimmungsmöglichkeit im Schulforum auch." (58) |
| D2 Entscheidungsfreiheit des Kollegiums | Textstellen, die sich auf die gewährte Entscheidungsfreiheit der Mitarbeiter/innen beziehen, unabhängig davon, ob die Führungskraft die Idee gut findet oder nicht. | Keine Beschreibung der Kompetenzen der Mitarbeiter/innen, Beschreibung der Freiheiten in Entscheidungsprozessen; Umgang mit eigenen Wegen, auch wenn die Führungskraft vielleicht anderer Meinung ist | (1) „Wenn sie mir das gut begründen können und erklären können und ich sag okay, probier' ich es aus, ist sehr viel möglich, nicht alles, aber sehr viel möglich und für mich ist entscheidend, ein Mehrwert für die Kolleginnen und Kollegen, für die Kinder." (59–61) |
| D3 Führungsstil in Veränderungsprozessen | Textstellen, die sich auf die Beschreibung des Führungsstils bei Veränderungen beziehen | Keine Beschreibung des generellen Führungsstils, keine Beschreibung des Führungsstils in Krisenzeiten, Beispiele, Beschreibung oder Zahl 1–6 | (1) „Das funktioniert eigentlich immer partizipativ von allen Kolleginnen und Kollegen, die mit dabei am Weg sind." (65) |
| D4 Führungsstil in Krisenzeiten | Textstellen, die sich auf die Beschreibung des Führungsstils bei Krisen beziehen | Keine Beschreibung des generellen Führungsstils, keine Beschreibung des Führungsstils bei Veränderungen, wie bei Schulentwicklung; Beispiele, Beschreibung, aber auch Zahl 1–6 | (1) „Manche Sachen müssen auch einfach ganz schnell von mir entschieden werden, also das, das gibt es auch, dass es dann auch autoritär ist." (63) |

| Subkategorie | Kurze Definition *Beschreibung der Kategorie, u.U. mit theoretischer Anbindung)* | Anwendung der Kategorie/Kodierregeln | Beispiele aus dem Material | |
|---|---|---|---|---|
| D5 Shared Leadership/ Delegieren | Textstellen, die sich auf Shared Leadership und Delegieren beziehen, Textstellen, die beschreiben, wie das Kollegium in die Leitung der Schule mit einbezogen wird | Beispiele für Shared Leadership, keine Beschreibung der eigenen Führungsaufgaben, Beispiele für delegierte Aufgaben | (1) | „Ich habe eine Stellvertreterin, mit der ich mich gut absprechen kann und die Entscheidungen dann auch besprochen werden." (67) „Also, welche Aufgaben delegiere ich – wenn ich auf Seminar bin, wenn ich nicht vor Ort bin, dann, Telefongespräche entgegennehmen, Elternanfragen entgegennehmen, die Abfrage der E-Mails, das kann ich sehr gut delegieren." (71) |
| D6 Führungseigenschaften in der autonomen Schule | Textstellen, die auf die notwendigen Führungseigenschaften für Schulleiter/innen in der autonomen Schule hinweisen | Einschätzung, welches Führungsverhalten für die autonome Schule von besonderer Bedeutung ist, keine Beschreibung des eigenen Führungsstils; Auch Kompetenzen | (1) | „Eine klare Kommunikation würde ich sagen. Damit die Kollegen wirklich wissen, was gemeint ist. Kollegen einbeziehen, also demokratisches Verständnis. Und die Stärken der Kolleginnen und Kollegen in den Vordergrund zu stellen." (87) |
| D7 Nicht delegierte Aufgaben | Textstellen, die sich darauf beziehen, welche Aufgaben nicht delegiert werden. | Beispiele für Aufgaben, welche die Führungskraft nicht delegiert | (1) | „Die Arbeit im Administrationsprogramm Sokrates ist eher schwierig, weil die Routine fehlt. Eine Monatsmeldung zu erstellen, das liegt dann schon meistens bei mir, dass ich das machen muss, da die Kollegin auch keine Stunden dafür zur Verfügung hat." (71) „Es geht kein Artikel raus, ohne dass ich ihn vorher gesehen habe." (77) |

# Name der Kategorie: E Personalentwicklung

| Subkategorie | Kurze Definition *Beschreibung der Kategorie, u. U. mit theoretischer Anbindung)* | Anwendung der Kategorie/Kodierregeln | Beispiele aus dem Material | |
|---|---|---|---|---|
| E1 Qualifizierungs- potenzial | Textstellen, die sich darauf beziehen, wie das Qualifizierungs- potenzial von der Führungskraft an der Schule erhoben wird | Beispiele für die Er- hebung und Planung des Qualifizierungs- potenzials, keine Einschätzung über die Qualifikation des Kollegiums | (1) | „Wir planen eben teil- weise gemeinsam Fort- bildungen. … Was brauchen wir, damit wir unser Leitbild gut umsetzen können oder was wollen wir Neues erfahren oder entdecken." (93) |
| E2 Förderung von Talenten | Textstellen, die sich auf die Förderung von talentierten Mit- arbeiterinnen und Mit- arbeitern beziehen | Beispiele für Förderung von Lehr- kräften, bei denen die Führungskraft Talente entdeckt, keine Kurs- beschreibungen | (9) | „Da hab' ich gemerkt, ist es am besten, wenn man sie einfach ermutigt, die Talente einzusetzen." (78) |
| E3 Personalent- wicklungswerkzeuge | Textstellen, die sich auf die Verwendung von Personalent- wicklungswerkzeugen beziehen | Beispiele für Personal- entwicklungs- werkzeuge, die angewendet werden, Absichten, diese zu verwenden, Häufigkeit der Verwendung, Gründe für das Verwenden bzw. Nicht- Verwenden | (1) | „Einmal jährlich wird von mir zum Mitarbeiter- gespräch eingeladen." (91) |

# Name der Kategorie: F Schulentwicklung

| Subkategorie | Kurze Definition *Beschreibung der Kategorie, u. U. mit theoretischer Anbindung)* | Anwendung der Kategorie/Kodierregeln | Beispiele aus dem Material | |
|---|---|---|---|---|
| F1 Einblick in das Unterrichtsgeschehen | Textstellen, die sich darauf beziehen, wie die schulische Führungskraft Einblick in das Unterrichtsgeschehen an der Schule erhält | Beispiele für Unterrichtsbesuche, Gespräche mit S/L/E, Keine Bewertung der Lehrkräfte, Beispiele, um das Unterrichtsgeschehen an den Schulen zu beobachten können | (1) | „Ich habe mir die Stunden so eingeteilt, dass ich in jeder Klasse Förderunterricht habe oder eine pädagogische Verstärkungsstunde habe und auch in der Lernbetreuung am Nachmittag bin. Somit kenne ich wirklich alle Kinder und bin auch eingebunden in die Leistungen der Schüler/innen und komme regelmäßig in die Klassen, habe regelmäßig auch Gespräche mit den Klassenlehrer/innen." (112) |
| F2 Weiterentwicklung der Qualität | Textstellen, die sich darauf beziehen, mit welchen Maßnahmen die Qualität der Schule weiterentwickelt wird | Beispiele, Häufigkeit, Beschreibung und Ablauf von Schulentwicklungsmaßnahmen und Unterrichtsentwicklungsmaßnahmen, Prozess, wie die Schul- und Unterrichtsentwicklung geregelt ist | (2) | „Wir haben eine ständige Weiterentwicklung mit dem Schulentwicklungsteam, wobei man natürlich da versucht, immer wichtige Themen zu identifizieren und nicht immer so in die Breite über alles zu gehen, sondern zu sagen: Wo schauen wir hin?" (118–120) |
| F3 Schulentwicklungsplan | Textstellen, die sich auf die Erstellung und Umsetzung des Schulentwicklungsplans am Schulstandort beziehen | Beschreibung des Prozesses der Erstellung und Umsetzung des Schulentwicklungsplanes | (1) | „Der Schulentwicklungsplan wird immer im Sommersemester erarbeitet, also die Ziele werden erarbeitet, die Themen." „Und dann mit der SQA-Koordinatorin verschriftlicht sozusagen, aber der wird immer gemeinsam erarbeitet und da entstehen eigentlich wirklich dann die Qualitätskriterien, die wir in unserer Schule leben wollen." (106) |

# Name der Kategorie: G Wissen

| Subkategorie | Kurze Definition *Beschreibung der Kategorie, u. U. mit theoretischer Anbindung)* | Anwendung der Kategorie/Kodierregeln | Beispiele aus dem Material | |
|---|---|---|---|---|
| G1 Voneinander- und Miteinanderlernen | Textstellen, die sich auf das Beschreiben des organisationalen Lernens beziehen | Beschreibung, wie das Kollegium miteinander und voneinander lernt | (1) | „Teilweise auch Buchempfehlungen, es ist ja auch ein ganz wichtiger Part, dass wir uns gegenseitig etwas zeigen, was jetzt nicht nur die Praxis betrifft, sondern auch das theoretische Hintergrundwissen und Fachwissen oder Publikationen, dass wir das weitergeben." (114) |
| G2 Verbreitung von Wissen | Textstellen, die sich auf die Weitergabe von Wissen innerhalb der Schule beziehen | Beispiele, wie das Wissen innerhalb des Kollegiums weitergegeben wird, Beispiele, wie das Wissen einzelner anderen zur Verfügung gestellt wird | (1) | „Und wenn Kolleginnen bei einer Fortbildungsveranstaltung waren, berichten sie in der nächsten pädagogischen Konferenz darüber und zeigen das den anderen Kolleginnen." (114) |
| G3 Förderung des Lernens aller Mitarbeiter/innen | Textstellen, die sich darauf beziehen, wie Mitarbeiter/innen zum Lernen ermutigt werden | Beispiele, wie die Führungskraft die Mitarbeiter/innen zum Lernen und zum Wissenserwerb ermutigt, keine Erklärung von Schulungsmaßnahmen | (8) | „Ich fördere das Lernen der Mitarbeiter/innen des Kollegiums schon auch dadurch, dass ich äußere, dass mir das Lernen wichtig ist. Also, ich äußere eine Erwartungshaltung und zwar durchaus auch mehrfach." (142) |

## Name der Kategorie: H Veränderungsprozesse

| Subkategorie | Kurze Definition Beschreibung der Kategorie, u. U. mit theoretischer Anbindung) | Anwendung der Kategorie/Kodierregeln | Beispiele aus dem Material |
|---|---|---|---|
| H1 Visionen in Veränderungsprozessen | Textstellen, die sich darauf beziehen, wie die eigenen Visionen in Veränderungsprozesse einfließen | Beispiele dafür, wie die Führungskraft ihre eigenen Visionen in Veränderungsprozesse einfließen lässt | (9) „Meine Visionen lass' ich einfließen, indem ich versuche, so oft wie möglich in allen Gesprächen und Sitzungen, Formaten, so bisschen eine Selbstoffenbarung zu betreiben, indem ich von meinem pädagogischen und didaktischen Überzeugungen spreche und schau, ob das auf Zustimmung stößt ..." (116) |
| H2 Umgang mit Angst und Blockaden im Rahmen von Veränderungsprozessen | Textstellen, die sich darauf beziehen, welche Maßnahmen die FK setzt, damit Veränderungsprozesse nicht durch Angst und Blockaden scheitern bzw. damit die Veränderungsprozesse von möglichst allen getragen werden | Beispiele für den Umgang mit Angst und Blockaden in Veränderungsprozessen; Keine Beschreibung von Veränderungsprozessen; Wenn die Führungskraft damit keine Erfahrung gemacht hat, können auch Beispiele genannt werden, wie die Führungskraft dann handeln würde. | (10) „Wichtig ist, Veränderungsprozesse mit dem richtigen Tempo umzusetzen. Ich hab' schon die Erfahrung gemacht, wenn man also da jetzt vorprescht und sich umdreht, dann merkt man, dass viele nicht folgen können." (178) |
| H3 Anstoßen von Veränderungsprojekten | Textstellen, die beschreiben, wie und bei welchen Anlässen Veränderungsprojekte angestoßen werden. | Beispiele für das Entstehen von Veränderungsprozessen | (1) „Veränderungsprozesse ergeben sich meistens aus konkreten Situationen heraus, aus einem Bedürfnis nach Veränderung." (118) |

# Name der Kategorie: I Qualitätssicherung

| Subkategorie | Kurze Definition *Beschreibung der Kategorie, u. U. mit theoretischer Anbindung)* | Anwendung der Kategorie/Kodierregeln | Beispiele aus dem Material |
|---|---|---|---|
| I1 Freiwillige interne und externe Evaluation | Textstellen, die sich darauf beziehen, ob, wie und wie oft freiwillige interne und externe Evaluation stattfindet | Beispiele für freiwillige Evaluation; Art und Umfang sowie Abstände der freiwilligen Evaluation; Keine Beschreibung vorgeschriebener Evaluation | (1) „Wir versuchen das einmal im Jahr zu machen, abwechselnd einmal durch die Schüler, dann wieder durch die Eltern." „Wir versuchen das dann eben auch einzubinden, die Ergebnisse der Befragungen in unseren Schulentwicklungsplan oder in Veränderungsprozesse." (126) |
| I2 Umfassende Außensicht der Schulqualität durch Außenstehende | Textstellen, die sich auf die Beschreibung externer Evaluation beziehen | Beispiele und Beschreibung der umfangreichen Evaluation durch Außenstehende, wie z. B. Firmen, Eltern, Schulbehörde; Auch Ideen und Ansätze | (10) „Ja, diese üblichen Kompetenzmessungen, die IKM, Bildungsstandards usw., was also da jetzt die Lernfortschritte der Schüler/innen betrifft." (185) |
| I3 Einholen von Feedback Führungskraft | Textstellen, die sich auf das Einholen von Feedback der Führungskraft durch die Lehrkräfte oder deren Vorgesetzte beziehen | Beispiele, wie oft, wann und bei wem sich die Führungskraft Feedback einholt, aus Sicht der Schulleitung | (1) „Kolleginnen können mir einfach über einen Feedbackbogen anonym Rückmeldung geben." (138) |

# Name der Kategorie: J Fort- und Weiterbildung

| Subkategorie | Kurze Definition *Beschreibung der Kategorie, u. U. mit theoretischer Anbindung)* | Anwendung der Kategorie/Kodierregeln | Beispiele aus dem Material |
|---|---|---|---|
| J1 Vergangene Fort- und Weiterbildungsmaßnahmen | Textstellen, die beschreiben, welche Fort- und Weiterbildungsmaßnahmen der Vergangenheit die bisherige Führungsarbeit unterstützt haben | Beispiele besonders wirkungsvoller Seminare/Lehrgänge, Keine Seminarwünsche | (1) „Das war der Schulmanagement-Kurs, auf jeden Fall." „Und dabei war für mich ganz toll die Erfahrung, der Austausch mit den Lehrerinnen nicht nur aus dem Pflichtschulbereich, sondern auch aus dem AHS- und BHS-Bereich. Das finde ich sehr gut, dass das gemischt wurde." (157) |
| J2 Wünsche Fort- und Weiterbildungsmaßnahmen | Textstellen, die sich darauf beziehen, welche künftigen Fort- und Weiterbildungsmaßnahmen die Führungstätigkeit fördern könnten. | Anforderungen an Fort- und Weiterbildungsangebote für Schulleitungen Keine Beschreibungen bereits absolvierter Fort- und Weiterbildungsmaßnahmen | (1) „Kommunikation, auch Persönlichkeitsentwicklung, Zeitmanagement, Projektmanagement." (161) |
| J3 Fort- und Weiterbildungsmaßnahmen für Lehrkräfte | Textstellen, die sich darauf beziehen, welche Fort- und Weiterbildungsmaßnahmen Shared Leadership unterstützen könnten. | Anforderungen an Fort- und Weiterbildungsangebote für Lehrkräfte, damit sie delegierte Aufgaben besser erfüllen können, keine Beschreibungen bereits absolvierter Fort- und Weiterbildungsmaßnahmen der Lehrkräfte | (2) „Ja, das glaub ich, geht auch in die Richtung von Führungskräfteseminaren." (183) |

Sophia Richter
**Pädagogische Strafen in der Schule**
Eine Ethnografische Collage
2018, ca. 270 Seiten, broschiert
ISBN: 978-3-7799-3769-2
Auch als E-BOOK erhältlich

Der Band fokussiert schulische Strafpraktiken und legt (un-)bewusste Denkweisen, die mit unterschiedlichen Formen des Handelns einhergehen, offen. Dabei dienen die Ergebnisse der interdisziplinären und historischen Auseinandersetzungen um Strafen des Bandes „Pädagogische Strafen. Verhandlungen und Transformationen" als Kontextualisierungen der ethnografischen Analysen. Es zeigt sich, dass der schulische Alltag durchzogen ist von spannungsreichen Verhandlungen um Voraussetzungen und Grenzen pädagogischen Handelns, welche mit Zuschreibungen von Zuständigkeiten, (Ohn-)Macht und Perpetuierungen im Lösungsversuch von Paradoxien einhergehen.

www.beltz.de
Beltz Juventa · Werderstraße 10 · 69469 Weinheim

Ute Frevert u. a.
**Wie Kinder fühlen lernten**
Kinderliteratur und Erziehungsratgeber
1870–1970
2021, 378 Seiten, Hardcover
ISBN: 978-3-7799-6279-3
Auch als E-BOOK erhältlich

Gefühle sind uns angeboren und waren immer gleich? Mitnichten. Erst in der Auseinandersetzung mit ihrer sozialen und kulturellen Umgebung lernen Kinder, wie und was man fühlen darf und wie man diese Gefühle ausdrücken kann.

Die 13 Autorinnen und Autoren zeigen, dass sich Gefühle und Vorstellungen vom »richtigen Fühlen« in den vergangenen 150 Jahren massiv gewandelt haben. Dazu nutzen sie Kinderbücher und Ratgeber, denn Kinder beobachten nicht nur das Verhalten von Anderen. Sie orientieren sich auch an fiktiven Gestalten, die ihnen in Geschichten und Filmen begegnen.

www.beltz.de
Beltz Juventa · Werderstraße 10 · 69469 Weinheim

Thomas Damberger
**Bildung und Erziehung heute**
Eine erzählerische Hin- und Einführung
2021, 180 Seiten, broschiert
ISBN: 978-3-7799-6461-2
Auch als E-BOOK erhältlich

Was hat Erziehung mit dem Züchten von Menschen zu tun? Ist Schule tatsächlich eine Bildungseinrichtung? Worin liegt der Zusammenhang zwischen humanistischer Bildung und Transhumanismus? Inwiefern kann Künstliche Intelligenz lehren und lernen? Sind Digitalisierung und die Idee einer Erziehung zur Mündigkeit überhaupt vereinbar? Das Buch versteht sich als eine Einführung der etwas anderen Art, indem erzählerisch und mit zahlreichen Beispielen versehen die Geschichte von Bildung und Erziehung nachgezeichnet und mit aktuellen Fragestellungen verwoben wird.

www.beltz.de
Beltz Juventa · Werderstraße 10 · 69469 Weinheim

Markus Rieger-Ladich | Malte Brinkmann |
Christiane Thompson (Hrsg.)
**Öffentlichkeiten**
Urteilsbildung in fragmentierten
pädagogischen Räumen
2022, 330 Seiten, broschiert
ISBN: 978-3-7799-7003-3
Auch als E-BOOK erhältlich

Für die Erziehungswissenschaft ist die neuerliche Debatte um Jürgen Habermas' »Strukturwandel der Öffentlichkeit« hochwillkommen. Im Rückgriff auf dessen vieldiskutierte Studie kann sie sich als Disziplin profilieren, die mit der Reflexion ebenjener Einrichtungen betraut ist, die dafür sorgen, dass aus vernunftbegabten Zweibeinern passable Diskursteilnehmer*innen werden. Gleichwohl ist die hohe Wertschätzung, die der Bildung in diesem Zusammenhang entgegengebracht wird, nicht unproblematisch. Die politische Kultur könnte, so ein Verdacht, von der fortschreitenden Akademisierung öffentlicher Debatten beschädigt werden. Demokratien gerieten in ein gefährliches Fahrwasser, wenn sie die Bedingungen zur Teilnahme am politischen Diskurs immer anspruchsvoller gestalten.

Die Arenen öffentlicher Auseinandersetzungen werden daher nicht nur von jenen bedroht, die eine Politik des Ressentiments betreiben und autoritären Ordnungen das Wort reden, sondern auch von Angehörigen des Bildungsbürgertums, welche die eigenen Argumentationsstile, Überzeugungen und medialen Vorlieben generalisieren und einen Cordon sanitaire um solche Positionen errichten, die ihnen als nicht »diskussionswürdig« gelten.

www.beltz.de
Beltz Juventa · Werderstraße 10 · 69469 Weinheim